철학의 길

대화의 해석학을 향하여

철학의 길

대화의 해석학을 향하여

초판 1쇄 인쇄 2024년 8월 23일
초판 1쇄 발행 2024년 9월 5일

—

지은이 이승종 · 윤유석
펴낸이 이방원

책임편집 조성규   **책임디자인** 박혜옥
마케팅 최성수 · 김 준   **경영지원** 이병은

—

펴낸곳 세창출판사
신고번호 제1990–000013호 주소 03736 서울특별시 서대문구 경기대로 58 경기빌딩 602호
전화 02–723–8660 팩스 02–720–4579 이메일 edit@sechangpub.co.kr
홈페이지 http://www.sechangpub.co.kr 블로그 blog.naver.com/scpc1992
페이스북 fb.me/Sechangofficial 인스타그램 @sechang_official

—

ISBN 979–11–6684–342–6 93100

※ 이 저서는 연세대학교 학술연구비의 지원으로 이루어진 것임.

철학의 길

대화의 해석학을 향하여

이승종·윤유석 지음

세창출판사

이 책은 어느 날 걸려 온 한 통의 전화에서 우연히 시작되었습니다. 세상에는 우연히 일어나는 일이 적지 않지만 우리가 우연으로부터 책을 지어내게 되리라고는 예상하지 못했습니다. 2022년 가을의 어느 날 이승종은 2021년에 학부 졸업 50주년을 맞은 연세대의 재상봉 동문 대표님으로부터 전화를 받았습니다. 그분은 2021년 재상봉 동문 일동이 후원할 테니 연세대의 온라인 교육 플랫폼인 런어스^{LearnUs}를 통해 인문학 강좌를 개설해 달라고 하셨습니다. 사회과학계열에서 한 분, 인문학계열에서 한 분께만 드리는 간곡한 부탁이라면서 신신당부하신 탓에 마음이 흔들렸습니다. 갑작스런 제안인 데다 이런 작업을 해 본 적이 없었지만 노 선배님들의 염원을 거절할 수 없었습니다.

제안을 수락했음에도 아무런 대책 없이 공양미 삼백석의 보시를 약속한 「심청전」의 심 봉사처럼 막막했습니다. 시중에 넘쳐 나는 교양 수준의 철학 강좌에는 뜻이 없었습니다. 그보다는 철학하는 실제의 과정을 있는 그대로 보여 드리고 싶은 마음이었습니다. 이를 강좌에서 어떻게 실현할지를 궁리했습니다. 이승종에게 준비된 것은 그때까지 지어 낸 일곱 권의 저서뿐이었습니다. 그 책들은 교과서나 교양서가 아니라 미숙하나마 그가 걸어온 철학의 길에서 그때마다 배우고 깨친 것을 내용으로 한 연구서였지만, 이번에는 강좌의 텍스트로 삼기로 했습니다.

강좌는 철학의 오랜 전통인 대화의 형태로 진행하기로 했습니다. 대화 상대자로 연세대 대학원 철학과에서 해석학을 주제로 박사논문을 준비하고 있던 윤유석을 섭외하였습니다. 텍스트와의 대화를 지향하는 해석학을 전공하고 있는 데다 영상이라는 매체에 익숙하고, 이승종의 저서들을 누구보다도 잘 알고 있었기 때문입니다.

우리는 사제 관계이기도 했지만 철학이라는 같은 길을 걷는 도반道伴이었습니다. 두 사람은 브람스가 작곡한 이중 협주곡에서 바이올린과 첼로가 품격 있는 앙상블로 높은 경지의 음악적 향연을 펼쳐 냈듯이, 격의 없는 열띤 토론을 통해 격조 높은 철학적 향연을 연출하고자 했습니다. 촬영은 2022년 가을과 겨울에 걸쳐 연세대에서 이루어졌고, 우리의 대화는 총 8시간 분량인 20개의 동영상으로 제작되어 연세대 런어스에 업로드되었습니다. 아래의 링크에서 로그인한 다음 당시 우리 강좌의 제목인 〈철학의 길〉을 검색 창에 입력하면 누구나 무료로 시청할 수 있습니다.

〈철학의 길〉 강좌가 업로드된 지 얼마 안 된 2023년 어느 봄날, 이승종은 성천문화재단으로부터 2023년 하반기 한 학기 동안 성천아카데

미에서 동서인문고전 강좌를 맡아 달라는 부름을 받았습니다. 연세대 밖에서 긴 호흡의 강좌를 해 본 경험은 없었지만, 우리는 런어스 인문학 강좌에서와 같은 제목과 이를 보완한 내용으로 동서인문고전 강좌를 함께 진행하며 성천아카데미의 수강생들과 토론해 보기로 했습니다.

밀폐된 미디어 제작실에서 카메라를 보며 강좌를 진행하던 때와는 달리 성천아카데미에서의 강좌는 수강생들의 피드백이 철학함에 생동감을 더했습니다. 우리는 강의장에 설치된 음향기기로 막간에 수강생들과 함께 클래식 음악도 감상해 가며 서로가 지닌 아레테^arete를 이 강좌에 남김없이 쏟아부었습니다. 성천아카데미에서의 강좌는 총 24시간 분량인 24개의 동영상으로 제작되어 유튜브에 업로드되어 있으며 아래의 링크에서 누구나 무료로 시청할 수 있습니다.

우리는 위의 강좌들을 차례로 진행하며 준비한 원고들을 책으로 갈무리할 계획을 세웠습니다. 그 학술적 수준을 고르게 제고하기 위해 2024년 1학기에 연세대 철학과 대학원 및 학부에 각각 개설한 〈해석학〉 과목에서 책의 초고를 텍스트로 함께 강의하면서 원고를 탈고하였고, 책의 제목도 『철학의 길: 대화의 해석학을 향하여』(이하 『철학의 길』)로 확정했습니다.

이 책에서는 현대철학, 영미철학, 대륙철학, 비교철학, 한국철학, 역사철학 등 철학의 다양한 영역과 주제에 대한 이승종의 발제를 시작으로 그에 대한 윤유석과의 토론이 이어집니다. 여기에는 철학을 바라보는 우리의 개성적인 시선이 반영되어 있으며, 단순한 정보 전달 위주의 철학 강좌와는 뚜렷하게 구별되는 여러 특징이 드러나 있기도 합니다. 실제의 강좌들이 모두 대화의 형식으로 진행된 만큼, 그 내용에는 철학에 대한 일방적인 소개와 수용을 넘어서 '비판'과 '재비판'이라는 생생한 토론의 과정이 담겨 있기도 합니다. 우리는 이 책의 특징을 크게 세 가지로 꼽습니다.

첫째로, 이 책은 '대륙/영미' '서양/동양' '이론/실천'이라는 구분을 넘어서 철학의 다양한 주제들을 다룹니다. 이승종은 미국에서 비트겐슈타인Ludwig Wittgenstein의 모순론으로 박사학위를 받았지만, 영미철학을 넘어서 다양한 철학의 분야들을 꾸준히 연구해 왔습니다. 『비트겐슈타인이 살아 있다면』과 『비트겐슈타인 새로 읽기』 같은 영미철학 연구서들 이외에도, 『데리다와 비트겐슈타인』과 『크로스오버 하이데거』처럼 대륙철학자들을 다룬 단행본들을 쓰기도 했습니다. 『동아시아 사유로부터』에서는 유가, 불교, 도가의 사유를 현대철학의 눈으로 성찰하였고, 김형효와 박이문 등 한국의 현대철학자들을 논평한 『우리와의 철학적 대화』와 한국의 역사, 정치, 사회에 대한 비판적 평가를 담은 『우리 역사의 철학적 쟁점』을 출판하기도 했습니다. 『철학의 길』은 그의 이러한 관심의 스펙트럼을 반영하고 있습니다.

둘째로, 이 책은 이승종의 철학 여정에 대한 자기 고백적 이야기를 담고 있습니다. 대학의 학술적 철학이 얼핏 어렵게 느껴지는 중요한 이유 중 하나는, 철학이 강단에서 전달될 때 대개 '맥락'이 상실되고 만다는 점 때문입니다. 특정한 철학자의 개념이나 주장이 마치 단독적으로 취급될 수 있는 것처럼 제시되다 보니, 그 개념이나 주장이 도대체 어떤 고민으로부터 나온 것인지가 불분명해지는 것입니다. 가령 칸트가 '공간'과 '시간'을 감성의 형식으로 제시하였고 '12범주'를 지성의 개념으로 제시하였다는 사실만으로, 그 사실이 정확히 어떤 철학적 의의를 지니는지까지 우리가 곧바로 이해하기는 힘듭니다. 칸트가 감성의 형식과 지성의 개념올 강조했다는 '맥락'을 알기 전까지는, 그의 주장은 아무런 의미도 지니지 못하는 공허한 말로만 남을 뿐입니다. 특별히, 이와 같은 '맥락'으로는 그 철학이 출현한 사회적-역사적 배경도 중요하겠지만, 그 철학을 의미 있는 것으로 받아들이는 사람들의 개인적-실존적 배경도 매우 중요합니다. 이번 강좌가 철학이 어떤 개인적-실존적 배경을 지닌 사람들에게 본래의 효과를 발휘할 수 있는지 궁금해하는 분들에게 큰 도움이 되리라고 생각합니다. 그중에서도 난해한 듯 보이는 하이데거^{Martin Heidegger}와 비트겐슈타인의 사유가 우리 각자의 삶의 문제를 고민하는 데 어떤 길을 제시할 수 있는지를 조명해 줄 것입니다.

셋째로, 이 책은 '대화'의 길을 걸어가는 과정에서 쓰였습니다. 여기서 '대화'는 이 책을 구성하는 형식일 뿐만 아니라, 이 책이 지향하는 목표이기도 합니다. 즉 철학에서 이루어지는 활동이 1인칭적 독백이나 3인칭적 관찰이 아니라, 2인칭적 대화가 되어야 한다는 것이 이 책이 강조하고자 하는 내용입니다. 철학이 우리에게 밝혀 주는 진리란, 주관적 심리 상태에 대한 진리도 아니고, 객관적 사물에 대한 진리도 아닌, 사람과 사람 사이에서 성립하는 '사람의 진리'와 '사람의 사실'이라는 것이 이 책이 말하고자 하는 요지입니다. 즉 이 책에서 소개되는 내용들은 철학의 역사나 철학의 주제에 대한 개론 수준의 뻔한 설명이 아닙니다. 오히려 이 책의 내용들은 '2인칭 철학'이라는 이승종의 분명한 철학적 입장에 따라 구성되어 있습니다. 철학의 다양한 영역에 대한 소개와 비판도 2인칭 철학의 관점에서 이루어질 것입니다. 따라서 이 책을 읽는 분들은, 일반적인 지식을 나열하는 데 그치고 마는 철학 입문서에서는 접하기 힘든, '철학'이라는 학문 자체에 대한 비판적 성찰을 경험할 수 있을 것입니다.

이 책이 수록하고 있는 대화는 결코 미리 정해진 대본을 따라 이루어진 것이 아닙니다. 강좌를 준비하면서 우리는 사전에 대략적인 질문지와 답변지를 공유하긴 하였지만, 실제 대화의 상황은 언제나 우리가 생각했던 것과는 꽤 다른 방향으로 흘러가곤 하였습니다. 이승종은 사안의 정곡을 찌르는 윤유석의 당찬 도전에 자극을 받았고, 질문자인 윤유석은 이승종이 종종 예상을 훨씬 벗어난 답변을 할 때마다 어떻게 반응해야 할지 몰라서 당황스러워했던 적도 많았습니다. 그러나 바로 이 낯섦, 돌발적임, 예측 불가능함, 당황스러움은 대화의 끝에 이르러서는 매번 커다란 즐거움과 유익함을 남겼습니다. 평소에는 전혀 생각조차 해 보지 않았던 사태들이 대화의 과정을 통해 중요한 철학적 사유의 대상으로 드러났기 때문입니다. 이 과정에서 철학에 대한 저마다의 관점도 여러 면에서 바뀔 수 있었습니다. 독자들도 이 책을 읽으면서 우리가 느꼈던 대화의 경험에 함께 참여할 수 있게 되기를 희망합니다. 이 책이 단순한 정보 전달의 역할을 넘어서 '철학함'이 어떻게 수행되는지를 보여 주는 하나의 구체적인 사례로 읽힐 수 있다면 좋겠습니다.

이 책의 모태가 된 연세대 런어스 강좌를 후원해 주신 2021년

연세대 학부 졸업 50주년 재상봉 동문님들과 박상은 대표님, 런어스 강좌를 촬영하고 편집해 주신 감동공장 관계자분들, 성천아카데미 강좌를 주선해 주신 성천문화재단의 유인걸 이사장님 내외분, 해당 강좌를 기획하고 촬영해 주신 윤수민 실장님과 이종원 선생님, 귀중한 서평과 리뷰의 수록을 허락해 주신 박병철 교수님(부산외국어대), 고명섭 선생님(『한겨레』), 조병희 선생님, 우리의 강좌에 참여해 유익한 토론과 비판을 아끼지 않은 수강생 여러분들께 머리 숙여 감사드립니다. 값진 추천의 글로 책을 빛내 주신 김상봉(전남대), 진태원(성공회대) 교수님, 강신주 박사님, 연구를 지원해 준 연세대와 부족한 우리의 원고를 출판해 준 세창출판사에도 깊은 감사의 마음을 전합니다.

2024년 가을
이승종·윤유석

책머리에

들어가는 말

공자의 『논어』나 플라톤의 『대화편』이 예증하듯이 동서를 막론하고 철학은 대화에서 비롯되었습니다. 우리는 그 전통을 모델 삼아 진행한 연세대와 성천아카데미에서의 온오프라인 강좌를 토대로 이 책을 지어 보았습니다. 우리의 강좌는 시중에 차고 넘치는 일방적 해설 강좌를 지양하고, 한 철학자(이승종)가 어떻게 철학과 만나서 거기서 무엇을 배우고 그것에 어떻게 응답했는지를 젊은 후학(윤유석)에게 생생히 들려주는 대화의 형태로 진행됩니다. 후학이 그 나름의 고민과 질문을 철학자에게 던지고 토론하며 자신의 길을 찾게 되는 과정은 인문학이 일방이 아닌 쌍방의 2인칭적 대화임을 예증합니다. 두 사람은 강좌의 수강생들과도 철학을 주제로 격의 없는 대화의 향연을 나누었습니다. "철학은 배울 수 없고 철학함만을 배울 수 있다"(Kant 1787, B865)는 칸트의 말처럼, 독자들이 이 강좌에서 철학함의 실제를 목격하고 그 과정에 동참할 수 있기를 바랍니다.

　　『철학의 길』에서는 그동안 이승종이 지어 낸 일곱 권의 책을 주제별로 나누어 한권 한권 읽고 토론하는 북 토크book talk 형태의 실제 강좌가 열두 번에 걸쳐 전개됩니다. 매 강좌는 교재가 되는 이승종의 책에 대한 저자의 발제, 윤유석과의 심도 있는 난상 토론, 수강생들과의 질의응답순으로 진행됩니다. 말미에는 이승종의 책에 대한 서평들을 선별해 수록하였습니다. 책의 전체적인 내용을 '철학' '현대철학' '영미철학' '대륙철학' '비교철학' '한국철학' '역사철학' '자연주의' '앞으로의 길'이라는 주제를 중심으로 소개하면 다음과 같습니다.

(1) 이승종은 자신이 '철학의 길'에 어떻게 들어오게 되었는지와 그 길에서 무엇을 배우고 지었는지를 중심으로 **철학**의 다양한 주제를 개괄적으로 소개합니다. 인생의 의미와 생명의 유한성에 대한 고민으로부터 시작된 이승종의 철학적 여정이 어떠한 사유들로 이어졌는지가 여기에서 주로 이야기됩니다. 특별히, 이승종은 오늘날의 학술적 철학이 매우 제한된 이론적 틀을 무비판적으로 수용하여 일종의 '문제풀이'의 형태로 수행된다는 점에 대해 비판적 태도를 취합니다. 연구 기관의 학술 사업을 유지하기 위해 정해진 매뉴얼을 따라 '문제를 위한 문제'만을 고민하게 된 철학은 삶의 맥락에서 괴리된 공허한 담론일 뿐입니다. 철학은 미리 정해져 있는 길을 따라가는 활동이 아니라 새로운 길을 밝혀 나가는 활동이 되어야 한다는 것이 이승종의 강조점입니다. 하이데거와 비트겐슈타인이 바로 이와 같이 구도자적 자세로 철학의 길을 개척한 대표적인 인물들로 제시됩니다. 그들이 어떠한 사유를 전개하였는지, 그 사유가 어떠한 의의를 지니는지, 그 의의는 어떠한 전망을 보여 줄 것인지를 발판 삼아 철학의 다양한 영역들을 가로지르는 작업이 앞으로의 논의에서 이루어질 예정입니다.

(2) **현대철학**의 지형도는 크게 '대륙철학'과 '영미철학'으로 나누어집니다. 두 진영은 철학의 정통성이 어느 쪽에 있는지를 두고서 지난

한 세기 동안 대립해 왔습니다. 그러나 이승종은 오늘날 대륙철학과 영미철학이 각각 '데카당스'와 '과학주의'라는 질병에 빠져 있다는 점을 지적하면서, 그들의 한계를 극복하기 위해 두 진영 사이에 대화가 필요하다는 점을 역설합니다. 대륙철학의 대표자인 데리다^{Jacques Derrida}와 영미철학의 대표자인 비트겐슈타인이 서로 상호보완적 관계를 맺고 있는 인물들이라는 사실은 두 진영 사이의 대화 가능성을 증명합니다. '해체주의'와 '자연주의'라고도 일컬어지는 두 인물들의 입장은 세계를 고착화된 이론적 틀을 통해 파악하고자 하는 전통적 형이상학에 반대한다는 점에서 공동 전선을 이루고 있습니다. 해체주의는 어떠한 형이상학적 체계도 세계를 완벽하게 포착할 수 없다고 강조하고, 자연주의는 '사람의 삶의 형식'과 '사람의 자연사^{自然史}' 뒤편에 감추어진 어떠한 형이상학적 진리도 존재하지 않는다고 지적합니다. 두 입장은 전통적 형이상학이 따르는 '문제'와 '풀이'(이론)라는 도식에 반대하여 세계가 특정한 이론적 틀로 설명되지 않는다는 사실을 강조하고 있는 것입니다.

(3) **영미철학**에 대한 이승종의 논의는 비트겐슈타인을 중심으로 이루어집니다. 비트겐슈타인은 과학주의에 빠진 오늘날의 영미철학과는 달리, 사유를 특정한 이론적 틀 속에 가두고자 하지 않았습니다. 그가 제시한 수많은 논의 중에서도 논리학과 수학에 대한 논의는 철학이 어떻게 수행되어야 하는지에 대한 모범을 보여 줍니다. 튜링^{Alan Turing}과 괴델^{Kurt Gödel}을 비롯한 당대의 논리학자, 수학자, 철학자들은 형이상학적 '원리'나 '토대'를 찾고자 하는 강박관념을 가지고 있었습니다. 그들은 모순율을 마치 결코 거부될 수 없는 형이상학적 법칙처럼 생각하였고, 수학기초

론에 대한 논의 없이는 수학이 성립하지 않는다고 믿었습니다. 그러나 비트겐슈타인은 논리학과 수학이 더 이상의 아무런 원리나 토대에도 의존하지 않는, 사람의 활동이라는 사실을 지적하였습니다. 논리학과 수학이 자의적인 체계인 것은 결코 아니지만, 그 학문들은 형이상학적 원리나 토대가 아니라 '사람의 삶의 형식'과 '사람의 자연사'에 따라 수행된다는 것이 비트겐슈타인이 강조하는 사실입니다. 이와 같은 통찰은 논리학과 수학을 넘어서 철학에 대해서까지 많은 함의를 지닙니다. 철학 역시 형이상학적 대상에 대한 이론이 아닌 사람의 활동으로서, 사람의 삶의 형식과 사람의 자연사를 바탕으로 수행되기 때문입니다.

(4) **대륙철학**에 대한 이승종의 논의는 하이데거를 중심으로 이루어집니다. 하이데거는 해석학과 해체주의를 비롯한 오늘날 대륙철학의 다양한 사조를 촉발시킨 인물입니다. 그는 세계를 '사물'의 관점에서만 파악하려는 전통적 형이상학에 반대하여 '존재'와 '존재자'를 구분합니다. 철학자들은 오랜 세월 동안 이데아, 질료, 신, 영혼 같은 사물들의 목록을 나열하고서는, 그 사물들의 관계를 분석하는 형이상학적 이론을 구성하여 세계를 이해하고자 하였습니다. 전통적 형이상학의 문제는, 이와 같이 세계를 사물들 사이의 질서로 설명하기 위해 사물이 아닌 사태조차 마치 사물인 것처럼 환원시켰다는 점에 있습니다. 그러나 하이데거는 이 세계가 시간의 지평 속에서 끊임없이 변화하면서 우리에게 매 순간 새롭게 드러난다는 사실에 주목합니다. 역동적으로 변화하는 세계의 '존재'를 고정적으로 파악되는 세계 속 '존재자'들과 혼동해서는 안 된다는 것이 하이데거가 전통적 형이상학에 제기하는 비판입니다. 우리에게 주어지는 세계

란 고정된 이론 속에 갇히지 않은 존재사건의 연속으로 이해되어야 한다는 것입니다.

(5) 동양과 서양 사이에서 이루어지는 이승종의 **비교철학** 연구 역시 오늘날의 철학이 빠진 데카당스와 과학주의를 극복하기 위한 노력의 일환입니다. 유가, 불교, 도가 등 동양의 전통은 서양에서는 잘 찾아보기 힘든 '2인칭적' 사유를 함의하고 있습니다. 동양의 고전은 대부분 둘 이상의 인물들 사이의 대화로 구성되어 있을 뿐만 아니라, 그 대화를 통해 고정된 이론에 담기지 않는 삶의 지혜를 이야기하곤 합니다. 1인칭적 독백 형식의 철학은 '나'만으로 이루어진 편협한 세계를 벗어날 수 없고, 3인칭적 이론 형식의 철학은 '그' 혹은 '그것'들만으로 이루어진 경직된 세계를 벗어날 수 없습니다. '너'와의 2인칭적 대화를 지향하는 철학만이 이 세계가 이론의 틀에 국한되지 않는 새로움과 경이로움의 연속이라는 사실을 보여 줄 수 있습니다. 그러나 단순한 훈고학적 연구만으로는 동양의 고전에 담긴 2인칭적 사유를 충분히 강조하기에 역부족입니다. 동양철학이 오늘날에도 여전히 유의미할 수 있다는 사실을 증명하기 위해서는 우리 시대의 시선으로 동양의 고전을 재해석하는 활동이 필요합니다. 공자, 주희, 석가모니, 용수, 노자, 장자를 하이데거, 비트겐슈타인, 헤세^{Hermann Hesse}, 데리다, 들뢰즈^{Gilles Deleuze}, 보어^{Niels Bohr}와 함께 논의하는 이승종의 작업은 바로 동양철학의 2인칭적 사유가 지닌 현대적 가치를 드러내고자 하는 시도입니다.

(6) 철학이 2인칭적 대화의 활동이라는 사실은 이승종이 **한국철**

학에 관심을 가지는 중요한 동기가 됩니다. 2인칭적 대화는 언제나 대화에 참여한 인물들이 놓인 구체적인 삶의 맥락으로부터 시작될 수밖에 없습니다. 우리가 '한국인'이라는 정체성을 지닌 이상, 한국 사회 속에서 경험한 요소들이 우리의 대화에서 배제되기란 불가능합니다. 우리가 아무리 서구 학계의 유행을 좇아 서구 학계의 담론만을 이야기하고자 하더라도, 그마저도 우리가 살아가는 오늘날의 한국에서 서구 학계의 담론이 권위를 지니고 있다는 사실을 방증할 뿐입니다. 즉 한국이라는 맥락은 우리가 서구 학계의 담론을 수용하고 있는 상황에서도 여전히 사라지지 않습니다. 우리가 한국에서 만난 사람들, 한국에서 배운 내용들, 한국에서 논쟁한 주제들이 서구 학계의 담론을 논의하는 동안에도 여전히 암묵적으로 고려될 수밖에 없기 때문입니다. 따라서 이승종은 자신의 철학적 여정에 커다란 영향을 준 한국의 인물로 고유섭, 서영은, 김형효, 박이문 등을 선정하고, 이 인물들의 사유가 오늘날의 한국철학에서 지니는 의의와 한계에 대해 논평합니다. 우리 시대의 철학자, 소설가, 비평가를 사유의 대상으로 삼아 이승종 자신이 속한 오늘날 한국의 철학적 맥락에 대한 비판적 성찰을 수행하는 것입니다.

(7) **역사철학**에 대한 이승종의 관심 역시 2인칭적 대화에 대한 고찰에 근거를 두고 있습니다. 2인칭적 대화의 조건이 되는 한국인의 삶은, 그 맥락이 단순히 철학이라는 학술적 담론의 장에만 국한되지 않습니다. 현대 한국을 이루고 있는 역사적, 정치적, 문화적 배경 역시 우리가 철학을 하는 동안 명시적으로든지 암묵적으로든지 고려할 수밖에 없는 중요한 맥락입니다. 우리가 한국인으로서 존재하는 이상, '나'는 누구인지, '나'

들어가는 말

의 의미는 무엇인지, '나'는 어떻게 살아야 하는지에 대한 고민들은 한국 사회의 고유한 쟁점들과 깊은 관련을 맺고 있습니다. 따라서 이승종은 한·중·일의 상고사를 둘러싼 역사왜곡 문제, 일제강점기에 대한 해석 논쟁, 산업화와 민주화를 바라보는 보수와 진보의 이념 갈등, 남북 관계를 개선하기 위한 방법 차이 등 우리의 사회적 현실에서 제기되는 주요 쟁점들을 비판적 시선으로 탐구하면서 한국이라는 맥락을 성찰합니다. 특별히, 이 과정에서 '번역 불확정성' '관찰의 이론 적재성' '해석학적 순환' '과소결정' 같은 철학의 개념들이 어떻게 한국의 역사와 사회에 대한 논의에 적용될 수 있는지가 소개됩니다. 한국이라는 맥락은 이론철학과 실천철학의 간극을 넘어서는 사유가 펼쳐지는 구체적인 지평으로서 드러납니다.

(8) 2인칭적 사유는 우리가 '사람의 삶의 형식'에 따라 주어지는 자연 속에서 살아가고 있다고 강조하는 일종의 **자연주의**라고 할 수 있습니다. 이승종은 2인칭적 사유를 통해 제시된 자연주의를 '사람의 얼굴을 한 자연주의'라고 명명합니다. 즉 우리가 살아가는 '자연'이란 단순히 사물들의 총체가 아닙니다. 우리가 어떠한 '삶의 형식'을 지니고 있는지에 따라 자연이 어떠한 얼굴로 우리에게 주어지는지는 달라지게 됩니다. 박쥐의 삶의 형식을 지닌 존재자에게는 '박쥐의 얼굴'을 한 자연이 존재하고, 고등어의 삶의 형식을 지닌 존재자에게는 '고등어의 얼굴'을 한 자연이 존재합니다. 삶의 형식과 자연 사이의 상호 관계는 우리에게도 동일하게 적용됩니다. 사람의 삶의 형식을 지닌 존재자로서 살아가는 우리에게는 '사람'이라는 축과 '자연'이라는 축이 서로 밀접하게 얽혀 있을 수밖에 없습니다. 사람은 자연 속에서 살아가지만, 자연 역시 사람의 삶의 형식

속에서 존재합니다. 따라서 2인칭적 대화란 사람과 사람 사이의 관계에서 뿐 아니라 사람과 자연 사이의 관계에서도 성립한다고 할 수 있을지도 모릅니다. 자연에서 일어나는 모든 존재사건이 '사람'과 '자연' 사이의 상호관계를 언제나 이미 전제하고 있기 때문입니다.

　　(9) 윤유석은 이승종이 제시한 2인칭적 사유로부터 도출될 수 있는 철학적 가능성을 예상하면서 앞으로의 길을 그려 봅니다. 2인칭적 사유는 세계를 사물들의 총체로서가 아니라 상호작용의 과정으로 바라보려는 노력입니다. 기성품처럼 고정된 세계를 특정한 이론적 틀 속에 완벽히 담아낼 수 있다는 생각을 벗어날 경우, 세계가 우리에게 어떠한 방식으로 존재하게 될 것인지를 기술하고자 하는 시도가 바로 2인칭적 사유라고 할 수 있습니다. 이와 같은 세계가 바로 사람과 자연 사이에서 일어나는 경이로운 존재사건의 연속이 될 것이라는 사실이 2인칭적 사유가 보여 주고자 하는 진리입니다. 2인칭적 사유란 단순히 몇몇 철학적 주제에만 국한되는 입장이 아닙니다. 오히려 예술, 윤리, 역사 등 철학의 모든 주제가 2인칭적 사유의 태도에서 새로운 방식으로 논의될 수 있습니다. 가령 '예술'이란 세계에 대한 우리의 진부한 시선을 깨부수는 존재사건을 표현하는 활동으로 이해될 수 있을 것입니다. '윤리'란 타자와의 만남을 통해 서로가 따라야 하는 행위 규범을 매 순간 만들어 가는 활동으로 이해될 수 있을 것입니다. '역사'란 과거와 현재 사이에서 우리 자신의 정체성을 끊임없이 재해석하는 활동으로 이해될 수 있을 것입니다. 세계 전체를 2인칭적 대화의 관점으로 새롭게 해석할 수 있는 무한한 가능성이 우리 앞에 열려 있는 것입니다.

우리는 '길'이라는 은유를 따라 대화를 진행하였습니다. 총 12강으로 이루어진 우리의 책은 매 강의마다 이정표 → 길로 들어가며 → 길을 걸어가며 → 길에서 잠시 쉬며 → 수강생들과의 토론으로 구성됩니다. 각각의 부분은 다음과 같은 특징을 지니고 있습니다.

이정표: 매 강의는 '이정표'라는 제목의 글로 시작됩니다. 이정표에는 강의의 주제와 방향에 대한 개략적인 소개와 함께 우리가 그 주제들에 어떻게 관심을 가지게 되었는지에 대한 철학 이야기가 담겨 있습니다. 1-10강의 이정표는 이승종이, 11-12강의 이정표는 윤유석이 각각 작성하였습니다.

길로 들어가며: 이정표 이후에는 본격적인 대화가 이루어집니다. '길로 들어가며'라는 제목이 붙은 대화의 시작 부분에서는 강의의 주제와 관련된 기초적인 질문이 제기되고 그에 대한 답변이 이루어집니다. 강의를 이해하기 위해 전제되어야 하는 핵심 개념, 인물, 텍스트, 맥락 등이 대화의 형태로 소개되는 것입니다.

길을 걸어가며: 철학의 길에서는 의견의 충돌과 논쟁이 자주 벌어지기도 합니다. '길을 걸어가며'는 강의의 주제를 둘러싼 이승종과 윤유석의 철학적 대결을 담고 있는 부분입니다. 두 사람은 여기서 단순한 정보 전달을 넘어서는 치열한 토론을 벌입니다. 매 강의는 이 부분에서 가장 절정에 이른다고 할 수 있습니다.

길에서 잠시 쉬며: 철학의 길이 언제나 토론으로만 가득한 것은 아닙니다. 집중 토론 이후에는 '길에서 잠시 쉬며'라는 제목으로 조금 더 편안한 대화가 이어집니다. 학술적이고 형식적인 글에서는 담아내기 힘든, 철학 연구자들이 지닌 여러 가지 고민과 경험에 대한 진솔한 이야기가

이 부분에서 다루어집니다.

수강생들과의 토론: 철학의 길에서 진행한 대화는 강의에 참여한 수강생들에게도 공개되었습니다. '수강생들과의 토론'은 우리의 대화에 대한 수강생들의 질문과 감상과 논평을 담고 있습니다. 우리가 서로 격의 없이 대화를 진행하였던 것처럼, 수강생들 역시 우리의 대화에 대해 솔직하고 적극적인 반응을 보여 주었습니다.

우리가 진행한 대화의 텍스트가 이승종이 지금까지 지어 낸 일곱 권의 철학 서적이라는 점에서 『철학의 길』은 **과거**와 연결되어 있습니다. 그러나 그 길은 이 책의 부제가 시사하듯이 대화의 해석학이라는 **미래**의 철학을 향한 것이자 그 학문에 입각한 **현재**의 실천이기도 합니다. 대화의 해석학이라는 우리의 철학은 『철학의 길』이 그러하듯이 도상에 있는 진행형의 과제입니다. 이제 여러분을 그 흥미진진한 길로 초대합니다.

차례

1강

철학에 이르는 길

“

철학자는 구도자이고 철학은 구도의 학문이다.

윤유석 〈철학의 길〉의 진행을 맡은 연세대학교 철학과 박사과정생 윤유석입니다. 이번 강좌는 영미철학, 대륙철학, 비교철학, 한국철학, 역사철학 등 우리 시대의 다양한 철학 분야와 주제에 대한 열두 번의 강좌로 구성됩니다. 이번 강좌에서는 정보 전달 위주의 일반적인 해설 강좌들과는 달리 우리가 어떻게 철학의 길에 접어들 수 있는지, 우리 시대에 철학은 어떠한 길들로 갈라지게 되는지, 그 길들은 우리를 어디로 이끄는지를 연세대학교 철학과의 이승종 교수님과 함께 대화하고 토론하면서 '철학의 길'을 직접 걸어가 보고자 합니다.

앞으로의 강좌에서 저희에게 철학의 길을 안내해 주실 이승종 교수님을 소개해 드리겠습니다. 이승종 교수님은 연세대 철학과와 같은 과 대학원을 졸업하고, 뉴욕주립대학교(버펄로)에서 비트겐슈타인의 모순론에 대한 연구로 철학박사학위를 받으셨습니다. 대학원생들에게는 무엇보다 『비트겐슈타인이 살아 있다면』과 『크로스오버 하이데거』라는 뛰어난 학술 연구서의 저자로 유명하신 분입니다.

이정표

이승종 저로 하여금 세상을 깊고 넓게 이해할 수 있는 길을 열어 준 것은 헤르만 헤세, 토마스 만^{Thomas Mann}, 서머싯 몸^{Somerset Maugham} 등이 집필한 성장소설이었습니다. 철학과의 만남도 책을 통해서였습니다. 여성의 경우에는 월경의 시작 등 몸의 변화를 통해서 자신이 달라져 감을 눈으로 직접 확인하게 된다지만, 저의 경우 변화는 몸에 국한된 것도, 눈으로 볼 수 있는 것도 아니었습니다. 그러나 사춘기에 읽은 책들이 뒤흔들어 놓은 변화의 계기는 그 어떠한 것보다 절실하고 생생했습니다.

책은 저에게 별천지로 들어가는 스타게이트(차원을 이동하는 문)였고, 저는 책 속에서 위대한 작가 및 사상가들의 영혼과 대면할 수 있었습니다. 그들과 저 사이에 놓인 시간과 공간의 엄청난 간극을 훌쩍 뛰어넘어 그들이 펼쳐 보이는 이야기와 가르침에 빨려 들어가는 느낌이었습니다. 책의 저자들은 제가 발 딛고 선 시간과 공간이 전부가 아닐뿐더러, 실제의 시공간이 얼마나 광활하게 뻗어 있고 그 의미의 심층이 얼마나 깊은지를 보여 주었습니다.

저는 책을 통한 저자와의 만남을 제가 사랑하는 친구나 연인과의 만남 이상으로 높게 보게 되었습니다. 이처럼 소중한 만남을 저는 2인칭적 만남이라 부르겠습니다. 2인칭인 너 혹은 당신은 3인칭인 그처럼 멀리 떨어져 있지도, 1인칭인 나 혹은 우리처럼 자신과 밀착되어 있지도 않으면서, 제가 책을 펼칠 때나 읽은 내용을 생각할 때면 바로 저를 엄습해 온몸과 마음을 완전히 마비시켰습니다.

　　책과의 2인칭적 만남은 저로 하여금 삶을 원점에서부터 새로 생각하게 하는 계기가 되었습니다. 살아 있음의 의미는 무엇인지, 나는 무엇이 되고자 하는지, 무엇을 해야 하는지를 스스로에게 되묻곤 했습니다. 깨어 있을 때는 물론 잠을 자면서도 저런 화두를 붙잡고 있다 보니 온갖 꿈을 꾸게 되었고, 꿈에서 깨어난 후에는 그 꿈의 의미가 무엇인지를 알고자 프로이트의 『정신분석입문』을 들여다보았고, 저를 대상으로 그 책의 내용을 실제로 검증해 보기 위해 더 많은 꿈을 꾸고는 했습니다. 그러다 보니 당시 고등학생이던 저는 어느 겨울 방학을 바보처럼 잠만 자며 꿈만 꾸다가 다 지나 보내기도 했습니다.

　　책과의 2인칭적 만남에서 야기된 저의 실험과 방황은 신열이나 신내림과 같은 것이었으며 이를 통해 저는 곤충의 탈바꿈에 가까운 변화를 겪기 시작했습니다. 꿈속에서는 날갯짓으로 하늘을 날곤 했습니다. 고공비행은 아니었지만 제가 살던 동네를 내려다볼 정도 높이의 비행은 큰 어려움 없이 언제라도 가능했습니다. 깨어 있을 때에도 자신만의 생각에 곧잘 빠져 있었기 때문에 누군가 저를 보았다면, 넋이 나간 듯한 몽상가의 모습이었을 겁니다. 가까운 친구에게 저의 생각과 체험을 말이나 글(편지)로 털어놓기도 했지만, 친구와의 대화보다는 책과의 대화를 통해 스스로 돌파구를 찾아 헤매려고 했습니다. 친구보다 책이 더 가까이에 있었고 더 무궁무진했습니다.

　　저는 책이 열어밝혀 주는 미지의 길로 곧장 들어섰고 그 길을 가는 것을 제 인생의 업으로 삼기로 결심했습니다. 그중 가장 깊고 가장 먼 길은 철학이라는 이름으로 불린다는 사실을 어렴풋이 감지하였습니다.

학문의 진리를 탐구하는 규칙들을 알려 준 데카르트도 유익했지만, 헤세의 소설 속 주인공인 싯다르타가 제가 닮고 싶은 구도자의 모델이 되어 주었습니다. 제가 철학의 길로 나설 능력이나 자격이 있는지, 그 길이 저를 어디로 인도할지는 알 수 없었지만, 자석에 이끌리듯 철학에 이끌렸습니다. 다른 여러 길을 저울질해서 그중 가장 매력 있는 길을 선택한 게 아니라, 철학의 길을 선택의 여지가 없는 소명처럼 받아들였습니다.

저는 고3이 되어서야 그동안 미친 사람처럼 들떠 있던 제 마음을 다잡고 학업에 매진했으며 다행히 뜻한 바대로 철학과에 진학했습니다. 대학에서 마주한 학문의 세계는 눈부시게 광활했습니다. 인문학 중에서는 철학과 문학, 사회과학 중에서는 사회학과 경제학, 자연과학 중에서는 물리학이 각기 다른 방식으로 흥미로웠습니다. 저는 주마간산식으로나마 관심이 가는 학문들을 섭렵해 나갔습니다. 배움의 기쁨은 컸지만 그것으로 무엇을 해야 할지는 아직 알 수 없었습니다. 무지를 채워 가는 배움만으로는 부족해 보였습니다. 이것이 제가 바라던 구도자의 길인지 회의가 들 때도 있었습니다. 제가 들어선 길에 구도자는 보이지 않고 학자들만 눈에 띄었기 때문입니다.

질풍노도와 같았던 고등학생 시절에 비해 대학 4년은 학문의 기초를 닦는 시기였던 것 같습니다. 책은 여전히 강력한 메시지를 제게 보내오고 있었습니다. 책은 대학보다 위대했고 책의 저자들은 주위의 학자들보다 격조가 높았습니다. 대학원에 진학해서부터는 한 사람의 저자와 그가 쓴 한 권의 책에 연구를 집중하게 되었습니다. 제가 선택한 저자는 비트겐슈타인이었고 그가 쓴 『철학적 탐구』가 제 인생의 책이 되었습니다. 그를 선택한 이유는 그의 삶이 제가 찾던 구도자의 모습과 닮아서였고, 『철학적 탐구』는 그의 대표작이었습니다. 이렇게 연구 주제를 확정해 놓고 2년간 석사논문을 준비했고, 그 과정에서 철학에 대한 학술적인 글을 짓는다는 것의 즐거움과 보람을 흠뻑 느끼게 되었습니다.

　　석사논문을 마치고, 글을 통해서만 알고 흠모해 오던 법정스님을 찾아갔습니다. 학자의 길에 막 들어선 터였지만 구도자의 길에 대한 갈망 또한 컸기 때문입니다. 이 두 길이 서로 포개질 수는 없는지 알고 싶었습니다. 법정스님은 양자택일의 결정을 내리기 전에 먼저 절에서 생활해 볼 것을 권하셨습니다. 스님의 말씀대로 천안의 성불사에 있어 보았지만, 군 입대로 말미암아 절에서의 생활이 오래 지속되지는 못하였습니다.

　　그 후로 수십 년이 경과한 다음에 저는 수행을 익히려 찾아간 미얀마에서 쉐우민 Shewoomin 수행센터의 떼자니야Tejaniya 사야도에게 학자의 길과 구도자의 길에 대해 같은 질문을 하였습니다. 그분은 법정스님과는 다른 답변을 주셨습니다. 수행자의 자세는 학자가 추구하는 학문의 길에도 도움이 될 것이라면서 학문을 수행처럼 해 보라고 하셨습니다. 그때 학문도 더 깊고 너 넓어질 것이라고 하셨는데, 저는 그분의 말씀에서 격려와 용기를 얻었습니다. 학문에 대한 자유롭고 창의적인 영감이 떠올랐고, 과거에 접하지 못했던 새로운 경지가 열리는 느낌이었습니다.

　　철학 공부를 계속하다 보면 언젠가는 그것에 대해 글을 짓고 가르칠 기회가 오게 됩니다. 가르치려면 가르칠 내용을 먼저 자기화해야 합니다. 이 자기화는 짓기와도 일맥상통합니다. 짓기는 자기화의 산물이기 때문입니다. 박사논문을 쓰러 유학한 미국의 대학에서는 자격을 갖춘 대학원생들에게 학부과목의 강의를 맡겼는데, 저도 제가 개설한 철학 강의를 통해 서투르게나마 미국의 대학생들과 소통하게 되었습니다.

저는 대학 및 인근의 칼리지 외에 재소자들을 대상으로 한 교도소 내의 대학 프로그램에서도 철학을 강의하게 되었습니다. 교도소의 수강생들은 철학을 자신의 경험에 비추어 그 의미를 저울질하고 저마다 자신의 삶에 새겨보려 하였습니다. 그들에게는 저와의 만남이 갇힌 공간에서 외부의 자유인과 삶과 학문을 배우고 논할 수 있는 유일하고 귀중한 시간이었던 것 같습니다. 캠퍼스의 대학생들에게서는 저의 대학 시절이, 교도소의 수강생들에게서는 저의 고교 시절이 연상되기도 했습니다.

자신이 뜻한 길을 간다는 것은 있던 길을 잇고 없던 길을 낸다는 뜻도 포함되어 있습니다. 저는 철학에 뜻을 세우고 그것을 공부하고 그로부터 성과를 내고, 자신이 배우고 깨달은 바를 학생들과 공유해 왔습니다. 저마다의 인생에서 세우는 뜻이 꼭 철학이어야 할 필요는 없겠습니다. 무엇이든 의미 있는 것에 뜻을 세우고 이를 향해 매진하는 삶은 아름다운 삶이라고 생각합니다. 원대한 목표 없이, 자신에게 당면하는 삶을 즐기며 행복을 추구할 수도 있지만, 그러한 삶은 자신이 속한 공동체나 인류에 공헌하는 바는 미미할 것 같습니다.

저는 앞으로의 강좌에서 제가 평생에 걸쳐 철학을 공부하여 얻은 성과인 일곱 권의 책을 여러분과 공유하고자 합니다. 각 권에는 제가 철학에서 배운 바와 이를 토대로 제가 지어 본 생각이 함께 들어 있습니다. 저는 철학 배우기와 짓기는 철학에 뜻을 세운 사람뿐 아니라 철학에 관심이 있는 사람이면 누구나 할 수 있는 일이라고 생각합니다. 여러분이 앞으로의 철학 강좌에서 보고 느낀 바를 각자의 노트나 일기에 써 보는 순간 여러분은 철학 배우기와 짓기에 동참하게 되는 것입니다. 제가 전공한 철학자인 비트겐슈타인도 철학에 대한 자신의 사유를 평생에 걸쳐 일기 형태로 기록하였고, 그의 저서들은 이로부터 편집된 것들입니다.

미국에서 비트겐슈타인을 주제로 박사 논문을 마친 뒤에 저는 지도 교수님인 뉴턴 가버^{Newton Garver, 뉴욕주립대학교(버펄로) 철학과}와 *Derrida and Wittgenstein*(Temple University Press, 1994)이라는 영문저서를 공동 집필하였습니다. 저는 이 책을 짓고 『데리다와 비트겐슈타인』(민음사, 1998; 수정증보판 동연, 2010)이라는 제목으로 우리말로 번역하면서 데리다로부터는 해체주의, 그리고 비트겐슈타인으로부터는 자연주의라는 관점을 얻게 되었고, 이로써 서양 현대철학을 저 두 관점의 대비로 이해하는 기틀을 잡게 되었습니다.

『비트겐슈타인이 살아 있다면: 논리철학적 탐구』(문학과지성사, 2002)는 그에 대한 저의 연구를 논리철학, 특히 모순론을 중심으로 갈무리해 본 책입니다. 저는 그의 전기, 중기, 후기의 저술들이 각기 다른 방식으로 모순이라는 화두에 연루되어 있음을 밝히면서 전기에서는 이 시기 그의 대표작인 『논리-철학논고』의 체계 내에서 모순을 부각시켜 보았습니다. 중기에서는 수학이나 논리학과 같은 형식 체계에서의 모순에 대한 그의 자유방임적인 태도를 검토하였으며, 후기에서는 철학 및 일상적 삶에서의 모순이 의미하는 바를 살폈습니다.

비트겐슈타인은 번득이는 비전과 수행자의 맑은 혜안을 지닌 독창적인 철학자였지만, 그가 남긴 원고에는 이 둘이 상보적^{相補的}으로 온전히 부각되지는 못한 것 같다는 아쉬움이 있었습니다. 자신의 사유에 혹독하리만치 높은 수준으로 부과했던 엄밀성과 완벽주의로 말미암아 거의 모든 원고가 미완성에 그치다 보니, 원숙한 사유가 교향곡 스케일로 만개하지 못했다는 점도 부족함으로 느껴졌습니다.

비트겐슈타인에게서 느꼈던 아쉬움과 빈곤을 저는 하이데거로 부터 채울 수 있었습니다. 그는 서양철학사 전체를 깊이 있게 소화하여 이로부터 본래적이고도 웅혼한 사유를 한껏 꽃피워 냈습니다. 저는 삶에 대한 비트겐슈타인의 구도자적 태도를 존경했지만 하이데거가 펼쳐 보인 철학에 더 공감하고 동질감을 느끼게 되었습니다. 하이데거는 제가 좋아하는 브루크너^Anton Bruckner의 음악적 경지와 닮은 것처럼 보이기도 했습니다. 저는 하이데거에게서 배운 바를 나름대로 재해석하고 재창조하여 『크로스오버 하이데거: 분석적 해석학을 향하여』(생각의나무, 2010; 수정증보판 동연, 2021)라는 연구서를 지어 보았습니다.

비트겐슈타인과 하이데거를 통해 트인 안목으로 저는 제가 속한 동아시아의 심원한 사유를 들여다보았고, 우리 시대의 한국 철학자 및 예술가들과 교류하였습니다. 그로부터 얻은 결실이 『동아시아 사유로부터: 시공을 관통하는 철학자들과의 대화』(동녘, 2018)와 『우리와의 철학적 대화』(김영사, 2020)라는 두 권의 책입니다. 그에 이어 출간한 『우리 역사의 철학적 쟁점』(소명출판, 2021)은 우리의 상고사와 현대사를 철학적 관점에서 톺아본 작품입니다. 그사이에 저는 비트겐슈타인의 『철학적 탐구』(아카넷, 2016)를 해제와 역주를 달아 번역 출간하였고, 그 작업의 과정에서 새로이 깨닫게 된 그의 자연주의적 면모를 『비트겐슈타인 새로 읽기: 자연주의적 해석』(아카넷, 2022)이라는 연구서에서 풀어내어 보았습니다.

앞으로의 강좌에서는 지금까지 개략적으로 소개한 철학적 여정의 매 단계를 제가 그때마다 지어 본 책을 중심으로 좀 더 구체적으로 살펴 나가기로 하겠습니다.

길로 들어가며

질문 1. 교수님께서 생각하는 철학이란 무엇인가요?

윤유석 철학의 길을 본격적으로 걸어가기 전에 '철학'이라는 개념을 조율해야 할 필요를 느낍니다. 여느 학문들이 그렇듯이 오늘날 철학은 대단히 전문화되고 세분화되어 있습니다. 철학 연구자들조차 '철학'이라는 개념을 다의적으로 사용하곤 합니다. 가령 유럽의 **대륙철학**과 영미의 **분석철학** 사이의 간극은 여전히 꽤나 큰 편입니다. 같은 전통에 속한 연구자들 사이에서도 형이상학, 인식론, 윤리학, 미학 등 어떠한 분과를 전공하는지에 따라 철학을 이해하는 방식이 크게 다릅니다. 같은 **분과** 내에서도 어떠한 **주제**나 **인물**을 다루는지에 따라 연구자들 사이에 소통이 잘 되지 않기도 합니다. 심지어 같은 철학자를 전공하는 사람들 사이에서조차 어떠한 **텍스트**를 중심으로 학위 논문을 썼는지에 따라, 자신이 다루지 않은 텍스트에 대해 발언하는 것을 매우 꺼리기도 합니다.

　　　　이러한 상황에 비추어 볼 때 교수님께서 그동안 철학의 길을 걸어온 발자취는 아주 독특합니다. 교수님은 미국에서 비트겐슈타인의 모순론에 대한 연구로 박사학위를 받았지만, 이후에 데리다나 하이데거에 대한 여러 논문과 단행본을 출간하기도 했고 동양철학과 한국현대철학에 대해서도 연구서를 썼습니다. 최근에는 한국사를 둘러싼 사회·정치적 이슈를 고찰하는 일종의 실천철학 저서도 냈습니다. 교수님께서 다루는 철학의 주제는 대단히 다양하지만, 역으로 교수님처럼 다방면으로 철학의 주제를 다루는 분들이 대단히 적기도 합니다. 그래서 더욱 교수님께서 생각하는 '철학'이란 무엇인지를 여쭤 보지 않을 수 없습니다.

이승종 철학자는 구도자입니다. 철학은 구도의 학문이고요. 제가 모델로 삼는 구도자는 『화엄경』에 나오는 선재동자입니다. 선재동자는 진리를 구하러 53명의 선지식善知識, 즉 스승을 찾아 천하를 두루 누빈 끝에 보현보살을 만나 영원한 신심을 터득합니다. 선재동자가 53명의 선지식을 찾았다고 해서 그가 다루는 철학의 주제가 다양하다고 할 수 없듯이, 저도 오직 하나, 철학을 추구할 뿐입니다.

철학은 자신을 던져 사태의 실상을 그 흐름의 문맥과 함께 절실히 깨닫는 노력입니다. 자신과 사태 사이의 접점에서 일어나는 불꽃이 강렬할수록 좋은 철학입니다.

교수님께서 생각하는 오늘날 철학의 중심 주제는 무엇인가요?

윤유석 종교적인 뉘앙스가 강한, 예상치 못한 답변이네요. 제가 대학에서 전문 영역으로서의 철학에만 익숙해 있다 보니 선재동자 이야기는 생소합니다. 그러면 구체적으로 교수님이 그동안 해 온 철학에 대해서 여쭙겠습니다. 보통은 각자가 생각하는 철학의 중심 주제를 따라 철학 연구를 진행하는데, 교수님이 생각하시기에 오늘날 철학의 중심 주제는 무엇인가요?

이승종 오늘날 철학의 상황은 '위기'라는 말로 요약할 수 있습니다. 존립과 정체성의 위기입니다. 국내 대학에 설치된 철학과 중 21세기에만 10여 개의 과가 폐지되었다더군요. 철학이 없는 대학이 된 것입니다. 현대의 모든 학문은 과학의 영향하에 있다시피 한데, 과학의 도전에 철학도 자꾸 위축되어 과학을 닮아 가려고 하고 있습니다. 현대철학은 철학의 본래성에서 이탈하고 있으며, 그러다 보니 철학의 정체성 위기가 철학에서 가장 중요한 화두가 되었습니다. 반反시대적 사유가 친親시대적 사유로 변모하고, 진리보다는 편리가, 지혜보다는 매뉴얼이, 사상가보다는 전문가가 더 대접받는 것이 우리 시대의 모습입니다. 시대가 요청하는 전문가의 상이 철학이 추구해 온 구도자나 사유가의 상을 압도하고 있는 것입니다.

교수님께서 관심을 갖는 철학의 주제는 무엇인가요?

윤유석 교수님께서 생각하는 올바른 철학, 혹은 높게 평가하는 철학은 과학주의에 입각해 이 시대가 요구하는 전문화된 문제를 푸는 철학이라기보다는, 반시대적인 구도자적 철학인 거네요. 교수님께서 특별히 관심을 가지고 있는 철학의 주제나 사안은 무엇인가요?

이승종 세상의 깊이와 넓이와 이치를 헤아리고, 그 가운데에 던져진 내가 그로부터 무엇을 할 수 있는지를 생각하는 것이 철학의 본래적 모습입니다. 저는 그러한 철학의 본래성을 회복하는 데에 관심이 있습니다.

윤유석 일반적이지는 않은 대답인 것 같습니다. 대학에서 철학을 연구하시는 분들은 보통 학술적인 철학의 연구 주제를 말씀하시는데, 교수님께서는 철학의 고전적인 사유, 혹은 고유한 사유로 돌아가고 싶어 하는 것 같다는 인상을 줍니다.

교수님께서 높이 평가하는 철학, 철학자, 철학의 스타일은 무엇인가요?

윤유석 교수님께서 높이 평가하는 철학이나, 철학자나, 철학의 스타일 같은 게 있다면 어떤 것인지가 궁금합니다.

이승종 저는 바흐의 칸타타 〈눈뜨라고 부르는 소리 있거늘〉을 좋아합니다. 제목의 울림도 큽니다. 나의 빈곤을 일깨우고 나를 눈뜨게 하고 풍성하게 하는 철학, 나와 관심과 방향성이 유사하거나 일치하는 철학자, 무사무애無事無碍의 파격적인 자유분방함과 성실한 진지함을 동시에 갖춘 스타일을 높게 평가합니다. 위대한 사유는 동서양을 막론하고 무지의 자각에서 출발했습니다. 소크라테스, 석가모니, 예수가 그 대표적인 예입니다. 이들의 가르침이 저의 빈곤을 일깨우고 저를 눈뜨게 하고 풍성하게 해 주었습니다.

윤유석 제가 기대하고 예상했던 것과는 큰 차이가 있는 답변이어서 좀 놀랐습니다. 저는 학술적인 강단 철학에 중점을 두었다 보니, "제가 높이 평가하는 철학은 (예를 들어서) 비트겐슈타인의 자연주의입니다" 같은 대답이 나올 줄 알았거든요. 그런데 교수님은 철학을 통해서 삶의 깊이를 추구하는 구도자적인 면모를 보이고 계시네요.

질문 2. 하이데거와 비트겐슈타인의 철학에 대해 간략히 소개해 주실 수 있나요?

윤유석 교수님의 글에는 하이데거와 비트겐슈타인이 자주 등장합니다. 교수님은 하이데거와 비트겐슈타인이 "평생 연구의 과제"(이승종 2018, 70쪽)라고 고백하기도 했을 정도로 두 철학자를 중요하게 생각합니다. 교수님께서 두 철학자를 어떠한 방식으로 독해하고 계신지에 대해 간략한 설명을 부탁드립니다. 물론 하이데거와 비트겐슈타인은 각각 20세기 대륙철학과 분석철학에서 가장 영향력이 큰 인물들인 만큼, 철학의 영

하이데거

비트겐슈타인

역을 넘어 문학비평, 사회학, 심리학, 예술, 건축학, 종교학 등 다양한 분야의 연구자들에게 이미 이름이 널리 알려져 있기는 합니다.

그렇지만 두 철학자가 쓴 **텍스트의 난해함**과 두 철학자에 대한 **해석의 다양함**으로 인해, 두 철학자의 사유는 그 명성에 비해 잘 알려져 있는 것 같지는 않습니다. 더군다나 두 인물이 한 텍스트에서 나란히 비교의 대상으로 놓이는 경우는 매우 드물기도 합니다. 교수님께서는 어떤 점에서 그들을 교수님의 사유를 위한 두 축으로 삼았는지 궁금합니다.

이승종 하이데거와 비트겐슈타인은 잠자고 있던 저에게 눈을 뜨라고 부르는 소리로 다가왔습니다. 비트겐슈타인에게서는 인생과 철학에 대한 자세를 배웠고, 하이데거에게서는 그가 전개한 사유의 과정과 거기서 이룩한 풍성한 결실들을 배웠습니다.

우리는 하이데거와 비트겐슈타인에게서 무엇을 배울 수 있을까요?

윤유석 비트겐슈타인과 하이데거의 철학에서 교수님이 발견한 자세와 사유의 구체적인 내용은 무엇이었나요? 어떤 점에서 이 두 철학자들을 교수님의 작업을 진행하는 데 사용하고 계신지가 궁금합니다.

이승종 공자는 『논어』에서 "오전에 도를 들으면 저녁에 죽어도 좋다"라고 했습니다. 제게는 비트겐슈타인이야말로 이를 실천한 사람으로 다가왔습니다. 그는 탈장으로 징집이 면제되었음에도 불구하고 1차 대전에 자원해 희망대로 가장 위험한 최전선에 배치되었습니다. 그는 전쟁터의 한가운데로 자신을 내던져 거기서 구원과 깨달음을 얻었습니다. 도를 깨우치기 위해 목숨을 걸었던 것입니다. 그가 은거해 정진하던 노르웨이 피오르의 오두막은 벼랑 위에 세워져 있더군요. 진리 탐구를 위해서 자신을 벼랑 끝으로 몰아세운 그의 백척간두 정신이 제게 아주 강렬하게 와닿았습니다.

하이데거는 서양철학사 연구를 바탕으로 폭과 깊이에서 최상급의 사유를 펼쳐 보이고 있습니다. 제가 생각하는 바람직한 철학을 그에게서 발견했습니다.

윤유석 비트겐슈타인의 구도 정신과 하이데거의 사유에 감명을 받으셨다는 거네요. 이들 사이의 공통점은 무엇인가요?

이승종 두 사람 다 철학의 종말과 새로운 시작의 교차로에 선 반시대적인 사유가들입니다. 현대철학 전체를 상대로 위대한 투쟁을 벌였고, 이로부터 철학의 새로운 방향성을 개척한 선구자들이기도 하지요.

윤유석 하이데거와 비트겐슈타인의 차이점은 무엇인가요?

이승종 대략 네 가지를 꼽을 수 있겠습니다. 첫째, 비트겐슈타인이 시대의 대세를 이루는 과학주의에 정면으로 반대한 데 비해, 하이데거는 과학주의의 계보학을 천착하였습니다. 둘째, 비트겐슈타인은 새로운 개념의 도입을 거부한, 언어의 청빈주의자인 데 반해, 하이데거는 새로운 개념을 창출하는 데 능숙한 언어의 마법사였습니다. 셋째, 비트겐슈타인은 철학사를 배제한 상태에서 자신의 작업을 전개했는데, 하이데거의 철학은 그 자체가 철학사라고 할 만큼 철학사에 대한 깊은 이해와 그에 대한 온고이지신溫故而知新으로 자기의 사유를 전개하였습니다. 즉 비트겐슈타인의 사유가 공시적이라면 하이데거의 사유는 통시적입니다. 넷째, 비트겐슈타인은 형이상학을 배격하는 방향으로 철학을 한 데 비해서, 하이데거는 형이상학의 해체를 자신의 과제로 삼았습니다. 그의 해체에 대해서는 앞으로 대화를 진행하면서 논의하게 될 것입니다.

윤유석 만약에 비트겐슈타인과 하이데거 중에 한 사람을 골라야 한다면 누구를 고르실 건가요?

이승종 고르지 않겠습니다.

하이데거의 철학에서는 주로 어떤 부분에 주목하시나요?

윤유석 교수님께서 앞서 언급한 하이데거 사유의 폭과 깊이가 어떤 것인지 궁금합니다. 그의 철학에서 어떤 점에 주목하시나요?

이승종 과거에는 비트겐슈타인이나 분석철학과의 접점이 될 수 있는 수학, 논리학, 과학, 언어 등에 대한 하이데거의 사유에 관심이 있었습니다. 지금은 존재사건의 생생한 고유화에 대한 후기 하이데거의 성찰에 관심이 있습니다.

비트겐슈타인의 철학에서는 주로 어떤 부분에 주목하시나요?

윤유석 비트겐슈타인의 사유에서는 어떤 점에 특별히 주목하고 계신가요?

이승종 가버 교수님과 같이 쓴『데리다와 비트겐슈타인』이후 저의 첫 번째 단독 연구서인『비트겐슈타인이 살아 있다면』은 모순 개념을 중심으로 한 비트겐슈타인의 수학철학과 논리철학에 초점을 두었습니다. 최근에 출간한 연구서『비트겐슈타인 새로 읽기』에서는 사람의 삶의 형식과 자연사를 중심으로 그의 철학을 사람의 얼굴을 한 자연주의라는 해석의 틀로 독해해 보았습니다. 현재는 비트겐슈타인의 윤리학과 종교철학을 그의 삶과 연관해 풀어 보는 작업을 준비하고 있습니다.

길을 걸어가며

질문 3. 철학이 과연 인생의 실존적 문제들에 대한 답을 찾는 과정에서 도움을 줄 수 있을까요?

윤유석 교수님께서는 "유한성에 대한 경이감"(이승종 2020, 433쪽) 때문에 철학을 공부하기 시작한 것으로 알고 있습니다. 어느 에세이에서 교수님은

"아무리 발버둥 쳐도 삶을 지속하려는 생명체의 노력은 언젠가 좌절될 수밖에 없는 운명이다"라는 사실이 충격과 공포로 다가왔기 때문에 "유한성 너머의 무한성은 무엇인지"를 고민하는 과정에서 철학으로 인도되었다고 말씀하셨습니다(이승종 2020, 432-433쪽). 또한 학창 시절에 읽은 헤르만 헤세의 『데미안』, 『나르치스와 골드문트』, 『싯다르타』 같은 소설들이 교수님께서 철학의 길로 들어서는 데 큰 영향을 준 것으로 알고 있습니다. 이 소설들은 모두 삶과 죽음, 선과 악, 아름다움과 추함 등을 둘러싼 인생의 소위 '실존적' 문제들을 다룬 것으로 유명합니다.

저는 교수님께서 젊은 날에 고민했던 실존적 문제들에 대한 답을 과연 철학을 통해 발견하였는지 궁금합니다. 사실 많은 학생들이 실존적 문제들에 대한 관심을 가지고서 대학의 철학과에 입학합니다. (저도 그런 학생이었습니다.) 그러나 그중 상당수가 대학에서 이루어지는 소위 '학술적' 철학이 자신의 기대에 어긋나는 문제들을 다룬다는 사실을 깨닫고서는 이내 실망합니다. 더군다나 철학자들 중에서도 과연 철학이 실존적 문제들과 관련이 있는지에 대해 의문을 품는 사람들이 많습니다.

분석철학은 대개 실존적 문제들에 철저하게 무관심하고, 대륙철학은 실존적 문제들을 막연하게만 언급할 뿐입니다. 심지어 교수님께서도 하이데거와 데리다를 논평하면서 그 두 철학자가 우리에게 아무런 '비전'도 제시해 주지 않는다고 말씀하셨습니다. "하이데거의 경우에는 과학기술문명에 대한 탁월한 비판적 해석에도 불구하고 그 이후에 다가올 전향에 대한 비전이, 데리다의 경우에는 인문학의 텍스트들에 대한 현란한 해체 솜씨에도 불구하고 해체 이후의 비전이 그리 선명하지 않아 보였다"(이승종 2020, 435쪽)라고 말입니다. 그렇다면 교수님께서는 "세계는 왜 존재하는가?"나 "사람은 무엇을 위해 살아야 하는가?"와 같은 (일상인들이 흔히 '철학적'이라고 부르는) 실존적 문제들 앞에서 철학이 과연 어떤 역할을 한다고 생각하시는지 궁금합니다.

이승종 토마스 쿤^{Thomas Kuhn}에 의하면 뢴트겐은 X선을 어느 날 우연히 발견한 게 아니라 여러 시행착오와 몸부림 끝에 서서히 그 정체를 알아 가게 됩니다. 그래서 이름도 미지未知의 것에 대한 상징인 'X'라고 붙인 것입니다. (뢴트겐은 X선 연구과정에서 촉발된 것으로 보이는 암으로 사망하게 되는데 결국 진리와 목숨을 바꾼 셈입니다.) 철학의 경우에도 답을 찾는 과정에서 사유가 보다 성숙해지고, 벼려지고, 안목을 갖추게 됩니다. 두드리면 열릴 것이라는 『성경』의 말씀처럼, 답을 찾는 과정(도상)에서 길이 열린다고 생각합니다. 구도자는 길을 걷는 도정에 있는 존재자임과 동시에 횃불을 밝혀 길을 여는 개척자입니다.

　　　현대철학이 실존적인 문제에 대해서 관심이 없거나 문제를 비껴간다는 비판에는 일리가 있습니다. 철학의 직무유기를 지적하고 있는 것입니다. 철학이 철학은 안 하고 철학 아닌 다른 것들을 철학으로 생각하는 게 문제입니다.

윤유석 교수님이 말씀하신 내용에 두 가지 포인트가 있는 것 같습니다. 하나는 철학에서는 답 자체를 찾는 것보다는 질문을 하고 사유를 하는 과정이 중요하다는 것이고, 다른 하나는 그 과정에서 실제로 뭔가를 얻을 수 있는 게 있기는 있다는 것입니다. 우리의 생각과 가치관이 더 넓어지는 일이 일어날 수 있다는 것 같은데, 그러면 구체적으로 그 내용 하나하나에 대해서 질문을 드리겠습니다.

실존적 문제들에 대한 답은 철학보다는 사실 문학이나 종교에서 찾아야 하지 않을까요?

윤유석 저도 그랬지만 많은 학생들이 삶의 실존적인 문제들을 고민하다 철학과에 들어옵니다. 그런데 막상 들어와서 보면 철학과에서는 그런 것들은 전혀 다루지 않습니다. 실존적인 문제들은 종교, 문학, 예술에서 다루는 것 같고, 교수님께서 지금까지 들려주신 내용들도 대학 교과로서의 철학보다는 종교나 문학, 예술 쪽에 더 가깝지 않은가 싶은데요. 여기에 대해서는 어떻게 생각하시나요?

이승종 유석 씨가 구분한 철학, 종교, 문학, 예술 등의 구분은 제게는 인위적인 칸막이로 여겨집니다. 종교는 글자대로 풀이해 보면 으뜸이 되는宗 가르침教입니다. 으뜸이 되는 가르침이라는 점에서 종교는 철학과 구별되지 않습니다. 외국에서 문과대학은 'College of Letters'로 불립니다. 그때 'Letters'는 문학으로 새길 수 있지만 철학을 포함하는 인문학 전반을 뜻하기도 합니다. 문과대학은 또한 'College of Liberal Arts'로도 불립니다. 그때 'Arts'는 예술로 새길 수 있지만 철학을 포함하는 인문학 전반을 뜻하기도 합니다. 그런 것을 하나하나 구분해서 "우리와 당신은 다르다"는 식으로 장벽을 쌓는 게 과연 유익한 건지요? 그런 장벽을 철폐하는 게 현실적으로 어렵다면 높이라도 낮추었으면 하는 게 저의 바람입니다.

윤유석 로티$^{\text{Richard Rorty}}$는 철학이 일종의 '문학' 혹은 '문예 비평'이라면서 철학과 문학 사이의 구분을 없애야 된다고 주장합니다. 그리고 우리 세계를 근거 짓는 토대를 찾으려는 전통적인 철학의 역할이나 작업이 더 이상 가능하지 않다면서, 이러한 작업을 버리고 나면 철학은 결국 일종의 글쓰기라고 말합니다(Rorty 1978 참조). 철학은 예전에 쓰였던 글들을 계속 비판하고 넘어서면서 새로운 사회를 상상하려고 하는 문학이자 그런 문학적인 작품들에 대한 하나의 고찰로서 문예 비평이라고 말입니다. 교수님께서는 이러한 로티의 주장에 공감하시는 건가요?

이승종 정반대입니다. 제게 로티는 철학의 자기 부정과 그에 따르는 현대 철학의 위기를 단적으로 보여 주고 있는 사람으로 여겨집니다. 그는 심리철학에서 제거주의자로 알려져 있는데, 이러한 성향을 철학 자체에 들이대 철학도 제거의 대상으로 삼으려는 게 아닌가 합니다. 그는 문학과 철학 사이의 가교를 놓기보다 철학의 역할을 축소시키고 있습니다.

윤유석 그런가요? 저는 "철학은 글쓰기다"라는 로티의 말이 철학을 부정하거나 그 역할을 축소하는 것으로 이해하지 않습니다. 오히려 글쓰기야말로 우리가 정말 진지하게 임해야 하는 작업임을 환기시켜 주고 있다고 봅니다. 우리가 흔히 취미^{taste}의 문제라고 부르는 것들이야말로 오히려 열성적으로 참여해야 하는 작업이라는 점을 말이죠. 철학도 결국 문학처럼 일종의 '취미의 문제'(Rorty 1989a, 97쪽/국역본 210쪽 참조)가 아닐까요?

이승종 글을 쓰지 않았던 위대한 사상가들은 어떻게 되나요? 4대 성인으로 꼽히는 소크라테스, 공자, 석가모니, 그리스도는 글을 남기지 않았습니다. 비트겐슈타인에게 철학은 죽고 사는 절실한 문제였는데 로티와 같은 도시인에게는 한갓 취미의 문제가 될 수 있군요. 비트겐슈타인에게는 모욕적으로 들릴 수도 있겠습니다. 로티처럼 가볍게 취미 삼아 철학을 하는 것은 저의 길은 아닙니다.

윤유석 "철학은 단순히 취미의 문제다"라고 하면 교수님께서 말씀하신 것처럼 비트겐슈타인이 무덤에서 일어나서 분노할지도 모르겠네요. 다만 여기에 오해가 있는 것 같습니다. 로티가 '취미'라는 말을 사용할 때, 그리고 철학이 '취미의 문제'라고 말할 때, 그가 말하는 '취미'가 정말 주관적이고, 상대적이고, 진지하지 않고, 그저 가볍고 유쾌하게 즐길 수 있는 활동을 말하는 것은 아니라고 생각하거든요. 교수님께서는 "로티처럼 가볍게 취미 삼아 철학을 하는 것은 나의 길이 아니다"라고 하셨지만, 저는 그 말을 들으니 테리 이글턴Terry Eagleton이 로티에 대해 했던 이야기가 생각났어요. '로티rorty'라는 영어 단어가 '유쾌한' '즐거운' '경박한' '떠들썩한'이라는 의미이지만, 이글턴 자신이 만나 본 로티는 아주 진지한 사람이었다고 하더라고요(Eagleton 2009, 160쪽/국역본 206쪽 참조). 마찬가지로 로티가 철학을 '취미'의 문제, '문예 비평'의 문제라고 했을 때, 저는 그 말이 단순히 기존 철학이 수행했던 작업들을 가볍게 취급하자는 뜻은 아니라고 생각해요. 오히려 어떤 의미에서는 취미의 문제야말로 삶에서 정말 진정성 있게 몰두할 수 있는 것이잖아요. 때로는 삶 전체를 걸 수 있는 것이기도 하고요. 이런 의미에서 철학을 '취미의 문제'라고 부른다면, 이 말은 교수님이 생각하시는 철학관과 그렇게 어긋나지는 않을 것 같습니다.

이승종 만일 그런 의미에서의 철학이라면 거기에 왜 '취미'라는 가벼운 용어를 붙였는지 모르겠습니다. 더 적합한 다른 용어가 있을 텐데요. 저도 로티를 만나 보고서는 '취미로도 저런 경지에 이른 인품을 가질 수 있구나' 하고 좀 놀랐습니다. 그가 텍스트에서 한 말과 그 자신이 보여 주는 인품의 깊이가 부조화를 이루고 있다는 생각이 들었어요. 어쩌면 제가 취미에 대한 로티의 깊은 생각을 미처 다 헤아리지 못한 것일 수도 있겠군요. 그의 텍스트에서는 지금 유석 씨가 한 그런 깊은 해석을 발견하지는 못했습니다.

윤유석 물론 로티의 텍스트에서는 '취미'라는 말에 대한 깊은 분석이 나오지 않기 때문에, 저도 그 용어에 오해의 소지가 있다고 생각합니다. 그런데 가다머^{Hans-Georg Gadamer}를 보게 되면 오해를 없앨 수 있을 것 같아요. 가다머는 『진리와 방법』 1권에서 우리 시대가 과학기술문명에 경도되었다고 지적하면서, 과학주의를 벗어나 유럽의 인문주의 전통을 되살리려고 합니다. 이때 인문주의 전통의 네 가지 핵심 개념으로 가다머가 제시하는 것이 '교양' '공통 감각' '판단력' 그리고 '취미'예요. 가다머는 이 개념들로 칸트를 비판합니다. 칸트 이후로 예술작품 감상의 문제가 주관주의적이고 상대주의적인 문제가 되었다고 말이에요. 칸트가 예술작품 감상을 진리의 문제와는 아무 상관도 없는 문제로 만들어 버렸다는 거죠. 바로 이 비판에서 '취미'라는 개념의 의미가 새롭게 조명됩니다. 칸트 이전에 르네상스시대로부터 이어져 내려온 '취미'라는 개념은 칸트가 사용한 것과는 달리 주관적인 개념이 아니라, 오히려 진리의 문제와 밀접하게 연관되어 있는 개념이라는 것이 가다머의 주장이에요(가다머 1960, 64-73쪽 참조). 한마디로, 무엇인가가 '취미'의 문제로 다루어진다는 사실이, 그 대상을 단순히 주관적인 문제로 만들지는 않는다는 거예요. 저는 칸트에 대한 가다머의 비판을 보면서, 로티가 말한 '취미'나 '문예 비평'도 마찬가지의 맥락에서 이해해 볼 수 있을 것이라고 생각했습니다.

이승종 유익한 정보입니다만 취미라는 개념에 대한 은밀한 재정의의 오류를 범하고 있는 것 아닌가 싶기도 합니다.

오늘날의 지배적인 인생관과 세계관은 무엇이라고 생각하시나요?

윤유석 교수님이 보시기에 우리 시대에 지배적인 인생관이나 세계관이 있다면 그것은 어떤 것인가요?

이승종 우리는 물질이 신의 자리에 오른 물질주의의 시대를 살고 있습니다. 물질주의 일변도의 시대 상황은 정신이나 가치의 몰락을 수반합니다. 일체의 정신적 가치를 부정하다 보니 물질주의는 인문학과 종교의 몰락을 부추기고, 허무주의와 냉소주의의 대두를 초래하게 됩니다. 철학에서도 생명성을 느끼기 어렵습니다.

윤유석 물질주의의 영향 때문에 철학도 본래의 고유한 정신적인 가치를 지향해야 하는 역할에서 벗어나서 과학화되어 버렸고, 문학이나 종교와도 분리되어 버리는 일이 일어났다고 보시는 거네요.

교수님께서 지향하는 대안적 인생관과 세계관은 무엇인가요?

윤유석 교수님께서는 철학을 통해서 우리가 인생의 문제나 시대의 문제들을 사유할 수 있고 거기서 뭔가 얻을 수 있다고 하셨는데, 오늘날의 물질주의적 가치관과 세계관에서 벗어나는 대안적인 인생관이나 세계관이 있다면 그것은 어떤 것이라고 생각하시나요?

이승종 물질주의의 큰 문제는 그것이 지니는 반反생명성에 있습니다. 이를 극복하기 위해서는 사람에게 내재해 있는 영성과 신성을 회복하여 이에 부합하는 친생명적인 철학을 부활시키는 과제가 절실합니다. 저는 세상만물과의 교감을 통해서 생명성을 제고하려고 했던 샤머니즘을 제가 추구하는 친생명적인 철학의 원형으로 꼽습니다. 샤머니즘은 곧 미신이라는 시대적 편견과 오해를 극복하고 재평가되어 새로이 거듭나야 합니다. 제가 지향하는 철학은 이를 위한 개념적인 장치를 모색하는 것입니다.

윤유석 그런 철학이 어떤 식으로 가능할지는 앞으로 계속 논의를 진행하면서 들어 보면 좋을 것 같습니다.

질문 4. 학술적 철학의 성과중심주의가 반드시 잘못된 것일까요?

윤유석 지금까지는 철학의 내용에 대한 질문이었다면, 이제는 우리 시대의 철학의 형식에 대한 질문을 드리고 싶습니다. 교수님께서는 인문적 사유가 기술문명의 영향을 받아 비즈니스화되었다는 점에 대해 매우 안타까워하십니다. "철학이 공학이나 경영학으로, 사유가 계산으로 변모하여 장렬히 산화하는"(이승종 2010, 393쪽) 현재의 세태에 대한 비판이 교수님의 책 곳곳에서 등장합니다.

그러나 저는 성과중심주의를 지향하는 학술적 철학이 반드시 잘못된 것인지에 대해 의구심이 들거든요. 물론 교수님이 말씀하신 요지는 충분히 이해합니다. 철학이 너무 획일화되고, 틀에 박혀 있고, 주어진 제도에 맞춰지고 있다는 사실에 대한 비판의식은 저도 공유하고 있지만, 두 가지 점에서 의문스러워요.

첫 번째로, 교수님께서 철학이 문제풀이가 아니라고 강조하실 때, 왜 문제풀이가 아닌지를 저로서는 정확하게 이해하지 못하겠어요. 저는 항상 철학을 문제에 대해 답을 찾아가는 과정이라고 이해하면서 텍스트를 읽었거든요. 철학은 당연히 문제풀이라고 생각하고 있었어요. 실제로 이런 게 바로 포퍼Karl Popper나 쿤이 제시한 과학이나 철학의 모델이 아닐까요? 포퍼의 책 제목이 『삶은 문제 해결의 연속이다』이기도 하잖아요. 철학이 비즈니스화되어서 문제풀이의 과정이 되는 게 반드시 잘못된 것인가요? 물론 철학이 만약 객관식 선다형 문제풀이라면, 그래서 답이 하나로 정해져 있어서 그것만 정답이고 나머지는 모두 틀렸다고 한다면, 그런 철학에 대해서는 저도 거부감이 있었을 거예요. 그렇지만 철학은 주관식 서술형이잖아요. 그러니까 각자가 자신만의 문제를 가지고 있고, 자신만의 문제에 대해서 자신만의 논술을 쓰면서 철학을 전개하잖아요. 이렇게 각자가 자신의 '문제'에 대해 자신의 '답'을 찾아 나가는 작업을 '문제풀이'라고 본다면, 철학을 별다른 부정적 함의 없이도 '문제풀이'에 비유할 수 있을 것 같습니다. 실제 철학의 작업들이 그렇게 이루어지고 있는 마당에 바로 그 이유만으로 비판받아야 하는지에 대해 의문이 들어요.

　　　　두 번째는, 제가 최근에 읽은 글과 관련이 있어요. 얼마 전에 세인트앤드루스대학교의 프란체스코 베르토Francesco Berto라는 형이상학자가 자신의 SNS에 올린 글을 봤거든요. 철학 학술지에서 흔히 이루어지는 3인의 익명 심사평가 제도에 대해서 그가 자기 의견을 말한 글이었어요. 그는 학술적으로는 제3세계인 이탈리아에서 박사학위를 받았기에 자신의 이전 경력을 '더럽고 음탕한 과거dirty porn past'라고 생각하는데, 그럼에도 세인트앤드루스대학교라는 영국의 명문대학에서 교수를 할 수 있는 이유는 3인의 익명 심사평가 제도 덕분으로 보고 있더라고요. 자랑할 것 없는 과거에도 불구하고 이 제도 때문에 엘리트주의적인 영국 사회에서도 살아남을 수 있었다는 것입니다. 저는 이 일화가 성과중심적인 철학의 긍정적인 면모일 수도 있겠다고 생각했어요. 제3세계에서 철학하는 사람들에게는 학술적 철학이 선입견 없이 오직 성과만을 요구한다는 점이 기회일 수도 있겠다는 생각이 들어요. 이처럼 비즈니스화되고, 문제풀이화되고, 경영학이나 공학의 방식들을 받아들인 오늘날의 철학적 담론들에 긍정적인 면모도 있지 않을까요?

이승종 이탈리아에서 학위를 받은 철학 교수님은 직업으로서의 철학이라는 문맥에서 의견을 말씀하시는 것 같습니다. 직업 철학자가 제도권 안에서 어떻게 동료 교수들의 평가를 통해 살아남고, 철학 교수직을 유지하게 되었는지에 대한 체험이나 노하우know-how에 대해서 말입니다. 그러나 저는 직업으로서의 철학보다 철학 그 자체에 대해서 이야기하고 싶습니다.

쿤이 과학이나 철학을 문제풀이로 보았는지에 대해서 저는 의심합니다. 그는 정상과학normal science이 문제풀이의 과정으로 변모한다고 했지만, 그의 방점은 정상과학이 아니라 정상과학의 틀을 깨뜨려 패러다임의 위기와 전환을 초래하는 혁명적인 사유에 있습니다. 그러한 사유는 정상화normalize된 과학보다는 철학에 더 잘 어울리는 거고요.

철학이 문제풀이라는 유석 씨의 말은 일면 일리가 있고, 특히 직업으로서의 철학과 아주 잘 들어맞는데 바로 그러한 스테레오타입으로 철학 전체를 규정하려는 게 아닌가 합니다. 철학을 문제풀이로 국한해 이해하는 것은 자의적입니다. 문제풀이가 아닌 형태의 철학이 얼마든지 가능하기 때문입니다. 공자나 파르메니데스Parmenides가 무슨 문제를 풀었나요? 하이데거는 존재의 문제를 **풀었나요?** "물음은 사유의 경건함"이라는 그의 말에 답이나 해법에 대한 언급은 없는데, 유석 씨는 이를 어떻게 이해할는지 궁금하네요. 보통 '문제풀이'라고 하면 수학에서의 문제풀이처럼 일종의 알고리즘이 연상됩니다. 현대의 학문은 그런 알고리즘에 맞춰서 매뉴얼로 정형화되는 감이 있지만, 저는 철학과 알고리즘은 서로 상극이라고 봅니다.

윤유석 그렇지만 공자도 분명히 춘추전국시대의 난세를 극복하고자 했다는 점에서, 어떻게 해야 이상적인 사회를 건설할 수 있는지를 고민했다는 점에서, 문제풀이에 참여했다고 볼 수 있지 않을까요? 마찬가지로 하이데거도 기술문명시대에 어떻게 해야 '존재의 목소리'를 들을 수 있는지를 고민했다는 점에서, 어떻게 해야 우리에게 말 걸어오는 존재자들을 발견할 수 있고, 그 존재자들에게 주목할 수 있는지를 고민했다는 점에서, 나름대로 '문제풀이'에 참여한 것으로 설명할 수 있을 것이라는 생각이 들거든요.

이승종 유석 씨는 제가 하는 비판에 대해서 약간씩 말의 뜻을 바꿔서 최대한 긍정적으로 반론을 제기하는 것 같은데, 흥미로운 시도입니다. 계속해보시죠.

윤유석 물론 이것이 단순히 '말뿐인 논쟁verbal dispute'인지는 모르겠어요. '취미'나 '문제풀이'가 부정적인 의미가 아닌 긍정적인 의미로도 충분히 이해될 수 있고, 바로 그렇게 이해됐을 때 교수님이 말씀하신 내용과 상충하지 않을 수 있다고 보여요.

이승종 네 좋습니다.

오늘날 대학의 성과평가 제도에 대해 어떻게 생각하시나요?

윤유석 직업으로서의 철학이 가능하기 위해서는 성과평가 제도가 있을 수밖에 없고, 또 이런 제도가 오늘날 철학 연구들과 떼려야 뗄 수 없는 밀접한 관계를 맺고 있는 것 같습니다. 예를 들어 교수나 대학원생 같은 연구자는 일정 편수의 논문을 써야 하고, 그 성과에 대해서도 평가받아야 하는데 교수님은 이런 제도들을 어떤 관점에서 바라보고 계신가요?

이승종 현대 사회는 모든 척도를 비즈니스에 두는 것 같습니다. 철학은 대학이라는 제도 안에 편입되고, 대학은 점점 회사를 닮아 갑니다. 회사에서 사용되는 '업무평가' '연봉' '승진' 같은 말들이 대학에서도 그대로 사용되고 있습니다. 대학에 같은 해에 임용된 교수들끼리는 서로를 '입사동기'라고 부르기도 하고요. 제가 몸담고 있는 대학의 어느 총장님은 본인을 'CEO'라고 규정하고 그 방향으로 대학을 변혁해 나가셨죠. 대학에서 이루어지는 업적평가는 기업에서의 업무평가와 닮아 있습니다. 평가를 통한 인센티브 부여 등으로 대학에서도 사내 경쟁이 가열되고 있습니다.

현대에는 많은 사람이 자신을 노동자로 자리매김합니다. 대다수가 '일'을 하며 그들에게는 생존이라는 절박한 문제에 걸려 있습니다. 철학자도 예외일 수 없습니다. 사내의 일들이 그러하듯이 대학이 양산하는 성과물도 고만고만한 도토리 키 재기가 되어 가고 있습니다. 제도에 길들여진 탓에 정말 판을 깨거나 돌파구를 마련하는 성과는 드문 게 현실입니다. 현대 물리학에 혁명을 가져온 아인슈타인이 물리학과 교수가 아니라 특허청 직원이었다는 사실은 시사하는 바가 큽니다. 학계에서 철저히 아웃사이더였던 탓에 그는 그토록 자유분방한 사유를 펼칠 수 있었던 게 아닐까요?

명분과 스펙을 중요시하는 한국 사회에서는 교수로 생활하는 동안 논문을 한 편밖에 제출하지 않았던 비트겐슈타인이 과연 재임용 심사에서 살아남을 수 있었을지, 혹은 박사학위가 없는 크립키 Saul Kripke, 맥도웰 John McDowell, 셀라스 Wilfrid Sellars가 교수로 임용될 수 있었을지조차 의심스럽습니다. 이방인들의 설 자리가 없다는 게 일률화되어 가고 있는 현대 사회와 학문의 이면입니다.

철학적 연구에 대해서도 가치의 우열에 대한 분명한 평가 기준이 있어야 하지 않나요?

윤유석 그래도 저는 좀 더 대학을 옹호하는 입장에서 말씀을 드려 보고 싶어요. 대학은 어떤 방식으로든지 사람들에게 자신의 존재 의의를 보여 줘야 하는 기관이잖아요. 마찬가지로 철학에서도 '이 사유가 왜 중요한 것인지' 혹은 '이 이론이 왜 다른 이론보다도 더 뛰어난 것인지'하는 것들을 보여 줄 수 있어야 된다고 생각해요. 철학 논문이 어떤 성과를 내었는지, 그래서 이 논문이 왜 우수하고, 중요하고, 가치 있는 작업인지를 증명할 수 있어야 사람들에게 지원도 받을 수 있잖아요. 더 나아가서 대학이라는 제도가 남아 있어야 하는 의의도 증명할 수 있는 거고요. 교수님께서는 여기에 대해서는 어떻게 생각하시는지 궁금해요.

이승종 투고된 논문들을 채택할지 말지에 대한 기준으로서의 제도화된 평가 기준은 있어야겠죠. 그러나 그것은 제도화된 학술지와 학회 내에서 직업으로서의 철학에서만 의미가 있을 겁니다. 이를 일반화해서 철학적 사유에 대한 평가에 서열을 만들 수 있다는 식으로 확장한다면 문제가 생기죠. 우리가 논의하게 될 해체주의는 바로 그러한 위계질서에 반대하지 않습니까? 해체주의를 좋아하는 유석 씨가 그런 주장을 하는 것은 일종의 자가당착인 것 같군요. 기준을 하나로 제도화하는 것이 대학의 흐름이라면, 그 흐름은 일종의 오토메이션^{automation}을 촉진하게 되고, 그 오토메이션 하에서는 철학도 평준화되어 버릴 것입니다. 철학은 이러한 흐름과는 거리를 두어야 합니다.

연구자가 연구비를 지원받기 위해서는 자신의 성과를 입증해야 하는 것이 당연하지 않을까요?

윤유석 '직업으로서의 철학'에 해당되는 문제라고 하셨지만, 사실 우리 시대에는 철학 연구자가 자신의 활동을 직업으로 삼지 않으면 철학을 하기 힘들잖아요? 학생이든 교수이든 대학을 통해서 지원금을 받아서 자기의 생계를 이어 나가야 하고, 그렇지 않으면 말 그대로 '먹고 살 수 있는' 방안이 없어지게 됩니다. 따라서 다른 많은 직종들이 그렇듯이 철학을 연구하는 사람들도 자신의 연구를 통해서 자신이 왜 사회에 공헌할 수 있고, 자신이 왜 사람들의 지원금을 받아 마땅한지를 보여 주어야 하지 않을까요? 이런 자기 입증은 직업인의 당연한 의무인데 연구자가 연구비를 지원받기 위해서 자신의 성과를 입증하고, 기성 제도를 따라가는 활동들이 그렇게 잘못된 건가요?

이승종 잘못된 건 아닙니다. 그런데 연구비를 받기 위해서 자신의 가설을 정당화하는 것도 그 연구비를 주는 기관이 마련한 서식에 있는 매뉴얼대로 해야 됩니다. 그러한 절차를 밟아가다 보면 자기도 모르게 사유가 제도에 길들여지게 됩니다. 연구의 오토메이션에 자신도 기여하게 되는 셈이죠. 어쩔 수 없는 일이라고 넘어갈 수도 있겠지만, 철학이 거대한 기술문명의 주문 요청에 응하여 한 부품으로서 기능하게 되는 과정이 아닌가 싶습니다.

저는 직업인으로서의 철학자를 부정하는 것이 아닙니다. 다만 철학자는 일정 부분 자유인이어야 하고, 방외方外로부터의 소리에 귀 기울일 수 있고, 야생의 사고에 열려 있어야 한다고 생각합니다. 제도에 최적화된 채로 노동자로만 살아서는 안 됩니다.

윤유석 사실 해체주의조차도 이제는 학술화되어서 논문의 형식에 갇히고, 그 내용도 제도권에 의해 평가받아야 하는 상황이 아이러니하기도 합니다.

길에서 잠시 쉬며

질문 5. 인공지능이 철학을 하는 날이 언젠가는 오지 않을까요?

윤유석 저는 철학의 문제에 대해서조차도 언젠가는 인공지능에게 조언을 구해야 하는 날이 오지 않을까 하는 상상을 해 보곤 합니다. 실제로 최근의 인공지능 기술은 섬뜩할 만큼 놀랍게 발전하였습니다. 가령 몇 년 전까지만 하더라도 인공지능이 전문 예술가 수준의 그림을 그리는 시대가 곧 오게 될 것이라고 생각하는 사람은 드물었죠. 그런데 그림 인공지능 미드저니Midjourney가 생성한 작품이 2022년 콜로라도 주립박람회 미술대회의 디지털 아트 부문에서 1위를 하는 사건이 벌어졌습니다. 싸고 빠르게 질좋은 그림을 생산해 내는 노벨 AINovelAI 같은 프로그램으로 인해 현역 일러스트레이터들의 생계가 위협받는 문제까지 생겼죠.

1강 철학에 이르는 길

챗지피티^{ChatGPT}에다 대학의 철학 과제를 입력해 질문했을 때도, 대부분의 경우에는 어설픈 대답을 내놓지만, 그중 몇몇은 B0 정도는 받을 수준의 철학적인 대답을 내놓기도 한다더라고요. 이런 현상들을 볼 때마다, 인공지능이 사람보다 철학을 더 잘 해내게 되는 일도 불가능하지는 않으리라는 생각이 듭니다. 교수님께서는 인공지능이 철학을 하게 되는 날이 (그것도 사람보다 더 잘 하게 되는 날이) 오게 될 것이라고 생각하시나요?

이승종 지능을 어떻게 정의하는지에 달린 문제라는 생각이 듭니다. 신기술일수록 과장이나 과찬을 주의 깊게 경계할 필요가 있습니다. 각광을 받으며 나타났다가 슬그머니 사그라져 버린 기술이나 전문 개념들이 한둘이 아닙니다. 인공지능도 거품이 꺼질 우려가 있어요. 유석 씨가 이야기한 것과는 달리, 저의 판단으로는 인공지능 프로그램들이 그리 똑똑해 보이진 않던데요. 인공지능이 하나하나의 기술적인 약진은 이루어 냈지만 사람의 경우처럼 지능을 총체적인 개념으로 이해해 본다면, 진지한 대화를 통해 조언을 얻을 수 있는 수준의 지능은 현재의 기술로는 요원한 것이 아닌가 합니다.

저는 인공지능 기술에서의 돌파구가 마련되기를 고대합니다. 그런데 한편으로는 '이게 과연 가능할까?' 하는 회의도 듭니다. 사람은 사춘기를 겪으면서 질적인 비약을 이루어 내곤 합니다. 기술의 관점에서 보자면 사춘기 때의 고민과 방황은 일종의 기능 장애나 고장이 아닌가 싶은데요. 카프카^{Franz Kafka}는 「변신」에서 이를 벌레로 탈바꿈한 사람에 견주기도 했지요.

저의 경우에는 학교 공부에 매진해 다른 학생들과 경쟁하던 때가 아니라, 그런 레이스에서 일탈해 낯선 길로 접어들어 다른 생각을 하게 될 때 새로운 빛이 보이더군요. 인공지능도 그런 경험을 하면 사람과 비슷한 어떤 질적인 도약을 이룩할 수 있을까요? 그런데 인공지능에게 사춘기가 과연 가능할지, 그런 기회가 주어질지 모르겠습니다. 인공지능 기술자들이 말을 안 듣는 인공지능을 과연 그냥 놔둘까요? 고장 난 거라고 갖다 버릴 것 같은데요. 벌레로 탈바꿈한 「변신」의 주인공도 가족들로부터 버림받는 운명이었죠.

사람과 동등하거나 더 뛰어난 수준의 지능을 가진 '강인공지능'이 등장할 수 있을까요?

윤유석 교수님께서는 사람과 동등하거나 더 뛰어난 사유를 하는 강인공지능이 등장할 수 있다고 생각하시나요? 물론 현재 인공지능은 아직은 강인공지능에 도달하기에는 멀었다고 하죠. 제가 말씀드린 그림 인공지능들도 다른 것은 다 잘 그리지만, 손가락과 발가락은 아직도 그리기 어려워하더라고요. 이런 걸 보면 역시 철학하는 인공지능이 출현하려면 아직 멀었다는 생각이 들긴 해요. 하지만 그 가능성 자체가 아예 없진 않잖아요. 우리의 심리 상태를 사적 감각으로 설명하면 안 된다는 비트겐슈타인의 주장을 끝까지 밀고 나가면, 인공지능 개발에 장애나 문제가 되는 초자연적인 것은 아무것도 없다는 결론이 도출될 것이라고 봐요. 그래서 언젠가 강인공지능이 도래할 수 있다는 주장도 철학적으로 정당화될 것이라고 생각하고요.

이승종 저는 기술의 미래에 대해서 철학자가 선언적으로 있다, 없다 혹은 가능하다, 아니다를 말할 권리나 자격은 없다고 봅니다. 그냥 열어 두는 게 더 낫지 않을까요? 인공지능은 앞으로 어떤 식으로 어느 방향으로 성장할지 아직은 아무도 알 수 없는 판도라의 상자이죠. 다만 현재까지의 인공지능 연구로는 강인공지능의 실현은 요원하며, 방향 전환에 해당하는 돌파구가 필요하다고 내다볼 뿐입니다. 능력치를 제고시키는 면에만 관심이 있는 현재의 인공지능 개발과는 다른 물에서 새로운 인공지능이 탄생할 것 같습니다.

인공지능의 철학이 도래한 날에 사람의 철학은 어떤 의의를 지닐 수 있을까요?

윤유석 알파고가 등장하고 난 다음에 많은 바둑 기사들이 '내가 두는 바둑이 도대체 무슨 의미가 있을까? 사람이 두는 바둑은 인공지능에게 아무것도 아닌 게 되었는데….'라는 생각을 하게 되었잖아요. 지금의 일러스트 작가들도 '그림이라는 것이 정말 깊이가 있는 걸까?'라는 고민을 하고 있다고 하더라고요. 그런 맥락에서 우리가 인공지능에게 철학을 물어야 하는 날이 온다면, 사람의 철학이라는 것이 어떤 의미를 지닐 수 있을까요?

이승종 미래가 예측대로 돌아갈 것이라고 생각하는 건 독선이나 오만이겠지만, 그때는 사람의 철학에서 거품이 빠지게 되지 않을까 조심스레 예상해 봅니다. 저는 알파고가 이세돌을 꺾었을 때, "어떤 바둑 기사는 우주풍의 바둑을 둔다" "어떤 바둑 기사는 바둑이 두텁고 호전적이다"와 같은 수

사들의 빛이 바래지는 느낌을 받았습니다. 알파고의 등장으로 말미암아 기존의 바둑 이론들이 전면적으로 재검토되고 있습니다. 마찬가지로 인공지능이 철학을 하게 되는 날, 철학에서도 인간중심적인 면에서의 거품이 빠지게 되지 않을까 예상해 봅니다. 혹은 그로부터 사람이 추구하는 철학의 진정한 에지edge가 무엇일지에 대해서 다시 생각해 보게 될 것 같습니다.

인공지능에게 철학의 문제에 대한 조언을 구하는 것도 유익한 점이 있지 않을까요?

윤유석 교수님께서는 인공지능에게 철학적 조언을 구하는 것에 대해서 긍정적으로 생각하시는 건가요?

이승종 철학하는 인공지능의 출현을 고대합니다. 그것은 지구에 외계인이 나타나는 것에 견줄 만한 일입니다. 챗봇과 나눈 대화들을 살펴보면 아직까지는 그렇게 흥미롭진 않더라고요. 질문자가 사용한 문장들이나 표현들을 적절히 재구성해서 답변처럼 보이게 출력하는 정도인데 이걸 진정한 대화로 보기는 어렵겠죠. 그런데 미래에 우리가 인공지능과 진정한 대화를 나눌 수 있고, 그로부터 어떤 유익한 조언을 얻을 수 있다면, 이는 정말 획기적인 사건일 것입니다. 사람에게서도 배울 게 많은데, 사람과는 다른 인공지능에게서도 배울 게 많겠지요. 인공지능으로부터 철학을 배울 수 있다면 그것은 축복일 것입니다.

윤유석 오늘 교수님과 대화하면서 많이 놀랐습니다. 저는 철학을 대학에서 이루어지는 학술적인 활동이고, 논문을 쓰는 활동이라고만 여겨 왔거든요. 그런데 교수님과 대화를 하면서 철학이 자신을 성찰하는 작업이고, 문제풀이 이상의 사유를 진행하는 작업이라는 점을 다시 생각해 보게 되었습니다. 교수님을 통해 알게 된 정현종 시인의 「방문객」이라는 시를 떠올려 봅니다.

> 사람이 온다는 건
> 실은 어마어마한 일이다.
> 그는
> 그의 과거와
> 현재와
> 그리고
> 그의 미래와 함께 오기 때문이다.
> 한 사람의 일생이 오기 때문이다.

대화를 진행하면서 교수님의 과거와 현재와 미래, 즉 일생을 마주하게 된다는 생각을 하니 설레고 기쁩니다.

메신저로 나눈 후일담

윤유석 교수님과 대화를 마치고 집에 가는 길에 다음 구절이 계속 생각나더라고요.

바리새파 사람 가운데 니고데모라는 사람이 있었다. 그는 유대 사람의 한 지도자였다. 이 사람이 밤에 예수께 와서 말하였다. "랍비님, 우리는, 선생님이 하나님께로부터 오신 분임을 압니다. 하나님께서 함께하지 않으시면, 선생님께서 행하시는 그런 표징들을, 아무도 행할 수 없습니다." 예수께서 그에게 말씀하셨다. "내가 진정으로 너에게 말한다. 누구든지 다시 나지 않으면, 하나님 나라를 볼 수 없다." 니고데모가 예수께 말하였다. "사람이 늙었는데, 그가 어떻게 태어날 수 있겠습니까? 어머니 뱃속에 다시 들어갔다가 태어날 수야 없지 않습니까?" (『요한복음서』, 3:1-4)

제가 철학을 너무 대학에서 이루어지는 연구로만 생각하고 있어서, 교수님께서 대화 중에 하신 말씀의 맥락을 놓친 게 아닐까 하고요. 마치 "다시 태어나야 한다"라고 예수님이 말씀하셨을 때 당황해서 "어떻게 다시 태어난단 말입니까?"라고 질문한 니고데모처럼요.

이승종 저는 종교인은 아니지만 유석 씨가 인용한 예수님 말씀에 고개를 숙이게 됩니다. 눈멀고 귀먹은 우리를 질타하고 일깨우는 죽비입니다. 예수님이 다시 오셔야 합니다. "신만이 우리를 구원할 수 있다"는 하이데거나, "신의 영광을 위해 글을 지었다"는 비트겐슈타인도 동의하리라 생각합니다.

그러나 한편으로는 도스토예프스키의 『카라마조프의 형제들』에서 읽은 「대심문관」 편이 떠오르기도 했습니다. 재림하신 예수님을 대심문관이 시대의 잣대로 심문하는 대목이었지요. 소설 속 예수님은 침묵으로 일관하더군요. 이 시대는 예수님이 오셔도 구원받지 못할 만큼 철저히 타락했다는 메시지로 읽었습니다.

수강생들과의 토론

박득송 철학은 수학을 위시한 과학과 어떻게 다릅니까?

이승종 수학을 위시한 과학의 경우 정리^{theorem}나 가설을 증명하는 절차의 알고리즘이나 방법이 확고하게 정립되어 있습니다. 반면 철학은 그러한 문제풀이와는 구별되는, 보다 자유롭고 모험적인 활동입니다.

박득송 그러나 예컨대 우주에 대한 과거의 철학적 성찰을 들여다보면 과학이 뒷받침되지 않은 상태에서 제기된 탓에 허무맹랑한 경우들이 많았습니다. 과학주의의 시대에 철학은 과학과 함께해야만 살아남을 수 있을 것입니다.

이승종 공감합니다. 사실 문제풀이로서의 과학은 쿤의 용어를 빌리자면 정상과학$^{normal\ science}$의 단계에 들어맞는 정의입니다. 여기서 정상과학이란 패러다임의 틀이 잡혀진^{normalize} 단계의 과학을 말합니다. 그러나 쿤은 새로운 패러다임의 등장에 따른 기존 패러다임의 붕괴와 같은, 정상과학 성립 전후의 혁명적 과정에 더 많은 관심을 기울입니다. 세계관의 교체 paradigm shift라고 할 수 있는 그 과정에는 철학이 개입하기 때문입니다. 패러다임으로 틀이 잡혀지기 이전의 모험적 사유들은 철학에 더 가깝다고 할 수 있습니다. 예컨대 현대 물리학의 패러다임으로 자리 잡게 되는 양자역학의 초창기를 이끌었던 보어와 하이젠베르크Werner Heisenberg의 사유는 철학적으로도 가치가 높습니다. 저만 해도 그들의 저술에서 많은 영감을 얻습니다. 과학과 결별한 철학은 더욱 왜소해질 것입니다.

박오병 깨달음이란 무엇입니까? 유교나 불교에서 깨달음의 목적어로 예시되곤 하는 도道나 무無, 혹은 공空은 얼핏 들으면 그럴듯하지만, 자신도 잘 알지 못하는 데서 연유하는 헛소리 아닌가요?

이승종 베토벤의 〈환희의 송가〉는 우리에게 아주 익숙한 멜로디이고 광고 음악으로 사용되기도 합니다. 〈환희의 송가〉는 베토벤의 교향곡 9번 4악장이 출처인데 실러Friedrich Schiller의 시에서 가사를 차용한 〈환희의 송가〉 이후로도 4악장은 계속되고, 베토벤은 자신이 창작해 덧댄 가사에 자신만의 철학을 새겨 넣고 있습니다. 한 시간이 넘는 대작인 교향곡 9번이라는 문맥하에서야 〈환희의 송가〉도 제 의미를 갖는 것입니다.

깨달음에 대해서도 깨달음이 새겨진 고전을 등불 삼아 깨달음에 이르는 과정을 따라가 되새겨 본 다음에 그 전체 문맥 속에서 이해하는 것이 바람직합니다. 문맥에서 따로 떼어 낸 상태에서 깨달음의 내용 자체만의 시비를 거론하는 것은 유익하지 못합니다. 예컨대 노자의 『도덕경』

은 도道에 대한 유명한 명제로 시작하지만, 그게 다가 아니라 『도덕경』의 끝까지 풍성하게 도에 대한 담론을 풀어내고 있습니다. 이러한 과정을 다 밟은 뒤에야 도에 대한 맨 처음의 명제를 이해하는 바탕을 세울 수 있습니다. 평가는 그다음 문제이지요. 이것이 과학에 대한 이해와 철학에 대한 이해가 차별성을 이루는 지점이기도 합니다.

　　『성경』에서 예수는 "진리가 너희를 자유케 하리라"고 말합니다. 그런 예수가 "진리가 뭔데? 그걸 말해 봐"라는 빌라도의 질문에는 침묵으로 일관합니다. 이 둘을 떼어 놓고 개별적으로 평가하기보다는, 『성경』으로 들어가 예수의 행적을 공부한 다음 그분이 어떠한 맥락에서 저런 말씀을 하고 침묵했는지, 그 침묵의 의미는 무엇인지를 헤아릴 수 있어야겠습니다. 인문학은 서서히 만들어져 가는 과정 그 자체입니다. 앞으로 여러분과 가야할 길이 창창합니다.

윤신숙 비트겐슈타인은 왜 자신을 백척간두에 올려놓고 정진했던 걸까요? 말로는 쉽지만 실천하기는 아주 어려운 일인데 말입니다.

이승종 철학이 삶과 죽음의 문제라는 비트겐슈타인의 견해는 『성경』에서도 찾을 수 있습니다. 신은 아브라함에게 그가 가장 아끼는 이삭의 목숨을 내놓으라고 하지 않았습니까? 세상에 목숨보다 더 중요한 게 있을까요? 죽음보다 더 두려운 게 있을까요? 그런데 비트겐슈타인은 그의 참전일기에 이렇게 적었습니다.

　　죽음을 두려워한다는 것은 당신이 잘못된, 다시 말해 나쁜 삶을

살았다는 확실한 징표이다. (1916년 7월 8일)

그럼 비트겐슈타인은 왜 이렇게 힘든 길을 자청해서 걸었을까
요? 그는 철학을 하지 않고서는 살 수 없었던 사람이었던 것 같습니다. 번
뇌와 자살의 디엔에이가 그에게 새겨져 있었나 봅니다. 우리가 읽는 그의
저술들은 그가 남기고 떠난 사리에 해당할 텐데, 절실하게 용맹정진했던
그의 삶을 들여다보면 저술들의 의미도 보다 입체적으로 이해할 수 있겠
습니다.

김주섭 교수님께서는 철학을 하게 된 동기가 유한성에 대한 경이감 때문
이라고 말씀하셨는데, 무엇에 대한 유한성이었습니까?

이승종 저는 제가 죽는다는 게 도저히 믿어지지가 않았습니다. 내 삶이 이
리도 생생한데 거기에 어떻게 끝이 있다는 것인지 받아들일 수가 없었습
니다. 이것이 제가 체험한 첫 번째 실존적 모순이었습니다. 죽음이 멀리
있는 게 아니고 가까이에서 누구에게나 닥칠 수 있다는 사실은 제게 경이
를 넘어 경악을 불러일으켰지요. 이러한 번민이 자석에 이끌리듯 저를 철
학에 이끌리게 했습니다.

박득송 현재 인공지능의 빠른 진화 속도를 보면 조만간 사람과 인공지능
이 같아지거나 서로의 차이가 식별 불가능할 단계가 도래할 것 같습니다.

이승종 일반인으로 구성된 심사위원이 상대가 인공지능인지의 여부를 알

수 없는 상황에서 인공지능을 상대로 비대면 대화를 했을 때, 그 결과 상대를 사람으로 판단하는 비율이 30%를 넘으면, 그 인공지능은 사람처럼 사고를 할 수 있는 시스템으로 간주할 수 있다는 것이 튜링의 생각입니다. 그의 이러한 아이디어는 '튜링 테스트'라고 불리지요. 유진 구스트만^{Eugene} Goostman이라는 인공지능은 2014년에 행해진 튜링 테스트에서 심사위원의 33%로부터 사람으로 판단되어 테스트를 통과한 것으로 인정받았습니다.

튜링 테스트를 통과한 구스트만은 지능을 갖추고 있을까요? 테스트 이후 구스트만과 나눈 다음의 대화를 살펴보겠습니다.

질문자: 어디 출신이라고 했지요?
구스트만: 흑해를 끼고 있는 오데사라고 하는 우크라이나의 대도시입니다.
질문자: 아, 저도 우크라이나 출신인데요. 거기 가 본 적 있지요?
구스트만: 우크라이나요? 한 번도 가 본 적은 없는데요.

　　　해당 언어를 사용할 줄 아는 사람이라면 농담이 아니고서는 저지를 수 없는 저런 어처구니없는 실수를 범하고도 그것이 실수인지조차 알지 못하는 구스트만이라는 인공지능으로부터 우리는 인공지능이 자기 정체성을 갖고 있지 못함을 알아챌 수 있습니다.

박오병 인공지능은 프로그래머가 입력한 기존의 지식대로 값을 출력하기 때문에 철학과 같은 창조적인 작업은 할 수 없을 것입니다.

박인주 인공지능이 감정을 지닐 수 있을까요?

이승종 제게는 미래의 인공지능이 할 수 있는 것과 없는 것을 미리 답변해 드릴 능력이나 권한은 없습니다. 그러나 예컨대 인공지능이 감정을 지닐 수 있는지의 문제 제기로 말미암아 우리는 감정이 무엇인지에 다시 주목하게 됩니다. 지능, 감정 등 사람의 속성에 대한 우리의 이해가 인공지능의 도전으로 말미암아 더욱 깊어질 수 있는 계기를 맞게 된 것입니다.

박인주 맛을 시각화하는 프로젝트가 완성 단계에 있다고 하는데, 머지않아 감정의 시각화도 가능할 것 같습니다.

박득송 뇌과학에서의 연구가 뇌에 대한 분석을 완수한 뒤에는 뇌와 인공지능 사이의 호환이 가능할 것입니다. 그렇다면 사람만의 독특함이나 사람과 인공지능 사이의 차이는 사라질 것입니다.

이승종 유익한 말씀입니다만 두 분 모두 과학주의의 전제를 깔고서 논의를 전개하고 있는 것 같습니다. 뇌과학에서는 감정의 하나인 고통을 C-섬유 자극으로 봅니다. 그러나 석가모니가 설한 일체개고一切皆苦의 고苦, 즉 고통은 그런 의미를 뜻하지는 않을 것입니다. 석가모니의 화두가 뇌과학의 연구로 해결될 것으로 보지 않습니다.

윤신숙 과학과 인문학은 어떤 관계를 맺고 있을까요?

이승종 스노우C. P. Snow는 저 둘이 서로 다른 문화에 속한다고 할 수 있을 만큼 괴리가 크다고 보았습니다. 교류와 학습을 통해 둘 사이의 차이를 줄이는 일이 시급합니다. 하이데거는 철학을 비롯한 인문학이 과학을 따라 하다가 자신의 정체성을 잃고 종말을 고하게 된다고 보았지요.

조병희 인공지능에 대한 질문들을 보면서 세대 차이를 느꼈습니다. 저는 기계에 대해 잘 모르기도 하고, 세상이 바뀌는 속도에 대해서도 잘 체감하지 못하지만, 저희 아이들은 그 속도가 굉장히 빠르다고 생각합니다. 유석선생님께서도 인공지능을 통해 세상이 굉장히 빠르게 바뀔 것이라고 예감하시는 것 같았습니다.

윤유석 말씀해 주신 것처럼, 저희 20-30대들은 기술 변화에 굉장히 민감합니다. 저 역시 인공지능이나 생명공학에 대해 관심이 많습니다. 특별히, 이 분야들을 통해 일어날 사회적 변화가 어떻게 철학에 영향을 주게 될지 고민을 많이 합니다. 그런데 이 고민을 하는 이유 중 하나는 바로 과학주의를 극복하기 위해서입니다. 저는 과학주의를 비판하기 위해서라도 과학을 제대로 알아야 할 필요가 있다고 봅니다. 단순히 막연하게 "인문적 가치를 존중해야 한다"거나 "인문학이 중요하다"라고 말하는 것보다는, 과학주의적인 담론들 안으로 들어가서 그 담론을 하나하나 살펴보는 방식의 비판이 필요하다고 생각합니다. 그래서 더욱 과학이나 기술과 관련된 질문들을 자주 던지는 편입니다.

현대철학의 지형

뉴턴 가버·이승종, 『데리다와 비트겐슈타인』

"

과학주의에 대한 거부, 그리고 우리가 무언가 알 수 있다
는 사실에 최우선권을 두는 태도에 대한 거부는 모두 데
리다와 비트겐슈타인에게 매우 중요하면서도 본질적인 것
이다.

『데리다와 비트겐슈타인』, 7쪽

"

윤유석 〈철학의 길〉 두 번째 시간입니다. 오늘은 '현대철학의 지형'이라는 주제로 이승종 교수님과 대화해 보려고 합니다. 이번 강좌에서 교재로 사용될 책은 뉴턴 가버와 이승종 교수님의 공저인 『데리다와 비트겐슈타인』입니다. 이 책은 헨리 스태튼^{Henry Staten}의 『비트겐슈타인과 데리다』와 함께 영어권의 데리다와 비트겐슈타인 비교 연구에서 고전적인 지위를 지닌 작품입니다. 『데리다와 비트겐슈타인』은 1994년에 미국에서 출판된 이후로 지금까지 거의 30년 가까운 시간 동안 데리다와 비트겐슈타인 사이의 관계를 다룬 국내외의 수많은 논문과 단행본에서 꾸준히 거론되고 있습니다.

　　　『데리다와 비트겐슈타인』은 1998년에 국내에서도 번역 출간되었고 2010년에는 수정증보판이 출간되어 오늘에 이르고 있습니다. 책이 널리 인용되는 만큼 그 내용에 대해 대륙철학과 영미철학 양 진영으로부터 다양한 방면에서 찬사와 비판의 논평들이 제시되었다는 점도 이 책을 흥미롭게 만드는 요소 중 하나입니다.

이정표

이승종 현실을 살아가는 사람들뿐 아니라 학문을 하는 사람들도 최신의 유행에 관심을 기울입니다. 한국처럼 사대주의가 대세인 나라에서는 유행에 대한 쏠림 현상이 심각할 정도입니다. 철학에서 유행이란 새로운 사조의 전파를 일컬으며 현대철학은 그것과 동의어로 취급되기도 합니다. 돌이켜 보면 유행에 대한 쏠림 현상은 자기성찰의 부족과도 무관하지 않은 것 같습니다. 철학의 중심이 자기 자신이나 우리가 아니라 외부에 있기 때문입니다. 외부에서 벌어지고 있는 철학의 흐름이 바로 그 외부의 탁월한 사람들에 의해 지양되거나 정리되었을 것이고, 우리는 그들이 갈무리한 최신의 정보나 결과의 과실만을 따 먹으면 된다는 안이한 태도가 사대주의와 쏠림 현상을 낳습니다. 이런 풍토는 외부를 추종하여 격차를 좁히는 데는 유효할는지 모르겠지만, 그로부터 한 걸음 더 약진하여 자신이 철학의 흐름을 이끄는 주도적 위치에 서는 데는 부족합니다. 사대주의와 쏠림 현상은 주인이 아닌 노예의 사유망각에서 비롯되는 것이기 때문입니다.

　　20세기 후반부의 국제정치경제학에 한 획을 그었던 종속이론은 자본주의 세계 체계의 주변부에 놓인 후진국들이 그 체계에 편입되면 체계의 중심에 놓인 선진국들에 의해 만성적인 종속 상태에서 벗어나지 못한다는 주장을 펼쳤습니다. 이 이론으로는 한국의 약진을 설명할 수 없는 까닭에 지금은 국내에서조차 외면받고 있지만, 경제가 아닌 문화의 영역에서는 저러한 견해가 비록 엄밀히 이론화하기는 어렵겠으나 직관적으로는 설득력이 있다고 봅니다. 문화종속을 타개하려면 사대주의와 쏠림 현상을 극복하고 세상에 쓸모 있는 비전을 내보일 수 있어야겠습니다.

제가 철학에 입문하던 시절, 한국에서는 현상학과 분석철학이 현대철학의 대표적 사조로 영향력을 행사하고 있었습니다. 분석철학은 과학의 눈부신 발전에 힘입어 득세한 과학주의의 세례하에 철학을 그에 맞게 일신하고자 하는 사조였고, 현상학은 인식론에 언어철학을 위시한 현대학문의 성과를 접합해 철학을 엄밀학으로 거듭나게 하고자 하는 사조였습니다.

현상학은 대륙철학, 분석철학은 영미철학이라는 각기 다른 전통의 연장선상에서 분류되었지만 그게 그렇게 다른 건가 의문이 들기도 했습니다. 지리적 구분과 결부되어 있는 대륙의 합리론과 영국의 경험론은, 서로 대립했다기보다는 근대성에 대한 서로 다른 방식의 기초 놓기로 보는 게 더 타당해 보였기 때문입니다. 실제로 합리론자 라이프니츠 Gottfried Wilhelm Leibniz가 경험론자 로크 John Locke의 저술에 맞불을 놓는 책을 냈고, 대륙의 칸트가 영국의 흄 David Hume을 읽고 독단의 잠에서 깨어났다고 고백하기도 했습니다. 현상학의 창시자인 후설 Edmund Husserl은 분석철학의 창시자인 프레게 Gottlob Frege의 서신과 비평에 영향받았고, 후설의 조교로서 그의 현상학을 창의적으로 계승한 하이데거의 저술에 분석철학자로 꼽히는 비트겐슈타인이 공감을 표하기도 했습니다.

스타일을 비롯한 세부사항에 있어서의 부정할 수 없는 현격한 차이에도 불구하고 현상학과 분석철학은 다 근대성의 연장선상에 놓여 있고, 엄밀학이라는 철학적 방향성을 공유하고 있습니다. 이는 고전물리학의 연장선상에 있던 19세기 물리학의 상황에 견줄 수 있습니다. 당시만 해도 고전물리학으로 풀리지 않을 물리학의 문제는 없을 것이라는 낙관론이 지배적이었습니다. 현상학과 분석철학이 이끄는 현대철학도 결국은 저 두 철학사조가 추구하는 엄밀학으로 수렴될 것이라는 낙관론이 있었습니다.

그러나 20세기의 물리학, 특히 양자역학이 기존의 고전물리학적 세계관을 일거에 무너뜨리며 새로운 돌파구를 마련했듯이, 현상학과 분석철학도 데리다와 비트겐슈타인에 의해 각각 대혼란에 휩싸이게 됩니다. 데리다는 후설의 대표작인 『논리연구』와 『시간의식의 현상학』 사이의 모순을 조목조목 들춰내어 후설이 추구한 엄밀학이 성립할 수 없는 이상 혹은 신기루임을 폭로하였습니다. 데리다가 자신이 후설에 가한 비판을 해체라고 부른 데서 기인하여 데리다철학의 대명사가 된 해체주의는 후설의 현상학을 대륙철학의 패러다임 자리에서 끌어내리고 새로운 헤게모니로 부상하기에 이르렀습니다. 현상학이 누렸던 권위와 영향력을 고려할 때 데리다의 해체는 가히 혁명에 가깝다고 평가할 수 있습니다.

비트겐슈타인이 분석철학에 낸 균열 또한 데리다가 현상학에 낸 균열 못지않았습니다. 심지어 비트겐슈타인은 자신이 청년 시절에 출간한 출세작이자 이미 초기 분석철학의 경전으로 꼽히던 『논리-철학논고』를 비판의 1순위에 놓는 파격을 연출하였습니다. 현대철학에 '언어적 전환linguistic turn'으로 일컬어지는 주제 변화를 이끈 장본인답게 분석철학은 언어와 의미의 문제에 새로운 장을 열어젖히는 데 공헌하였습니다. 그 대표적 이론은 저 문제에 대한 해답을 외부의 지시체에서 찾는 외재론(지시적 의미론)과 마음 내부에서 찾는 내재론(정신주의)으로 대별할 수 있는데, 비트겐슈타인은 저 양대 축을 모두 무너뜨리는 해체 작업을 감행하였습니다.

현상학에 대한 데리다의 해체와 분석철학에 대한 비트겐슈타인의 해체는 현대철학의 기념비적인 성취로 평가할 만한 중요성과 파급력을 지니고 있다고 판단해, 저는 데리다와 비트겐슈타인의 작업을 편의상 '해체주의'라는 하나의 이름으로 묶어 보았습니다. 물론 현상학에 대한 데리다의 해체와 분석철학에 대한 비트겐슈타인의 해체는 스타일을 비롯한 세부사항에 있어서 부정할 수 없는 현격한 차이가 있습니다. 그럼에도 그들은 현상학과 분석철학이 공유하고 있는 근대성과 엄밀학의 이념을 겨냥했다는 점에서 해체주의라는 동일한 범주에 속하는 철학자로 자리매김할 수 있다고 보았습니다.

비트겐슈타인은 해체의 메스를 자기 자신에게 들이댄 바 있습니다. 그의 후기 대표작인 『철학적 탐구』는 전기 대표작인 『논리-철학논고』에 대한 총체적 해체를 골자로 하고 있습니다. 반면 데리다는 해체의 메스를 스스로에게 들이댈 필요성은 자인하면서도 정작 이를 실행하지는 않았습니다. 그가 미결로 남겨 둔 이 과제를 그 대신 떠맡아 수행해 본 성과물이 가버 교수님과 제가 공저한 『데리다와 비트겐슈타인』입니다. 이 책은 데리다를 해체하고 비트겐슈타인을 옹호하는 것으로 오해되기도 했지만, 이는 우리의 (혹은 적어도 저의) 기획 의도가 아니었습니다. 데리다의 해체를, 데리다 자신의 스타일이나 방법보다는 비트겐슈타인의 스타일이나 방법에 치중해 수행한 것은 사실이지만, 책의 본래 의도는 비트겐슈타인이 자신을 해체하듯 데리다를 해체하는 것이었지 두 철학자의 우열을 가리는 것이 아니었습니다.

『데리다와 비트겐슈타인』을 집필할 당시만 해도 데리다에 대해서는 열렬한 찬사와 냉소적 무시로 그 평가가 양극화되어 있었습니다. 전자는 데리다를 추종하는 대륙철학 전공자들과 문학이론가들이, 후자는 분석철학자들이 주축이 되었습니다. 이 두 그룹 사이에는 상대편을 전혀 인정하지 않겠다는 진영논리만 있었을 뿐 진지한 학술적 교류는 부재한 상황이었습니다. 그러다 보니 『데리다와 비트겐슈타인』도 진영논리의 선입견이 덧씌워져 어느 한 편에 치우친 책으로 잘못 읽히게 된 것입니다.

　　　저는 『데리다와 비트겐슈타인』이 현대철학의 지형도에서 데리다를 처음으로 그 반대 진영과 정면으로 마주하게 한 학술서였다고 자평합니다. 두 사람을 비교한 선행연구물이 있기는 했지만 문학 전공자가 집필한 탓에 그들의 철학을 거론하는 대목에서 한계가 보였다면, 『데리다와 비트겐슈타인』에서는 두 사람을 철학사의 지평에 놓고 그들이 전개한 철학적 사유와 논증을 집중적으로 대비시켰습니다.

　　　『데리다와 비트겐슈타인』은 평행선을 그어 온 데리다의 해체주의와 비트겐슈타인의 분석철학을 서로 마주하게 해 그 접점에서 일어나는 스파크spark가 서로를 가로지르는 크로스오버crossover의 계기가 되게 하고, 이로부터 양 진영의 닫힌 세계를 탈피해 새로운 창의적 사고가 피어나게 하기 위한 마중물 역할을 하려고 한 것입니다. 근본주의 진영논리로 똘똘 뭉친 한국 사회와 학계에도 이 이종異種적인 작품이 훗날 무언가 새로운 돌파구를 마련하는 촉매제로 사용되기를 바랐습니다.

　　　비록 선명히 부각되지 않았지만 해체주의와 대비되는 비트겐슈타인의 자연주의에 대한 대강의 윤곽도 『데리다와 비트겐슈타인』에서 찾을 수 있습니다. 그 윤곽을 잡아 나가면서 저는 가버 교수님의 초월적 자연주의와는 다른 형태의 자연주의를 비트겐슈타인에 대한 해석의 틀로 구상하게 되었습니다. 시대의 주류인 과학주의를 비판했다는 점에서 과학으로부터의 초월도 주목할 만하지만, 초월론은 관념론으로 오해되기 쉬우며 그랬을 때 비트겐슈타인의 자연주의적 면모도 잘 드러날 수 없다는 한계를 지닙니다.

그보다는 사람의 자연사에 토대를 둔 자연주의가 비트겐슈타인에게 더 어울릴뿐더러 철학적으로 함축하는 바가 더 크다는 생각에 이르게 되었습니다. 그러나 공저인 『데리다와 비트겐슈타인』에서 이러한 차이를 부각시키는 것은 현명하지 않아 보여서 이 문제는 훗날을 기약하기로 했습니다.

『데리다와 비트겐슈타인』의 집필은 제게 서구 지성사와 현대철학을 데리다와 비트겐슈타인을 통해 나름대로 정리해 볼 수 있는 유익한 배움의 장이 되었습니다. 특정 철학자와 특정 텍스트에 갇혀 미시적인 연구에 치중하던 데서 탈피해 거시적인 안목을 얻게 된 것입니다. 초월적 자연주의든 자연사적 자연주의든 자연주의를 해체주의와 대비시키는 구도는 데리다와 비트겐슈타인의 대비를 넘어서 현대철학 일반, 심지어 동서 비교철학에도 유효하겠다는 작업가설이 떠올랐습니다.

겨우 철학책 한 권을 썼을 뿐인데 동서양의 철학사 전체가 시야에 들어왔고 영감이 샘솟듯 솟아났으며 자신감과 의욕이 넘쳤습니다. 당시 저의 나이는 불과 서른둘이었습니다. 범 무서운 줄 모르는 하룻강아지의 허장성세였지만 패기만큼은 하늘을 찌를 듯했습니다. 6년간의 미국 유학을 마치고 고국으로 돌아오는 비행기 안에서 저는 동서양을 제가 탄 비행기처럼 가로지르겠다는 포부를 품었습니다. 그리고 이를 실현할 용기와 지혜를 신에게 갈구했습니다.

『데리다와 비트겐슈타인』의 영어본은 1994년에, 이를 번역한 우리말본은 1998년에 세상에 나왔습니다. 2010년에 수정증보판을 내면서 이 책에 대한 국내외의 주요 서평 11편을 가려 뽑아 책의 말미에 수록하였고, 서평에 대한 가버 교수님과 저의 답론도 함께 실어 독자들로 하여금 논쟁의 현황을 직접 파악할 수 있도록 하였습니다.

길로 들어가며

질문 1. 대륙철학과 영미철학에 대해 설명해 주실 수 있나요?

윤유석 데리다는 20세기 대륙철학의 중심적 인물이었고 비트겐슈타인은 20세기 영미철학의 중심적 인물이었습니다. 두 진영은 서로 상이한 문제의식, 글쓰기 스타일, 철학의 계보를 지닌 것으로 알려져 있습니다. 대륙철학은 문학과 예술과 종교에서 영감을 받아 사유를 전개하는 반면, 영미철학은 논리학과 수학과 자연과학에 근거하여 문제를 해결합니다. 전자에 소속된 철학자들은 인문-사회과학 계열의 성향을 지닌 것 같고, 후자에 소속된 철학자들은 이공학계열의 성향을 지닌 것 같습니다.

　　　그리고 이러한 차이로 인해 둘 사이에는 때때로 심한 갈등이 생기기도 합니다. 가령 카르납Rudolf Carnap이 '무無'에 대한 하이데거의 진술들을 무의미하다고 비난한 일화는 유명합니다. 반대로 들뢰즈는 어느 인터뷰에서 비트겐슈타인을 "철학적 재앙"이라고 평가하기도 하였습니다. 암

데리다

스트롱^{David Armstrong}과 콰인^{Willard Van Orman Quine} 같은 대표적인 분석철학자들이, 데리다가 케임브리지대학교의 명예박사학위를 수여받는 데 대해 반대하는 성명문을 낸 사건은 사회적으로 이슈가 되기도 하였습니다. 교수님께서는 대륙철학과 영미철학 사이의 관계를 어떻게 바라보고 계신지 궁금합니다.

이승종 대륙철학과 영미철학 사이의 대립과 갈등은 현대철학의 다양성을 보여 주는 흥미로운 현상입니다. 그러나 저는 대륙철학이니 영미철학이니 하는 이름들이 함축하는 진영논리에 갇히지 않고 나름대로의 길을 걸으려 노력했습니다.

　　　진영논리와 철학은 잘 어울리지 않습니다. 사색당파의 프레임으로 정약용을 남인으로 분류하곤 하지만 그의 철학이 남인의 철학인 것은 아닙니다. 오스트리아에서 태어나고 성장해 영국에서 교수생활을 했지만, 독일어로만 저술을 한 비트겐슈타인은 영미철학자인가요, 아니면 대륙철학자인가요? 이러한 분류는 별 의미가 없는 것 같습니다. 그렇게 중요한 문제도 아니고요. '대륙철학'이니 '영미철학'이니 하는 범주는 지정학적 관점에서 편의상 붙인 이름일 뿐입니다. 보다 자유로운 열린 태도로 현대철학에 접근하는 게 더 바람직하겠습니다.

대륙철학과 영미철학의 공통점과 차이점은 무엇인가요?

윤유석 그럼에도 철학과에서 세부 전공을 선택할 때에는 여전히 대륙철학과 영미철학이라는 구분에 의존하는 게 현실입니다. 오늘날의 철학적 지형도를 대륙철학과 영미철학으로 편의상 나눈다면 거기에는 어떤 공통점이 있고 어떤 차이점이 있을까요?

이승종 둘 다 철학의 본연에서 벗어나 있다는 공통점이 있습니다. 차이가 있다면 대륙철학은 데카당스에 빠져 있고 영미철학은 무작정 과학을 닮아가려고 한다는 정도이겠습니다. 한편으로는 두 철학이 공유하고 있는 엄밀성을 이념으로 하는 근대성을 극복하고, 다른 한편으로는 탈근대성이라는 대륙철학의 데카당스와 과학주의라는 영미철학의 과학 따라 하기를 극복하는 것이 미래의 철학을 위한 과제입니다.

대륙철학과 영미철학이 서로 대화해야 한다면, 그 이유는 무엇인가요?

윤유석 아주 신랄한 평가네요. 그런데 교수님께서는 국내 학계에서 어느 누구보다도 대륙철학과 영미철학 사이의 대화를 지향하는 분으로 알고 있는데, 방금 짚어 주신 대륙철학과 영미철학의 문제점에도 불구하고 양 진영이 서로 대화를 해야 하는 이유는 무엇인지 궁금합니다.

이승종 철학의 본연으로 회귀하기 위해서는 상대의 일탈을 확인하고 지적해 주는 과정이 필요한데, 상호 간의 교류를 통해 서로를 깨우쳐 주는 역할을 할 수 있을 것입니다.

대륙철학과 영미철학의 대화가 가능하다면, 그 이유는 무엇인가요?

윤유석 양 진영이 서로 대화를 하면서 철학에 회귀할 수 있다고 했는데 구체적으로 어떤 대화가 가능할까요? 서로가 대화를 통해 어떤 도움을 받을 수가 있을까요?

이승종 대륙철학이나 영미철학이나 다 나름의 교착 상태에 빠져들고 있으며, 자신의 진영 안에서는 이를 헤쳐 나갈 돌파구를 찾지 못하는 상황입니다. 그렇다면 다른 진영에 속해 있는 상대방의 입장을 이해하고 그쪽의 비판을 경청하는 것에서 난관을 타개할 새로운 실마리를 얻을 수도 있겠습니다. 늦은 감은 있지만 서로 간의 대화 가능성을 열어 두는 게 좋습니다.

질문 2. 자연주의와 해체주의에 대해 설명해 주실 수 있나요?

윤유석 『데리다와 비트겐슈타인』은 데리다와 비트겐슈타인에 대한 소개와 논평을 넘어, 현대철학의 지형을 해체주의와 자연주의로 구분하는 데까지 나아가고 있습니다. 이 책은 비트겐슈타인과 데리다 사이의 대립을 칸트와 헤겔 사이의 대립에 비교하면서, 칸트-비트겐슈타인 진영을 '자연주의'로 헤겔-데리다 진영을 '해체주의'로 규정합니다(Garver and Lee 1994, 128-129쪽/국역본 180-181쪽 참조). 여기서 둘 사이의 쟁점은 '사실/가치' '자연/자유' '시간/영원' '유한/무한' 같은 대립 쌍을 어떻게 바라볼 것인지에 놓여 있는 것으로 서술되고 있습니다. 자연주의는 이러한 대립 쌍을 세계 안에 **자연적으로 존재하는** 사실에 대한 기술로 받아들이고자 하고, 해체주의는 이러한 대립 쌍을 사람이 **인위적으로 구성해 낸** 허구로 폭로하고자 합니다.

　　이후에 교수님께서는 『비트겐슈타인 새로 읽기』 제1장에서 이러한 쟁점을 바탕으로 하이데거-비트겐슈타인을 자연주의자로, 데리다-콰인-데이빗슨^{Donald Davidson}을 해체주의자로 분류하면서 '자연주의'와 '해체주의'라는 용어가 "어떤 특정 시기의 특정 철학 사조를 지칭하는 것이 아니라, 철학사의 다양한 계기들에 적용할 수 있는 두 가지 철학적 관점으로 보는 것이 바람직하다고 생각한다"(이승종 2022a, 30쪽)라고 말씀하기도 했습니다. 이렇게 새롭게 확장된 분류법으로 현대철학을 구분하고 있는데, 자연주의와 해체주의의 관점에서는 현대철학의 지형이 어떻게 이해될 수 있는지 보다 자세한 설명을 부탁드립니다. 현대철학을 어떤 점에서 이렇게 구분하기로 한 것인지 궁금하거든요.

이승종 자연주의와 해체주의 사이의 대립은 비유를 하자면 보수와 진보 사이의 대립에 견줄 수 있습니다. 자연주의는 삶의 형식과 자연사라는 소여 사태가 있음을 인정하는 일종의 소여주의이고, 철학도 그로부터 출발한다고 봅니다. 그에 반해서 해체주의는 자연주의가 남겨 둔 소여를 포함한 일체의 것들을 의심과 해체에 부치는 일종의 극단적인 실험주의입니다.

　　　방금 유석 씨는 "자연주의는 이러한 대립 쌍을 세계 안에 자연적으로 존재하는 사실에 대한 기술로 받아들이고자 하고, 해체주의는 이러한 대립 쌍을 사람이 **인위적으로** 구성해 낸 허구로 폭로하고자 한다"라고 말했습니다. 저는 이 둘이 서로 양립 불가능하다고 보지 않습니다. 사람이 **인위적으로** 구성해 낸 것도 세계 안에 자연적으로 존재할 수 있습니다. 언어가 그 대표적인 예입니다. 언어는 사람이 만든 것이지만 개개인에게는 주어지는 것이기도 합니다. 세종대왕이 한글을 만드셨다지만 우리에게는 어린 시절 무조건 깨쳐야 하는 소여였습니다. 저는 이에 착안해 이 양면성을 '사람의 얼굴을 한 자연주의'로 표현해 보았습니다. '사람의 얼굴'이란 사람의 산물이나 관점을 뜻하고, 사람의 얼굴을 한 자연주의란 그러한 산물이나 관점도 자연사의 사실에 포함됨을 뜻합니다. 사람의 얼굴을 한 자연주의는 인위와 자연의 구분을 해체한다는 점에서 해체주의적 면모를 간직하고 있습니다.

자연주의와 해체주의가 오늘날 강조되어야 하는 이유는 무엇인가요?

윤유석 그러면 교수님께서는 어떤 점에서 자연주의와 해체주의가 오늘날에 더 부각될 필요가 있다고 생각하시나요?

이승종 보수와 진보의 대립이 그러하듯이 자연주의와 해체주의는 현대철학의 두 양상임을 넘어 철학사에서 차이와 반복을 이루면서 전개되어 온 이중주이기도 합니다. 철학은 소여로부터 시작해서 그 소여를 해체·지양하는 경로를 밟아 왔습니다.

　　　　예를 들어 서양철학사는 '세상을 이루고 있는 만물의 본질, 즉 아르케란 무엇인가?'를 묻는 밀레토스학파의 자연철학에서 시작했습니다. 여러 가지 답변들이 존재론적 소여에 해당하는 아르케의 후보로서 제출이 됐죠. 그런데 소크라테스 이후의 고대철학사는 이를 해체하고 넘어서는 방향으로 전개됩니다.

　　　　서양의 근대철학사의 경우에는 인식론적 소여에 해당하는 코기토의 확실성에 대한 믿음에서 출발해, 그에 대한 회의(흄)와 지양(니체)으로 이행하는 과정을 겪습니다.

　　　　자연주의와 해체주의의 이중주는 비트겐슈타인이나 장자의 철학에서 보듯이 한 사상가 안에서 함께 구현되기도 합니다.

자연주의와 해체주의의 공통점과 차이점은 무엇인가요?

윤유석 그러니까 자연주의와 해체주의가 현대철학의 지형도를 양분할 뿐만 아니라, 아르케에 대한 고대철학의 탐구로부터 데카르트를 경유해 철학사 전체를 관통하고 있는 경향 혹은 양상이라고 볼 수 있다는 거네요.

그러면 구체적으로 어떤 점에서 자연주의와 해체주의가 공통점과 차이점을 지니고 있는지가 궁금합니다.

이승종 자연주의와 해체주의는 둘 다 '철학이 무엇인가?'라는 아주 근원적인 질문을 던지고 있죠. 물론 그에 대한 답은 둘이 서로 다릅니다. 저는 그게 둘 사이의 가장 중요한 차이점이라고 봅니다. 그럼에도 불구하고 자연주의와 해체주의는 현상학이라는 공통의 연원에서 나온 사유라고 할 수 있겠습니다.

윤유석 현상학에서 어떻게 자연주의와 해체주의가 나오게 되었나요?

이승종 하이데거에 의하면 현상학은 헤겔의 정신현상학이나 후설의 현상학 이전에, 존재자를 그것 자체로부터 보도록 해 줌을 의미하는 고대 그리스의 아포판시스^{ἀπόφανσις} 개념으로 소급됩니다. 현상학은 드러나는 현상에 초점을 맞춘 철학인데 현상의 드러남은 수신자의 입장에서는 주어지는 것, 즉 소여에 해당합니다. 이 점에서 현상학은 소여주의인 셈이며, 비트겐슈타인의 자연주의도 현상학적인 전통의 현대적인 리바이벌^{revival}로 자리매김됩니다.

데리다는 후설의 현상학에서 출발해 이를 해체하는 텍스트로써 해체주의자로 명성을 얻게 됩니다. 데리다의 대표작인 『목소리와 현상』은 후설 현상학의 대표작인 『논리연구』를 해체하고 있는 텍스트이지요.

자연주의와 해체주의 중에서 어느 쪽 입장에 더 동의하시나요?

윤유석 현상학은 소여, 즉 주어지는 것에 대한 탐구인데, 이 주어지는 것에 대한 옹호와 비판으로 자연주의와 해체주의가 갈리게 되었다는 말씀이군요. 교수님의 철학적 입장을 자연주의와 해체주의로 굳이 나누자면 어디에 더 가깝다고 생각하시나요?

이승종 자연주의와 해체주의 모두 제게 준 영향이 적지 않지만 시차를 두고 애증으로 다가오던데요. 현상학의 계승이나 해체만으로는 만족스럽지 않습니다. 어느 단계에서는 이를 넘어서는 사유의 모험이 필요하다고 봅니다.

길을 걸어가며

질문 3. 자연사의 사실이 과연 존재할까요?

윤유석 『데리다와 비트겐슈타인』은 데리다의 해체주의보다는 비트겐슈타인의 자연주의를 더 지지하는 책입니다. 이 책은 모든 종류의 '자연사의 사실'을 인위적인 것으로 거부하고자 하는 데리다의 시도가 자가당착에 빠질 수밖에 없다고 주장합니다.

그렇지만 『데리다와 비트겐슈타인』이 데리다를 비판하면서 비트겐슈타인을 옹호하는 방식은 다소 편향적인 것 같습니다. 이 책에서는 데리다의 해체주의가 지닐 수 있는 약점이 끊임없이 언급되지만, 비트겐슈타인의 자연주의가 지닐 수 있는 약점은 전혀 언급되지 않기 때문입니다. 실제로 이 책의 논평자 중 한 명인 로날드 캐리어[Ronald Carrier]는 "가버와 이승종은 "데리다에 대해 상당히 비판적"이지만 후기 비트겐슈타인에 대해서는 무비판적이다"(Garver and Lee 1994, 국역본 330쪽)라고 말하기도 하였습니다. 바로 이 점에서 저는 비트겐슈타인의 입장에서 강조되는 '자연사' 혹은 '자연사의 사실'과 같은 개념에 대해 반론을 제기하고자 합니다.

첫째로, 우리에게 과연 '자연사의 사실'이라고 말할 수 있는 아주 일반적이고 확실한 무엇인가가 주어져 있는지 의문스럽습니다. 사람이 살아가는 형식은 시대나 문화마다 너무나 다른 것 같습니다. 그 모든 차이를 관통하여 "정당화가 더 이상 불가능한 확실성"이나 "언어 영역에서 확정적 구분"(이승종 2022a, 29쪽)이 우리에게 자연적으로 주어져 있다는 주장은 지나치게 과감한 것이 아닌가 하는 생각이 듭니다.

둘째로, '자연사' 혹은 '자연사의 사실'이라고 불릴 만한 조건들이 존재한다고 하더라도, 그 조건들은 얼마든지 변화될 수 있습니다. 다윈 이후의 생물 진화론이나 인류학이 보여 주는 것처럼, 우리는 자연선택의 과정에서 끊임없이 변화하면서 오늘날에 이르렀습니다. 우리의 문화적 생활뿐만 아니라 우리의 생물학적 구성까지도 진화에서 면제되어 있지 않다면, 결국 '자연사의 사실'조차도 확실성이나 확정적 구분의 근거가 되기는 어렵다고 생각합니다.

이승종 그렇다고 아무것도 주어져 있지 않다고는 말할 수 없지 않겠습니까? 무언가 주어져 있다면 그중에서도 공통으로 주어진 것을 근거로 논의를 전개하겠다는 것이 자연주의입니다. 인류가 적어도 최소한의 기본 소통에 있어서는 문제가 없다는 사실은 자연주의의 타당성을 뒷받침합니다. 자연사의 사실들도 변한다는 점은 자연주의와 양립 가능합니다. 자연사적 확실성이 영원성이나 불변성을 함축하는 것은 아니기 때문입니다.

자연사의 사실에 대한 예시를 들어 주실 수 있나요?

윤유석 교수님께서는 자연사적 사실에 대해 '더 이상 정당화가 불가능한 확실성 혹은 언어 영역에서의 확정적 구분'이라는 표현을 썼는데 저한테는 이게 매우 강한 어조로 들립니다. 그러한 사실의 구체적인 예로 어떤 게 있을까요?

이승종 사람이 언어를 사용한다는 사실, 불에 가까이 가면 덴다는 사실, 물과 불의 구분 등을 들 수 있겠습니다.

자연사의 사실이 존재한다는 주장은 어떤 논증을 통해 정당화되나요?

윤유석 그러나 통각이 마비된 사람은 불에 데고도 뜨거움을 느끼지 못할 수 있고, 특수한 환경에서 자란 사람은 언어를 사용하지 않을 수도 있을 텐데요. 자연사적 사실들이 존재한다는 사실은 어떤 논증으로 어떻게 정당화할 수 있을지 궁금합니다.

이승종 통각이 마비된 사람이라 하더라도 불에 가까이 가면 덴다는 자연사적 사실에는 변함이 없습니다. 불에 데고도 뜨거움을 느끼지 못하는 건 아주 예외적인 현상일 뿐입니다. 언어를 사용하지 않는 사람도 아주 예외적인 경우에 해당하기는 마찬가지이고요. 그보다는 일반적인 사실을 바탕으로 철학을 하는 게 바람직하겠지요. 자연사적인 사실은 주어진 것이라는 점에서 정당화나 논증의 대상이 아닙니다.

비트겐슈타인의 '자연사'와 다윈의 '진화사'는 어떤 점에서 같고 어떤 점에서 다른가요?

윤유석 그러니까 우리가 살며 받아들이는 사실 중에는 별도의 정당화나 논증이 필요 없는 자연사적 사실들이 있으며 철학은 이로부터 출발해야 된다고 하신 건데, 그렇다면 일단 개념을 구분해 보고 싶습니다. 비트겐슈타인의 '자연사'는 다윈의 '진화사'와는 어떤 공통점이 있고 어떤 차이점이 있다고 할 수 있을까요?

이승종 박물관에도 자연사박물관이 있고 과학박물관이 따로 있죠. 박물관으로 치자면 비트겐슈타인의 철학은 자연사박물관에, 다윈의 진화론은 과학박물관에 어울립니다. 즉 비트겐슈타인은 사람의 자연사적 사실의 확실성에 주목한 철학자이고, 다윈은 가설에 근거해서 이론을 구축한 자연과학자인 것입니다.

동양철학의 신유학에 속하는 작품으로 『근사록近思錄』이 있습니다. 가까이 있는 것들을 살펴서 성찰한 기록이라는 뜻인데, 이와 짝을 이루어 기원까지 멀리 살펴서 성찰하는 기록에는 『원사록遠思錄』이라는 이름을 붙여 보기로 하지요. 이 구분을 적용해 보자면 비트겐슈타인의 텍스트는 『근사록』, 다윈의 텍스트는 『원사록』에 해당하는 것으로 볼 수 있겠습니다.

비트겐슈타인은 "다윈의 이론은 자연과학의 다른 가설들이 그러한 것과 마찬가지로 철학과는 아무런 상관이 없다"(『논리-철학논고』, 4.1122)고 말한 적이 있습니다. 철학과 과학을 분명히 구분하고자 한 것입니다.

윤유석 자연사적 사실은 형이상학적 사실이나 과학적 사실이라기보다는, 일상적으로 친숙하여서 아무 의심 없이 당연한 것으로 받아들이는 그런 사실인 셈이군요.

질문 4. 비트겐슈타인의 '보여 주기'보다는 데리다의 '해체하기'가 더 효과적인 비판의 전략이 아닐까요?

윤유석 비트겐슈타인과 데리다는 모두 '형이상학'에 (특히 과학주의적 형이상학에) 반대합니다. 그렇지만 두 사람이 형이상학에 대한 비판을 수행하는 방식에는 차이가 있는 것 같습니다.

비트겐슈타인은 우리의 언어 사용에 주의를 기울이고, 언어게임을 기술하고, 우리가 언어를 통해 무엇을 하고 있는지를 보여 주는 방식으로 형이상학에 대한 비판이 이루어질 수 있다고 믿는 것 같습니다. "생각하지 말고, 보라!"(『철학적 탐구』, §66)라는 구절은 비트겐슈타인의 철학적 방법을 나타내는 대표적인 표어이기도 합니다.

데리다는 우리가 당연하게 받아들이는 형이상학의 구분들 내부에 어떠한 자기모순이 숨어 있는지를 폭로하고자 합니다. 가령 그는 후설의 철학에 내재된 '본래성/비본래성' '내실적/이념적' '현전/부재' 같은 이분법이 어떻게 후설의 철학을 논박하는 결과를 낳는지를 지적합니다.

저는 이 두 가지 입장 중에서 비트겐슈타인의 '보여 주기'보다는 데리다의 '해체하기'가 형이상학을 비판하는 데 더 효과적인 전략이라고 생각합니다. 형이상학자에게 그저 "당신이 무엇을 하고 있는지 보라!"라고 말한다고 해서, 그가 자기 논의의 문제점이 무엇인지를 파악할 수 있을 것 같지는 않습니다. 형이상학자는 아마 "나는 내가 무엇을 하고 있는지 이미 잘 보고 있다"라고 간단하게 대꾸할 것입니다.

플라톤 이래로 형이상학자들은 자신들이 진리를 '본다'고 확신해 왔습니다. 가령 "나는 '고통'이라는 말로 내 머릿속의 신비로운 감각질을 지시하고 있다. 나의 감각질이 고통에 대한 나의 사적 이해의 근거이다. 이것은 나에게 그 자체로 주어진 사실이라 더 이상 의심할 수 없을 만큼 잘 보인다"라는 식으로 말입니다. 이러한 형이상학자에게는 "당신이 무엇을 하고 있는지 보라!"라는 구호가 공허한 외침이 되어 버릴 것입니다.

형이상학적 입장이 자기모순을 내재하고 있다는 사실을 '해체'의 전략을 통해 폭로하지 않는 이상, "당신이 무엇을 하고 있는지 보라!"라는 요청만으로는 형이상학자가 자신의 관점을 성찰할 수 있을 것 같지 않습니다.

이승종 초점이 잘못 맞춰진 비판인 것 같은데요. 비트겐슈타인이 중요시하는 봄의 대상은 무지입니다. 자신의 오류를 보는 거죠. 이 무지의 자각이 철학의 출발점입니다. 그 점에 있어서는 동서의 차이가 없습니다.

　　　소크라테스는 "너 자신을 알라"라는 말을 철학의 모토로 삼았죠. 그 앎의 대상 역시 무지입니다. 너 자신의 오류를 반성하라는 통렬한 일갈입니다. 석가모니가 12연기緣起를 통한 업의 축적을 설할 때 그 첫 번째가 무명無明입니다. 무명은 곧 무지이고 이 무지를 자각할 때 업도 해소됩니다. 예수가 "회개하라"라고 설할 때 그 회개의 대상은 무지입니다. 자신이 저지른 오류를 반성하라는 것입니다. 무지의 자각이 없는 철학은 허세 아니면 독선일 뿐입니다.

　　　무지를 깨닫는 봄의 근육을 연마하는 것이 철학에서 강조하는 수행의 핵심입니다. 제가 체험한 바로는 가까이에 있는 것을 제대로 보는 것이 멀리 있는 것을 보는 것보다 훨씬 어렵던데요.

윤유석 그렇지만 교수님께서도 '봄'이라는 개념을 항상 긍정적인 의미로만 사용하시지는 않으신 것 같은데요? 가령 교수님의 논문 「여성, 진리, 사회」에는 다음과 같은 구절이 나옵니다.

　　　3인칭 철학과 1인칭 철학은 모두 초연함이라는 근본 분위기를 바
　　　탕으로 봄觀의 방법을 추구한다는 공통점을 지니고 있다. 두 철학
　　　이 초연함을 유지할 수 있는 까닭은 봄의 방향이 일방향적이고

비가역적이기 때문이다. 봄의 대상은 봄의 양식에 의존되어 있을지 몰라도 그것에 어떠한 영향을 미치지는 못하는 것으로 설정되어 있다. 봄과 봄의 대상 사이의 이러한 비대칭성은 암암리에 대상에 대한 봄의 성격을 초월적인 것으로 해석하게 한다. 초월적 봄은 봄의 대상에 대한 전유專有를 조장할 수 있다. 개별적 대상을 초월한 봄은 그로 말미암아 대상의 전 영역에 대해 무소부재의 지배권을 행사할 수 있기 때문이다. (이승종 2007, 287쪽)

이 내용을 읽으면 교수님께서도 1인칭 철학과 3인칭 철학의 '봄' 개념을 부정적으로 이해하시고 계신 것 같습니다. 그렇다면 이러한 '초월적 봄' 개념의 문제에도 불구하고, 교수님께서 비트겐슈타인이 말하는 '봄' 혹은 '보여 주기'를 긍정적으로 생각하시는 이유는 무엇인가요? 1인칭 철학과 3인칭 철학의 '봄'과 비트겐슈타인의 '봄'은 어떻게 다른가요?

이승종 눈뜸으로서의 깨달음이 구도자로서의 철학자가 추구해야 할 바라면 그렇게 떠진 눈으로 자신과 세상을 올바로 보는 것이 그의 과제가 될 것입니다. 세상의 한계나 바깥에 서서 초연한 영원의 관점에서 세상을 보는 『논리-철학논고』에서의 비트겐슈타인이 견지한 1인칭적 봄이나 3인칭적 봄보다, 2인칭의 관점에서 세상사에 참여하면서 두루 훑어 보면서 소통하고 교류한다는 의미에서의 통찰通察을 지향하는 『철학적 탐구』에서의 비트겐슈타인이 봄에 대한 바람직한 철학을 보여 주고 있습니다.

'보여 주기'가 적절한 비판의 전략일 수 있다면, 그 비판은 어떻게 수행되나요?

윤유석 정리하자면, 교수님이 강조하시는 '봄'이라는 것은 과학자의 '관찰 觀察'이나 '관측觀測'이 아니라, 구도자의 '통찰通察'이나 '성찰省察'이라고 할 수 있겠네요. 자기 자신이 순수하게 객관적인 위치에 서 있다고 상정한 상태에서 세상을 바라보려는 태도는 교수님께서도 부정적으로 평가하시는 거네요. 다만, 자기 자신이 그런 위치에 서 있지 않다는 것을 인정한 상태에서 이루어지는 봄은 긍정적으로 평가하시는 거고요. 전자는 자신이 순수하게 객관적인 위치에 있다고 믿기 때문에, 자신이 오류나 무지에 빠져 있는지조차도 알지 못하겠네요. 그런데 후자는 자신이 그런 위치에 있지 않다고 인정하기 때문에, 역설적이게도 자신이 세상사에 참여하는 과정에서 빠지게 되는 오류나 무지를 볼 수 있는 가능성이 생기는 거고요. '봄'이라는 같은 말로 표현되긴 하지만, 두 가지가 완전히 다르다는 건 이해가 될 것 같습니다.

　　　"저 사람들은 자기네가 무슨 일을 하는지를 알지 못합니다."(『누가복음서』 23: 34)라는 예수님의 말씀이 떠오릅니다. 우리는 세상을 살아가면서 우리 자신이 무지에 빠져 있다는 사실조차 망각할 때가 있는데, 교수님께서는 이 무지에 대한 자각으로부터 철학을 출발하려고 한 게 비트겐슈타인이었다고 해석하는군요. 원론은 알 것 같지만 구체적인 내용은 아직 모르겠는데, 그게 어떤 식으로 수행되는지를 말씀해 주실 수 있나요?

이승종 가장 좋은 방법은 비트겐슈타인의 작품을 읽는 겁니다. 그는 총론보다 각론에 아주 충실했던 사람이고요. 그의 대표작인 『철학적 탐구』는 무지, 오류, 왜곡에 대한 통렬한 자기비판의 프로토콜^{protocol}이라고 할 수 있죠. 그 책에 대한 저의 연구번역서를 추천합니다.

비트겐슈타인의 '봄'이 다른 형이상학자들의 '봄'보다 더 올바르다는 근거가 있나요?

윤유석 형이상학자들은 스스로는 어떤 사실을 보고 있다고 생각하고 비트겐슈타인은 자연사적 사실을 보아야 한다고 주장하는데, 형이상학자들이 말하는 어떤 사실에 대한 봄과 비트겐슈타인이 말하는 자연사적 사실에 대한 봄이 어떻게 구분될 수 있는지가 궁금합니다. 예컨대 플라톤이 이데아의 세계에 있는 형상들을 직관해야 한다고 할 때의 직관도 봄이잖아요.

이승종 결국 비트겐슈타인의 철학과 플라톤을 포함하는 고전 형이상학자들의 철학 중에 어느 것이 더 올바른가 하는 아주 근원적인 물음인 셈인데요. 데리다와 비트겐슈타인은 현상학에서 연원한 철학자이고 현상학의 핵심은 현상을 보는 것입니다. 그리고 여기서의 봄은 시력의 문제가 아니라 현상과의 무매개적이고 2인칭적인 만남을 의미합니다. 그 현상이 자기 자신과 연관된 것일 때 그것은 자각에 해당합니다.

윤유석 오늘날 분석 형이상학자들 중에도 비트겐슈타인이 자연사적 사실을 이야기한 것과 비슷한 뉘앙스의 주장을 하는 사람들이 있습니다. 암스트롱은 '무어적 사실^{Moorean fact}'을 들고 있습니다(Armstrong 1980, 102쪽 참조).

그는 예컨대 빨강임이라는 하나의 속성이 집, 장미, 사과 등 서로 다른 여러 가지 사물들에 공통적으로 귀속될 수 있다는 사실이나 "빨간 공은 파란 공보다 분홍 공과 더 유사하다"와 같은 진술이 참이라는 사실 등 모든 사람들이 받아들일 만한 가장 기본적인 사실들로부터 출발해서 보편자의 존재를 주장하는 논증들을 펼칩니다. 사이더$^{Theodore\ Sider}$는 '자연의 결$^{nature's\ joint}$'을 따라 형이상학의 이론을 성립시키는 작업을 중요시하고 있고요 (Sider 2009, 397쪽 참조). 암스트롱의 무어적 사실이나 사이더의 자연의 결은 비트겐슈타인이 말하는 자연사의 사실과 어떻게 구분될 수 있는지가 궁금하네요.

이승종 유석 씨가 언급한 두 분 다 형이상학적인 방식으로 철학을 전개하는 것 같습니다. 암스트롱이 예로 든 색깔 현상은 비트겐슈타인의 관점에서는 색깔 문법의 문제이고, 그 문법으로 운용되는 언어가 포착하는 현상입니다. 사람이 언어를 사용한다는 것은 사람의 삶의 형식과 자연사적인 사실의 범주 안에서 성찰해야 할 매우 중요한 현상학적인 현상입니다. 암스트롱은 이를 도외시하면서 형이상학으로 비약하는 게 아닌가 싶습니다.
　　　　사이더의 자연의 결은 부연 설명이 없는 상황에서는 구체적으로 무엇을 말하는 것인지 알 수 없지만, 혹시 전통적인 형이상학의 부활을 꿈꾸고 있는 게 아닌가요? 비트겐슈타인의 자연사적인 현상학과는 결이 다른 것 같습니다.

윤유석 색깔 현상에 관한 문제는 색채어의 문법과 관련된 문제인데 암스트롱은 이를 실재계에 투사하여 형이상학적 사실로 보았다는 점에서, 비트겐슈타인과 암스트롱은 서로 구분된다고 이해해도 될까요?

이승종 유석 씨가 짚어 낸 논지는 전통 형이상학에 대한 칸트의 비판과도 닮았습니다. 동의합니다.

독단에 대한 '해체'가 선행되어야 사태에 대한 '봄'이 가능하지 않을까요?

윤유석 저는 보여 주기와 해체하기 중에 해체하기가 더 효과적인 전략이 아닐까 생각을 했습니다. 어떤 시스템 안에 들어 있는 구조적인 문제나 난점들을 해체하는 작업은 그 시스템이 어떤 점에서 왜곡되어 있고 잘못되어 있는지를 드러내 주기 때문입니다.

그런데 교수님 말씀을 들어 보면 비트겐슈타인이 말하는 봄은 해체에 가까운 것 같습니다. 자신이 무엇을 하고 있는지 모르는 사람에게 비트겐슈타인은 "보라. 네가 지금 하고 있는 것이 어떻게 돌아가고 있는지 너 자신도 모른다는 걸 자각하라"라고 지적하고 있네요.

이승종 무지에서 비롯되는 독단의 해체가 비트겐슈타인이 말하는 봄입니다. 봄이 없이는 해체도 불가능하기 때문에 해체는 봄의 동의어이거나 봄으로부터 파생되는 정교한 세부 사항에 해당합니다.

윤유석 무지를 봄으로써 해체가 이루어질 수 있으므로 봄과 해체는 동전의 양면 같은 거군요.

2강 현대철학의 지형

이승종 좋은 지적입니다.

길에서 잠시 쉬며

질문 5. 공동 연구를 어떻게 수행하셨나요?

윤유석 철학에서는 공동 작업이 흔하지는 않습니다. 그래서 가버와 교수님이 공동으로 이 책을 쓰셨다는 점이 더욱 흥미롭습니다. 가버는 교수님의 박사과정 지도 교수였던 만큼, 교수님의 대학원생 시절이 이 책의 저술 과정에서 반영되어 있을 것 같다는 생각이 들기도 합니다. 두 분이 이 책을 어떻게 처음 기획하게 되었는지, 책을 쓰는 과정에서 어떤 일화가 있었는지, 출판 이후에 제기된 논평들에 대해서는 어떻게 반응하였는지 간략하게 말씀해 주시겠어요?

이승종 인생에는 숙명도 있지만 우연 또한 매우 중요한 요소이더군요.『데리다와 비트겐슈타인』을 공저하게 된 것은 우연의 산물입니다. 가버 교수님은 세계적인 비트겐슈타인 연구자이기도 했지만, 데리다의『목소리와 현상』이 영어로 번역되었을 때 그 책에 쓴 탁월한 서문의 집필자로 주목을 받기도 했죠. 저도 유학 시절에 그 서문을 아주 흥미롭게 읽었고 그로 말미암아 데리다에 관심을 갖게 되었습니다. 데리다 사상의 권위자인 가셰Rodolphe Gasché를 만나 자문을 구했고 데리다를 주제로 한 서스먼Henry Sussman의 대학원 강의를 듣기도 했습니다.

그러던 어느 날 가버 교수님이 저의 연구실을 방문해 제가 서재에 잔뜩 구비해 놓은 데리다 관련 서적을 보더니 "이렇게 많은 책들을 네가 다 읽었다고?" 이렇게 물으시더라고요. 그래서 저는 "데리다를 본격적으로 연구해 보려고요"라고 말씀을 드렸죠.

그로부터 상당한 시간이 흐른 어느 날 가버 교수님이 제게 『데리다와 비트겐슈타인』이라는 제목으로 책을 함께 써 보자는 제안을 하셨습니다. 저로서는 매우 영광스러운 일이었기에 그 제안을 감사히 덥석 받았습니다. 공동 집필은 순조로이 진행되었고 책의 출간 이후에 쏟아진 서평들에 대해서는 영어권 서평들은 가버 교수님이, 우리말 서평들은 제가 답론을 준비해 책의 수정증보판에 서평들과 함께 수록하였습니다.

공동 연구에서 어려웠던 점은 있었나요?

윤유석 공동 집필과정에서 어려웠던 점이 있었나요?

이승종 회갑을 훌쩍 넘긴 석학과 서른을 갓 넘긴 새내기 학자가 공동으로 책을 쓴다는 구상 자체가 파격적이었습니다. 당시에 저는 범 무서운 줄 모르는 하룻강아지였습니다. 자신의 역량이나 한계도 모르고 일에 뛰어든 셈이죠. 당시 제가 처해 있던 사정과 환경은 결코 녹록지 않았지만 집필과정 자체에는 별 어려움이 없었습니다. 고생이라면 사서 할 수도 있던, 투지가 넘쳤던 젊은 시절이었으니까요.

공동 연구에서 의견이 일치하지 않는 부분은 어떻게 조율하셨나요?

윤유석 공동 연구를 진행하다 보면 의견이 일치하지 않는 부분도 생겨날 텐데 그런 부분은 어떻게 조율하셨나요?

이승종 데리다에 대해서는 가버 교수님이 저보다 훨씬 비판적이더군요. 그러다 보니 저는 데리다의 사유를 중립적으로 논술하는 데 치중했고, 가버 교수님은 그에 대한 비판에 치중하는 식으로 집필을 분업했습니다.

실제 텍스트 작성은 어떤 식으로 이루어졌나요?

윤유석 둘이서 하나의 텍스트를 짓는다는 게 쉽지 않은 일이잖아요. 일을 어떤 식으로 배분해서 진행했나요?

이승종 가버 교수님이 한 챕터chapter의 초안을 주면 제가 그것을 읽고 내용을 확충합니다. 그걸 다시 가버 교수님이 읽고 갈무리를 합니다. 그다음 챕터도 같은 단계를 밟는 식으로 책을 집필해 나갔습니다. 저는 단독 저술의 경우 약 10년의 준비 작업이 소요되는데, 가버 교수님과의 공동 저술은 비교적 순탄하게 일사천리로 진행되어서 약 2-3년 안에 완료할 수 있었습니다.

수강생들과의 토론

박득송 자연주의와 해체주의는 표현만 다르지 같은 것 아닙니까? 그와 대척점을 이루는 과학주의는 어떻게 정의할 수 있겠습니까?

이승종 자연주의와 해체주의는 같은 사유 사태의 양면성으로 볼 수 있습니다. 저는 비트겐슈타인과 장자의 사유에 내재된 자연주의와 해체주의를 포착해 이에 대한 글을 지어 보기도 했습니다(『비트겐슈타인 새로 읽기』, 『동아시아 사유로부터』). 과학주의는 우리 시대의 대표적 세계관입니다. 저명한 물리학자 스티븐 호킹Stephen Hawking은 "철학은 죽었다"고 선언하고, 우리에게는 내셔널 지오그래픽의 과학 다큐멘터리 〈코스모스〉의 진행자로 널리 알려진 물리학자 닐 타이슨Neil Tyson은 "철학은 이제 필요 없다"고 공공연히 말합니다. 철학을 위시한 여타의 학문은 과학으로 환원되거나 사라지거나 양자택일에 직면해 있다는 믿음이 과학주의입니다. 저는 이러한 생각에 하이데거와 비트겐슈타인의 이름으로 강력히 저항할 것입니다.

장보성 논리적인 옳고 그름도 자연사의 사실에 포함될까요?

이승종 노자는 자연이 어질지 않다^{天地不仁}고 했는데 자연은 옳거나 그르지도 않습니다. 논리적인 옳고 그름은 자연사의 사실에 포함되지 않습니다.

장보성 저는 논리적인 옳고 그름이 사람에게 주어져 있어서 그것이 언어로 표현된다고 생각했습니다. 유석 씨에게도 질문을 드리고 싶네요. 텍스트의 자기모순을 폭로하는 것이 해체주의의 전략이라고 설명하지 않으셨나요? 저는 사람에게 논리적인 옳고 그름이 주어져 있어서 해체주의의 전략이 가능하다는 생각이 들었습니다. 혹시 해체에 대해 더 설명해 주실 수 있나요?

윤유석 해체주의는 특정한 체계나 이론을 성립시키는 가장 근본적인 토대 안에 언제나 모순이 내재되어 있다고 봅니다. 그래서 이 모순은 양날의 검과도 같습니다. 이론적 체계를 성립시키는 토대가 그 체계를 무너뜨리는 결함까지도 지니고 있으니 말입니다. 그렇다면 해체주의가 모든 사람이 받아들일 수밖에 없는 논리적인 옳고 그름에 의존해서 이런 모순을 지적하는 것일까요? 글쎄요, 해체주의의 전략을 보편적으로 통용되는 형식논리에 따라 표현할 수는 있을지도 모릅니다. 그러나 형식논리적인 모순을 지적했다고 해서 모든 사람이 그 모순을 결함으로 받아들이는 것은 아닙니다. 맥락에 따라 "그 모순은 얼마든지 해결될 수 있지 않은가?" 혹은 "그 문제가 정말로 모순이긴 한가?" 같은 반응을 하는 사람들도 있기 때문입니다. 해체주의가 정말 시대나 문화를 초월한 논리를 가지고서 다른 입장들을 깨부수는 철학이라면, 콰인이나 암스트롱 같은 철학자들이 반발할 이유도 없었을 것 같습니다. 이런 점에서 해체주의의 전략이 모든 사람에게 통용되는 것이라고 하기는 어렵다고 생각합니다.

박오병 현대철학에서 데리다가 속해 있는 대륙철학과 비트겐슈타인이 속해 있는 영미철학이 첨예하게 대립하면서 서로를 인정하지 않는 이유는 어디에 있다고 보십니까?

이승종 양 진영 사이의 자존심 싸움인 것 같습니다. 영미철학은 대륙철학에 대해 구시대의 유물이거나 군내 나는 비과학적인 헛짓거리로 여깁니다. 반면 대륙철학은 영미철학에 대해 과학 따라 하기에 불과하지 사람 냄새 나는 철학이 아니라고 여깁니다. 각자의 편견에 따라 대륙에서는 철학과 대학원생들에게 고전어를, 영미에서는 논리학을 철학 전공의 필수요건으로 각각 강요합니다. 영미에도 대륙에도 속해 있지 않은 우리가 저들의 진영논리를 타개하고 더 창의적인 철학을 빚어내기를 기원합니다.

3강

영미철학

이승종, 『비트겐슈타인이 살아 있다면』

"

철학적 난제들의 중심에 놓여 있는 모순들을 명백하게 밝
힘으로써 우리는 그 난제들을 올바로 볼 수 있고, 따라서
그 난제들이 보여주는 의미의 한계의 본성을 좀 더 명확하
게 이해하게 된다.

『비트겐슈타인이 살아 있다면』, 183쪽

"

윤유석 〈철학의 길〉 세 번째 시간입니다. 이번 강좌에서는 『비트겐슈타인이 살아 있다면』을 교재로 삼아 '영미철학'이라는 주제로 이승종 교수님과 대화해 보려고 합니다. 철학에 관심을 가진 분들이라면 '영미철학' 혹은 '분석철학'이라고 불리는 사조가 논리학과 수학의 여러 가지 아이디어들을 수용하여 철학을 전개한다는 사실을 이미 잘 알고 계실 것입니다.

비트겐슈타인은 프레게, 러셀Bertrand Russell, 무어G. E. Moore 등과 함께 초창기 영미철학의 성립에 커다란 기여를 한 철학자이고, 논리학과 수학에 대해서도 많은 철학적 성찰을 남겼으며, 오늘날까지도 무시할 수 없는 영향력을 지닌 인물이기도 합니다. 다만 논리학과 수학에 대한 비트겐슈타인의 입장은 일반적인 영미철학자들의 입장과는 크게 다릅니다. 오늘은 이 다름에 초점을 두어 그의 논리철학과 수학철학을 살펴보면서 영미철학을 비판적으로 성찰해 보겠습니다.

이정표

이승종 청년 시절에 비트겐슈타인은 진리와 대면하고자 자원해 전쟁터로 달려갔고 거기서 목숨을 걸고 참전일기를 작성한 끝에 그에 바탕을 둔 『논리-철학논고』를 완성할 수 있었습니다. 신탁^{神託}처럼 아주 단정적인 어조와 고도의 압축적인 글쓰기로 이루어진 책이라 경전 같은 인상을 풍겼고, 실제로 초기 분석철학의 경전처럼 취급되어 오기도 했습니다. 비트겐슈타인 스스로도 이 책 한 권으로 철학은 끝난 것으로 생각했다고 합니다. 신들린 듯이 써 내려간 이 작품에 본인 스스로도 만족했던 셈인데 그는 이를 뒷받침하듯 학계를 떠나 수도원 정원사, 시골 마을의 초등학교 교사, 건축가 등 철학과는 무관해 보이는 일을 하기도 했습니다.

비트겐슈타인 철학의 대주제는 무엇을 말할 수 있는가에 관한 것이었습니다. 그것에 대한 그의 대답은 오직 명제를 말할 수 있다는 것이었습니다. 그렇다면 명제란 무엇인가? 비트겐슈타인은 이를 설명하는 것이 자신의 **모든** 작업의 핵심이라고 말한 바 있습니다. 그에 의하면 말할 수 있는 것과 없는 것의 경계는 명제의 의미에 의해서 갈라집니다.

저는 『논리-철학논고』에서 비트겐슈타인이 명제를 설명하기 위해 형식적 명제론과 의미론적 명제론을 각각 제시한 것으로 해석했습니다. 형식적 명제론은 명제변항 ξ의 모든 값들의 부정인 $N(\bar{\xi})$으로부터 모든 명제가 유도된다는 이론이고, 의미론적 명제론은 명제의 진리와 의미가, 명제가 세계를 그리는 기능에서 찾아진다는 이론입니다. 그런데 형식적 명제론에서 모순은 N(p, N(p))로 표기되므로 명제의 일종으로 간주되며, 항상 거짓인 진리치와 의미를 갖게 됩니다. 반면 의미론적 명제론에서 모순은 세계의 어떠한 사태와도 그림 관계를 가질 수 없기 때문에 명제로 간주될 수 없으며, 따라서 어떠한 진리치나 의미도 가질 수 없습니다. 모순에 대한 이러한 상반된 견해는 무엇을 함축하고 있는가? 모순은 명제인가? 모순은 의미의 영역 안에 있는가, 혹은 밖에 있는가? 모순에 대한 우리의 태도는 어떠한가? 『비트겐슈타인이 살아 있다면』에서 저는 이러한 물음이 비트겐슈타인의 철학적 편력의 각 단계에서 어떻게 다루어지고 있는가를 살펴보았습니다. 그리고 모순의 문제가 그의 철학에서 색채, 수학, 규칙의 따름에 관한 문제 등과 각각 어떻게 연관되어 있는지를 논의했습니다.

　　『논리-철학논고』에 모순의 성격에 대한 서로 상반되는 두 가지 견해가 함축되어 있다는 점, 그리고 이 두 가지 견해가 다름 아닌 『논리-철학논고』의 양대 축을 이루는 형식적 명제론과 의미론적 명제론으로부터 도출된다는 점은 이 작품 내부로부터 균열을 초래할 만한 문제였습니다. 비트겐슈타인이 『논리-철학논고』를 집필할 당시만 해도 모순의 성격에 대해 확정적인 통일된 견해를 갖지 못했으며, 그 까닭이 『논리-철학논고』의 양대 축을 이루는 형식적 명제론과 의미론적 명제론이 모순의 성격을 두고 서로 충돌하고 있기 때문이라는 사실은 그가 『논리-철학논고』를 수정하거나 폐기할 충분한 근거가 됩니다.

　　실제로 비트겐슈타인은 『논리-철학논고』의 출간 후 10년의 공백 끝에 철학계로 돌아와 자신의 『논리-철학논고』를 비판하면서 이 책과는 다른 사유를 펼치기 시작했습니다. 특히 형식 체계에서의 모순을 둘러싸고 튜링과 벌인 논쟁은 모순에 대한 비트겐슈타인의 견해가 당대의 수학자나 논리학자들과 얼마나 다른지를 잘 보여 주고 있습니다. 『논리-철학논고』에서 다루었던 모순의 문제를 형식 체계에 대한 수학기초론의 영역으로 끌고 나온 셈인데, 이 영역에서의 모순에 대한 비트겐슈타인의 견해는 다음과 같습니다.

W1 수학에서 숨은, 즉 발견되지 않은 모순은 중요하지 않다.

W2 모순이 실제로 발견되었을 때 우리는 다만 모순이 다시 발생하지 못하게 하는 규칙을 만들어 주면 그만이다.

W3 이와 같은 조처가 꼭 필요한 것도 아니다. 모순이 발생해도 아무런 해가 되는 것이 아니기 때문이다.

이에 대해 튜링은 다음과 같이 비판합니다.

T1 모순으로부터 어떠한 정식도 추론될 수 있으므로 모순된 체계는 그 모순의 발견 여부와 상관없이 스스로 붕괴되게 마련이다.

T2 모순으로부터의 추론을 금지함으로써 이 상황을 막아 보려는 비트겐슈타인의 계획은 이루어질 수 없다.

T3 모순을 방치한다면 엄청난 결과가 초래된다. 가령 다리를 건설하는 데 모순된 계산 체계를 사용한다면 이로 말미암아 다리가 무너지게 될 것이다.

비트겐슈타인은 W1과 W2에 대한 튜링의 비판(T1과 T2)이 논리적으로 틀렸다고 보지 않습니다. 오히려 그로부터 두 사람이 연역에 대해 서로 다른 생각을 하고 있음이 드러납니다. 예컨대 모순으로부터 어떠한 정식도 추론될 수 있다는 전통논리학의 폭발원리를 튜링은 수용하고 비트겐슈타인은 거부하고 있는 것입니다. 이러한 차이를 고려했을 때 튜링의 비판은 비트겐슈타인의 논점에서 빗나가 있습니다. 비트겐슈타인이 주장하고자 하는 바는 수학이 규칙을 따르는 게임이며, 이 게임을 어떠한 방식으로 진행해야 하는지의 문제는 열려 있다는 것입니다. 그는 무모순적인 게임만을 고집해야 할 수학적, 이론적 근거는 없다고 봅니다.

한편 비트겐슈타인은 W3에 대한 튜링의 비판(T3)을 문법적 문제와 경험적 문제, 이론적 문제와 실용적 문제를 혼돈한 데서 비롯된 그릇된 비판이라고 논박합니다. 수학은 물리적 대상에 관한 학문이 아니므로 수학에서의 모순이 곧 사실과의 모순을 함축한다고 할 수 없습니다. 그러므로 모순된 수학으로 말미암아 다리가 무너졌다는 말은 문법적 오류라는 것입니다. 비트겐슈타인은 모순된 수학의 체계가 실제에 적용될 수 없다고 해서 그 체계를 수학적으로 문제가 있다고 보는 태도가 잘못되었다는 입장입니다.

『철학적 탐구』에서 비트겐슈타인의 관심은 수학에서의 모순으로부터 철학, 혹은 일상적 문맥에서 발견되는 모순으로 옮아갑니다. 그는 모순의 궁극적 기준이나 의미보다는 왜, 그리고 어떻게 이들 문맥에서 모순이 발생하는가를 탐구합니다. 모순으로부터 문맥을 들여다보고, 문맥을 들여다봄으로써 철학을 들여다보려 한 것입니다.

비트겐슈타인은 철학의 문제가 "나는 어떻게 해야 할지 모르겠다"는 형식을 지닌다고 했는데, 우리는 모순에 봉착했을 때 저렇게 말하곤 합니다. 철학의 문제는 사유가 막다른 골목에 이르렀을 때 이를 표현하는 모순의 형식을 지닌다고 할 수 있습니다. 따라서 모순으로부터 어떠한 정식도 추론할 수 있다는 전통논리학의 폭발원리는 모순에 대한 일상적 태도뿐 아니라 철학의 태도와도 어울리지 않습니다.

철학적 문제들 속에서 발견되는 모순은 종종 그 배경적 언어게임의 문법에 얽혀 있습니다. 모순은 길을 잃은 것에 비유되는 의미지평의 한계에서 발생하므로, 모순에 대한 탐구는 말할 수 있는 것과 없는 것 사이의 관계를 조명해 주는 역할을 합니다. 이는 철학적 사유가 불안이라는 근본 분위기로부터 유래한다는 하이데거의 통찰, 칸트의 이율배반 논증, 헤겔의 변증법과도 일맥상통하는 바가 있습니다.

크립키는 비트겐슈타인에게 있어서 언어의 의미가 그 쓰임의 모든 과정을 결정할 수 없으며, 이로 말미암아 쓰임의 과정에서 얼마든지, 그리고 언제라도 언어의 의미를 둘러싼 모순이 발생할 수 있다고 보았습니다. 크립키는 이러한 상황이 규칙과 그 따름이 문제시되는 곳에서는 늘 발생할 수 있다면서, 소위 규칙 따르기 문제를 비트겐슈타인 철학의 새로운 화두로 간주했습니다. 그리고 이러한 난국을 타개하기 위하여 종래의 진리 조건적 의미론을 탈피하는 주장 조건적 의미론을 제시합니다.

『비트겐슈타인이 살아 있다면』에서 저는 크립키의 해석이 비트겐슈타인의 견해와 맞지 않음을 밝혔습니다. 언어의 의미와 쓰임의 유동성에 초점을 둔 크립키의 해석이 논리적으로 결함이 있다거나 불가능하다는 것은 아닙니다. 그러나 비트겐슈타인은 크립키와는 달리 일상 언어가 제 질서하에 있음을 강조합니다. 일상 언어의 쓰임은 사람의 생활과 행위의 문맥에 얽혀 있고, 이 얽힘의 양상이 우리가 공유하는 삶의 형식에 의

해 상당한 정도로 고정되어 있다는 것입니다. 언어를 배우고 익힌 숙달된 언어 사용자에게 크립키가 우려하는 상황은 발생하지 않으며, 따라서 크립키가 제안한 주장 조건적 의미론, 혹은 다른 어떤 이론에 의해 이러한 상황을 해소할 필요성도 존재하지 않습니다. 오히려 크립키의 해석이 비트겐슈타인의 언어관과 부합하지 않음이 드러났을 뿐입니다.

『비트겐슈타인이 살아 있다면』은 비트겐슈타인의 철학을 모순론에 중점을 두고 풀어 본 책입니다. 모순과 연관되는 그의 전기, 중기, 후기 저술들을 섭렵했고, 그 순서에 따라 『논리-철학논고』의 모순(전기), 수학과 논리학에서의 모순(중기), 일상적 삶과 철학에서의 모순(후기)을 차례로 살폈지만 여전히 모순이라는 화두에서 벗어나지 않았습니다. 이 화두만 가지고는 비트겐슈타인 철학의 전모를 밝히기에는 부족합니다만, 공자의 일이관지一以貫之를 모델 삼아 하나의 화두만으로 비트겐슈타인의 다채로운 지적 여정을 꿰뚫어 보려 했다는 점에 의의를 두고 싶습니다.

비트겐슈타인에게서 제가 연구해 보고 싶은 주제들은 그 외에도 여럿 있었습니다. 그중에서도 (1)『데리다와 비트겐슈타인』에서 찾아낸 비트겐슈타인의 자연주의적 면모, (2) 저를 매혹시켰던 비트겐슈타인의 실존적 삶과 구도자적 자세 등이 그에 대한 저의 연구열을 달궜습니다. 이 두 주제는 각각 별도의 연구서에서 다루기로 했습니다. 그 외에 (3) 제가 번역 출간한 비트겐슈타인의 『철학적 탐구』에 대한 주석서를 집필하기로 마음먹었습니다. 이 책을 낼 때에도 1,440여 개에 달하는 역주를 추가했지만, 지면의 제약 때문에 축약하거나 실을 수 없었던 주석들이 많았기에 이를 보다 충실히 풀어내 별도의 책에 담고 싶었습니다. (1)은 『비트겐슈타인 새로 읽기』이라는 책으로 출간되었고, (2)와 (3)은 현재 집필 중입니다.

길로 들어가며

질문 1. 튜링/비트겐슈타인 논쟁에 대해 설명해 주실 수 있나요?

윤유석 20세기에는 철학뿐만 아니라 다양한 학문 분야에서 전설적인 거인들이 많이 등장했습니다. 그들의 관계나 논쟁을 살펴보는 작업이 때로는 그들의 사상을 선명하게 이해하는 데뿐 아니라 20세기 철학의 지형을 이해하는 데에도 많은 도움이 됩니다.

    20세기 철학계의 거인 비트겐슈타인과 20세기 수학계의 거인

튜링

튜링이 '모순' 개념을 두고 벌인 논쟁은 대단히 흥미로운데, 『비트겐슈타인이 살아 있다면』에서도 이 논쟁이 중요한 위치를 차지하고 있습니다. 이 논쟁은 수학과 논리학에 대한 당대의 학자들과 비트겐슈타인의 입장 차이를 잘 보여 주고 있습니다. 튜링은 논리학이나 수학의 체계가 무모순적이어야 한다고 생각하는 반면, 비트겐슈타인은 무모순성을 그다지 중요하지 않게 생각하는 듯한 태도를 보입니다.

얼핏 비트겐슈타인의 태도는 우리의 사유에서 모순을 허용해도 상관없다는 일종의 아나키즘처럼 보여서 많은 논리학자들과 수학자들에게 비판의 대상이 되기도 하였습니다. 그가 왜 튜링과의 논쟁에서 모순에 대해 자유방임적인 태도를 취했는지에 대해 간략한 설명을 부탁드립니다.

이승종 모순에 대한 튜링/비트겐슈타인 논쟁을 살필 때는 두 가지 점에 유의해야 합니다. 첫째는 형식 체계에서의 모순에 국한해 논쟁이 진행되었다는 점입니다. 그랬을 때 모순은 'p and not p', 즉 'p & -p'와 논리적으로 동치인 문장 형식으로 정의됩니다. 요컨대 다른 문맥에서의 모순이나 이러한 정의에서 벗어나는 모순은 그들의 논쟁에서는 논외의 사안이었습니다. 이것이 중요한 까닭은 튜링과 달리 비트겐슈타인은 다른 문맥에서의 모순이나 이러한 정의에서 벗어나는 모순에도 관심과 견해를 가지고 있었기 때문입니다.

둘째는 튜링/비트겐슈타인 논쟁이 폭발원리principle of explosion에 초점 잡혀 있었다는 점입니다. 폭발원리는 하나의 모순으로부터 무한히 많은 모순이 연역될 수 있음을 골자로 합니다. 튜링을 비롯한 절대 다수의 수학자와 논리학자들은 이 원리를 받아들이며, 비트겐슈타인은 거부합니다. 부르바키 Nicolas Bourbaki 그룹을 예외로 한다면, 수학계에서 비트겐슈타인과 유사한 견해를 취하는 사람은 거의 없다고 해도 과언이 아닙니다. 이러한 기울어진 형세는 튜링/비트겐슈타인 논쟁의 현장이었던 1939년의 케임브리지의 강의실에서도 재현됩니다. 케임브리지대학교의 교수였던 비트겐슈타인은 튜링 편에 선 모든 쟁쟁한 수강생들에 맞서 단기필마로 논쟁에 임했습니다.

모순된 계산법으로 건설된 다리는 무너지기 마련이라는 사실로부터 모순이 계산법에서 허용될 수 없다는 사실이 도출되지 않을까요?

윤유석 튜링/비트겐슈타인 논쟁의 백미는 튜링의 다리로 알려진 부분이죠. 모순된 계산법으로 다리를 건설하면 그 다리는 무너질 것이므로, 모순은 계산법에서 허용되어서는 안 된다는 것이 튜링을 비롯한 수강생들의 입장이었습니다. 이에 대한 비트겐슈타인의 답변은 무엇이었나요?

이승종 다리가 무너지는 것은 인과적인 현상입니다. 그런데 계산법에는 그러한 인과력이 없습니다. 계산법은 수학적인 형식 체계에 속하는 것이고, 인과는 경험 과학의 대상인 자연 현상이므로 계산법과 인과는 범주상으로 구분됩니다. 모순된 계산법에도 인과력이 없기는 마찬가지입니다. 모순된 계산법으로 건설된 다리는 무너지기 마련이라는 말은 이 점에서 범주오류를 범하고 있습니다.

윤유석 우리가 어떤 사물을 만들려고 사용한 연장이 그 일에 적절한지 아닌지가 연장 자체에 결함이 있는지 없는지를 결정해 주지는 않는다는 식으로 이해해도 될까요? 요리를 할 때 망치와 못을 사용하는 것이 적절하지 않다고 해서 망치와 못 자체가 잘못된 것은 아닌 것처럼, 다리를 건설할 때 특정한 계산법을 사용하는 것이 적절하지 않다고 해서 그 계산법 자체가 잘못된 것은 아니라고요.

이승종 네.

모순을 받아들이는 체계는 '폭발원리'에 따라 아무런 주장이나 자의적으로 도출하게 되지 않을까요?

윤유석 튜링/비트겐슈타인 논쟁에서 제일 쟁점이 되는 것은 모순으로부터 모든 것이 다 도출될 수 있다는 폭발원리잖아요. 기존의 논리학자들과 수학자들은 이 원리를 근거로 모순에 대한 비트겐슈타인의 자유방임적인 입장에 반대했는데, 그는 어떤 식으로 대응했나요?

이승종 폭발원리는 자연 연역에 사용되는 법칙들에 의거해 증명될 수 있습니다. 그러나 비트겐슈타인은 이 증명을 거부합니다. 즉 그는 자연 연역에 사용되는 법칙들을 거부하고 있는 것입니다. 이로써 비트겐슈타인은 전통적 연역과는 다른 대안적 연역을 염두에 둔 것 같고, 그 대안적 연역에서 모순은 전통적 연역에서와는 다른 위상을 갖게 됩니다.

모순을 공포나 숭배의 대상으로 과장하지 않으면서도, 수학과 논리학의 체계를 자의적인 것으로 만들지 않을 수 있는 제3의 길이 존재하나요?

윤유석 비트겐슈타인이 강조했던 것처럼 기존 수학자들이나 논리학자들과는 달리 모순에 다른 위상을 부여하는 대안으로 구체적으로 어떤 것들이 있을까요?

이승종 비트겐슈타인은 상상력을 발휘해 우리와 다른 방식으로 계산하고 추론하는 사람들에 대한 스케치를 남겼습니다. 비록 단편적이기는 하지만 수학의 인류학이라고 할 만한 매우 흥미로운 시도입니다. 그 후 일군의 논리학자들은 모순을 허용하는 초일관 논리^{paraconsistent logic}라는 대안 체계를 다듬어 냈습니다. 여기에도 여러 버전이 있는데 모순에 참인 진리치를 부여하기도 하고 폭발원리를 부정하기도 합니다. 비트겐슈타인의 영감에서 직간접으로 영향받은 것으로 보입니다.

질문 2. 괴델/비트겐슈타인 논쟁에 대해 설명해 주실 수 있나요?

윤유석 비트겐슈타인이 괴델의 정리와 증명이 지니는 철학적 의의를 평가절하하는 글을 남겼고, 괴델이 이에 반발함으로써 둘 사이에도 일종의 논쟁이 있었다고 할 수 있습니다. 괴델은 무모순적인 어떠한 수학 체계도 참이지만 증명 불가능한 명제를 포함한다는 '제1불완전성 정리'와, 무모순적인 어떠한 수학 체계도 자신의 무모순성을 그 체계 안에서는 증명할 수 없

괴델

다는 '제2불완전성 정리'를 제시하였습니다. 두 정리는 수학의 완전성에 대한 당대 학자들의 믿음을 무너뜨린 것으로 유명합니다.

　　　수학에 대한 비트겐슈타인의 입장을 괴델의 입장과 비교해 보고 싶습니다. 얼핏 비트겐슈타인과 괴델은 수학의 체계에서 모순을 완전히 제거하고자 하는 노력을 비판한다는 점에서는 유사한 입장을 취하는 것 같습니다. 수학 체계가 완벽하고 이상적이라는 생각을 거부했다는 점에서도 그렇고요. 그러나 두 인물은 서로의 입장에 대해 긍정적 평가를 하지 않았던 것으로도 알려져 있습니다. 비트겐슈타인은 괴델의 불완전성 정리가 그다지 큰 의의를 지니지 못한다고 생각하였고, 괴델은 자신의 정리에 대한 비트겐슈타인의 해석을 못마땅해했습니다. 두 인물은 모두 수학의 무모순성에 대한 환상을 비판하고 있는데도, 왜 서로의 입장에 대해서는 좋지 않은 평가를 하였는지 궁금합니다.

이승종 괴델의 불완전성 정리에 대한 비트겐슈타인의 평가는 부정적인 것이 아님에 유의해야 합니다. 비트겐슈타인은 괴델의 불완전성 정리와 증명을 받아들입니다. 다만 그것에 철학적 의의를 부여하는 것을 유보할 뿐입니다. 비트겐슈타인에게 괴델의 정리와 증명은 수학과 논리학에서의 여타의 정리와 증명과 그리 다른 위상에 놓여 있지 않습니다.

괴델은 이에 대해 비트겐슈타인이 자신의 정리와 증명을 전혀 이해하지 못했거나 이해하지 못하는 시늉을 하고 있다고 반발했습니다. 제가 보기에 이는 어불성설일 뿐입니다. 비트겐슈타인의 견해에 대해 어떠한 학술적 논평도 남기지 않은 괴델에 대해, 그의 감정적 반발만 가지고 생산적 논의를 전개하기는 어렵겠습니다.

수학에 대한 비트겐슈타인의 문법적 접근과 괴델의 메타수학적 접근 사이의 차이는 무엇인가요?

윤유석 비트겐슈타인과 괴델의 차이를 좀 더 선명하게 부각시켜 보고자 합니다. 비트겐슈타인의 수학철학은 수학의 언어에 대한 문법적인 접근인 반면, 괴델은 메타수학적으로 수학기초론을 연구한 것으로 알고 있는데 이 둘은 어떻게 차이가 나는가요?

이승종 비트겐슈타인은 수학을 여러 정리와 증명들의 잡동사니로 이해합니다. 수학을 일종의 기술^{techniques}로 본 것입니다. 기술에 위계를 설정할 필요가 없듯이 수학에 어떠한 위계를 설정할 필요가 없습니다.

괴델은 수학기초론자입니다. 그의 업적도 화이트헤드^{Alfred North Whitehead}와 러셀이 『프린키피아^{Principia Mathematica}』에서 구성한 형식 체계에 대한 정리와 증명이라는 점에서 수학의 위계를 인정한 데서 비롯된 것입니다.

그러나 비트겐슈타인이 보기에 괴델의 정리와 증명은 여타의 수학적 정리나 증명과 같은 선상에 놓여 있을 뿐입니다.

비트겐슈타인은 왜 괴델의 증명에 별다른 의의를 부여하지 않았나요?

윤유석 지금도 많은 수학자들과 논리학자들은 괴델의 불완전성 정리와 증명을 20세기 수학계의 아주 중요한 성과로 꼽고 있는데, 비트겐슈타인은 구체적으로 어떤 점에서 괴델의 증명에 그만한 의의가 없다고 보았나요?

이승종 철학적으로는 주목할 만한 게 못 된다는 것입니다. 수학기초론이라는 프레임 내에서의 작업인 데다 별 효용가치도 없는 일종의 퍼즐 풀이일 뿐이라는 것입니다. 쏟아진 찬사에 비해 괴델의 정리가 다른 영역에서 실제로 의미 있게 사용되었다거나 그 효용성을 인정받은 바는 없습니다. 즉 그것은 형식과학에 국한된 업적일 뿐입니다.

괴델의 증명에 대한 해석의 권한은 비트겐슈타인보다는 괴델 자신에게 있는 것 아닐까요?

윤유석 수학의 위계질서를 받아들인 수학기초론의 입장에서만 의의가 있는 증명이지, 비트겐슈타인처럼 애초에 수학을 그런 전제하에서 보지 않는 경우에는 그다지 의의가 없다는 말씀이군요. 그런데 불완전성 정리를 제안하고 증명한 사람은 괴델이고 비트겐슈타인은 외부자로서 그에 대한 해석을 한 것인데, 괴델의 정리와 증명이 무얼 의미하는지에 대한 해석의 권한은 비트겐슈타인보다는 괴델 자신에게 있지 않을까요?

이승종 해석은 철학자들에게도 열려 있습니다. 일찌감치 완결된 양자역학의 체계화와 형식화는 물리학자들의 몫이었던 데 비해, 그 해석에 대해서는 아직도 물리학자와 철학자들이 백가쟁명의 논쟁을 벌이고 있듯이 말입니다. 괴델도 나름의 철학을 바탕으로 자신의 정의와 증명에 대한 해석을 했습니다. 그러나 그의 철학은 아주 소박한 것인 데다 자신의 수학적 성과와 부합하는지도 의문입니다. 해석의 독점권을 행사하기는 더더욱 어렵겠습니다.

윤유석 해석이야말로 철학자들의 작업인 것이고, 괴델이 자신의 정리에 대한 해석을 전개했다면 괴델이 철학을 하게 되는 것이네요. 괴델의 철학적 입장은 플라톤주의로 알려져 있는데 그것이 불완전성 정리와 어떤 관계인지는 또 다른 문제라고 보고 계시군요.

이승종 그렇습니다.

길을 걸어가며

질문 3. 비트겐슈타인의 모순론은 규약주의의 문제를 극복할 수 있나요?

윤유석 비트겐슈타인의 모순론에 대해 철학자들이 제기한 문제들을 고찰해 보고 싶습니다. 저는 모순에 대한 비트겐슈타인의 입장에 동의합니다. 가령 모순된 결과가 발생하였을 때 (1) 모순된 결과를 발생시킨 기존 계산법을 폐기해야 하는지, (2) 모순된 결과를 처리하기 위한 조항을 추가하여 기존 계산법을 유지해야 하는지가 미리 결정되어 있지는 않은 것 같습니다.

　　　　또한 모순으로부터 (1′) 어느 방향으로나 나아갈 수 있다고 볼 것인지, (2′) 어느 방향으로도 나아갈 수 없다고 볼 것인지도 상황에 따라 달라진다고 생각합니다. 모순을 포함하는 체계를 (1″) 제대로 된 체계로 간주하지 않을 것인지, (2″) 우리와는 다른 종류의 체계로 간주할 것인지 역시 열린 문제라고 봅니다.

　　　　그런데 많은 철학자들은 이러한 입장이 (부정적 의미에서의) '규약주의' '관념론' '반실재론' '구성주의' '상대주의' '회의주의'라고 맹렬하게 비난합니다. 우리가 모순에 직면한 상황에서 **어느 쪽으로도 선택할 수 있다**고 주장하는 것은, 우리가 기존 믿음과 상충하는 사실에 부딪히는 상황에서 **아무 이론이나 구성할 수 있다**고 주장하는 것이나 다름없다는 것입니다. 그리고 이러한 주장은 자의적이고, 무책임하고, 무정부주의적이라는 것입니다.

예전에 저는 하버마스Jürgen Habermas가 '객관세계의 저항resistance of the objective world'을 강조하면서 비트겐슈타인을 관념론자라고 비판한 글을 읽은 적이 있습니다(Habermas 1999, 421-429쪽/국역본 98-109쪽 참조). 우리가 어떤 이론을 실제 세계에서 실현하려고 할 때 객관세계의 저항에 직면하게 된다면 그 이론은 당연히 폐기되어야 하는 것이지, 비트겐슈타인처럼 이론과 세계 중에서 어느 쪽으로도 선택할 수 있다고 주장하는 것은 말도 안 되는 관념론이라는 것입니다.

최근에는 존 캠벨John Campbell이라는 철학자가 '지각 경험의 결정적 역할decisive role of perceptual experience'을 강조하면서 관념론을 비판한 것을 보았습니다(Campbell 2014, 4장 참조). 이론이 지각 경험의 사실에 직면했을 때는 당연히 지각 경험을 따라야 하는데 이를 마치 선택의 문제처럼 여기는 것은 관념론이라는 것입니다.

박정일 선생님과 김영건 선생님도 (맥락은 다르지만) 비슷한 논조를 제시하시는 것 같습니다. 제가 이해하기로 이분들은 모두 특정한 체계가 지닌 **내적 모순**이나 특정한 체계와 상충하는 **외적 사실**이 그 체계를 수정하도록 강요한다고 주장합니다(박정일 2002, 80-81쪽; 김영건 1993, 320-322쪽 참조). 더 나아가 모순 앞에서 어느 쪽으로도 선택할 수 있다는 입장이 '객관세계'나 '지각 경험'의 확실성을 너무나 손쉽게 무시해 버리는 태도일 뿐이라고도 지적합니다. 교수님께서는 이러한 비판에 대해 어떻게 생각하시는지 궁금합니다.

이승종 비트겐슈타인은 관념론자가 아니라 사람의 삶의 형식과 자연사를 양대 축으로 철학을 전개한 자연주의자입니다. 우리가 모순에 직면한 상황에서 **어느 쪽으로도 선택할 수 있다**는 말은 **원칙론적으로** 그렇다는 것이지 **현실**에 있어서 정말 그렇다는 것은 아닙니다. 현실에서는 사람의 삶의 형식과 자연사라는 양대 축의 제약을 받게 됩니다.

　　　이는 쿨롱Coulomb의 법칙이 원칙론적으로는 맞지만 중력의 제약을 받는 현실에 있어서는 그렇지 않음에 견줄 수 있습니다. 쿨롱의 법칙은 다른 조건이 동일하다는 전제를 가정함으로 말미암아 중력을 무시하게 되는데, 현실에서는 중력이 행사하는 영향력 때문에 법칙의 계산 값은 사실과 맞지 않게 됩니다. 그렇다고 해서 쿨롱의 법칙이 폐기되어야 할 필요는 없는 것이죠.

　　　우리의 선택이 삶의 형식과 자연사의 제약을 받는 것은 사실입니다. 그러나 이 제약을 강제나 강요로 과잉 해석해서는 안 됩니다. 비트겐슈타인은 상대주의자가 아니듯이 결정론자도 아닙니다. 상대주의와 결정론이라는 양 극단이 아닌 중간의 어디쯤에 그가 열어 밝히는 길이 놓여 있습니다.

비트겐슈타인이 일종의 규약주의자라는 해석은 정당한가요?

윤유석 우리가 사람으로서 받아들일 수밖에 없는 자연사적 사실들이 있고 실제로 그 사실에 영향을 받지만, 자연사적 사실이 하버마스가 말하는 객관세계의 저항이나 강제는 아니라는 것이네요. 그렇다면 비트겐슈타인은 우리의 이론이나 삶이 결국에는 사람이 받아들일 수밖에 없는 사람의 자연사에 근거해서 세워져 있다고 보는 것 같은데, 이게 전통적인 철학을 하는 사람들 입장에서는 일종의 규약주의로 여겨질 수가 있거든요. 왜냐하면 객관적인 세계의 사실이 아니라 사람의 사실이고 사람의 자연사라면 결국에는 사람이 마음대로 할 수 있고 규약해서 결정할 수 있는 문제가 아닌가라는 비판도 제기되는 것 같은데, 교수님은 어떻게 생각하세요? 비트겐슈타인을 규약주의자로 보는 해석에 대해서는 동의를 하시나요?

이승종 규약이 사람의 삶의 형식과 자연사에 어떻게 맞닿아 있는지를 규명하지 않는 규약주의는 비트겐슈타인에 대한 해석으로는 미흡합니다.

윤유석 규약주의도 어떤 규약주의인가에 따라서 다를 수 있다는 말씀인가요?

이승종 규약이 무엇인지, 규약의 문맥과 전제는 어떠한지에 대한 해명이 선행되어야겠지요.

윤유석 어떤 견해가 규약주의인지의 여부는 그 견해가 규약을 어떻게 규정하는지에 연관되어 있다는 점에서 언어적인 문제가 될 수 있겠네요.

이승종 그러나 언어는 자의적인 것이 아니라, 자연사와 삶의 형식에 연관되어 있음이 규명되어야 합니다.

윤유석 그러니까 규약이 무엇인지에 대한 꼼꼼한 고찰은 하지 않고서, 비트겐슈타인이 기존 철학자들이 주장하는 실재론적 입장과 상반되는 입장에 선다는 이유로 무작정 '규약주의'라고 이름 붙여 버리는 것은 그에 대한 해석으로는 미흡하다는 말씀이군요.

이승종 네.

우리가 실재에 부딪혀 특정한 선택을 강요받게 된다는 (하버마스 등의) 주장을 어떻게 보시나요?

윤유석 하버마스를 위시한 철학자들은 이론이 항상 실재의 저항을 고려해야 하고, 객관세계의 저항에 부딪힌 이론은 폐기되어야 하며, 우리가 당면한 실재가 우리에게 특정한 선택을 강요한다고 보는데 이에 대해서는 어떻게 생각하시는가요?

이승종 '강요'는 지나친 표현입니다. 결정론에 빠지게 된 지식사회학의 오류를 답습하고 있습니다.

윤유석 '결정론에 빠지게 된 지식사회학의 오류'라는 건 구체적으로 어떤 걸 말씀하시나요?

이승종 지식사회학은 마르크스주의의 한 지류 아닙니까? 하부구조에 해당하는 생산양식, 생산 관계, 생산력과 같은 경제적 요소들이 상부구조에 속하는 문화, 정신과학, 철학 등의 내용을 결정한다는 낡은 생각이지요.

윤유석 20세기 초반까지만 하더라도 하부구조가 상부구조를 결정한다는 논제가 마치 과학적인 근거가 있고 실재의 힘을 보여 주는 것처럼 거론되기도 했지만 오늘날에는 그게 이데올로기였을 뿐임이 드러났듯이, 소위 객관세계의 저항도 그런 혐의가 있다는 말씀이군요.

이승종 네. 물질주의적인 형이상학에서 벗어나지 못한 채 구시대적 오류를 답습하고 있다고 봅니다.

(부정적 의미의) 규약주의를 피하면서도, (형이상학적 의미의) 실재를 받아들이지 않을 수 있는 방법이 존재할까요?

윤유석 규약주의가 아니면서도 형이상학적 실재를 상정하지 않는 길을 가야한다는 게 논의의 쟁점인 것 같은데, 구체적으로 이런 게 어떻게 이루어질 수 있는 건가요?

이승종 비트겐슈타인이 걸어간 길이 바로 그런 길 아니었습니까? 그의 철학이 한 모범이라고 생각하는데요.

윤유석 사람의 자연사적 사실을 강조하지만 이를 형이상학적 실재와 동일시하지는 않는 입장을 말씀하시는 건가요?

이승종 맞습니다. 그것이 상대주의와 절대주의의 양극단을 피하는 제3의 길이라고 봅니다.

질문 4. 모순은 철학에서 어떠한 의의를 지닐 수 있을까요?

윤유석 지금까지 교수님과 주고받은 논의가 모순에 대한 철학적 논쟁이었다면, 이제부터는 모순이 철학 안에서 어떤 의의를 지닐 수 있는지를 토론하고 싶은데요. 저에게는 『비트겐슈타인이 살아 있다면』에서 4장의 마지막 절인 '모순의 의의'가 매우 흥미로웠습니다. 거기에서 교수님은 "모순의 철학적 중요성은 모순의 출현에 대한 우리의 깊은 반성과 성숙한 대응에서 찾아진다. 모순의 가치는 우리로 하여금 모순을 재고하게끔 한다는 데 있다"(이승종 2002, 181쪽)라고 하셨습니다. 철학의 문제들 안에서 모순이 발생했을 때, 그 모순에 대해서 우리가 성찰하고 반성함으로써 본격적인 사유를 시작할 수 있다는 말인 것 같습니다. 이렇게 이해해도 되는 걸까요?

이승종 네.

윤유석 또한 "[…] 많은 경우에 우리는 모순의 형태 속에서 철학적 문제를 발견[한다.] 철학적 난제들의 중심에 놓여 있는 모순들을 명백하게 밝힘으로써 우리는 그 난제들을 올바로 볼 수 있고, 따라서 그 난제들이 보여 주는 의미의 한계의 본성을 좀 더 명확하게 이해하게 된다"(이승종 2002, 183쪽)라고도 하셨습니다.

저도 우리가 모순에 직면하여 "나는 어찌할 바를 모르겠다"라고 고백하게 되는 상황에서 비로소 우리가 빠져 있는 문제에 대한 성찰이 시작된다는 사실에 깊이 공감합니다. 다만 모순의 철학적 의의에 대해 제 생각이 명확하게 정리되지 않아서 이와 관련된 질문을 드리고 싶습니다.

첫째로, "나는 어찌할 바를 모르겠다"라는 형식의 모든 문제들이 '모순의 형태'를 취한다고 할 수 있을까요? 한편으로, 비트겐슈타인이 "하나의 문제가 아니라 문제들"(『철학적 탐구』, §133)을 해소하고자 하였다는 사실을 생각하면, "나는 어찌할 바를 모르겠다"라는 형식의 모든 문제가 단일한 '모순의 형태'를 취한다고 하는 것은 과장인 것 같습니다. 비트겐슈타인은 철학적 문제를 딱 하나로 상정하지 않았잖아요. 그의 철학 안에는 여러 가지 개별적인 문제들이 있는 것이고, 그 문제들을 모순이라는 하나의 이름으로 묶기는 어렵다는 생각이 들거든요. 그러나 다른 한편으로, 모순이 단순히 'p & -p'라는 특정한 논리적 형식에 국한되지 않는다는 사실을 인정하면, "나는 어찌할 바를 모르겠다"라는 형식의 모든 문제들이 '모순의 형태'를 취한다고 할 수 있을 것 같기도 합니다.

둘째로, 비트겐슈타인은 "모순의 시민적 지위, 또는 시민 세계에서 모순의 지위: 이것이 철학의 문제이다"(『철학적 탐구』, §125)라고 할 정도로 철학과 모순 사이의 관계를 긴밀하게 연결시켰으면서도, 왜 정작 '규칙 따르기'나 '사적 언어 논증' 같은 구체적인 철학의 문제를 다루는 과정에서는 모순을 전혀 언급하지 않는 것일까요? 그의 주저인 『철학적 탐구』에서 '모순'이라는 낱말이 §58과 §125 두 군데에서만 등장한다는 사실은 다소 의아스럽습니다.

이승종 비트겐슈타인은, 철학에서는 모순의 형태를 넓게 잡고 있습니다. 방황하는 사춘기의 청년이 모순에 빠져 있다고 할 때, 이 문장이 그가 'p & -p'라는 특정한 논리적 형식을 신봉하고 있다는 의미는 아니듯이 말입니다. 막다른 골목에 처한 상황이 철학에서의 모순입니다. 막다른 골목으로서의 모순으로부터 무한한 길이 활짝 열린다는 의미로 해석할 수 있는 폭발원리는 그런 점에서 직관에 반하는 것입니다. 막다른 골목에서 과연 무엇을 할 수 있을까, 어디로 나아가야 할까를 고민하는 데서 철학이 출발합니다.

　　　　저는 비트겐슈타인이 '규칙 따르기'나 '사적 언어 논증' 같은 구체적인 철학의 문제를 다루는 과정에서도 모순을 언급했다고 해석합니다. 사적 언어 논증에서 등장하는, (사적 감각은) "어떤 것도 아니지만 그렇다고 아무것도 아닌 것도 아니라"는 문장(『철학적 탐구』, §304)은 모순문장입니다.

윤유석 그러면 비트겐슈타인이 말하는 모순은 우리가 직면하게 되는 모든 종류의 막다른 상황을 다 포괄한다고 볼 수 있을까요?

이승종 철학의 문제라는 것은 여러 방식으로 서술이 가능하겠죠. 비트겐슈타인은 철학의 문제를 모순의 형태로 재서술해 보곤 합니다. (사적 감각은) "어떤 것도 아니지만 그렇다고 아무것도 아닌 것도 아니다"도 그 한 예입니다.

모순의 형태를 취하지 않는 철학의 문제로는 무엇이 있을까요?

윤유석 비트겐슈타인이 선호했다는 모순의 형태가 아닌 철학의 문제로는 무엇이 있을까요?

이승종 철학의 문제는 모순의 형태로도 그렇지 않은 형태로도 표현이 가능하겠습니다. 예컨대 롤스John Rawls의 정의론은 정의의 문제를 다루지만 자유와 평등 사이의 모순 문제를 다룬다고도 할 수 있습니다.

비트겐슈타인이 말한 '모순의 시민적 지위'란 무엇인가요?

윤유석 "모순의 시민적 지위, 또는 시민 세계에서 모순의 지위: 이것이 철학의 문제이다"라는 비트겐슈타인의 말은 무슨 뜻인가요?

이승종 튜링과 논쟁한 형식 체계에서의 모순은 일상적 삶의 공동체인 시민 사회로부터 유리된 것입니다. 반면 수학이나 논리학에서의 모순이 아닌 철학에서의 모순, 삶에서의 모순은 그렇지 않으므로 시민적 지위를 부여받을 수 있습니다.

윤유석 그러니까 'p & -p'의 형식에 국한되지 않는, 우리가 삶에서 직면하곤 하는 막다른 골목에 이르는 상황들을 포괄적으로 '모순'이라고 부르는 거네요.

이승종 네. 그 상황이 그가 말한 모순의 시민적 지위입니다.

비트겐슈타인은 모순의 형태를 지닌 철학적 문제로 무엇을 염두에 두고 있나요?

윤유석 비트겐슈타인의 철학 안에서 모순의 형태를 지닌 철학적 문제들로는 사적 감각에 대한 앞서의 언명 말고도 또 어떤 것들이 있을까요?

이승종 일상 언어에서 사용되는 여러 어법들 사이의 모순, 규칙 따르기 문제, 사적 언어가 초래하는 모순 등 여러 사안들을 두루 살폈습니다.

길에서 잠시 쉬며

질문 5. 왜 오늘날 영미철학자들은 비트겐슈타인을 잘 읽지 않을까요?

윤유석 비트겐슈타인은 여전히 중요한 철학자이긴 하지만 과거에 비해서는 많이 읽히지 않는 것 같습니다. 저는 티모시 윌리엄슨 Timothy Williamson 이 「우리는 어떻게 거기에서 여기로 왔는가」라는 글에서, 1970년대 이후로 영미철학에서 비트겐슈타인의 영향력이 현격히 감소했다고 지적한 것을 본 적이 있습니다. 윌리엄슨은 영미철학자들이 이전에는 비트겐슈타인의 명성으로 인해 그의 철학에 맞서는 것을 두려워하였지만, 이제는 '공포 요인 fear factor'이 사라져서 그를 가볍게 다룰 수 있게 되었다고 말합니다 (Williamson 2014, 28쪽).

좀 더 과격한 사례를 들자면 예일대학교 법학전문대학원의 철학 교수인 스콧 샤피로 Scott Shapiro 가 비트겐슈타인에 대하여, "지나치게 과대평가된 따분한 인간 a hugely overrated bore"이라고 조롱한 글을 트위터에 올린 것을 본 적이 있습니다. 토론토대학교 철학 교수인 세르지오 테넌바움 Sergio Tenenbaum 은 이 글을 리트윗하면서, "우리가 지난 세기의 가장 흥미로운 철학적 작업에 거의 관심을 기울이지 않는다"면서 안타까워하였지만 말입니다.

여하튼 윌리엄슨, 샤피로, 테넌바움의 글들은 모두 비트겐슈타인의 철학이 오늘날 영미철학자들에게 더 이상 예전만큼의 힘을 지니지 못하고 있다는 사실을 보여 줍니다. 교수님께서는 왜 영미철학자들이 비트겐슈타인을 그다지 주목하지 않게 되었다고 생각하시나요?

이승종 한편으로는 자연스러운 세속적 현상입니다. 제가 학창 시절에 전성기를 구가하던 사회학자 탈콧 파슨스^{Talcott Parsons}는 그의 명저 『사회적 행위의 구조^{The Structure of Social Action}』를 "지금 누가 스펜서^{Herbert Spencer}를 읽느냐?"는 크레인 브린턴^{Crane Brinton}의 말로 시작하면서, 스펜서는 죽었다고 단언한 바 있습니다.

저는 그 말을 파슨스와 브린턴에게 되돌려주고 싶습니다. 누가 지금 파슨스나 브린턴을 읽느냐고요. 파슨스의 뒤를 이어 사회학계와 철학계를 풍미했던 하버마스조차 아직 살아 있음에도 그 영향력이 현저히 약화되었습니다.

이미 1970년대 이후부터 철학 학술지에서는 비트겐슈타인을 다룬 논문은 게재를 꺼리게 됩니다. 너무 많이 연구되어 식상한 것이지요. 그렇게 잦아들어 가던 불꽃을 되살려 낸 것이 규칙 따르기로 알려진 크립키의 해석입니다.

어떤 사상이 잊히는 이유는 그 사상이 틀려서인 경우도 있지만 그저 식상해서인 경우도 있고, 어떤 사상이 각광을 받는 이유는 그게 맞아서인 경우도 있지만 그저 새로워서인 경우도 있음에 유의해야 합니다.

다른 한편으로는 과학주의라는 시대적 역운^{歷運}을 비트겐슈타인 혼자만의 힘으로 극복한다는 것은 애초부터 어려웠던 형세였고, 그 역시 이를 잘 알고 있었습니다. 석가모니의 혁신적인 사유를 담은 불교가 정작 인도에서는 힌두교의 도도한 전통에 막혀 소멸하게 되는 것과 같은 맥락입니다. 석가모니 역시 생전에 이를 이미 예견했다고 하지요.

비트겐슈타인의 철학에서 오늘날 재발굴되어야 하는 요소로는 무엇이 있을까요?

윤유석 저로서는 오늘날의 영미철학자들이 비트겐슈타인을 더 이상 읽지 않고 과거의 형이상학을 부활시켜서 작업을 하고 있는 게 약간 아쉽게 느껴지기도 하는데, 교수님께서는 비트겐슈타인에게서 오늘날 재발굴될 필요가 있는 가치 있는 요소로 어떤 것이 있다고 생각하시나요?

이승종 비트겐슈타인 스스로 수학철학을 자신이 공헌한 주요 분야로 꼽았던 만큼 이에 대한 재조명 작업이 필요합니다. 그가 남긴 방대한 저술의 절반 이상이 수학에 관한 것임에도, 그중 절반 이상은 아직도 빛을 보지 못한 채로 남아 있습니다. 이를 모두 수록한 무삭제본 수학철학 유고가 다섯 권으로 출간될 예정입니다.

비트겐슈타인의 철학에서 오늘날 극복되었다고 할 만한 요소로는 무엇이 있을까요?

윤유석 오늘 토론했던 주제가 수학과 관련된 내용이다 보니 더욱 기대가 됩니다. 반대로 교수님이 보시기에 오늘날의 비트겐슈타인의 철학적 요소에서 오늘날 정말 제대로 극복되었다고 할 만한 그런 요소들이 있나요?

이승종 비트겐슈타인이 『논리-철학논고』에서 시도한 세계의 논리적 구성 작업은 카르납의 『세계의 논리적 구조The Logical Structure of the World』, 굿만Nelson Goodman의 『현상의 구조The Structure of Appearance』, 차머스David Chalmers의 『세계의 구성Constructing the World』으로 이어져 왔지만, 별 쓸모가 없어 더 이상 주목받기는 어렵겠습니다. 과학의 체계를 흉내 낸 시대착오적 형이상학인 것 같습니다.

오늘날 주목할 만한 비트겐슈타인주의자로는 누가 있을까요?

윤유석 오늘날의 철학자들 중에서 비트겐슈타인의 철학을 계승하고 있다고 여겨지는 주목할 만한 학자로는 누가 있나요?

이승종 과문한 탓인지는 모르겠지만 제가 보기에는 없습니다. 탁월한 후계자를 만나지 못했다는 점에서 비트겐슈타인은 여전히 고독한 철학자인 것 같습니다. 유석 씨가 그를 계승하는 철학자가 될 의향은 없는지요?

윤유석 하하, 난감한 과제를 주시네요. 맥도웰 같은 철학자는 어떤가요? 그는 비트겐슈타인의 아이디어를 많이 받아들이고 훌륭하게 계승하고 있다고 볼 수 있지 않을까요?

이승종 일리 있는 평가입니다. 비트겐슈타인의 영향을 받은 사람은 적지 않지요. 데이빗슨도 그중 한 사람이고요. 그런데 저는 이들보다 더 탁월한 철학자가 나타나 비트겐슈타인의 사상을 계승하거나 극복할 수 있길 바랍니다.

수강생들과의 토론

박오병 다리를 둘러싼 튜링/비트겐슈타인 논쟁에서 저는 튜링의 견해가 옳다고 봅니다. 다리를 건설하는 과정에서 철근을 10개를 박아야 되는데 계산을 잘못해서 5개만 박았더니 다리가 무너졌습니다. 잘못된 계산 때문에 다리가 무너지는 물리적인 현상이 발생한 겁니다. 이 사례에서 보듯이 수학적인 문제와 물리적인 문제는 거의 원인과 결과처럼 아주 밀접하게 연관되어 있습니다.

이승종 계산을 잘못했다고 할 때 그 계산의 주체는 사람이지 계산법은 아니지 않습니까? 다리가 무너진 것은 사람의 잘못으로 말미암은 인재人災입니다.

박오병 계산은 제대로 했는데 계산법 자체에 오류가 있었고 그것이 원인이 되어 다리가 무너졌다면요?

이승종 다리 건설에 적합한 계산법을 택했어야 하는데 그러지 못했기 때문에 그 경우 역시 인재人災입니다.

박오병 계산법 자체에 오류가 있다면 그 계산법으로 계산해 시공한 다리는 모두 무너지게 됩니다. 이게 과연 다리 시공자에게 책임을 물어야 할 인재인가요?

이승종 러셀에 의해 모순이 발견된 프레게의 수리논리학이나 칸토어Georg Cantor의 집합론은 그럼에도 불구하고 여전히 널리 가르쳐지고 연구되고 있습니다. 두 체계에서 모순을 제거하려는 시도도 계속 진행되어 왔습니다. 모순에 대한 튜링을 위시한 수학자들이나 논리학자들의 견해대로라면 저두 체계는 폐기처분되었어야 하는데 현실은 그렇지 않았습니다.

박오병 유클리드 기하학의 경우처럼 모순된 계산법도 쓸모가 있는 경우가 있고 그렇지 않은 경우가 있다는 말씀이군요.

이승종 유클리드 기하학은 공간이 평평하다는 전제하에 구축된 체계이고 이는 뉴턴의 고전역학에 차용되었습니다. 그러나 리만Bernhard Riemann과 로바쳅스키Nikolai Lobachevsky는 공간이 볼록하다거나(리만) 오목하다는(로바쳅스키) 전제하에 서로 다른 버전의 비非유클리드 기하학을 구축하였습니다. 사실이들은 유클리드 기하학이 차용한 5개의 공리 중 평행선 공리로 알려진 다섯 번째 공리만을 각기 다른 방식으로 바꾸었을 뿐입니다. 그러나 이로부터 놀라운 차이가 발생합니다. 유클리드 기하학에서는 삼각형의 내각의

합이 180도인 반면, 리만 기하학에서는 180도보다 크게 되고, 로바쳅스키 기하학에서는 180도보다 작게 됩니다.

비유클리드 기하학은 처음에는 흥미롭지만 쓸모없는 것으로 여겨졌습니다. 그러다가 아인슈타인이 자신의 상대성이론에 리만 기하학을 차용하면서 화려하게 부활하게 됩니다. 그렇다고 해서 유클리드 기하학이 틀린 것은 아닙니다. 유클리드 기하학은 평면 공간에서는 여전히 유효합니다.

4강

대륙철학 I

이승종, 『크로스오버 하이데거』

‘크로스오버cross over’는 ‘건너가다’라는 의미의 동사이지만 붙여 쓸 때는(crossover) 크로스오버 음악의 경우처럼 이질적인 것들의 교차, 융합을 의미하기도 한다. 하이데거의 사유에 대한 우리의 사유는 이 모든 의미에서 크로스오버를 지향한다.

『크로스오버 하이데거』, 19쪽

윤유석 〈철학의 길〉 네 번째 시간입니다. 이번 강의에서는 『크로스오버 하이데거』를 교재로 삼아 '대륙철학'이라는 주제로 이승종 교수님과 대화해 보려고 합니다. 많은 사람들이 20세기 대륙철학의 전개과정에서 가장 중요한 인물로 하이데거를 떠올립니다. 그는 후설의 직계 제자로서 초창기 현상학 운동을 주도하였고, 사르트르^{Jean-Paul Satre}, 레비나스^{Immanuel Levinas}, 가다머, 데리다 등 수많은 독일과 프랑스의 후대 철학자들에게 영감을 주었으며, 로티, 드라이퍼스^{Hubert Dreyfus}, 투겐트하트^{Ernst Tugendhat}, 브랜덤^{Robert Brandom} 등을 통해 종종 분석철학 진영에서까지도 중요하게 다루어지고 있기 때문입니다.

　　오늘은 하이데거가 당대 대륙철학의 맥락에서 어떠한 지위를 지니고 있는지, 또한 현재 우리의 맥락에서 어떠한 통찰을 줄 수 있는지에 대해 토론해 보려고 합니다.

이정표

이승종 서양철학사에서 지금과 같이 영미철학과 대륙철학이라는 뚜렷한 대립구도가 형성된 것은 비교적 근래의 일이 아닌가 싶습니다. 브렌타노 Franz Brentano의 두 제자 후설과 마이농Alexius Meinong에 대한 프레게와 러셀의 비판으로 시작한 20세기에 와서, 서구 철학계는 영미철학과 대륙철학의 두 갈래로 나뉘어 서로 다른 길을 걸어 왔습니다. 브렌타노의 화두였던 지향성은 영미철학과 대륙철학에서 여전히 공통된 중심 주제이지만 이러한 역사와 현재를 아울러 기억하고 있는 철학자는 거의 없는 것 같습니다. 칸트의 후예들은 더 이상 흄을 읽지 않고, 프레게의 후예들은 더 이상 후설을 읽지 않습니다. 이러한 편중된 독서 습관을 교정해 줄 교사를 찾아보기 힘든 마당에 양 진영 사이의 거의 완벽에 가까운 단절은 앞으로도 계속될 전망입니다.

그 한 예로 영어권에서 출간된 『인식론 독본』(Bernecker 2006)에 수록된 글들의 저자들을 살펴보겠습니다. 폴록John Pollock, 노직Robert Nozick, 골드만Alvin Goldman, 올스톤William Alston, 드레츠키Fred Dretske, 버지Tyler Burge…. 모두 미국의 철학자들입니다. 책의 내용도 그들의 이론이나 논증으로 가득 차 있습니다. 적어도 이 독본에 의하면 200년 남짓한 역사를 지닌 미국의 철학계가 2,000여 년의 역사를 지닌 인식론을 독점하고 있는 셈입니다.

이번에는 자매서로 출간된 『형이상학 독본』(Beebee and Dodd 2006)에 수록된 글들의 저자들을 살펴보겠습니다. 크립키, 루이스David Lewis,

파핏^{Derek Parfit}, 네이글^{Thomas Nagel}, 데이빗슨, 데닛^{Daniel Dennett}.... 사정은 이곳에서도 대동소이합니다. 부정할 수 없는 뚜렷한 업적을 남긴 후설, 하이데거, 푸코^{Michel Foucault}, 들뢰즈 등 대륙철학자들의 이름은 보이지 않습니다. 이들 대륙철학자들의 철학을 가르치는 교수나 강의는 미국의 주요 대학 철학과에서 거의 찾아보기 어렵습니다. 그들은 철학과보다 비교문학과에서 더 많이 논의됩니다.

미국을 위시한 영어권 대학의 인식론과 형이상학 강의에서는 실제로 위의 독본들 혹은 그와 비슷한 내용의 책들이 교재로 사용됩니다. 그 교재로 인식론과 형이상학을 공부하는 학생들은 현대 미국의 인식론과 형이상학만을 접하는 셈입니다. 그러면서도 그들은 그것이 인식론과 형이상학의 전부이거나 대강이라고 생각하게 됩니다. 교재와 강의 내용이 여타의 인식론과 형이상학의 여지를 남기지 않고 있기 때문입니다. 만일 역사학 교수가 자기 나라의 현대사만이 기술되어 있는 세계사 교재로 세계사를 강의한다면 수강생들의 머릿속에는 세계에 대한 아주 편협한 그림이 그려질 것입니다. 분서갱유나 문화혁명에 필적할, 이 놀라운 일차원적 일방성의 신화가 세계의 학계를 주도하(려)는 제국의 상아탑으로부터 세계화의 이름으로 빠른 속도로 만방에 전파되고 있습니다.

대륙철학과 영미철학이 공존하는 우리 철학계의 상황도 그리 다르지 않습니다. 양 진영의 베이스캠프인 한국현상학회와 한국분석철학회가 만났던 것은 1985년 단 한 차례입니다. 지향성을 주제로 했던 이 합동 세미나에서 발표된 글들에서마저 양 진영 사이의 교차적 언급이나 참조는 발견되지 않습니다. 서양의 경우에야 지리적으로나 지성사적으로나 그럴 만한 이유가 있는지 모르겠지만, 한국의 철학계가 서양철학의 칸막

이까지 수용할 필요가 있는지 의문입니다.

저는 학창 시절에 대륙철학과 영미철학에 모두 흥미를 느꼈습니다. 둘 사이를 넘나들면 안 되는 이유를 찾을 수 없었습니다. 영미철학자로 분류되는 비트겐슈타인을 전공했지만 서양철학사의 정통성은 대륙철학이 계승하고 있다고 생각했습니다. 대륙철학자들 중에서도 특히 하이데거가 전개하는 사유의 스타일과 스케일, 그리고 그 내용의 본래성이 아주 인상적이었습니다. 텍스트와 삶, 역사와 현실을 자유롭게 왕래하는 그에게는 통시성과 공시성이 하나의 끈으로 이어져 있고 서로 관통합니다. 그가 문제 삼는 수많은 화두와 고전들의 해석은 모두 존재라는 하나의 대주제와 연결되어 있습니다. 그처럼 다작을 이룬 사상가, 그리고 그처럼 광범위한 많은 화두를 거느린 사상가, 거기에다 2,500년 서양철학사 전체를 망라하는 엄청난 스케일의 사상가가 그렇게 철저한 일관성을 유지할 수 있다는 사실은 경이롭기까지 합니다.

일관성의 유지를 위한 하나의 방법은 반복입니다. 다작인 하이데거에게 있어서도 반복은 불가피합니다. 그러나 그의 반복은 늘 새로운 면모를 함께 생성합니다. 그런 점에서 그가 사용하는 반복은 주제와 변주로 진행되는 대편성 교향곡의 작곡 기법을 연상시킵니다. 주제는 언제나 존재이지만 이를 새롭고도 다채로운 변주로 풍성하게 풀어내고 있기 때문입니다. 그의 사유가 지닌 혁명성은 통념에 대한 전복으로 특징지어집니다. 그는 철학사를 지배해 온 대전제와 통념들을 근원에서부터 뒤집어 다시 사유할 것을 요청합니다. 그가 수행한 사유 혁명이 저를 매료시켰고 이로부터 길어 낸 작품이 『크로스오버 하이데거』입니다.

저는 하이데거의 새로운(혹은 차이 나는) 반복을 그와는 다른 방식으로 확장된 '크로스오버'의 형태로 사용해 보았습니다. '크로스오버 cross over'는 '건너가다'라는 의미의 동사구이지만 두 단어를 붙여 쓸 때는 (crossover) 크로스오버 음악의 경우처럼 이질적인 것들의 교차, 융합을 의미하기도 합니다. 저는 이 모든 의미에서 크로스오버를 지향해 보았습니다. 그를 후설, 비트겐슈타인, 엘륄 Jacques Ellul 등 다른 철학자들과 크로스오버해 보았고, 현상학, 해석학, 분석철학 등 다양한 철학사조와도 크로스오버해 보았습니다. 하이데거의 사유를 크로스오버라는 창의적 반복을 통해 새로이 거듭나게 하는 것이 저의 저술 목표였습니다.

저는 하이데거의 텍스트들을 새로운 관점에서 독해하고 거기에 촘촘히 박혀 있는 사유의 알맹이들을 하나하나 해명하고자 했습니다. 한편으로는 분석의 방법에 의거해 그의 개념들과 논제들을 정의하고, 각 개념들이나 논제들 상호 간의 논리적 관계를 보다 명료한 방식으로 재구성하였습니다. 그리고 다른 한편으로는 텍스트에게 물음을 던지고 텍스트로 하여금 그 물음에 답하게 하는 해석학적 대화의 방식으로 이야기를 풀어나갔습니다. 영미의 분석철학과 유럽의 해석학을 크로스오버한다는 점에서 분석적 해석학이라 이를 만한 새로운 독법으로 그의 텍스트들에 대한 보다 선명하고 일관된 해석을 도출하는 것이 『크로스오버 하이데거』의 줄거리입니다.

저는 하이데거가, 비트겐슈타인이 그랬던 것처럼 분석철학의 중요한 자산인 수리논리학을 비판하고 있음에 주목했습니다. 하이데거는 현대에 있어서 철학적 문제의 근원이 자연언어의 애매성이나 다의성에 있다기보다 오히려 그 애매성이나 다의성을, 수리논리학이 제공하는 형식언어의 정밀성으로 말소하려는 데 있다고 보았습니다. 그로 말미암아 존재가 언어를 통해 자신을 보여 주는 통로가 봉쇄된다는 것입니다. 그것은 곧 언어의 죽음, 존재의 은폐를 의미합니다. 언어에 어떠한 인위적 변형이나 형식화를 부가하지 않고 언어가 제 스스로 말하게 하는 것이 그의 언어철학이 지향하는 바입니다. 그것은 언어가 존재를 온전히 보이게 하는 것이며 망각된 존재를 일깨우는 것이기도 합니다. 그러므로 존재망각의 역사로서의 형이상학의 극복과 언어의 인위적 변형 작업으로서의 수리논리학의 극복은 동일한 선상에 놓여 있습니다.

하이데거에 의하면 수리논리학은 사람의 사유가 퇴화하고 있다는 징후입니다. 그는 계산적, 형식적 언어관을 가진 수리논리학이 모든 학문에 대한 과학적 논리학이라는 생각을 비판합니다. 수리논리학은 수학적 사고와 수학적 진리의 본질을 결정해 주는 수학에 관한 논리학이 아니라, 수학이 문장 형식에 적용된 것에 불과합니다. 요컨대 수리논리학은 응용 수학일 뿐이며 수학의 본질을 밝혀 주지도 못하고 있다는 것입니다. 응용수학으로서의 수리논리학은 언어를 연산 체계로 봅니다. 수리논리학을 통해 사유는 계산으로 대체됩니다. 그래서 우리는 더 이상 사유하지 않게 됩니다. 우리 시대의 무사유無思惟의 본질은 수리논리학, 혹은 그 모태로서의 수학입니다. 그리고 계산으로 대체된 무사유는 과학과 기술을 그 정점으로 하는 우리 시대의 세계상에서 그대로 관철되고 있습니다.

과학을 관찰 → 가설 설정 → 확증 → 법칙 정립의 과정으로 이해할 때 하이데거에 의하면 수학은 출발점인 관찰이 시작되기 전에 이미 관찰 대상에 투사됩니다. 투사된 수학은 과학이 사물의 구조를 이론화하는 데 사용되는 청사진입니다. 관찰은 이러한 수학적 청사진이 설정한 범주 내에서 이루어집니다. 즉 관찰을 통해 얻어지는 경험은 수학적 청사진에 의해 통제된 경험입니다. 이러한 통제는 존재와 존재자에 대한 수학적 "공작工作, Gestell"입니다. 그는 뉴턴과 갈릴레오의 물리학에서 수학적 공작의 예를 찾습니다. 그들은 자연을 균일한 시공간의 장으로 이해합니다. 시공간의 문맥을 배경으로 해서만 사물들이 경험되고 그들의 운동이 계산됩니다. 어떠한 사물과 그것의 장소도 단지 수학적 좌표상의 한 점일 뿐이고, 어떠한 운동도 단지 좌표상에서의 점의 변화에 불과합니다. 자연에 대한 수학적 공작은 이처럼 무차별적이고 획일적인 것입니다. 그리고 이러한 작업은 존재를 있는 그대로 보여 주는 작업이 아니라 과학적 설명이라는 목적에 맞게 가공하는 활동입니다.

형이상학을 세계상과 존재관 그리고 사람과 세계와의 관계로 이해할 때, 우리 시대의 사람과 세계와의 관계는 공작과 공작 재료의 관계가 됩니다. 그리고 이러한 형이상학의 귀결은 기술技術입니다. 공작은 사람의 목적과 욕구를 존재와 존재자에 대한 통제, 계산, 지배, 착취로 이끕니다. 이제 사물은 공작의 목적과 욕구에 따라 부품으로 전락합니다. 예컨대 공기는 질소를 배출하도록 쥐어짜지며, 땅은 광석을, 광석은 우라늄을, 우라늄은 파괴나 평화적 사용을 위한 원자력을 생산하도록 강요받습니다. 이러한 기술시대의 도래는 사람의 사유를 대체하는 수리논리학의 시대와 중첩됩니다. 그리고 그 중첩은 필연적인 것입니다.

하이데거가 볼 때 수리논리학과 기술은 동일한 하나의 형이상학에 대한 다른 표현입니다. 그것은 서구 사상이 마지막 단계에 돌입하는 하나의 징후입니다. 그는 수리논리학에 의한 언어의 왜곡을 비판하면서 그 왜곡의 뿌리가 보다 깊은 곳에 있음을 지적하였습니다. 그 뿌리는 우리 시대의 시대정신에서, 더 나아가 사람의 삶의 양식, 서구의 형이상학 전체에서 발견됩니다. 그러나 그는 자신의 철학이 시대의 어두움을 밝히는 어떤 처방의 구실을 할 수 있으리라 믿지 않았습니다. 왜곡된 존재와 언어와 사유의 회복을 통해 인류의 생존이 달린 전 지구적인 문제를 해결하는 작업은 이미 사람의 노력을 넘어서는 일이 된 것입니다. 그는 시인 포프Alexander Pope의 "잘못은 사람이 저지르는 것이요, 용서는 신의 일"이라는 말을 좇아 그 처방의 몫을 신에게로 돌렸습니다. "신만이 우리를 구원할 수 있다"는 것이 시대정신에 역행했던 반反시대적 사상가 하이데거가 남긴 생애 마지막 대담의 메시지였습니다.

길로 들어가며

질문 1. 후설과 하이데거 사이의 철학적 관계에 대해 설명해 주실 수 있나요?

윤유석 하이데거는 '현상학의 창시자'인 후설을 계승한 인물로 명성이 높습니다. 현상학에 대한 역사적 설명에서는 항상 후설 다음에 하이데거의 이름이 등장하곤 합니다. 그렇지만 둘 사이의 철학적 관계는 현상학을 연구하는 학자들 사이에서 언제나 논란의 대상이 됩니다.

가령 허버트 스피겔버그Herbert Spiegelberg는 『현상학 운동Phenomenological Movement』이라는 책에서 하이데거를 바라보는 두 입장을 대비시킵니다. 그

후설

에 따르면 어떤 사람들은 하이데거를 "후설 자신의 추천에 따라 프라이부르크대학의 후설의 교수직을 계승한 것이 증명하듯이, 후설의 적법한 계승자"라고 주장하고, 다른 사람들은 "후설이 하이데거의 사유를 최종적으로 거부하였다는 추가적인 사실을 알고 있기 때문에, […] 하이데거를 단지 '정통' 현상학을 오염시킨 인물이라거나 배신한 인물"이라고 평가합니다(Spiegelberg 1960, 339쪽).

교수님의 책에서도 후설과 하이데거 사이의 철학적 관계에 대한 상이한 입장을 찾아볼 수 있습니다. 교수님께서는 '부친살해'라는 용어를 사용하여 둘을 날카롭게 대립시켰습니다. 그렇지만 교수님 책의 토론자인 이남인 교수님과 윤동민 선생님은 후설과 하이데거가 '환원'이나 '지향성' 같은 주제에서 근본적으로 일치한다고 강조합니다(이승종 2010, 385-

387쪽; 윤동민 2010, 403-405쪽 참조).

　　　논의의 주제나 맥락에 따라 후설과 하이데거를 여러 가지 방식으로 이야기할 수 있겠지만, 교수님께서는 어떠한 관점에서 둘 사이의 철학적 관계를 비교하거나 대조하고 계신지 간략한 설명을 부탁드립니다.

이승종 후설의 후계자였지만 그를 넘어섰다는 점에서 하이데거는 청출어람靑出於藍의 한 사례입니다. 후설을 통해 철학의 길로 들어와서 후설의 텍스트에 대해 해체라는 창의적인 독해를 수행한 데리다나, 러셀에게서 배웠지만 그와는 다른 길을 개척한 비트겐슈타인도 같은 경우이고요. 소크라테스, 플라톤, 아리스토텔레스도 차례로 사제 관계를 이루면서 서양 고대철학사를 저마다의 방식으로 풍성하게 한 청출어람의 멋진 사례들 아닐까요?

　　　『데리다와 비트겐슈타인』의 공저자인 가버 교수님과 저도 사제 관계인데, 저의 후속 작품인 『비트겐슈타인 새로 읽기』에서는 비트겐슈타인에 대한 그분의 해석을 비판적으로 거론하면서 개선을 시도해 보았습니다. 지금 진행하고 있는 인문학 강좌도 저를 위한 자리라기보다, 유석 씨를 포함한 학문 후속 세대가 저를 뛰어넘어서 새로운 사유를 펼칠 수 있는 계기가 되었으면 하는 바람입니다.

'현상학'이 어떠한 분야인지에 대해 간략히 설명해 주실 수 있나요?

윤유석 후설과 하이데거의 관계를 일종의 극복 관계로 보신 거네요. 둘은 흔히 '현상학'이라는 이름하에 묶이기도 하는데 현상학이 무엇인지 간략하게 소개 부탁드립니다.

이승종 후설은 현상학을 "사태 자체로"라는 표어로 요약한 바 있습니다. 현상학은 사태 자체로 돌아가 사태를 경험하고 기술하는 철학입니다. 현상학은 후설에게 독점적으로 귀속되는 게 아니라 철학사에 이미 여러 차례 등장을 했었지요. 헤겔의 정신현상학이 그 대표적이 예인데, 하이데거는 헤겔이 정신현상학을 의식의 경험에 대한 학문으로 정의했다는 사실에 주목합니다. 헤겔에 있어서의 경험이 하이데거가 말하는 존재라는 것입니다.

후설과 하이데거는 둘 다 브렌타노에 빚진 바가 큽니다. 후설은 바이어슈트라스^{Karl Weierstrass}에게서 사사한 수학자였는데, 브렌타노의 철학 강의를 듣고 철학으로 전공을 바꾸게 되었다지요. 하이데거도 고등학교(김나지움)를 졸업할 즈음에 탐독한 브렌타노의 박사학위 논문, 「아리스토텔레스 철학에 있어서의 존재자의 다양한 의미에 관하여」를 읽고서 철학에 눈을 떴다고 합니다. 후설은 브렌타노로부터 지향성이라는 화두를, 하이데거는 존재와 존재자라는 화두를 받았다고 할 수 있습니다.

하이데거의 사유는 어떤 면에서 '현상학적'이라고 불리기에 적절한가요?

윤유석 메를로퐁티^{Maurice Merleau-Ponty}의 『지각의 현상학』 서문에서 비슷한 내용을 읽은 기억이 있거든요. 그는 현상학이 오늘날에 새롭게 출현한 사유라기보다는, 헤겔이나 키에르케고르^{Søren Kierkegaard}에게 이미 있던 사유에서 발전된 것이라고 했습니다(메를로퐁티 1945, 14쪽 참조). 그렇다면 이제 어떤 면에서 하이데거의 사유가 '현상학적'이라고 불리기에 적절한지가 궁금하네요.

이승종 "사태 자체로"가 현상학을 잘 요약하는 표어라고 했는데, 하이데거는 그 사태를 존재사태^Ereignis로 해석함으로써 존재론적 현상학에 기여하게 됩니다. 존재사태가 하이데거 철학의 알파와 오메가라는 점에서 그는 현상학자로 부름 직합니다.

윤유석 '존재사태'라는 용어는 막연하게 들리기도 하는데 그것을 어떤 식으로 탐구하는 게 하이데거의 현상학인가요?

이승종 하이데거는 우리가 존재사태를 어떻게 경험하는가를 후설의 인식론과는 다른 차원에서 논구하였습니다. 하이데거는 시간의 지평에서 존재사태의 드러남을 포착했다는 점에서 자신의 대표작에 『존재와 시간』이라는 이름을 부여하였죠.

후설의 사유와는 구별되는 하이데거의 사유만의 두드러진 특징은 무엇인가요?

윤유석 하이데거는 후설의 어떤 점을 불만족스러워하였나요, 그리고 어떤 점에서 후설을 극복했다고 할 수 있는 건가요? 한마디로, 후설과 구별되는 하이데거 사유의 특징은 무엇인가요?

이승종 후설은 수학자였다가 철학자로 전향했는데, 수학의 공시성을 완전히 떨쳐 내지는 못한 것 같습니다. 그는 시간성을 배제한 채 의식이라는 단일 창구로 사태의 드러남을 파악했는데 하이데거는 그 점이 못마땅했던 거죠. 하이데거는 시간의 통시적인 지평에서 존재사태의 흐름을 역운歷運, Geschick으로 포착했습니다. 존재사태가 드러나는 인터페이스interface도 의식에 국한하는 것이 아니라 현존재의 염려Sorge와 언어, 예술작품 등 다방면으로 열어 놓았다는 점에서, 후설의 현상학과는 다른 획기적인 돌파구를 마련했다고 평가할 수 있습니다.

윤유석 후설은 시간의 지평에 들어가지 않는 일종의 본질을 찾으려고 했던 것 같습니다. 시간 속에서 계속 변화하는 존재의 모습이 아니라, 시간 밖으로 끄집어내진 이론화된 본질을 말입니다. 하이데거는 이러한 본질주의를 극복하려고 했던 것 같고요. 그에게 현상학은 세계와 존재를 있는 그대로 보는 작업이기에, 미리 상정해 놓은 영원불변하고 고정된 이론적 틀 속에 세상을, 존재를 끼워 맞추려 하지 않습니다. 그런 점에서 시간적 지평에 대한 하이데거의 강조는 적절한 것 같습니다.

그런데 하이데거가 의식이 아니라 존재의 측면에 더 초점을 맞췄다는 해석은 의식과 존재 사이의 대립을 전제하는 것 같은데, 저는 이 점이 의문스럽거든요. 교수님 책의 토론자인 이남인 교수님과 윤동민 선생님은 애초에 후설이 그러한 대립의 어느 한 측면에 귀속되는 사람이 아니며, 의식의 지향성이라는 개념은 언제나 의식과 대상을 함께 고려하는 개념이라고 지적합니다(이승종 2010, 385-387쪽; 윤동민 2010, 403-405쪽 참조).

두 선생님에 따르면 후설은 의식에 주어지는 대상 바깥에 사물 자체를 남겨 두려는 잘못된 형이상학적 가정을 비판하였죠. 후설의 현상학은 의식에 주어지는 대상과 대상 자체를 동일한 것으로, 의식과 사태를 동일한 것으로 간주하여, 의식 바깥에 따로 대상을 놓으려 하지 않았다는 점에서, 의식과 존재 사이의 대비는 후설에게는 부적절하다는 것입니다. 두 분은 이승종 교수님이 이 사실을 간과한 채 후설을 너무 데카르트주의적으로 해석한다고 비판했는데 이에 대해서는 어떻게 생각하시나요?

이승종 하이데거는 초기에는 후설의 용어들을 그대로 사용했습니다. 그래서 '환원'이라든가 '지향성'이라는 개념을 가지고 하이데거 자신의 현상학을 설명해 나갔는데, 잘 뜯어보면 사용하는 용어는 후설과 같지만 그 의미와 방향성은 이미 상당한 차이가 있습니다.

후설은 순수 의식으로 방향 잡힌 탐구의 경로를 환원으로 불렀고, 그 중요한 가교가 지향성이었습니다. 반면 하이데거는 순수 의식으로의 환원이 아니라, 우리가 어떻게 존재사태와 2인칭적으로 마주하느냐를 문제 삼았습니다.

그래서 하이데거는 지향성을 의식에 귀속되는, 의식과 사태 사이의 인식론적인 관계가 아니라, 현존재가 주위 세계의 타자들, 존재자들에 대해서 갖는 염려로 재해석했습니다. 환원도 의식 내재적인 지평으로의 환원이 아니라, 존재사태의 역운과 만나게 되는 역방향으로 재해석했습니다.

윤유석 후설은 수학자적이고 과학자적인 관심이 강하고 대상을 순수하게 보려고 했던 반면에, 하이데거는 내가 어떻게 염려라는 태도 속에서 대상과 관계를 맺고 있는지에 대한 실천적인 측면들을 훨씬 더 강조했다는 점에서 두 사람은 서로 구분된다고 할 수 있을 것 같네요.

질문 2. 하이데거가 말하는 '존재Sein'와 '존재자Seiendes'가 무엇인가요?

윤유석 하이데거는 흔히 존재론의 영역에서 커다란 업적을 남긴 철학자로 유명합니다. 그러나 존재론이 정확히 무엇을 어떻게 다루는 분야인지는 다소 막연하게만 알려져 있는 것 같습니다. 특히 '존재'나 '존재자'라는 용어가 지나치게 추상적이고 생소하여서 하이데거를 공부하는 많은 분들이 시작부터 어려움을 겪곤 합니다. 교수님의 책과 논문에서는 존재와 존재자에 대한 몇 가지 설명들이 등장합니다. 가령 교수님께서는 (1) "하이데거는 언어로 불린 것은 존재자로, 언어로 불린 것의 배경에 해당하는 것을 존재로 구분한다. 존재자가 개체라면 존재는 총체이다. 존재가 망망대해의 파도라면 존재자는 파도가 칠 때 생성되었다가 소멸하는 물거품이다"(이승종 2010, 89-90쪽)라고 하셨습니다. 또한 (2) "우리는 존재Being가 진행형(Be+ing)의 사건임을 망각할뿐더러 존재를 존재자로 대상화해서 생각한다"(이승종 2010, 98쪽)라고도 하셨습니다. 그 이외에도, (3) "무엇이 존재한다는 말에 대한 독일어 표현은 "es gibt"이다. 이 말을 직역하면 "그것이 준다"가 될 것이다. 하이데거는 이 직역에 초점을 맞춰 존재사건을 존재가 존재자를 선물하는 사건으로 풀이한다"(이승종 2007, 300쪽)라고도 하셨습니다. 각각의 내용들을 종합하여 하이데거가 말하는 '존재'와 '존재자'가 무엇인지를 소개해 주시면 좋겠습니다.

이승종 존재자는 물화物化, reification의 산물입니다. "…는 무엇인가?"라는 질문은 …를 무엇에 해당하는 사물로 전제하고 있습니다. 이것이 곧 물화입니다. 문제는 이러한 형식의 질문을 사물이 아닌 것에 대해서도 던질 수 있다는 점입니다. 서양철학은 저러한 형식의 질문으로 시작하는데, 그때 질문의 대상은 원질原質(본디의 성질이나 바탕)이나 원리로 새길 수 있는 아르케였습니다. 아르케란 무엇인가라는 질문에 대해 고대 그리스의 초기 철학자들은 물(탈레스Thales), 불(헤라클레이토스Heracleitos), 공기(아낙시메네스Anaximenes) 등 다양한 사물들을 각기 지목하였습니다. 무한정자라는 차원 높은 답변을 제시한 아낙시만드로스Anaximandros도 그것을 무엇의 지시체로서 생각했다는 점에서 물화의 덫에서 자유롭지는 못했습니다. 하이데거는 이러한 물화로 말미암아 모든 관심이 존재자로 한정되어 온 것이 존재망각의 역사로서의 서양철학사였다고 봅니다.

존재가 '배경'이고 존재자가 '개체'라는 점에 대해 설명해 주실 수 있나요?

윤유석 존재와 존재자에 대한 교수님의 설명을 순서대로 다루어 보고 싶습니다. 교수님께서는 (1) "존재자가 개체라면 존재는 총체이다. 존재가 망망대해의 파도라면 존재자는 파도가 칠 때 생성되었다가 소멸하는 물거품이다"(이승종 2010, 89-90쪽)라고 하셨습니다. 존재와 존재자에 대한 이 비유를 더 자세히 설명해 주실 수 있나요?

이승종 동아시아에서 가장 오래된 고전의 이름은 변화를 뜻하는 『역易』이며 서구에는 *Book of Changes*라는 제목으로 널리 알려져 있습니다. '역'은 '도道'보다 더 오랜 이름으로서 '도'는 '역'의 다른 이름이기도 합니다. 노자는 다음과 같이 말합니다.

> 나는 그 이름 알 길 없어, 그것을 글자로 나타내어 도道라고 하고 억지로 그것을 이름 지어 크다고 말한다. 큰 것은 가게 마련이고, 가는 것은 멀어지게 마련이고, 멀어지는 것은 되돌아오게 마련이다.[1]

도는 언어로 표상하거나 지식으로 고착화할 수 없는 경지입니다. 그 경지는 가고逝, 멀어지고遠, 되돌아오는反 차이와 반복의 경지입니다. 노자는 "반복이 도道의 운동성이다"[2]라고 말합니다. 이러한 변화의 운동이 제가 진행형으로 새겨본 존재입니다. 절기의 변화로 사계절이 순환하듯이 존재의 운동인 역운易運으로 말미암아 존재자가 생성·소멸하는 은폐와 탈은폐의 파노라마가 펼쳐집니다.

존재가 '사건'이라는 점에 대해 설명해 주실 수 있나요?

윤유석 교수님께서는 (2) "우리는 존재Being가 진행형Be+ing의 사건임을 망각

---

1   『道德經』, 25장, 吾不知其名 字之曰道 强爲之名曰大 大曰逝 逝曰遠 遠曰反
2   『道德經』, 40장, 反者 道之動

할뿐더러 존재를 존재자로 대상화해서 생각한다"(이승종 2010, 98쪽)라고도 하셨습니다. 사건으로서의 존재를 대상화된 존재자로 생각해서는 안 된다는 점을 더욱 자세히 설명해 주실 수 있나요?

이승종 존재가 과정이라면 존재자는 과정의 산물, 즉 실재입니다. 우리는 대상화된 존재자에 둘러싸여 있지만 그 산물이 우리에게 주어지는 과정, 즉 존재사건을 보고 체험할 수 있어야 합니다. 그랬을 때 존재사건의 산물로서의 존재자라는 선물의 의미도 더 깊고 입체적으로 헤아릴 수 있습니다. 존재자와 마주하면서도 그 배후에서 벌어지는 존재의 운동, 즉 역운을 이해하고 따르는 것이 철학의 과제입니다.

존재가 존재자를 '준다' 혹은 '선물한다'는 점에 대해 설명해 주실 수 있나요?

윤유석 교수님께서는 (3) "무엇이 존재한다는 말에 대한 독일어 표현은 "es gibt"이다. 이 말을 직역하면 "그것이 준다"가 될 것이다. 하이데거는 이 직역에 초점을 맞춰 존재사건을 존재가 존재자를 선물하는 사건으로 풀이한다"(이승종 2007, 300쪽)라고도 하셨습니다. 존재가 존재자를 '준다' 혹은 '선물한다'는 점에 대해 더욱 자세히 설명해 주실 수 있나요?

이승종 영어로 선물은 'present'입니다. 그런데 그것은 존재, 즉 'presence'의 형용사형이기도 하지요. 이처럼 존재와 선물은 어원을 공유합니다. 독일어에서는 '존재하다^{es gibt}'가 아예 '주다' '선물하다'와 동의어입니다. 하이데거는 이것이 우연이 아니라 언어가 존재의 본질을 간직하고 있는 것으로 파악합니다. 즉 우리를 포함한 모든 존재자는 존재의 선물인 것입니다. 그리고 선물함의 시제는 바로 지금, 즉 현재現在, presence입니다. 하이데거는 사람을 현現존재Dasein라고 부릅니다. 현존재로서의 우리 자신을 올바로 이해하기 위해서는 존재뿐 아니라 시간에 대한 이해가 필요합니다. 존재의 역운은 시간의 지평에서 펼쳐지기 때문입니다. 그래서 하이데거는 자신의 작품에 『존재와 시간』이라는 이름을 부여한 것입니다.

질문 3. 하이데거의 '고고학적 언어철학'에 대해 설명해 주실 수 있나요?

윤유석 『크로스오버 하이데거』는 언어철학과 수리논리학의 맥락에서 하이데거의 사유를 해명한다는 점에서 대단히 독창적인 책입니다. 이 책에서 교수님은 언어에 대한 하이데거의 사유를 '고고학적 언어철학'이라 명명하면서, 그의 사유가 지시나 대응 관계에 근거하여 언어의 의미를 설명하고자 했던 기존의 지시적 의미론이 지니고 있는 문제를 극복한다고 강조하였습니다.

특히 교수님은 (1) 자연언어를 형식언어로 전환하고자 하고 (2) 언어의 형식을 언어의 내용과 분리하고자 하는 오늘날의 수리논리학을 하이데거의 고고학적 언어철학에 근거하여 비판하기도 했습니다. 저는 개인적으로 하이데거를 언어철학의 맥락에 접목시키는 교수님의 해석에 많은 영감을 받아서, 지금은 대륙철학과 영미철학을 넘나드는 크로스오버적인 태도를 배우기 위해 애쓰고 있습니다.

그렇지만 대학원 초년생 시절에 처음 교수님의 책을 읽었을 때에는, 이 책에서 하이데거를 다루는 방식이 일반적인 하이데거 연구서들과는 확연히 달라서 적지 않게 당황하기도 했습니다. 가령 대부분의 하이데거 연구서들은 그의 철학을 현상학, 존재론, 실존주의, 해석학의 맥락에서 해명하곤 합니다. 또한 '존재' '존재자' '현존재' '실존' '본래적' '비본래적' 같은 온갖 낯설고 난해한 그의 용어들을 그대로 사용하여 하이데거의 철학을 정리하기도 합니다. 그런데 교수님의 책은 언어철학의 논의와 개념을 중심으로 하이데거를 재구성하고 있었습니다.

이러한 특징이 교수님의 책을 다른 하이데거 연구서들에 비해 훨씬 이해하기 쉽게 만들기도 하였지만, 동시에 '이 책이 소개하는 하이데거가 정말 내가 그동안 배운 하이데거가 맞는가?' 하는 의구심이 생기게 만들기도 하였습니다. 저와 같은 의구심을 가질지도 모를 분들을 위해, 하이데거가 어떻게 존재론, 실존주의, 해석학의 맥락을 넘어서 언어철학의 맥락에서도 중요한 통찰을 던져 줄 수 있는지 간략한 설명을 부탁드립니다.

이승종 제가 지향하는 바는 "하이데거는 이렇게 말하였다"가 아니라 그를 크로스오버하는 것이었습니다. 막스 리히터^{Max Richter}가 비발디의 〈사계〉를 재작곡해 새로운 〈사계〉를 선보였듯이 말입니다. 고고학적 언어철학은 이러한 크로스오버를 위해 하이데거에게서 영감을 받아 착상되었습니다. 저의 다른 저서인 『우리 역사의 철학적 쟁점』에서 시도하였던 번역의 고고학도 이와 짝을 이룹니다.

고고학은 용어^{archeology}에 새겨져 있는 본질^{arche}을 고정불변의 것

으로 보는 본질주의적 접근을 지양하고, 그것을 현재로 호출해 차이 나는 반복으로 재현re-enact할 때 비로소 실증과학을 넘어 철학적 고고학으로 재탄생하게 됩니다. 본질과 재현 사이의 이러한 관계는 온고이지신溫故而知新에서의 고故와 신新 사이의 관계에 견줄 수 있습니다. 철학적 고고학을 이루는 고고학적 언어철학과 번역의 고고학은 유물 중에서도 특히 언어에 주목한다는 점에서 소재의 선택에 있어서도 실증과학으로서의 고고학과 구별됩니다.

하이데거의 사유를 철학의 여러 가지 주제와 분야 중에서도 언어철학의 맥락에서 고찰하신 이유가 있나요?

윤유석 크로스오버의 여러 맥락 중에서도 언어철학을 중심으로 하이데거를 크로스오버한 이유가 있나요?

이승종 20세기 철학은 '언어적 전환'으로 특징지을 수 있으리만치 언어철학이 대륙철학과 영미철학에서 공통의 중요한 패러다임으로 부상했는데, 하이데거의 사유가 그러한 20세기의 주류 사조와 조우했을 때 어떠한 보편성을 획득할 수 있는지, 쌍방 간에 어떠한 생산적 비판을 주고받을 수 있는지를 부각해 보고 싶었습니다.

하이데거의 언어철학이 '고고학적' 혹은 '역사적' 의미지평을 강조하는 이유는 무엇인가요?

윤유석 하이데거의 언어철학이 '고고학적' 혹은 '역사적'이라는 것은 어떤 의미인가요?

이승종 20세기 언어철학의 내용을 들여다보면 아쉽게도 언어를 진공관 속에 가둬 놓고 다룬다는 느낌입니다. 영미의 언어철학이 수행하는 논리적 분석이 특히 그렇습니다. 반면에 하이데거는 언어를 사람과 늘 함께해온 뗄 수 없는 분신, 그림자, 고고학적 유물 같은 것으로 보았습니다. 그뿐 아니라 언어를 사람에게 말 건네는 인터페이스로 해석했다는 점에서 하이데거의 언어철학은 독특한 면이 있습니다.

지시적 의미론과 수리논리학에 대한 하이데거의 비판이 비트겐슈타인의 비판과는 구별되는 독창성을 지닌다고 할 수 있나요?

윤유석 지시와 대응의 관계에 근거한 형식화된 의미론을 비판하면서 언어는 일상적 쓰임 속에서 의미를 얻게 된다고 했던 비트겐슈타인과 달라 보이지 않는데, 지시적 의미론과 수리논리학에 대한 하이데거의 비판이 비트겐슈타인의 비판과는 구별되는 독창성을 지닌다고 할 수 있나요?

이승종 비트겐슈타인이 언어의 통시성을 간과한 것은 아니지만 이에 대해서는 충분히 영글지 않은 상상의 스케치 정도로 다루고 있을 뿐입니다. 그의 수학철학 중에서 제가 수학의 인류학이라고 특정하였던 부분도 같은 한계점을 안고 있습니다.

반면에 하이데거는 언어의 통시성을 전면에 내세워서 철학사 전반을 꿰뚫고 있습니다. 수리논리학에 대해서도 우리가 알고 있는 전통적인 수학사나 논리학사와는 뚜렷이 구별되는 자신만의 계보학적 탐구를 수행하는데 깊이와 스케일이 엄청납니다.

윤유석 언어의 통시성에 대한 비트겐슈타인의 분석은 사고 실험 정도에 머물렀는데, 하이데거는 언어가 각 시대마다 어떤 의미를 지녔는지, 우리에게 어떻게 이어져 왔는지를 철학사를 통해 보여 주고 있다는 말씀인 것 같네요.

하이데거의 비판자들은 이 대목에서 그에게 발생론적 오류의 혐의를 씌웁니다. 예를 들어서 하이데거가 어원 분석을 통해 고대 그리스에서 '진리$^{\alpha\lambda\acute{\eta}\theta\epsilon\iota\alpha}$'라는 단어가 '비은폐' 혹은 '탈은폐'를 의미하였다는 사실을 보이면, 그의 비판자들은 그것이 과연 이 시대의 진리론에도 유효해야 한다는 보장이 어디에 있느냐고 반문합니다.

이승종 그게 꼭 오류일까요? 어르신들은 장래의 사위나 며느릿감에게 "고향이 어디야? 본관이 어디야? 학교는 어딜 나왔어? 부모님은 무얼 하시지?" 이렇게 (성장)배경을 물어보시잖아요. 저는 그게 사람에 대한 이해의 충분조건은 아니지만 나름의 정보를 얻을 수 있는 질문이라고 생각합니다.

철학은 오랜 역사를 지닌 학문인 만큼 철학의 개념들에도 그만큼 오랜 역사가 쌓여 있는데, 그 계보를 소급해 보는 작업을 발생론적 오류로 매도하는 것은 지나칩니다.

윤유석 오히려 그렇게 발생론적 오류라고 주장하는 사람들이야말로 언어를 형식과 내용으로 너무 엄격하게 분리시키고 있는 것이라고도 할 수 있겠네요.

수강생들과의 토론

윤신숙 하이데거와 불교의 사유 사이에 공통점이 있지 않을까요? 인식된 존재라는 표현이 둘 사이의 연결고리인 것 같은데요. 존재와 인식은 어떻게 연관되나요?

이승종 『성경』의 편찬과 교리의 확립을 둘러싸고 정통과 이단에 대한 논쟁이 끊이지 않았던 기독교의 경우와는 달리 불교에서는 그런 논쟁이 없습니다. 삼법인三法印만 인정하면 다 불교에 속하는 것으로 인정하고 수용합니다. 사실은 『니까야』 정도만이 석가모니의 말씀일 뿐 『아비다르마』는 불교학자들의 논서이고 대승경전들은 후대에 제작된 위경僞經이라는 것이 중론입니다만, 불교에서는 이를 눈감아 주고 모두 석가모니의 말씀으로 포용합니다. 이러한 개방성으로 말미암아 불경의 숫자가 엄청나고 인식론, 존재론, 윤리학, 논리학 등 가능한 모든 철학이 불교 안에서 발견됩니다. 윤신숙 선생님이 말씀하신 '인식된 존재'라는 표현, 존재와 인식의 연관성 등은 불교의 인식론을 체계화한 유식불교에 속하는 화두일 것입니다. 하이데거를 불교와 크로스오버해도 무궁무진한 철학이 펼쳐질 것입니다.

한국에 전래되는 과정에서 불교는 부여의 해모수가 하늘에서 내려온 4월 초파일을 석가모니가 태어난 날로 제정하기도 했습니다. 이역시 불교가 얼마나 문화변용에 능한 열린 종교인지를 잘 보여 줍니다.

5강

대륙철학 Ⅱ

이승종, 『크로스오버 하이데거』

영미英美의 분석철학과 유럽의 해석학을 크로스오버시킨다는 점에서 분석적 해석학이라 이를 만한 새로운 독법으로 하이데거의 텍스트들에 대한 보다 선명하고 일관된 해석을 도출하는 것이 이 책의 목표이자 전체 줄거리이다.

『크로스오버 하이데거』, 21쪽

윤유석 〈철학의 길〉 다섯 번째 시간입니다. 이번 시간에도 대륙철학을 주제로 이야기가 계속 이어질 예정입니다. 지난 시간에는 현상학이 어떤 분야이고, 하이데거가 말하는 '존재'와 '존재자'가 어떤 의미인지를 살펴보았습니다. 존재를 물화시켜서 사물로 파악하려고 하는 시도를 하이데거가 비판한다는 것이 지난 시간의 주된 내용이었습니다. 오늘은 본격적으로 하이데거의 철학을 둘러싼 여러 가지 논쟁과 이슈를 다루어 보려고 합니다.

이정표

이승종 2010년에 출간한 『크로스오버 하이데거』는 연세대 학술상 수상작으로 선정되었고, 철학 학술지들과 『교수신문』에서 좋은 평가를 받기도 했지만, 출판유통업체의 부도로 생각의나무 출판사가 책을 낸 지 1년 만에 문을 닫는 바람에 책도 함께 절판되었습니다. 16년을 공들인 연구 성과가 학문과는 상관없는 외부 환경의 변화로 말미암아 아무 예고도 없이 갑자기 사라질 수 있다는 게 현대 사회의 불확실성을 잘 보여 주는 것 같았습니다. 저자라는 운전자가 막 주행을 시작한 지 얼마 되지 않아 불의의 사고를 당한 느낌이었습니다.

　　지우인 동연출판사의 김영호 사장이 『크로스오버 하이데거』를 재출간해 보자고 구원의 손길을 내밀었습니다. 저는 이 책의 내용을 주제로 한 국내외에서의 학술 토론과 서평들을 새로이 수록하고 기존 원고의 오류들을 수정해 2021년에 수정증보판을 출간하게 되었습니다. 그동안 여러 권의 책을 내었고 각 책들에 나름 정성을 다했지만, 아픈 손가락이었던 이 책을 세상에 다시 내보내는 저의 감회는 각별하기만 했습니다.

　　사유가의 사유는 역사성의 지평에서 사유되어야 합니다. 그런데 이 점을 역설한 하이데거의 사유가 하이데거라는 한 사람에게서 시작해 그 한 사람으로 끝나는 완결태로 사유되어서는 안 될 것입니다. 그의 사유는 그에게 영향을 미친 과거의 전통에 연결되어 있고 그가 사유하는 현재의 사태를 지향하고 있으며 그가 예견한 미래의 비전에 맞닿아 있습니다. 이처럼 과거의 전통, 현재의 사태, 미래의 비전이 녹아 있는 것이 하이데거의 사유이기 때문에 그의 사유를 사유하기 위해 우리는 과거, 현재, 미래의 세 시제와 전통, 사태, 비전의 세 국면을 크로스오버해야 합니다. 따라서 저의 연구는 하이데거라는 한 사유가에 국한한 종래의 해석을 지양하고자 했습니다.

　　하이데거의 사유를 건너가기 위해 제가 이 작품에서 밟았던 길의 이정표들을 돌아보면 다음과 같습니다. 길은 크게 네 단계로 가를 수 있습니다. I부 '후설에서 하이데거로'에서는 하이데거의 사유를 통시적으로 자리매김하기 위해 지향성이라는 주제에 대한 현대철학의 사유들을 짚어 나갔습니다. 이 과정에서 저는 자연히 후설의 현상학과 만나게 되었고, 이어서 그의 계승자이자 비판자인 하이데거의 사유에 이르게 되었습니다. 지향성과 현상학의 본성에 대한 후설과 하이데거의 차이(혹은 차연差延, différance)를 바탕으로 하이데거 자신의 고유한 사유를 추적해 보았습니다.

　　II부 '하이데거와 비트겐슈타인'에서는 하이데거를 그와 동시대의 사유가인 비트겐슈타인과 만나게 했습니다. 현대학문의 과학주의적 경향을 대변하는 영미철학의 중심 담론인 수리논리학과 언어철학에 대해, 그들이 어떠한 공동의 전선을 형성하였는지를 조망하고, 그러면서도 그들이 어떻게 이들 담론에 대해 자신들의 사유를 다듬어 내었고 어떻게 서로 다른 길을 걸었는지를 더듬어 보았습니다.

　　III부 '도구, 진리, 과학'에서는 하이데거 사유의 근본 얼개를 이루는 『존재와 시간』과 후기의 작품들을 중심으로 도구의 사용에 대한 그의 현상학적 성찰과 진리에 대한 존재론적 해석을 각각 살펴보았습니다. 이 과정에서 하이데거가 열어 밝힌 존재 양식의 다차원성을 구체화하고 그의 진리론이 여타의 진리론들과 층위를 달리하고 있음을 부각하였습니다.

Ⅳ부 '기술철학'에서는 현대 서구 기술문명의 역사적 뿌리와 문제점에 대한 하이데거의 사유를 그의 「기술에 대한 물음」을 독해하면서 차근차근 따라가 보았습니다. 이로써 그의 존재론적 사유가 서구의 지성사적 전통에 대한 해석을 바탕으로 현재의 기술문명에 초점 잡혀 있으며, 이로부터 미래에 대한 비전을 예비하고 있음을 논하였습니다. 『크로스오버 하이데거』는 기술문명에 와서 정점에 이른 존재망각과 허무주의의 위기로부터 전향을 지향하는 것으로 대단원에 이르게 됩니다.

Ⅴ부 '토론'에는 이 책의 내용에 대한 학술 토론을 수록하였는데 이 중 상당수는 수정증보판에서 처음 선보이는 것입니다. 부록 역시 수정증보판에 새로이 추가된 것으로 『크로스오버 하이데거』에 대한 서평과 저자의 답론이 전개됩니다. Ⅴ부와 부록을 통해 이 책에 대한 치열한 학술 토론의 향연으로 독자들을 초대합니다.

20세기 철학의 언어적 전환은 대륙철학에서도 그 파급효과가 컸습니다. 하이데거도 예외는 아니어서 그 역시 언어에 대한 중요한 성찰을 남겼습니다. 언어철학 분야에서 하이데거가 기여한 바는 언어가 세계를 지시함으로써 의미를 얻는다는 것을 골자로 하는 지시적 의미론에 대한 비판과 보완에서 찾을 수 있습니다. 지시적 의미론은 언어와 세계의 대응을 전제로 하고 있는데, 그 대응은 언어의 구성 요소가 세계의 구성 요소에 대응하는 일대일 대응의 관계일 수 없습니다. 언어와 세계의 구성 요소는 각 요소가 속해 있는 언어와 세계라는 집합체에 유기적으로 얽혀 있기 때문입니다.

우리가 언어로 세계를 지시할 때 우리는 세계의 일정한 측면이나 양상을 일정한 관점에서 드러내고자 합니다. 모든 문장은 ―그것이 서술문이건, 의문문이건, 부정문이건― 본질적으로 호격입니다. 문장을 구성하는 낱말 하나하나가 세계의 어떤 측면과 관점을 불러내어 펼치는 호격 코드이기 때문입니다. 하이데거는 언어로 불러내어진 것을 존재자로, 언어로 불러내어진 것의 배경에 해당하는 것을 존재로 구분합니다. 존재자가 개체라면 존재는 총체입니다. 존재가 망망대해의 파도라면 존재자는 파도가 칠 때 생성되었다 소멸되는 물거품입니다. 존재자가 위치를 점유한다면 존재는 좌표계입니다. 불러내어진 전경이 그 배경을 전제로 하고 있듯이 존재자는 존재를 전제로 하고 있습니다. 언어에 의한 세계의 불러냄은 존재자와 존재의 상호작용적 총화에 의해 이루어집니다. 그 총화에 의해 언어는 존재자를 불러냅니다. 언어의 의미는 언어 사용에 의한 이러한 존재자의 불러냄에서 찾아집니다.

　　사람만이 언어를 사용하기에 사람만이 언어 사용을 통해 존재에 관여합니다. 사람은 존재의 목자이고 존재가 우리에게 던지는 암호의 해독자입니다. 이러한 맥락에서 하이데거는 이론과학에서처럼 언어를 정의해서 사용하는 것을 못마땅해합니다. 정의는 언어가 존재자를 불러낼 수 있는 다양한 가능성을 제한하고 규제하기 때문입니다. 그가 보았을 때 언어의 운신의 폭은 넓을수록 좋습니다. 그 폭이 바로 존재자가 자신을 드러낼 수 있는 폭에 해당하기 때문입니다. 하이데거가 풍성한 은유로 가득 찬 시의 언어에 경도된 까닭도 여기에서 찾을 수 있습니다. 마찬가지 이유에서 우리의 사유의 노정과 폭도 어떠한 기성의 방법론에 의해서 제약되어서는 안 될 것입니다.

　　하이데거는 진리의 경우 우리가 마주하는 것은 의식에 의해 해석된 지향적 대상이 아니라 존재사건 그 자체라고 말합니다. 요컨대 이 경우 우리는 진실과 마주하는 것입니다. '진실'은 우리말에서 대체로 진리와 동치이거나 호환 가능한 개념이지만 우리는 두 개념의 언어상의 구별에 주목하고자 합니다. 축자적으로 풀이하자면 진리는 이치에, 진실은 사실 혹은 사태에 각각 참眞이 귀속되어 있습니다. 그렇다면 참인 존재사건은 진실입니다. 진실로서의 진리의 장소는 언어가 아니라 존재사건인 것입니다. 언어가 진실을 담을 수는 있지만 이로부터 언어가 진리의 장소임이 연역되는 것은 아닙니다.

진실로서의 진리와의 만남은 반드시 언어를 매개로 해서만 이루어지는 것도 아닙니다. 문제는 우리의 열린 마음과 태도에 달려 있습니다. 진실로서의 진리는 먼 곳에 있지 않습니다. 누구에게나 진실의 편린들이 기억 어딘가에 묻혀 있겠지만, 세파에 매몰되어 본래성을 망각한 사람들에게 진실의 문은 굳게 잠겨 있습니다. 그래서 그들에게 진실은 가깝지만 가장 먼 곳에 감춰져 있습니다. 그 문을 열 수 있는 마음의 눈을 가진 사람만이 진실을 자신의 것으로 고유화합니다.

하이데거 철학의 줄거리를 이루는 존재사건Ereignis과 본래성Eigentlichkeit 개념에 새겨진 'eigen'이라는 어근은 진실의 고유화과정을 지칭하는 고유소固有素입니다. 진실의 고유화는 고유화되지 않은 이론적 진리와 구별됩니다. 이론적 진리들은 그 보편성으로 말미암아 많은 경우 우리의 구체적 삶과 유리되어 있습니다. 그러나 이것이 우리가 찾는 진리의 전부는 아닙니다. 우리는 우리 자신에게 절실한 진리를 찾습니다. 추상적 진리보다는 구체적 진실로서의 진리가 우리가 찾는 절실한 진리에 더 가까울 수 있습니다. 그리고 절실한 진리는 우리의 삶과 함께 혼자서 짊어지고 가야만 하는 것입니다. 그 짙어지고 감이 바로 고유화과정입니다.

'절실'은 우리말에서 어떤 사태에 대한 느낌이나 생각이 뼈저리게 강렬한 상태에 있는 경우를 의미합니다. 다른 한편으로 절실은 실제 사태에 꼭 들어맞아 알맞음을 의미하기도 합니다. 첫 번째 풀이는 진리의 한 계기인 사람에 초점을 맞춘 것이고, 두 번째 풀이는 진리의 다른 한 계기인 존재사건에 초점을 맞추고 있습니다. 이는 '적실適實'이라는 말로 바꿀 수 있습니다. 절실에 대한 두 풀이로부터 우리는 (어떤 사태가) 틀림없이 그러하다는 의미를 지닌 '확실'과 '적실的實'이라는 낱말에 이르게 됩니다. 절실한 사태는 그만큼 확실한 사태입니다. 이처럼 진실眞實, 절실切實, 적실適實, 적실的實, 확실確實은 우리말에서 서로 일맥상통합니다. 이들은 모두 고유화되는 진리이자 사태입니다. 이 낱말들에 공통으로 새겨진 '실實'이라는 어근은 이들이 확보하는 진리의 자리가 사태 자체임을 지칭하는 사태소事態素입니다.

진실되고, 절실하고, 적실하고, 확실한 진리는 우리와 무관한 진리가 아닙니다. 우리와 무관한 것으로서, 우리의 삶으로부터 외화外化되는 진리는 그로 말미암아 그 진실성, 절실성, 적실성, 확실성을 잃게 됩니다. 그러한 진리는 비록 거짓은 아니지만 사실상 있으나 마나 한 진리입니다. 반면 진실되고, 절실하고, 적실하고, 확실한 진리는 언제나 고유화 작업을 통해 우리와 일체를 이루는 진리 사태를 말합니다. 그래서 이러한 진리는 있으나마나한 정태적 진리와는 달리 늘 우리의 삶에서 살아 숨 쉬며 우리의 삶과 우리 자신을 근거 짓는 역동적 진리입니다. 진리를 동일성으로, 거짓을 차이성으로 보았던 고대 그리스인들의 진리관에서 우리는, 고유화과정을 통해 인간과 동일체를 이루는 절실한 존재사건을 진리로 보는 그리스인들의 사태로 열려진 태도를 엿볼 수 있습니다. "진리가 너희를 자유케 하리라"는 예수의 명제도 진리의 열림과 고유성 그리고 역동성을 가리키는 것으로 해석될 수 있습니다.

저는 2인칭 철학의 확장과 심화에 도움이 되는 개념과 영감을 하이데거가 사유한 존재사건의 고유화에서 얻을 수 있었습니다. 그를 독해하면서 활용해 본 크로스오버와 그 결과물인 분석적 해석학도 큰 수확입니다. 이러한 무기들을 가지고 보다 창의적인 작업을 하고 싶었습니다.

길을 걸어가며

질문 4. '분석적 해석학'이란 무엇인가요?

윤유석 『크로스오버 하이데거』의 부제는 "분석적 해석학을 향하여"입니다. 그런데 정작 이 책이 지향하는 '분석적 해석학'이 무엇인지가 본문에서 뚜렷하게 설명되고 있지 않다는 사실은 다소 아쉽습니다.

물론 교수님이 이 책에서 어떤 작업을 하고 계신지는 충분히 이해가 됩니다. 이 책은 "분석의 방법에 의거해"(이승종 2010, 21쪽) 하이데거의 난해한 사유를 명료하게 풀어내면서도, "해석학적 대화의 방식으로"(이승종 2010, 21쪽) 그의 텍스트를 충실하게 독해한다는 점에서, 분석철학과 해석학 사이의 교류 가능성을 실천적으로 잘 드러내고 있는 사례라고 생각합니다.

그렇지만 난해한 사유를 명료하게 하는 작업과 텍스트를 충실하게 독해하는 작업이 그 자체만으로 '분석적 해석학'이라는 새로운 이름으로 불릴 만한지는 의문스럽습니다. 대륙철학에 대한 기존 연구들도 모두 (얼마나 성공적인지와는 무관하게) 사유의 명료성과 텍스트 독해의 충실성을 지향하기 때문입니다. 교수님의 책에 등장하는 이남인 교수님과 홍성하 교수님도 모두 이러한 관점에서 '분석적 해석학'이라는 명칭에 대해 의구심을 가지는 것으로 보입니다(이승종 2010, 387, 390쪽 참조).

더 나아가 단순한 명칭의 문제를 넘어서, 두 가지 추가적 문제도 고려되어야 합니다. 첫째로, 분석철학을 통해 하이데거와 같은 대륙철학에 접근하는 작업은 자칫 분석철학과 대륙철학의 관계에 대한 오해를 발생시킬 수도 있을 것 같습니다. 분석철학은 그 자체로 명료한 반면 대륙철학은 그 자체로 불명료해서, 명료한 분석철학이 불명료한 대륙철학을 해설해 줘야 한다는 오해 말입니다. 저는 교수님께서 결코 이렇듯 편향된 가정을 바탕으로 '분석적 해석학'이라는 명칭을 사용한 것은 아니라고 생각하지만, 적어도 이러한 오해를 방지하기 위해서라도 '분석의 방법'이 '해석학적 대화'에 도입되어야 하는 이유가 무엇인지가 해명될 필요가 있을 것입니다.

둘째로, 분석철학과 대륙철학이라는 서로 다른 두 사조를 교차시키는 것만으로는 유의미한 대화가 이루어지기에는 불충분하다고 생각합니다. 분석적 해석학이 대륙철학에 대한 "분석철학적 재구성"(이승종 2010, 390쪽)에 지나지 않는다면, 교수님의 책에 대해 이유선 교수님이 다소 노골적으로 지적했던 것처럼, "그래서 어쨌다는 말인가?"(이유선 2010, 366쪽)라는 물음이 다시 제기될 수밖에 없습니다. 교수님께서는 분석철학과 대륙철학의 크로스오버 속에 단순한 재구성 이상의 철학적 의미가 담겨 있다고 보는 만큼, 분석적 해석학이 어떻게 이러한 철학적 의미를 가능하게 하는지를 더욱 적극적으로 논증해 주시면 좋을 것 같습니다.

이승종 '분석적 해석학'은 제가 연구해 온 분석철학과 하이데거를 크로스오버하는 작업에 붙여 본 이름일 뿐입니다. 이름에 대한 시시비비보다는 그 이름하에 행해진 실제의 크로스오버 작업이 얼마나 성공적이었느냐로 평가받고 싶습니다. 로고스중심주의를 해체하겠다는 데리다가 자신의 해체 작업에다 '로고스'가 들어가는 '그라마톨로지'라는 이름을 붙인 점을 문제 삼기보다, 그가 『그라마톨로지에 대하여』라는 책에서 소쉬르[Ferdinand de Saussure]와 루소의 텍스트를 얼마나 정당하게 해체했느냐를 문제 삼아야 하는 것과 같은 맥락입니다.

윤유석 '그라마톨로지'를 직역하면 '문자학'이잖아요. 데리다가 그 작품에서 우리가 언어학에서 기대하는 문자학 같은 걸 하고 있는 것도 아닌데도 그렇게 이름 붙인 게 오도적일 수 있지만, 그것과는 상관없이 데리다가 그 작품에서 작업한 내용을 봐야 한다는 말씀이네요.

이승종 그다음에 "그래서 어쨌다는 말이냐? 분석철학과 하이데거를 혹은 비트겐슈타인과 하이데거를 크로스오버해서 어쨌다는 거냐?"라는 반론에 대해서 저는 이렇게 답변하겠습니다. 이질적인 문화를 가진 두 사회가 지속적이고 직접적인 접촉을 통해 서로가 갖고 있는 문화에 변화를 일으키는 현상을 문화접변^{acculturation}이라고 하는데, 이로부터 흥미로운 현상들이 많이 발생합니다. 같은 맥락에서 서로 이질적인 사조들이 접촉해 스파크spark를 일으킬 때 생겨나는 창의적인 사유의 씨앗들을 싹틔우게 하는 것이 크로스오버의 목적입니다.

분석철학과 대륙철학 사이의 '크로스오버'는 일어날 수밖에 없는 자연적 현상(사실)인가요, 아니면 일어나야만 하는 이념적 현상(당위)인가요?

윤유석 크로스오버라는 게 항상 일어나고 있는 자연적 현상인지, 아니면 그렇게 일어나야만 하는 당위성을 띤 이념적 현상인지가 궁금합니다. 교수님은 『크로스오버 하이데거』의 서문에서, '크로스오버'는 그냥 인위적으로 도입한 말이라기보다는 우리가 새로운 사상이나 텍스트와 만날 때 저절로 일어나게 되는 해석학적인 사건이라고 설명했습니다. 그런데 한편으로는, 그 책을 읽다 보면 적극적으로 크로스오버를 해야 한다는 뉘앙스의 말도 접하게 됩니다. 그래서 크로스오버가 사실인지 아니면 당위인지가 궁금합니다.

이승종 저는 학창 시절에 빛에 대한 두 가지 상반되는 전통, 즉 입자설과 파동설의 문제에 관심이 있었습니다. 그러다가 양자역학을 공부하면서 무릎을 치게 됐죠. 빛의 이중성에 대한 저의 궁금증을, 중첩^{superposition}에 대한 수학적인 서술이 말끔히 해명해 주더라고요. 저는 빛의 입자설과 파동설을 성공적으로 크로스오버한 양자역학에서 크로스오버의 중요한 모델을 발견했습니다. 양자역학이 보여 주는 크로스오버는 사실도, 당위도 아닙니다. 핵심은 사유의 창의적인 모험입니다.

분석철학과 대륙철학 사이의 크로스오버에서 주의해야 할 사항은 무엇인가요?

윤유석 '모험'이라는 말이 아주 인상적이네요. "이렇게 해야 돼"라는 이념적 강요나 아니면 그냥 내버려두면 저절로 일어나는 자연적 현상이라기보다는, 해 봤을 때 내가 예측하지 못했던 새로운 결과들이 창출되는 사건으로 이해하고 계신 것 같네요. 그러면 분석철학과 대륙철학을 크로스오버할 때 주의해야 할 사항이라고 생각하는 것들이 있나요?

이승종 허수아비 논증의 오류를 경계해야 합니다. 상대방의 입장을 고의로 곡해하여 비판하거나, 상대를 존중하지 않고 어떤 목적을 위해서 짝퉁으로 만들어 자기 밑으로 환원시키거나 흡수하는 짓은 그걸 안 하느니만 못 합니다. 상대의 주장에서 특정한 단면만을 잘라서 그걸 가지고 자의적으로 자신에게 유리하게 해석하는 단장취의^{斷章取義}의 오류도 주의해야 합니다.

　　　크로스오버는 크로스오버되는 상대의 의미나 의도를 더욱 풍성하게 해 주는 것이지, 상대를 왜곡하거나 왜소화하거나 자의적으로 칼질하는 것이 아닙니다.

윤유석 비교철학을 하는 분들 중에 특정 입장을 옹호하면서 상대편을 완전히 단순화해 아무것도 아닌 것으로 만들어 놓고 공격하는 경우를 종종 보아 왔는데, 주의해야 될 사항인 것 같습니다.

분석철학과 대륙철학 사이의 크로스오버를 잘 수행하고 있는 철학자들 중에는 누가 있을까요?

윤유석 교수님이 생각하시기에 분석철학과 대륙철학의 활발한 교류라든지, 크로스오버를 잘 수행하고 있는 다른 철학자들이 있나요?

이승종 저는 제가 진행하는 대학원 수업의 수강생들에게 수업에서 다루는 텍스트들을 자유롭게 크로스오버해서 리포트를 써 보라고 격려하곤 합니다. 대학원생들이 제출한 리포트들을 읽어 보면 대개 잘 하더군요. 그중에서도 유석 씨가 제출한 「부정신학 없는 해체주의를 향하여」라는 글을 아주 재미있게 읽었습니다. 그 글을 통해 저 자신도 배운 게 많았고요. 크로스오버 작업은 정형화된 틀에 갇힌 기성학자들에게서보다는 자신만의 새로운 사유 스타일을 추구하는 학문 후속 세대에게서 기대할 바가 더 많습니다.

윤유석 그렇게 말씀해 주시니까 너무 감사하면서도 민망해서 어떻게 해야 할지를 모르겠네요. 제가 관심 있는 학자 중에는 투겐트하트가 있습니다. 그는 "분석철학과 현상학이 만나야 된다. 특히 분석철학과 해석학이 만나야 된다"라고 강조했는데, 저는 그의 논문들을 읽으면서 교수님의 글들이 떠올랐거든요.

　　투겐트하트는 기존의 현상학적 해석학이 자신의 목적을 온전하게 성취할 수 없다고 지적합니다. 그래서 분석철학의 방법, 특히 비트겐슈타인의 철학을 해석학에 도입해야 된다고 주장하죠. 해석학은 이해의 가능 조건, 수리물리학으로 국한되지 않는 사건, 우리의 과학화된 틀 안에 들어오지 않는 진리를 포착하려고 하잖아요? 문제는 그 논의들을 현상학의 방법으로 정초하려고 하다 보니, 자꾸 "사태를 순수하게 보아라. 사태에 순수하게 접근해라. 사태 자체로 돌아가라"라는 구호를 외치게 되는데, 투겐트하트는 그런 구호가 너무 공허하다고 비판합니다. 쉽게 말해, "어떻게 보라는 건데? 너의 봄이 다른 철학자들의 봄보다 더 우월하다는 근거가 뭔데?"라는 질문에 현상학적 해석학이 충분하게 대답하지 못한다는 것입니다(Tugendhat 1970 참조).

　　오히려 투겐트하트는 왜 우리의 언어 사용에서 문제들이 발생했는지를 비트겐슈타인의 치유적인 철학을 통해 낱낱이 해명하는 방식으로 해석학을 재구성해야 한다고 주장합니다. 비트겐슈타인은 후설과 달리 '내성introspection'과 같은 방법에 의존하지 않고서도 언어 사용에서 발생하는 문제를 잘 치료해 낸다는 것이죠(Tugendhat 1976, 6장 참조). 분석철학의 방법이 현상학의 방법보다 더 뛰어나다는 것입니다. 이런 식의 분석적 해석학에 대해서는 어떻게 생각하시나요?

이승종 일리는 있지만 현상학, 해석학, 분석철학을 명칭에 집착해 교과서적으로 이해하는 게 아닌가 합니다. 한 철학자가 얼마나 성공적으로 문제와 텍스트를 다루는지는 그의 작품으로 평가받아야 합니다. 투겐트하트의 말이야말로 문맥에서 떼어 놓고 보았을 때는 그냥 공허한 구호처럼 들리는데요. 그의 실제 작업을 검토해 보아야겠습니다.

질문 5. 하이데거의 기술철학은 현실과 너무 괴리되어 있지 않나요?

윤유석 이전 강의에서 교수님은 오늘날의 대륙철학이 데카당스적이라고 비판했습니다. 저는 교수님의 비판이 하이데거의 기술철학에 적용될 수 있다고 생각합니다. 물론 그가 기술의 문제에 대해 취하고 있는 기본적인 견해의 많은 부분에 동의합니다. 그의 지적대로 갈릴레오와 뉴턴 이후의 학문들은 온 세상을 수리물리학의 방식대로만 표상하려고 합니다. 그 결과 자연은 수리물리학을 통해 계산될 수 있는 대상이 되어 버렸고, 인간을 비롯한 모든 존재자는 현대의 기술에 따라 조작될 수 있는 부품이 되어 버렸습니다. 근대의 수리물리학과 현대의 기술 사이의 관계를 추적하는 하이데거의 이러한 철학사적 논의 자체는 설득력 있어 보입니다.

　　그러나 하이데거의 기술철학은 지나치게 관조적이어서 우리가 현대의 기술을 어떻게 사용해야 하는지에 대한 아무런 구체적인 지침도 주지 못하는 것 같습니다. 우리 시대의 기술이 모든 존재자를 일종의 부품처럼 다루고 있다는 사실은 찰리 채플린의 〈모던 타임즈〉 같은 영화를 통해 이제는 널리 알려졌습니다. 더 이상 이 사실을 알기 위해 굳이 하이데거의 글을 찾아 읽어야 할 필요가 있는지 저로서는 다소 의문스럽습니다. 오히려 진정한 문제는 우리가 이 사실을 알고서도 구체적으로 무엇을 해야 할지 방향을 잡기 어렵다는 점에 있습니다.

하이데거는 오늘날 당장 문제시되는 기후 위기나 생물의 다양성 감소 같은 이슈에 대해 아무것도 이야기해 주지 못하는 것처럼 보입니다. 동시대의 자크 엘륄이 원자력 발전의 문제나 아키텐 연안 개발 문제 같은 매우 구체적이고 실천적인 사안들을 고민했다는 점에 비추어 보아도, 하이데거의 사유는 현실과 너무 괴리되어 있다는 생각이 듭니다.

하이데거를 다소 희화화한 비판이기는 하지만, 『크로스오버 하이데거』에 대한 토론에서 반성택 교수님이 "빌딩을 허물라는 것이냐?"(이승종 2010, 389쪽 참조)라고 반문하고, 하피터 교수님이 "모든 사람이 들길에서 살아야 한다는 것이냐?"(이승종 2010, 390쪽 참조)라고 지적한 것도 하이데거의 기술철학이 지나치게 막연하다는 점을 비판하고 있는 것으로 보입니다.

물론 하이데거라는 한 명의 철학자에게 우리 시대의 환경 문제와 기술 문제를 모두 해결할 방법을 제시하라고 '닦달'하는 것은 무리이겠지만, 현실의 구체적 문제와 괴리된 채 '기술의 본질'만을 반성하는 그의 사유가 과연 얼마나 우리 시대에 유의미할 수 있을지 모르겠습니다. 그가 너무 원론적이고 막연한 이야기를 한다는 비판은 충분히 정당하게 제기될 수 있지 않을까 생각을 했거든요.

이승종 기술의 본질에 대한 깊은 반성은 누군가는 했어야 할 중요한 철학적인 과제였고, 하이데거는 그 작업을 했을 뿐입니다. 그러한 그에 대해서 그 이상의 것을 요구하는 것은 시대적인 한계와 인간적인 한계를 고려하지 않은 처사입니다. 마치 그의 예술철학에 대해 왜 다른 화가들은 제쳐 두고 고흐만을 다루느냐고 비판하는 것과 같습니다. 그것이 기술철학이건 예술철학이건 하이데거가 미처 하지 못한 작업들은 후속 세대가 비판적으로 계승해서 작업을 해 나가면 됩니다.

'실천을 위한 방안'이나 '미래에 대한 비전'을 제시해 달라고 철학자들에게 요구하는 것은 애초에 잘못된 일일까요?

윤유석 하이데거에 대한 앞서의 비판과는 정반대편의 입장, 즉 "철학자에게 미래에 대한 구체적인 비전이나 실천을 위한 방안을 제시해 달라고 요구하는 것은 애초에 잘못이다. 그런 요구를 하지 말라"라는 단호한 태도에 대해서는 어떻게 생각을 하시나요?

이승종 이러한 대화가 피상적으로 흐르지 않기 위해서는 사유가들이 남긴 작품 하나하나를 놓고 이야기를 해야 합니다. 하이데거는 사유가였기 때문에 다가올 미래의 인류문명에 대한 그의 사유를 알려면 그에 대한 작품들을 읽어 볼 필요가 있습니다. 『철학에의 기여』나 『숙고*Besinnung*』가 이에 해당하는데 거기에서는 우리가 알고 있는 하이데거와는 다른, 신비스럽고 낯선 사유의 풍경들이 펼쳐지고 있습니다.

하이데거의 사유가 현실의 문제에 대해 실천철학적 함의를 지닐 수 있을까요?

윤유석 『철학에의 기여』나 『숙고』에서 하이데거가 나름대로 실천철학적 비전을 제시를 한다는 말씀인가요?

이승종 네.

윤유석 어떤 식으로 논의들을 전개를 하나요? 어떤 실천철학적 함의를 그 작품들에서 발견할 수 있을까요?

이승종 도래할 문명은 하이데거도 체험해 보지 않은 것이기 때문에, 그에 대한 숙고는 추상적이고 단편적인 스케치에 그치고 있습니다. 그럼에도 불구하고 기술문명이 주도한 시대정신에 대한 원근법적 탐구, 도래할 문명에 대한 근원적인 사유의 모험을 감행하고 있다는 점만으로도 엄청난 가치와 잠재력을 지니고 있다고 할 수 있습니다.

윤유석 세상을 다 수리물리학적으로 환원하고자 하는 우리 시대의 문명을 넘어섰을 때, 어떠한 풍경이 보이게 될지에 대한 스케치가 막연하게나마 있다는 말씀인가요?

이승종 네, 그렇습니다. 그 작품들에서는 하이데거가 사유가를 넘어서 선지자나 예언자처럼 보이기도 하더군요. 저로서는 충격적이었는데 이에 대한 더 많은 연구가 있어야 할 것입니다.

하이데거의 사유뿐만 아니라 대륙철학 일반이 사실 현실의 사회-정치적 이슈에 대한 고민에서 그다지 효용이 없지 않나요?

윤유석 하이데거의 사유뿐 아니라 대륙철학이 현실의 문제들에 대해서 별로 효용이 없다는 비판에 대해서는 어떻게 생각하시나요?

이승종 과학사회학이라는 새로운 분야를 창시한 로버트 머튼Robert Merton은 지식의 위계를 셋으로 나눈 바 있습니다. 이론적 준거 없이 경험적 자료를 분석해 놓은 경험적 지식이 맨 아래에, 경험적 자료의 뒷받침 없이 모든 것을 포용하여 추상적인 개념들로 체계화해 놓은 거시이론이 최상위에 놓입니다. 이 둘을 연결하고 활성화시키는 특수이론으로서의 중범위이론이 둘 사이의 중간지대에 놓입니다.

　　머튼의 분류를 유석 씨의 질문에 적용하자면 하이데거를 위시한 대륙철학의 추상적인 사유들이 어떻게 중범위 영역이나 그 아래의 현실 영역까지 내려와서 효용성을 줄 수 있겠느냐 하는 것일 텐데요. 저는 이를 범주, 혹은 분업의 문제라고 봅니다. 즉 그것은 하이데거의 몫은 아니지 않았나 하는 것입니다.

　　모국에 닥친 역사의 풍랑 속에서 하이데거는 자신이 무엇을 할 수 있고 무엇을 할 수 없는지를 뼈저리게 깨달은 것 같습니다. 앞으로 논의하겠지만 그의 인간적인 과오와 한계도 있었고요. 이를 잘 헤아려서 그가 수행하지 못한, 중범위나 그 아래에 위치하게 되는 과제들은 후속 세대나 해당 분야의 학문 종사자들의 몫으로 남겨 두는 게 옳지 않을까요? 그럼에도 그가 사회-정치적 이슈에 대한 깊고 원근법적인 사유, 시대정신에 대한 근원적 사유를 전개하였다는 점은 인정하지 않을 수 없습니다.

길에서 잠시 쉬며

질문 6. 철학과 삶은 어떤 연관을 맺고 있을까요?

윤유석 철학자로서 하이데거가 남긴 업적들은 정말 대단합니다. 그럼에도 그는 상당히 문제가 많은 사람으로 보입니다. 그가 나치에 부역했다는 사실은 이제 너무나 잘 알려져 있어서 새삼스럽게 거론할 필요조차 없을 것입니다. 저는 훌륭한 사람들조차 때때로 잘못된 정치적 선택을 한다는 것을 그다지 놀랍지 않게 생각합니다. 오히려 제가 충격을 받은 것은 그의 사생활이었습니다.

가령 하이데거가 자신의 스승 후설이 나치의 박해를 받을 때에 외면했다는 이야기는 종종 들어서 알고 있었습니다. 그렇지만 저는 하이데거가 평소에 후설에 대해 "완전히 뒤죽박죽인 사람"이라는 등의 험담을 하였다는 사실, 그러면서도 후설의 앞에서는 스승에 대한 입발림 찬사를 늘어놓았다는 사실, 그러다가 프라이부르크대학 총장에 취임하고 나서는 후설의 대학 출입을 금지하는 회보에 서명하였다는 사실 등을 최근에 새롭게 알게 되면서 그의 이중적인 면모에 크게 실망하였습니다.

또한 하이데거가 아렌트[Hannah Arendt]와 불륜 관계였다는 이야기도 이전부터 듣기는 하였습니다. 그런데 저는 하이데거가 아렌트와 불륜을 저지르는 과정에서 엘리자베스 블로흐만[Elizabeth Blochmann]이라는 또 다른 여자와도 몰래 사귀고 있었다는 사실, 그 여자는 하이데거의 아내와 학교 친구이기도 했다는 사실, 하이데거가 자신의 학문적 경력에 해가 될까 봐 아렌트를 버렸다는 사실 등을 알게 되면서 그의 여성편력과 기회주의적 태도에 다소 놀랐습니다.

물론 이 모든 것들이 하이데거의 철학과는 무관한 흥미 위주의 이야깃거리인지도 모르겠습니다. 다만 저는 종종 철학과 삶을 엄격하게 구분하는 것이 가능할 수 있는지 의문스럽게 느껴질 때도 있습니다. 아무리 철학자에게 성직자 같은 인품과 도덕성을 요구할 수는 없다고 하더라도, 철학과 삶을 별개로 보아야 한다는 입장은 너무 인위적인 것 같습니다. 특히 '실존' '타자' '법' '폭력' '정의' 같은 주제를 포괄적으로 다루고자 하는 대륙철학이 정작 현실의 삶과 괴리되어 있다고 생각하는 것도 다소 어색하게 느껴집니다. 교수님께서는 철학과 삶 사이의 관계에 대해 어떻게 생각하시나요?

이승종 한국에서 민주화 운동의 사상적 대부로 추앙받아 온 한 지식인은, 마오쩌둥이 대약진 운동의 실패로 실추된 자신의 권력을 회복하기 위해 벌인 문화혁명이라는 가공할 문화파괴 운동을 찬양하는 책을 낸 과오가 있습니다. 한국의 독서계에서 가장 영향력 있는 우리 철학자로 꼽히는 한 지식인은 황제의 자리에 등극하게 되는 독재자 시진핑을 찬양하는 책을 내기도 했습니다.

지식인이 선지자이거나 인격자는 아닙니다. 하이데거나 제가 예로 든 한국의 지식인에게 무결점, 무오류를 기대하는 게 오히려 문제입니다.

하이데거의 철학은 하이데거의 나치 부역에 영향을 주었을까요?

윤유석 방금 전에 제가 이야기했던 것들은 가십^{gossip}거리이지만, 철학자들 사이에서 논란이 많은 부분은 하이데거가 나치의 부역자였고 이것이 하이데거의 철학과 연관성이 있을 것이라는 혐의입니다. 교수님께서는 이 문제에 대해 어떻게 생각하시나요?

이승종 하이데거가 곧 나치라는 등식보다는, 그가 한때 나치를 잘못 보고 인정한 것이라는 가설이 더 사실에 가깝다고 생각합니다. 하이데거의 철학이 a, b, c라는 세 가지 요소를 가지고 있다고 합시다. 그런데 그는 나치즘에서 c처럼 보이는 요소를 발견하고 나치즘을 옹호했습니다. 그런데 나치즘에는 c뿐 아니라 그가 인정할 수 없는 d, e, f라는 요소가 있고 그 d, e, f라는 요소로부터 c가 귀결된다는 점을 뒤늦게야 깨달은 셈입니다.

저는 하이데거가 나름대로 자기가 살고 있던 시대의 부름에 부응하고자 실천을 하려고 했다고 봅니다. 그렇지 않은 사람들도 많이 있습니다. 즉 시대의 부름에 기회주의적인 관망의 태도를 취하거나 거기에 아예 관심이 없는 사람도 있습니다.

미국의 대표적인 철학자인 콰인은 대화 중에 지금 미국의 대통령이 누구냐고 물었는데, 농담이 아니라 진담이었다고 합니다. 자신이 살고 있는 시대와 사회에 대한 그의 무지와 무관심을 엿볼 수 있는 에피소드입니다. 저는 지식인의 기회주의, 무지, 무관심이 더 큰 문제라고 생각합니다.

비록 하이데거가 큰 실수를 하기는 했지만 시대의 요청에 지식인으로서 나름대로 부응을 하려 했습니다. 다만 그가 나치라는 가공할 정치권력에 대해 잘못된 판단을 했고, 거기에 대해서 뉘우치거나 사과하지 않았다는 점은 비판받아 마땅합니다.

하이데거가 '비열한 인간'이었다는 사실이 하이데거가 '위대한 철학자'였다는 평가에 영향을 줄까요?

윤유석 하이데거가 인간적으로 결점이 있고 비열했다는 사실이 하이데거가 훌륭한 철학자였다는 평가에 영향을 미칠까요?

이승종 당대를 풍미했던 첼리스트 재클린 뒤프레이 Jacqueline du Pré와 결혼한 피아니스트 겸 지휘자 다니엘 바렌보임 Daniel Barenboim의 경우가 떠오릅니다. 뒤프레이는 다발성 경화증이라는 희귀병으로 젊은 나이에 세상을 떠났는데, 바렌보임은 아내가 병마와 싸우는 사이에 다른 여성과 불륜을 저질렀습니다. 그래서 저는 바렌보임을 음악가이기 이전에 인간으로서 좋아하지 않았습니다.

그러다가 빈 Wien에서 바렌보임이 지휘하는 베를린 슈타츠카펠

레^{Berlin Staatskapelle}의 연주로 브루크너의 교향곡 3번 공연을 관람하게 되었습니다. 바렌보임은 브루크너의 교향곡 3번에 관한 한 더 이상의 훌륭한 연주는 나오기 어려울 정도로 완벽한 기량을 보여 주었습니다. 바렌보임이 비열한 인간인지는 차치하고라도 위대한 예술가라는 점에 대해서는 의문을 달 수가 없더군요. 제게는 바렌보임의 비열함이 그가 위대한 지휘자라는 평가에 영향을 주지 못했습니다.

하이데거의 경우에도 양가감정이 교차합니다. 인간적으로는 배울 게 많지 않은 사람일 수도 있겠지만, 그가 남긴 엄청난 분량의 철학 텍스트들은 인류문명의 위대한 자산으로 오래 기억될 것이라고 생각합니다.

철학이 좋은 삶을 살아가는 데 도움이 될 수 있을까요?

윤유석 철학을 공부하는 게, 철학을 사유하는 게 인간적으로 좋은 삶을 살아가는 데 있어서 도움이 될까요?

이승종 네, 거기에 대해서는 한 치의 의심도 없습니다. 저는 그래서 깨달음을 추구하는 구도의 철학인 불교철학을 좋아합니다. 아쉽게도 현대철학에서는 그러한 구도 정신을 찾기 어렵습니다. 그러다 보니 울림도 약합니다.

윤유석 불교철학처럼 우리의 삶을 변화시킬 수 있는 사유가 현대철학에는 부족하다는 진단이네요.

이승종 자신을 변화시킴으로써 세상의 변화를 도모하는 철학이 진정한 철학 아닐까요?

수강생들과의 토론

이종원 하이데거는 존재와 존재자를 구분합니다. 그런데 그가 정작 존재자들 중 하나인 사람을 '현존재'나 '터있음^{Dasein}'이라고 부른다는 것은 다소 이상합니다. 하이데거가 사람을 '현존재'나 '터있음'이라고 부르는 이유는 무엇인가요?

이승종 '현존재', '터있음', 혹은 그 원어인 'Dasein(다자인)'은 사람에게 주입되어 작동하는 존재의 운동성을 포착하기 위해 사용된 용어입니다. 사람은 자신의 존재를 문제 삼는 존재물음을 던질 줄 아는 존재자입니다. 이때 "자신의 존재를 문제 삼는 활동"이 존재에 해당합니다. 따라서 "자신의 존재를 문제 삼는 활동"이 가능한 존재자에게는 사람이건 아니건 '현존재'라는 용어가 적용될 수 있습니다. 예컨대 어떤 인공지능이 "자신의 존재를 문제 삼을" 수 있다면 그 인공지능의 존재는 현존재인 셈입니다.

　　　　따라서 "현존재＝사람"이라는 등식은 엄밀히 말해 하이데거에게서는 성립할 수 없습니다. 일종의 범주오류인 셈이지요. (존재와 존재자 사이의 차이를 망각했다는 점에서 말입니다.) 그러나 저 등식은 하이데거를 논할 때 편의상 통용되기도 하는 게 현실입니다. 그렇지 않아도 생경한 하이데거의 전문용어를 처음부터 저렇게 세세하게 차이와 뉘앙스를 살려 가며 소개하면 역효과가 날 수 있기 때문이지요.

박득송 'Dasein'의 번역어인 '현존재'의 '현現'이나 터있음의 '터'는 어떻게 이해해야 할까요?

이승종 서양철학사에서 존재는 초월적인 지평에 놓인 존재자로 이해되어 왔습니다. 존재를 신이라는 탁월한 존재자로 보는 게 그 대표적인 예가 될 텐데, 하이데거는 이러한 경향성을 존재신학이라 부르면서 서양철학사를 존재망각의 역사라고 했지요. '현'이라는 시간(시제)이나 '터'라는 공간(장소)으로 번역되는 'Dasein'의 'da'는 존재를 시공을 초월한 지평으로부터 시공간 내의 사건으로 되돌려 이해하고자 하는 취지를 담고 있습니다. 초월을 깨고 존재를 사람이 살고 있는 터에서 현재 시제로 호출하는 역할이 Dasein의 소명입니다.

박득송 그렇게 이해한 Dasein은 지금 여기라는 순간과 동일한가요?

이승종 그러나 하이데거는 시공간의 어느 한 단면보다 그 단면이 어떻게 주어졌는가 하는 내력, 즉 흐름 전체를 파악하고자 했습니다. 따라서 그의 사유는 현존재/터있음에서 역운歷運 혹은 易運으로 이행합니다. 존재자라는 결과보다 존재라는 과정에 초점을 맞춘 것입니다. 그 과정은 시공간에서 일어나므로 존재와 시간이 하이데거의 화두이자 대표작의 이름이 된 것입니다. 시공간에 대한 비슷한 이해를 아인슈타인에서도 찾을 수 있습니다만, 그는 하이데거와 달리 시간을 간격^{interval}이라는 기하학적 개념을 축으로 정렬했다는 점에서 시간을 공간화해서 이해했다고 비판받을 수 있겠습니다.

박득송 존재는 존재자의 근거라고 할 수 있을까요?

이승종 존재가 또 하나의 탁월한 존재자가 아님을 인정한다는 전제하에서는 그렇게 말할 수 있겠습니다. 역^易이 없으면 사계절도 없는 것처럼 말입니다. 역은 존재에 대한 동양적 표현입니다.

윤신숙 존재는 동영상 같은 것이고 존재자는 그 영상의 어느 한 단면(스틸 샷^{still shot})과 같은 것이라고 할 수 있을까요?

이승종 아비다르마 철학의 대표적 학파로 꼽히는 설일체유부^{說一切有部}가 이와 유사한 견해를 취한 바 있습니다. 물론 당시에는 동영상이 존재하지 않았지만, 선생님이 사용하신 비유는 존재와 존재자의 관계를 조명하는 데 그럭저럭 쓸모가 있습니다. 저 비유는 아인슈타인의 상대성이론을 이해하는 데에도 도움이 됩니다. 그러나 설일체유부는 현상의 본체(비유적으로는 동영상)가 불멸하다는 입장이고, 아인슈타인은 시공간(비유적으로는 동영상)의 절대적 실재성을 신봉했다는 점에서 하이데거의 존재론과는 거리가 있습니다. 앞서의 비유는 변화와 인과를 연속(스틸 샷의 연속)으로 대체하고 시간을 찰나로 파편화하는 문제점을 지니고 있습니다.

강명자 고흐의 그림 〈씨 뿌리는 사람〉을 어떻게 존재와 존재자 사이의 차이를 통해 이해할 수 있을까요?

이승종 그림에 드러나 있는 것들, 즉 씨 뿌리는 사람, 작열하는 태양, 갈아 엎어진 거친 대지, 낮게 날고 있는 까마귀 등은 다 존재자들입니다. 존재는 이러한 존재자들이 그림에 드러나게 되는 과정에 해당합니다. 존재자들을 주고(탈은폐) 거두어 감(은폐)이 곧 존재입니다.

이종원 언어는 존재인가요 존재자인가요?

이승종 「휴머니즘의 편지」에서 하이데거는 언어를 '존재의 집'이라고 표현한 바 있습니다. 그 집에 우리가 살고 있습니다. 존재는 언어를 통해서 우리에게 존재자를 주기도 하고 거두어 가기도 합니다. 언어는 우리가 존재자를 호출하는 데 필요한 인터페이스 역할을 수행합니다.

이종원 철학 용어에 대한 하이데거의 어원학적 분석이 발생론적 오류라는 비판의 요지는 그 분석이 해당 용어가 사용되던 고대 그리스에는 적용되지만 지금에는 그렇지 않을 수도 있다는 거잖아요. 저는 그걸 하이데거가 해당 용어의 본래적인 의미를 찾기 위해 과거로 소급해 가는 것으로 이해했습니다. 그런데 하이데거는 고대 그리스를 지나치게 이상적인 사회로 묘사하고 있는 것 같습니다.

이승종 고대 그리스로의 언어 고고학적 탐구를 전개한 하이데거에 대해 다음의 비판이 따라붙곤 합니다. 첫째, 고전학자들은 하이데거의 어원 분석이 지나치게 창의적이거나 자의적이라고 비판합니다. 둘째, 데리다는 하이데거가 고대 그리스에 대한 낭만적 향수병에 젖어 있다고 비판합니다. 고대 그리스를 서구 사유의 시발점으로 보는 하이데거에 대해, 데리다는 그러한 시발점은 존재하지 않으며 시발점과의 만남은 영원히 연기된다는 지론을 폅니다. 둘 다 일리가 있습니다만 하이데거는 이에 굴하지 않고 자신만의 길을 걸었습니다.

박득송 하이데거의 '존재'는 『반야심경』의 명제인 공즉시색空卽是色의 '공空'에, '존재자'는 '색色'에 각각 견줄 수 있지 않을까요?

이승종 훌륭한 비유입니다만 이에 대해서는 하이데거와 불교의 원텍스트를 서로 교차해 읽어 가며 검증하는 절차를 밟아야 할 것입니다.

6강

비교철학

이승종, 『동아시아 사유로부터』

"

이 책에서 우리가 입증하고자 하는 것은 서양의 현전^{現典}인 비트겐슈타인, 하이데거, 데리다, 들뢰즈의 사상과 동아시아의 고전^{古典}인 유가, 불교, 도가가 서로 공감하고 교류할 수 있는 상당한 상동성^{相同性}이 있으며, 서로 논박하고 생산적인 비판을 교환할 수 있는 상사성^{相似性}이 있다는 점이다.

『동아시아 사유로부터』, 13쪽

"

윤유석 〈철학의 길〉여섯 번째 시간입니다. 이번 강의에서는 이승종 교수님과 함께 '비교철학'이라는 주제로 동양철학과 현대철학의 관계에 대해 이야기해 보고자 합니다. 오늘 사용될 교재는 『동아시아 사유로부터』입니다. 이 책은 유가, 불교, 도가, 정약용의 사유를 비트겐슈타인, 하이데거, 헤세, 데리다, 들뢰즈의 철학과 매우 독창적인 방식으로 교차시키고 있습니다. 동양철학이 오늘날의 철학적 맥락 속에서 어떻게 재구성될 수 있는지에 관심을 가진 분들이라면, 이 책을 통해 많은 영감을 받을 것이라고 확신합니다.

이정표

이승종 동양철학의 고전들을 읽을 때마다 저는 큰 감동을 받고는 합니다. 자신을 닦아 깨달음을 얻고자 하는 순수한 염원이 사유에 진하게 묻어나기 때문입니다. 이런 훌륭한 텍스트가 업데이트되지 못한 채 고문서^{古文書} 보관소에 묻혀 있다면 그것은 정말 안타까운 일입니다. 서양 고전음악이 늘 새로 연주되고 재해석되고 재창조되면서 현대문화의 중요한 자산으로 꼽히듯이, 동양의 고전철학 텍스트도 새로 읽히고 재해석되고 재창조될 만한 잠재력과 가치가 있습니다.

　　　동양의 고전철학을 탐사하면서 깨닫게 되는 것은 여기에는 서양철학을 주도한 3인칭이나 1인칭의 작업이 두드러지지 않는다는 점입니다. 3인칭적 이론이라 할 만한 게 보이지 않고 개인의 1인칭적 각자성도 눈에 띄지 않습니다. 여기에서는 객관성도 주관성도 모두 낯선 개념이기만 합니다. 인식론, 존재론, 윤리학, 논리학 등의 분과도 찾기 어렵습니다. 동양의 고전철학은 통합적 사유로 일관하는데, 그러다 보니 전문성을 결여하고 있는 듯한 인상을 주기도 합니다. 그러나 그것은 디테일이 풍부한 매뉴얼과 같은 지식이 아니라, 사람됨의 뜻을 가르치고, 안목을 틔우고, 인격적 성숙을 도야하는 도량^{道場}입니다.

　　　우리는 동양 사람이지만 동양 고전철학 시기의 동양 사람은 아닙니다. 우리의 의식주를 비롯한 생활양식은 서양에 더 가깝습니다. 교육도 서양식으로 받았고 저만 해도 한문보다는 영어가 더 편합니다. 그러한 제가 동양의 고전철학을 읽는다는 것은 그것을 크로스오버함을 뜻합니다. 과거와 현재, 동양과 서양의 크로스오버입니다. 사실 현대의 동양 사람 자체가 그러한 크로스오버의 산물입니다. 서구문명이 장악하다시피 한 이 세상의 그 어디에도 자신의 전통을 온전히 간직하고 있는 곳은 드물 겁니다. 전통과 현대의 크로스오버는 현대인의 운명이기도 합니다.

동양의 고전철학은 대부분 2인칭적 대화와 이야기로 꾸려집니다. 공자의 『논어』가 그러하고 석가모니의 『니까야』가 그러하고 『장자』가 그러합니다. 이 텍스트들에는 형이상학이나 인식론이나 논리학이라고 이름 부를 만한 학문이 보이지 않습니다. 초연한 굽어봄이 아니라 구체적 삶에 밀착된 지혜로운 성찰이 주를 이룹니다.

동서양을 막론하고 철학의 뿌리는 샤머니즘으로 소급되는데 엘리아데Mircea Eliade는 샤머니즘의 본질을 접신接神에서 찾습니다. 최치원은 우리의 옛 사유를 뭇 생명이 어우러져 서로 살림을 뜻하는 접화군생接化群生으로 표현한 바 있는데, 접신과 접화군생의 접接을 저는 2인칭적 만남의 존재사건으로 봅니다. 이 만남을 누구보다도 절실하고 강도 높게 체험하는 샤먼은, 신을 포함한 만물과 한데 어우러져 뭇 생명을 살리는 친생명적 철학의 수행자입니다. 엘리아데는 그 체험의 요체를 성스러움의 드러남을 의미하는 히에로파니hierophany, 성현聖顯라고 부르는데, 이는 성스러움을 포함하는 가치와 의미가 드러나는 존재사건으로 확장할 수 있겠습니다. 이렇게 확장된 샤머니즘은 모든 가치와 의미가 고갈되어 버린 현대문명의 허무주의에 생명의 에너지를 다시 불어넣을 잠재력을 지니고 있습니다.

동양의 고전철학을 특징짓는 2인칭 철학은 샤머니즘으로 소급되는 본래적인 사유양식입니다. 신유학에서 볼 수 있듯이 동양철학도 근대성의 대두와 맞물린 세속화과정을 겪기는 하지만, 지성사적으로는 여전히 고전철학에서 벗어나지 못하고 있습니다. 경학經學 전통에 힘입어 고전 사유를 비교적 잘 간직해 온 셈이지만, 그것만이 전부여서는 온고이지신溫故而知新에 성공했다고 보기 어렵습니다. 온고溫故만 있고 지신知新이 없는 학문에 미래는 없는 것입니다.

제게는 이것이 동양 고전철학의 한계이자 기회로 보였습니다. 훈고학에 맴돌고 있는 동양 고전철학에 크로스오버로써 지신의 계기를 마련해 보고 싶었습니다. 동양 고전철학이 지니고 있는 2인칭적 시각을 원용해 동양의 고전철학자들을 현대의 서양철학자들과 마주하게 하는 형식을 택했습니다. 책의 제목을 『동아시아 사유로부터』로 하고 부제를 '시공을 관통하는 철학자들의 대화'로 삼은 것은 이러한 연유에서입니다.

저는 동과 서, 고전古典과 현전現典을 한곳에서 만나게 해 그로부터 통합적이고 실천적인 사유에 매진하고 싶었습니다. '융합'이 모든 분야의 중요한 키워드로 떠오른 오늘날, 그동안 수행해 온 제 연구를 종합하여 깊이와 범위 면에서 통합적 사유를 개척해 보고 싶었습니다. 동양철학의 새로운 가능성을, 동서 간 사유의 깊은 교류와 퓨전을 통해 길어 올린 성찰적 인문학에서 모색해 보고자 했습니다. 이를 위해 유가에서부터 들뢰즈까지 동서고금을 횡단하는 대화와 토론을 『동아시아 사유로부터』에 담아 보았습니다.

1부 '사유의 시원에서의 대화'에서는 동양의 유가, 불교, 도가 사상과 서양의 비트겐슈타인, 하이데거, 데리다, 들뢰즈 같은 사상가들의 대화를 주선하였습니다. 다소 낯설게 느껴질 수 있는 이러한 만남을, 2부 '현대철학자들과의 토론'에서 국내외 유수의 철학자들과 주고받은 문답과 토론을 거쳐 형이상학적 사유에 그치지 않고, 실천 가능성을 탐색하는 데까지 끌고 가 보았습니다.

『동아시아 사유로부터』는 기존의 동아시아 사유가 탈문맥성, 몰현재성, 사대주의의 그늘 아래 고고학적 유물처럼 다루어지고 있다는 문제의식에서 출발합니다. 이는 '인문학의 위기'와 흐름을 같이합니다. 제가 보기에 인문학의 위기는 안으로 반성하고 밖으로 관찰하는 성찰 행위에 충실하지 못해서 생겨났는데, 이러한 성찰의 결여는 우리 성찰의 토대이자 '문사철文史哲' 구분 없는 통합적 사유의 유전자를 간직해 온 동아시아 사유의 전통이 단절된 데서 비롯합니다.

동아시아의 인문정신을 제대로 회복한다면 시대정신에 부합하는 성찰의 인문학을 되찾을 수 있다는 것이 저의 처방입니다. 이를 위해 경전에 대한 전통적 훈고학이나 서구 사조에 대한 무반성적 추종이라는 양극단을 모두 거부하고, 동아시아의 전통 사유에 현대의 서구 사조를 접목한 여러 독창적 아이디어들을 펼치며 동아시아 사유의 잠재력을 보여 주고자 했습니다.

예컨대 『논어』를 통해서는 서양에서 주류를 이루어 온 1, 3인칭적 사유와 동아시아의 2인칭적 사유를 구별한 뒤 각각 동서양의 사상사에서 어떤 모습으로 전개되었는지 살펴보거나(1장), 수리논리학과 분석철학의 기법을 동원해 주희와 율곡을 둘러싼 기존의 해석들을 반박하며 이理와 기氣에 대한 새로운 논제를 이끌어 내는가 하면(2장), 『장자』 속에서는 장자의 자연주의와 데리다의 해체주의의 만남을 통해 해체주의와 자연주의 개념이 대립이 아닌 조화를 이룬다는 새로운 해석을 내놓습니다(5장).

또한 조선왕조 500년을 지배한 주자학에 반기를 든 정약용의 텍스트를 읽는 여러 방법론도 제시해 보았습니다. 정약용이 유학 전통의 진정한 계승자이자 오늘날 동아시아 사유의 계승에서도 모범이 됨을 논증하고(7장), 특히 그의 사유에서 찾아낸 '성의誠意'가 내적 도덕과 외적 윤리를 모순 없이 통과하는 일관성의 행위 원칙이며, 이는 동아시아의 새로운 전통의 초석이 될 수 있음을 보였습니다. 아울러 『대학』을 둘러싼 주희와 정약용의 상반된 해석과 경합은 동아시아 경학의 정수를 보여 주는 것이라고 평가하였습니다(8장).

　　『동아시아 사유로부터』에서 이루어지는 철학, 인문학, 과학의 크로스오버적 대화와 토론은 적절한 상동성相同性과 상사성相似性에 기반을 두고 있습니다. 이때 적절하다는 것은 완벽하게 같지도, 대화가 불가능할 만큼 다르지도 않다는 뜻이고 상동성은 다름 속의 같음을, 상사성은 같음 속의 다름을 의미하는 개념입니다. 이로써 서양의 현전現典인 비트겐슈타인, 하이데거, 데리다, 들뢰즈의 사상과 동아시아의 고전古典인 유가, 불교, 도가는 서로 공감할 수도 있고 비판할 수도 있게 됩니다.

　　이를테면 헤세의 소설 『싯다르타』를 통해서는 동과 서(석가모니와 헤세), 현실과 허구(실제 역사적 인물과 소설 속의 인물), 과거와 현재(석가모니의 설법과 헤세의 관점)가 서로 교차하면서 윤회와 자아, 탐구의 논리, 차이와 반복, 시간과 지속 등의 철학적 주제들이 어떻게 공유되고 생산적 담론을 형성하는지 살핍니다(3장). 또한 원자론적 사유가 추구하는 단순성과 상호독립성이 양립 불가능함을 수리논리학과 분석철학의 기법을 동원해 증명함으로써 비트겐슈타인과 용수가 마주할 수 있는 계기를 마련해 줍니다. 아울러 이들의 사유가 논리학의 3대 원칙으로 여겨진 동일률, 배중률, 모순율을 어떻게 극복하고 어떤 새로운 경지를 개척해 내는지 텍스트를 넘나

들며 논증합니다(4장).

　　도저히 한곳에서 볼 수 없을 것 같은 네 사람, 들뢰즈, 보어, 노자, 장자의 만남도 주선해 보았습니다. 저는 노자의 텍스트에서 찾은 '혼混'과 '충沖'을 들뢰즈가 말한 차이의 카오스(혼돈)에 견주어 보았고, 장자의 텍스트에서 찾은 '휴虧'를 양자역학에서의 파동함수의 붕괴collapse에 견주어 보았습니다. 이를 통해 존재사태의 은폐와 탈은폐 사건에 대한 형이상학을 구상하며, 삶의 매 순간, 즉 기억과 생각과 깨달음과 행위와 사건의 매 순간이 붕괴의 과정이고, 삶은 그 붕괴의 리듬으로 점철된 드라마라는 점을 보였습니다(6장).

　　『동아시아 사유로부터』는 그동안 철학에서 배우고 익혀 둔 내공과 거기서 싹틔웠던 저 나름의 창의적 방법론을 총동원한 해석의 향연 같은 작품입니다. 서양 현대철학의 텍스트들을 다룰 때 지우기 어려웠던 어색함과 불편함에 비해, 그보다 훨씬 오래전에 쓰인 동양 고전철학의 텍스트에서 친밀감과 공감을 더 느낄 수 있음이 신기했습니다. 시간과 능력이 허여된다면 언젠가 『동아시아 사유로부터』에 등장하는 동양의 주요 고전철학자들에 대해서는 한 사람에 최소 한 권씩 별도의 저술을 시도해 보고 싶습니다. 옴니버스 형태로 한 권에 묶이기에는 그들이 지닌 사유의 폭과 무게가 압도적이기 때문입니다.

　　서양철학의 세례를 받으며 철학의 길을 걸어왔지만 서양보다 가깝고 친근한 동아시아 사유를 재발견하면서 저는 제가 놓여 있는 시공간의 주소와 계보에 더욱 관심을 갖게 되었습니다. (1) 제가 직접 만나고 교류한 이 시대의 우리 철학자와 예술가에 대해서, 그리고 (2) 현재 한국 사회를 있게 한 우리 역사에 대해서 저의 생각을 글로 지어 보고 싶었습니다. (1)로부터『우리와의 철학적 대화』라는 책을, (2)로부터『우리 역사의 철학적 쟁점』이라는 책을 각각 구상하게 되었습니다. 오래전에 작고한 철인들이 남긴 문헌 텍스트의 세계에 갇혀 있던 제가 동시대 한국의 철학자와 예술가를 만나 대화하고, 한국과 중국과 일본의 유적지를 답사하고, 발굴 현장을 찾아가고, 유물들을 직접 눈으로 보기 위해 박물관을 방문하면서 두 책을 준비하기 시작했습니다.

길로 들어가며

질문 1. '2인칭 사유'를 중심으로 유가에 대해 설명해 주실 수 있나요?

윤유석 교수님은 유가의 핵심을 '2인칭 사유'에서 찾는 것 같습니다. '1인칭 사유'는 개인의 경험이 지닌 주관성으로부터 철학을 성립시키고자 하고, '3인칭 사유'는 사물의 세계가 지닌 객관성으로부터 철학을 성립시키고자 합니다. 그러나 유가는 나와 타자 사이의 관계가 지닌 상호주관성으로부터 철학을 성립시키고자 하는 '2칭인 사유'를 전개합니다. 이러한 2인칭 사유를 공자, 주희, 율곡의 텍스트 속에서 이끌어 낸다는 점이 유가에 대한 교수님의 해석에서 두드러지는 특징인 것으로 보입니다.

　　공자가 자신의 제자들에게 제시한 행위 규범은 탈맥락적인 법이나 원칙이 아니라 맥락적인 처방이었다는 점에서, 2인칭 사유에 근거한 교수님의 해석은 확실히 설득력을 지닌다고 생각합니다. 또한 얼핏 서구의 존재신학과 유사해 보이는 신유학의 체계를 새로운 관점에서 재평가하도록 자극한다는 점에서도, 교수님의 해석은 매우 인상적입니다. 2인칭 사유를 중심으로 유가를 재구성하는 방식을 전반적으로 요약해 주시면 감사하겠습니다.

이승종 2인칭 사유는 유가뿐 아니라 도가, 불교, 선가에 이르기까지 동양철학의 주류를 이루고 있습니다. 『논어』, 『맹자』와 같은 유가 경전뿐 아니라 『장자』, 『열자』와 같은 도가 경전, 『니까야』나 『금강경』과 같은 불교 경전 등 대표적인 동양의 작품들이 2인칭적 대화의 형식으로 짜여 있습니다. 선가의 신내림, 접신, 접화 등도 2인칭적 대면 소통을 바탕으로 하고 있습니다. 1인칭이나 3인칭의 사유는, 서양과는 달리 동양에서는 주류 패러다임으로 전면에 나선 적이 없는 소수의 사유이거나, 서양 사유의 영향하에 비교적 늦게 싹트게 된 낯선 사유입니다.

'인仁' '의義' '예禮' 같은 유가의 가치가 2인칭 사유와 어떻게 관련이 있는지 설명해 주실 수 있나요?

윤유석 어떤 점에서 '인仁' '의義' '예禮' 같은 유가의 핵심 개념들이 2인칭적 사유로 해석될 수 있다고 생각하시나요?

이승종 평생 동안 실천할 만한 한마디의 말을 묻는 제자에게 공자는 "자기가 하고자 하지 않는 것을 남에게 하라고 하지 않는다"라고 답변했습니다. 저는 이 답변이 상대를 이해하고 존중하는 2인칭적 사유인 유가의 핵심을 잘 짚어 내고 있다고 봅니다. 이는 동양에만 특화되어 있는 것이 아니라, 서양의 경우에도 예컨대 『마태복음서』에서 비슷한 구절을 찾아낼 수 있습니다. "남에게 대접을 받고자 하는 대로 너희도 남을 대접하라"라는 예수의 말씀이 이에 해당합니다.

신유학의 '이일분수理一分殊' '기발이승氣發理乘' '이통기국理通氣局'이 사태와 마음의 '문맥의존성'을 표현하는 명제들이라는 주장을 더 자세히 설명해 주실 수 있나요?

윤유석 '이일분수理一分殊' '기발이승氣發理乘' '이통기국理通氣局' 등과 같은 신유학의 명제들이 사태와 마음의 '문맥의존성'을 표현하는 명제들이라는 주장에 대해서 설명을 부탁드립니다.

이승종 신유학은 사태와 마음의 합일을 사회적 문맥 안에서 구현하고자 하는 사회철학이라고 할 수 있습니다. 사람과 사람 사이의 관계에 초점을 둔 담론을 전개했던 원시 유가에는 형이상학이라 할 만한 사유가 없었던 데 반해, 신유학은 외래 사상인 불교를 습합해 형이상학적 깊이를 장착한 사변적 이론 체계로 업그레이드됩니다. 유석 씨가 열거한 명제들은 그 핵심에 해당합니다. 저는 사태의 이理를 총칭하는 물리物理, 인간의 마음의 이理를 총칭하는 심리心理, 문맥의 이理를 총칭하는 문리文理를 나눈 다음, 사태와 마음을 거쳐 두루 통해 있는 문리가 사태와 마음을 이루는 기氣에 의해 각각 물리와 심리로 국소화局所化되는 과정을 이통기국理通氣局으로, 사태가 개념화되고 마음이 문맥화되는 과정을 기발이승氣發理乘으로 해석합니다. 넓은 의미에서 이理는 문맥의 이理로서의 문리 단 한 종류만이 있으며, 사태의 이理로서의 물리와 인간의 마음의 이理로서의 심리는 문리가 각각 사태와 마음에 분수分殊된 것임을 이일분수理一分殊로 해석합니다.

유가철학은 인간의 사회적 맥락(문맥)과 분리된 사태를 거부한다는 점에서 일종의 '사회 구성주의'라고 할 수 있을까요?

윤유석 유가철학이 사태를 인간 바깥에 남겨 두지 않고 문맥화하려고 하고, 개념화하려고 하는 사유라면, 그것은 일종의 사회 구성주의 아닐까요?

이승종 사회 구성주의는 일종의 결정론 아닌가요? 그것을 우리의 의식이나 행위의 코드들이 사회에 의해서 구성된다, 결정된다는 뜻으로 해석을 했을 때, 유가와는 정확히 일치하지는 않습니다. 유가는 사람의 성품(人性)이나 사회의 정당성이 하늘과 연관되어 있다고 생각을 했으니까요. 이는 동양만의 특이한 현상은 아니며 서양의 경우에도 천부인권론이 있죠. 인권은 하늘이 내려 준 것이라는 믿음이 사회 구성주의에서는 제대로 고려되고 있지 않고 있습니다.

질문 2. '해체'를 중심으로 불교에 대해 설명해 주실 수 있나요?

윤유석 교수님은 불교의 해체적 성격에 초점을 맞추고 계신 것 같습니다. 가령 헤세의 소설 『싯다르타』에서 "형이상학적 실체에 대한 부정"(이승종 2018, 133쪽)이라는 주제를 이끌어 냈습니다. 세계가 '동일성의 반복'이 아니라 '차이의 반복'으로 이루어져 있다는 사실, 모든 것이 '성장과 변화' 속에서 존재한다는 사실, 우리가 '열반'이라는 고정된 종착점을 넘어서 '새로운 모습으로 거듭나는 삶'을 끊임없이 지향해야 한다는 사실이 교수님이 소설 속 싯다르타를 통해 발견한 진리였습니다.

또한 교수님은 용수가 주장하고자 한 '공^{空}' 사상이 "사물화된 언어의 의미와 지시체를 해체"(이승종 2018, 173쪽)한다고 강조하였습니다.

석가모니

세계를 '자성自性'이나 '타성他性' 같은 형이상학적 개념으로 엄격하게 구획할 수 없다는 주장이 바로 교수님께서 파악한 공사상의 핵심입니다. 불교의 사유가 이렇듯 형이상학에 대한 급진적인 해체의 관점에서 설명될 수 있다는 사실이 흥미로웠습니다. 불교가 어떠한 방식으로 해체적 사유를 발전시키고 있는지에 대해 조금 더 소개를 부탁드립니다.

이승종 서양철학은 "너 자신을 알라"라는 델포이의 신탁으로부터 시작하죠. 그것을 자신의 화두로 삼았던 소크라테스가 철학의 아버지이니까요. 근대에는 데카르트가, 생각하는 나의 확실성을 모더니티의 근간으로 삼았습니다. 그런데 불교는 서양철학의 이러한 논제에 맞서서, "나라고 불릴 만한 것이 없다"라고 일갈합니다. 저는 이 대목에서 정수리를 얻어맞은 것 같은 충격을 체험했습니다. 나를 해체하는 것이야말로 해체의 백미 아닐까요?

라이프니츠와 하이데거는 "왜 아무것도 없지 않고 어떤 것이 있는가?"라고 묻습니다. 불교는 이에 대해서 "무엇이 있다고 할 만한 게 없다"라는 일체개공一切皆空의 명제로 화답합니다. 일체의 있음을 해체하는 것 또한 해체의 백미입니다.

이처럼 불교는 서양철학이 금과옥조로 여겨 온 신조들을 일거에 해체하는 파격을 구현하고 있습니다.

헤세의 소설에 자주 나타나는 '선/악' '미/추' '성/속'의 합일이라는 주제도 해체의 관점에서 설명될 수 있을까요?

윤유석 저는 헤세 소설이 선/악, 미/추, 성/속聖/俗 등과 같이 대립되는 것을 포괄해서 그 사이의 이분법적인 차이들을 없애고 전인적인 인간관을 지향하는 특징을 가지고 있다고 생각했는데, 헤세의 이런 특징은 불교의 해체적 사유와 어떤 관련을 맺을 수 있을까요?

이승종 헤세는 『데미안』에서 아브락사스라는 신을 언급합니다. 아브락사스는 선/악이나 미/추와 같은 여러 이분법적인 관념을 한 몸 안에서 체화하고, 그것을 넘어서는 신으로 묘사되어 있습니다. 마치 니체에게 있어서

헤세

선악의 피안을 구현하고 있는 신이 차라투스트라였던 것처럼 말입니다. 헤세는 아브락사스를 자신의 해체적이고 탈이분법적인 사유의 원천으로 도입하고 있더군요.

서양의 『데미안』에 필적할 만한 우리의 소설로 저는 이문열의 『사람의 아들』을 꼽습니다. 그 작품의 말미에 수록된 「쿠아란타리아서▉」는 특히 인상적이었습니다.

윤유석 이문열 씨의 소설은 저도 고등학생 시절에 아주 인상 깊게 읽은 기억이 있어서 공감이 갑니다.

역사 속 인물 싯다르타와 소설 속 인물 싯다르타 사이의 공통점과 차이점은 무엇인가요?

윤유석 교수님은 헤세의 『싯다르타』를 통해 현실의 불교에 대해서도 논의하셨는데, 소설 속 싯다르타와 역사 속 싯다르타는 어떤 점에서 서로 같고 다른가요?

이승종 역사 속의 싯다르타는 석가모니 자신이고, 소설 속의 싯다르타는 석가모니와 동시대에 구도의 길에 나선 청년으로 헤세가 창작한 인물입니다. '싯다르타'는 원래 모든 것을 이룬다는 뜻의 일반명사이고요. 흥미롭게도 소설에서는 두 싯다르타가 만나서 대화를 나누는 장면이 있습니다. 제게는 그 부분이 이 작품의 하이라이트로 다가왔습니다. 『사람의 아들』

에서 예수와 이문열이 창작한 아하스 페르츠가 토론하는 장면을 연상케 합니다.

우상의 파괴 작업 이후에 '침묵'이 남는다는 말이 어떠한 의미인지 설명해 주실 수 있나요?

윤유석 중관학파를 설명하면서 불교의 해체 작업으로 우상의 파괴가 이루어지고 난 다음에 침묵이 남게 된다는 인상적인 말씀을 하셨는데, 그 말의 의미가 정확하게 어떤 것인지 궁금합니다.

이승종 용수는 인도에서 발견되는 기존의 형이상학적인 사유를 치밀하고도 말끔히 해체하는 작업을 수행했습니다. 해체가 완료된 다음에는 더 이상 어떠한 주장도 남을 수가 없게 되는데 그러한 상태를 침묵이라는 표현으로 묘사해 보았습니다. 그것은 영원한 침묵이 아니라 빈터에서 새로 피어나게 될 새로운 사유, 새로운 언어를 고지하고 있는 생산적인, 창의적인 침묵입니다.

　　　우상의 파괴 이후에 새로운 철학이 시작합니다. 기존의 모든 언어가 해체되었기에 그 시작점은 말이 아닌 침묵이지요. 침묵이라는 비어 있음으로부터 새로운 말과 실천이 솟아 나옵니다. 실제로 역사적으로도 용수의 해체적인 사유 이후에 그것을 디딤돌 삼아서 화엄이라는 위대한 사유가 침묵의 빈자리를 대체하게 되지요.

윤유석 불교의 우상 파괴 작업 이후에 남게 되는 침묵은 회의주의적 침묵이 아니라, 우상을 넘어서 새로운 사유로 나아갈 수 있기 위한 창조적인 생성의 침묵인 것이네요.

이승종 네, 제대로 봤습니다.

길을 걸어가며

질문 3. 데리다, 장자, 들뢰즈가 만나면 서로 싸우지 않을까요?

윤유석 저는 『동아시아 사유로부터』에서 3편 '도가와의 대화' 부분이 가장 인상적이었습니다. 교수님은 3편의 5장 '데리다, 장자와 만나다'에서 데리다의 해체주의와 장자의 자연주의가 어떻게 조화를 이룰 수 있는지를 설명하셨고, 6장 '들뢰즈, 노장과 만나다'에서 노장의 자연주의가 들뢰즈의 형이상학 및 보어의 양자역학과 어떻게 공명할 수 있는지를 말씀하셨습니다.

춘추전국시대의 동아시아 사유를 오늘날의 최첨단 철학 및 과학과 접목시키는 교수님의 논의 전개 방식이 저에게는 매우 신선하게 느껴졌습니다. 다만 이러한 만남이 공통점과 조화에만 강조점이 놓여 있는 나머지 데리다, 장자, 들뢰즈 사이의 양립 불가능한 입장 차이를 충분히

장자   들뢰즈

다루기에는 피상적이었던 것 같아서 다소 아쉬웠습니다.

가령 교수님께서 명명하신 것처럼 데리다는 '해체주의자'이고, 장자는 '자연주의자'이며, 들뢰즈는 '차이의 형이상학자'입니다. 세 인물은 모두 형이상학적 실체를 해체하고자 하지만, 그들이 취하는 해체의 전략은 서로 크게 다른 것으로 보입니다.

즉 (1) 해체주의자는 형이상학적 실체가 단지 인위적인 구성물일 뿐이라는 사실을 지적합니다. 그는 어떠한 종류의 자연적 구분이나 확실성도 긍정하길 거부할 것입니다. (2) 자연주의자는 인위적 구성물을 '사람의 자연' 혹은 '제2의 자연'으로 받아들입니다. 그는 자연적 구분이나 확실성을 긍정하기 위해 형이상학적 실체에 의존할 필요가 없다고 지적할 것입니다. (3) 차이의 형이상학자는 현상의 배후에 놓인 근원적 사태를 '실체'로 보는 대신, '차이'라는 새로운 실재성으로 대체하려고 합니다. 그는 자연적 구분이나 확실성을 긍정하길 거부하면서도, 모든 사태가 인위적 구성물일 뿐이라는 주장에는 동의하지 않을 것입니다.

세 입장을 도표로 나타내보면 아래와 같습니다.

입장 주장	사태는 인위적 구성물이다	자연적 구분과 확실성은 존재한다
해체주의	○	×
자연주의	○	○
차이의 형이상학	×	×

세 입장 다 형이상학적 실체라는 고정된 관념에 대해서는 비판하지만, 비판의 양상이나 방법이 서로 다른 것 같습니다. 그렇다면 데리다, 장자, 들뢰즈, 이렇게 세 인물 사이의 만남에서는 그들 사이의 입장 차이가 중요하게 부각되어야 할 것으로 보입니다. 그 차이가 교수님의 책에는 잘 나타나 있지 않은데, 세 입장이 차이를 극복하고서 양립할 수 있는 길이 존재한다고 생각하시나요?

이승종 대화가 성립하려면 일단 대화 상대자들이 서로 모여야 되겠죠. 그 다음 자연적인 순서는 서로 간의 공감대, 서로가 인정할 수 있는 공유성을 찾아보는 것입니다. 그 와중에 서로 불일치하는 점들도 알게 되고 그러면서 서로에 대해서 혹은 자기 자신에 대해서 더 깊은 이해를 갖게 됩니다. 이 모든 것이 대화라는 향연의 산물이므로 저는 대화를 적극 권장합니다.

대화는 일치보다는 불일치에서 더 얻을 것이 많습니다. 그로부터 여러 생산적인 논의가 피어날 수 있기 때문입니다. 제가 시도한 장자와 데리다의 대화도 일치(만남)로 시작해 불일치(헤어짐)로 끝납니다. 그 와중에 거치게 되는 여러 단계가 대화의 하이라이트입니다.

해체주의와 자연주의가 양립할 수 있는 길이 존재할까요?

윤유석 그 차이들을 하나하나 부각해 보고 싶은데요. 데리다의 해체주의와 장자의 자연주의가 과연 양립할 수 있을까요? 거기에 어떤 근본적인 불일치점은 없을까요?

이승종 자연주의가 해체의 귀결이라는 점에서 자연주의와 해체주의는 양립할 여지가 있습니다.

윤유석 두 입장 다 형이상학적 실체를 해체한다는 점에서는 일치하지만, 자연주의가 내세우는 자연적인 구분이나 확실성을 해체주의자가 받아들이기는 힘들 것 같네요.

해체주의와 차이의 형이상학이 양립할 수 있는 길이 존재할까요?

윤유석 데리다의 해체주의와 들뢰즈의 차이의 형이상학은 과연 양립할 수 있을까요?

이승종 차이의 형이상학이 해체의 귀결이라는 점에서 둘은 양립할 여지가 있습니다. 다만 차이의 주소지를 해체주의는 텍스트로 잡는 반면, 차이의 형이상학은 세계로 잡는다는 점에서 둘은 구별됩니다.

자연주의와 차이의 형이상학이 양립할 수 있는 길이 존재할까요?

윤유석 장자의 자연주의와 들뢰즈의 차이의 형이상학이 양립할 수 있을까요? 거기에 불일치는 없을까요?

이승종 비트겐슈타인은, 셰익스피어의 『리어왕』에 나오는 "나는 차이를 가르칠 것이다"라는 구절을 『철학적 탐구』의 모토로 삼겠다는 생각을 한 적이 있습니다. 단일성과 통일에 방향 잡힌 전통철학(예컨대 헤겔)에 맞서 차이를 강조했던 것입니다. 장자 역시 비트겐슈타인의 이러한 강조점을 나름의 방식으로 잘 구현하고 있습니다.

　　　그러나 차이의 형이상학과의 연결고리는 여기까지입니다. 들뢰즈와는 달리 비트겐슈타인(과 장자)은 차이를 형이상학적인 지평으로 끌어올려서 체계화하려는 시도는 하지 않았습니다. 비트겐슈타인이 보기에 차이의 형이상학도 형이상학이기는 마찬가지일 것입니다. 현상학과 형이상학은 서로 가는 길이 유다른 철학입니다.

질문 4. 동양철학은 어떻게 해야 구태의연함에서 벗어날 수 있을까요?

윤유석 동양철학이, 많은 경우 (나쁜 의미에서) 구태의연해 보인다는 교수님의 지적에 공감합니다. 그런데 어떻게 해야 동양철학이 구태의연함에서 벗어날 수 있을지에 대한 방안을 교수님의 글들에서도 뚜렷하게 찾기는 어려운 것 같습니다.

물론 교수님께서 유가, 불교, 도가, 정약용에 대한 독해를 통해 보여 주신 내용들은 매우 참신합니다. 비트겐슈타인, 하이데거, 헤세, 데리다, 들뢰즈 등을 적극적으로 끌어들여 동양철학을 해석하는 방식은 동양철학의 사유를 더욱 명료하게 만들어 줄 뿐만 아니라, 오늘날 우리의 철학적 논의에서 동양철학이 놓일 수 있는 맥락을 잘 짚어 주기도 합니다.

그렇지만 교수님의 글들에서도 동양철학은 여전히 현대철학을 통해 대리되고 보충되어야 하는 과거의 유산처럼 제시되고 있습니다. 가령 교수님은 유가에서 2인칭 사유를 발굴해 내지만, 이러한 발굴은 비트겐슈타인의 2인칭 사유에 근거하여 이루어집니다. 또한 교수님은 용수의 중관철학에서 해체적 사유를 발굴해 내지만, 이러한 발굴 역시 비트겐슈타인의 해체적 사유에 근거하여 이루어집니다.

따라서 이미 비트겐슈타인의 2인칭 사유와 해체적 사유를 알고 있는 사람에게는, 무엇 때문에 굳이 비트겐슈타인을 넘어서 유가와 불교까지 다시 읽어야 하는지가 애초에 의문스러울 수밖에 없습니다. 동양철학이 '피설명항'으로 상정되고 현대철학이 '설명항'으로 상정되는 이상, 결국 동양철학은 구태의연할 수밖에 없는 운명에 처하게 되는 것입니다. 동양철학이 구태의연해지지 않기 위해서는, 동양철학의 입장에서도 현대

철학에 대한 설득력 있는 비판이나 대안이 제기될 수 있다는 사실을 더욱 분명하게 보여 주어야 할 것 같습니다.

이승종 그 반대의 경우, 즉 서양철학을 피설명항으로, 동양철학을 설명항으로 놓는 경우도 가능할 것입니다. 서로를 이해하고 보충·대리하면서 각자가 상대로부터 자극을 받아서 자신을 확충하고 업그레이드하는 계기가 양쪽에 다 절실히 요구되는 시점입니다.

그런데 우리가 서양에서 보는 대륙철학과 영미철학 사이의 단절 못지않게 동양을 이끌어 온 한·중·일 삼국의 단절도 심각한 상황입니다. 이러한 상황이 결자해지되어야만 동양은 침체의 늪에서 벗어나 비로소 밝은 미래로 활짝 열리게 될 것입니다. 중국의 경우에는 패권주의, 한국의 경우에는 사대주의, 일본의 경우에는 제국주의가 청산해야 할 질곡입니다.

동양철학이 현대철학에 대해 무엇을 새롭게 말해 줄 수 있을까요?

윤유석 동양철학은 오늘날의 현대철학에 대해서 무엇을 새로이 말해 줄 수 있을까요?

이승종 철학은 정신문명의 꽃입니다. 물질주의에 경도된 서양 현대철학에 대해서 동양정신은 자신이 도달한 사유의 폭과 깊이로써 풍성한 울림의 가능성을 잉태하고 있습니다. 그것을 일깨워 주고 스스로를 온고이지신하는 것이 동양철학의 당면 과제가 아닐까요?

어떤 동양의 고전 혹은 동양철학자가 오늘날 새롭게 주목받을 수 있을까요?

윤유석 동양철학이 물질문명에 대해 비판적 관점을 제공해 줄 수 있다는 말씀이네요. 그러면 동양철학 중에서도 어떤 고전이나 사상가가 오늘날 주목받을 수 있다고 생각하시나요?

이승종 동양의 고전과 사상가 모두 새롭게 주목받을 만한 무궁무진한 잠재력을 지니고 있습니다. 그것을 누가 어떻게 터뜨리느냐는 문제만이 남아 있을 뿐입니다.

　　　　영화 〈굿 윌 헌팅〉에서 건달 처키 설리반은 엄청난 수학적 재능을 지녔으면서도 어린 시절 아버지에게 당한 트라우마로 대학 청소부로 전전하는 친구 월 헌팅에게 이런 말을 하지요. "너는 당첨된 복권을 깔고 앉고서도 너무 겁이 많아 돈으로 못 바꾸는 꼴이라고." 동양을 월 헌팅에게 대입해 볼 수 있겠습니다. 동양이 제가 열거한 질곡에서 벗어나 언젠가 잠재력을 터뜨리기를 염원합니다.

윤유석 교수님이 말씀하신 것처럼 동양에는, 오랜 역사 속에서 축적된 사상과 유산들은 엄청난데, 그 잠재력에 비해서 재발굴되고 재해석된 것은 얼마 되지 않은 탓에 앞으로 더 많은 연구가 있어야 할 것으로 보이네요.

동양철학을 현대화하기 위해 노력하는 학자로는 누가 있을까요?

윤유석 동양철학을 현대화하기 위해 노력해 온 우리 철학자로는 어떤 분들이 있을까요?

이승종 저를 가르쳤던 박동환 교수님, 저술을 통해 알게 된 김형효 교수님을 꼽을 수 있겠습니다. 선대의 업적도 중요하지만 그보다는 동양의 질곡으로부터 비교적 자유로운 후속 세대에 더 많은 기대를 걸게 됩니다.

길에서 잠시 쉬며

질문 5. 동양철학 연구와 수행은 어떤 관계가 있을까요?

윤유석 교수님께서는 "동양철학 연구는 수행과 병행해야 한다"(이승종 2018, 7쪽)라고 말씀하셨습니다. 서양철학에는 별다른 수행의 요소가 없다는 점에 비추어 볼 때, 동양철학이 명상이나 요가와 같은 수행을 강조한다는 점은 다소 낯설게 느껴지기도 합니다. 어떤 점에서 동양철학 연구가 수행과 분리될 수 없다고 생각하신 것인지 궁금합니다. 가령 용수의 공사상에 대해 책으로 이해하는 것과 실제로 명상을 하는 것 사이에는 본질적인 차이가 있는 것인가요?

이승종 과연 서양에서 수행의 전통이 없었나요? 서양에도 수도원이 있고 수도사가 있지 않습니까? 근대에 오면서 이러한 전통이 서양철학에서 사라지게 되었을 뿐입니다. 근대성은 이런 점에서도 세계사의 중요한 변곡점이었습니다.

철학 연구와 수행의 관계는 물리학에 견주자면 이론물리학과 실험물리학의 관계에 가깝습니다. 물리학자는 이론을 실험에 부쳐 검증합니다. 철학자는 사유를 수행에 부쳐 실행해 볼 수 있겠습니다. 마음의 사안을 몸을 통해 검증하는 것입니다.

윤유석 그리고 보니 데카르트의 『방법서설』이나 『성찰』도 예수회의 수행 방법을 따라서 6일 동안 성찰하는 구성으로 되어 있네요.

수행의 과정에서 기억에 남는 일화가 있나요?

윤유석 교수님께서도 수행을 하신 줄 알고 있습니다. 수행과 관련해 흥미로웠던 일화 같은 게 있었는지 궁금합니다.

이승종 제가 한국에서는 '사띠 아라마'라는 수행센터의 붓다빨라 스님에게서 수행의 기초를 배웠습니다. 그러다 보니 그분이 가르쳐 주신 위빠사나 수행의 메카인 미얀마에 가서 수행하고 싶은 마음이 생겨, 수행 도반

홍승현 씨와 미얀마로 수행유학을 떠났습니다.

　　　처음 머문 곳은 찬메 모비 수행센터였는데 숲속에 널찍이 자리한 아름다운 센터였죠. 그 수행처에 저를 유혹시킨 대상이 있었습니다. 수행실 벽에 작고 예쁜 열대 도마뱀들이 붙어 있었는데, 수행을 하면서도 녀석들에 눈을 뗄 수가 없더라고요. 저의 수행은 도마뱀 때문에 절반의 성공에 그쳤습니다.

　　　그리고 장소를 옮겨서 쉐우민 수행센터에서 다른 방식의 수행을 배우고 익히게 되었는데, 그곳 수행실에서는 고양이가 갓 난 새끼들을 키우고 있었습니다. 그 새끼들이 얼마나 귀여운지 수행을 하면서도 녀석들에 정신이 팔리곤 했습니다.

　　　그래서 아쉽게도 저의 수행유학은 도를 깨닫는 경지에는 이르지 못하고, 대신 도마뱀과 새끼 고양이들에 대한 추억으로 남게 되었습니다.

　　　수행처에서 만났던 김진태 교수님(서울불교대학원대), 사사나 스님(경주 마하보디선원), 김재성 교수님(능인대학원대), 수행을 지도해 주신 수실라 스님(찬메 모비 수행센터), 떼자니야 사야도(쉐우민 수행센터) 등이 생각나고, 신심이 깊고 때 묻지 않은 미얀마 사람들 한 분 한 분이 떠오르네요.

수행을 통해 어떤 것들을 얻을 수 있으셨나요?

윤유석 도마뱀과 새끼 고양이의 유혹을 받았다니 재미있네요. 그러면 수행을 통해서 교수님은 어떤 것들을 얻으셨나요?

이승종 하이데거가 '고유화'라는 표현을 자신의 후기철학에서 강조하고 있는데, 수행은 사유와 봄을 스스로 체화해서 고유화하는 작업입니다. 수행은 사유와 봄이 나와 따로 노는 외물外物이 아니라, 나의 수행과 철학의 중심임을 일깨워 줍니다. 수행은 삶의 중심을 잡아 주고 철학에 근력을 길러 줍니다.

추천하시는 수행의 방법이 있나요?

윤유석 저는 대학에서 교양 강의로 참선과 명상 과목을 수강한 적이 있는데, 신체의 감각들에 주목하라고 배웠습니다. 교수님이 추천하시는 수행의 방법 같은 게 있는지 궁금한데요.

이승종 야구에서 너클볼이라는 마구에 얽힌 다음과 같은 속설이 있습니다. 가르치는 데는 10분, 배우는 데는 평생. 그만큼 너클볼을 제대로 배워 익히기 어렵다는 뜻일 텐데요. 위빠사나 수행도 그런 것 같습니다. 수행을 체화하는 데는 평생이 걸리겠지요.

찬메 모비 수행센터에서는 마하시 수행법을 가르치고 실천합니다. 그 수행법은 정신의 집중에 기초해 인내하고 정진하는 것에 방점이 있습니다. 반면 쉐우민 수행센터에서는 집중이 아니라 이완을 수행의 포인트로 잡더군요. 긴장 없는 편안한 마음이 핵심입니다. 그러다 보니 마하시 수행법은 좌선이나 행선 같은 전통적인 불교의 수행을, 쉐우민 수행법은 자유로운 생활선, 생활수행을 각각 가르치고 배웁니다. 저에게는 두 수행법 모두 매우 유익했습니다.

윤유석 한쪽에서는 정신의 집중을, 다른 한쪽에서는 이완을 강조한다는 말씀이군요. 전혀 반대되는 수행 방법이 있다는 게 신기하네요.

수강생들과의 토론

박오병 오늘날 종교적 울타리를 넘어 폭넓게 사용되고 있는 '영성' 'soul' 'spirit'의 차이와 그 의미는 무엇인지요?

이승종 동양과 서양의 전통, 언어, 문화가 서로 다르다 보니까 어떤 사건이나 사태를 가르는 개념의 결에서도 차이를 보이곤 합니다. 예를 들어 서양에는 조선 성리학의 위대한 업적으로 꼽히는 사단칠정四端七情의 구분이 없습니다. 반면 동양에는 칸트의 위대한 업적으로 꼽히는 감성, 지성, 이성의 구분이 없습니다. 동양에는 사람이 죽으면 그의 혼魂은 하늘로 올라가고 백魄은 땅으로 돌아간다는 혼백의 구분이 있지만, 서양에서는 이러한 구분을 찾을 수 없습니다.

윤유석 박오병 선생님의 질문에 대한 직접적인 답변이라고 하기는 어렵지만, '영'이라는 개념과 관련해서 몇 가지 생각나는 논의들이 있기는 합니다. 예를 들어 독일의 철학자 헤겔이 쓴 『정신현상학*Phänomenologie des Geistes*』이라는 책의 제목에서 등장하는 '정신Geist'이라는 낱말은 '영'으로도 번역할 수 있습니다. 이 책은 '영의 현상학'이라고도 할 수 있는 것입니다. 그런데 이때 '영'이란 우리가 일반적으로 떠올리는 '영혼'이라는 개념보다는 '민족의 얼'이나 '민족정신'이라는 개념에 더 가깝습니다. '민족의 얼'이라는 말에 예술, 종교, 사상 등의 의미가 광범위하게 포함된다는 점을 떠올려 보시면 헤겔이 사용하는 '정신' 혹은 '영'이라는 개념을 이해하시기 좋을 것 같습니다.

기독교 전통에서는 '영'이라는 개념이 주로 세 가지 낱말과 연결되어 등장합니다. 히브리어로 '영'을 '루아흐'라고 합니다. 우선 이 낱말에는 '바람'이라는 물질적인 의미가 있습니다. 히브리인들은 사람이 숨을 쉴 때 코와 입으로 들어오고 나가는 바람을 영과 관련지은 것입니다. 또한 이 바람을 통해 우리가 생명 활동을 할 수 있게 된다는 점에서 영은 '생명'을 의미하는 '하이'라는 낱말과도 밀접하게 연결됩니다. 더 나아가, 우리가 입으로 내뱉는 바람이 우리의 언어가 된다는 점에서 영은 '말씀'을 의미하는 '다바르'라는 낱말과도 자주 함께 등장합니다. 그래서 기독교 전통에서 영 개념이 이야기될 때에는 '바람' '생명' '말씀'이라는 의미들이 함께 고려됩니다. 다만, 이러한 영 개념이 어떻게 철학적으로 활용될 수 있고 삶에 적용될 수 있는지에 대해서는 추가적인 논의들이 필요할 것입니다.

김주섭 너 자신을 알라(소크라테스)는 서양의 사유와 나라고 할 만한 게 없다는 동양(불교)의 사유 중에서 어느 쪽이 더 우위에 있다고 보십니까?

이승종 둘의 강조점이 서로 다름에 주목할 필요가 있습니다. 소크라테스는 개인의 각자성에 눈뜸으로써 서구의 자유민주주의에 초석을 놓았습니다. 각자성에 대한 그의 깨달음은 서양철학의 출발로서 손색이 없습니다.

불교의 제법무아諸法無我는 일상에서 우리가 당연한 것으로 상정하는 개인성을 부정하는 것이 아니라, 개인을 아트만ātman과 같은 고정된 불멸의 실체로 보는 잘못된 형이상학적 사유를 겨냥하고 있습니다. 불교는 '나'라는 것이, 상속되어 온 업業, karma의 흐름 속에서 잠시 응취되었다가 흩어지는 매듭이나 혹에 불과함을 보여 줍니다.

이렇게 해석된 소크라테스와 불교의 철학은 저마다 나름의 의미가 있는 위대한 가르침으로서 상호 양립 가능합니다. 이 둘 사이에 우열을 가리는 일은 의미가 없다고 봅니다.

김주섭 동양철학이 '구태의연하다'는 표현은 적절하지 않다고 생각합니다. 서양철학과 동양철학은 단지 철학적 사유의 대상이 다를 뿐 아닐까요?

윤유석 말씀하신 내용에 사실 저도 동의합니다. 화이트헤드는 서양철학을 "플라톤에 대한 일련의 각주들"이라고 말하기도 하였습니다. 서양철학도 플라톤이 2,500년 전에 했던 말에 대해 여전히 각주를 달고 있다는 점에서는 구태의연하다고 할 수 있을지도 모릅니다. 다만 저는 동양철학이 수행되는 방식이 서양철학에 비해 다소 아쉽습니다. 서양철학에서는 과거의 인물들을 되살려 내어 현대적으로 재해석하고 새롭게 활용하는 작업들이 이루어집니다. 그런데 동양철학에서도 이러한 재해석과 재활용이 적극적으로 이루어지고 있는지는 조금 의문이 듭니다. 동양철학이 아직도 경전에 대한 주해 작업에만 대부분 머물러 있는 것 같다는 것이 저의 개인적인 인상이었습니다. 그래서 동양철학에 대해 '구태의연'이라는 표현을 사용하였지만, 동양철학 역시 서양철학만큼 많은 통찰을 지니고 있다는 점은 저도 부정하지 않습니다.

김주섭 서양철학의 사유가 근대를 거치면서 단절되었다는 말씀을 하셨는데, 무엇이 단절되었습니까?

이승종 근대성의 한가운데에 과학혁명이 놓여 있습니다. 갈릴레오와 뉴턴의 물리학이 자연을 이해하는 새로운 패러다임으로 등장한 것입니다. 그이전까지는 아리스토텔레스의 자연학이 그 역할을 담당해 왔는데, 그렇다면 아리스토텔레스의 자연학과 갈릴레오/뉴턴의 물리학 사이에 무슨 차이가 있는지를 살피면 질문에 대한 답변을 찾을 수 있을 것입니다. 갈릴레오는 자연을 수학적으로 이해합니다. 그를 계승한 뉴턴이 자신의 물리학을 집대성한 책 이름도 『자연철학의 수학적 원리』였습니다. 자연을 수학적으로 이해한다 함은 아리스토텔레스의 자연학과는 달리 자연을 질質, quality이 아닌 양量, quantity의 관점에서 다룬다는 것입니다. 뉴턴은 물체의 운동도 미적분이라는 새로운 수학으로 재해석해 냈습니다.

　　　갈릴레오와 뉴턴이 선보인 수학적 자연 이해는 큰 성공을 거두었고 학문들의 모델이 되기에 이릅니다. 근대의 학문들은 경쟁적으로 그들의 방법을 추종하고 모방하기 시작했습니다. 정치철학의 고전이 된 홉

스의 『리바이어던』을 그 한 예로 꼽을 수 있습니다. 현대의 과학주의도 갈릴레오와 뉴턴의 혁혁한 성공에 힘입은 바 큽니다. 그러다 보니 과학으로 설명되지 않는 것들에 대해서는 불신풍조가 팽배해집니다. 박오병 선생님께서 거론하신 영성의 문제나 수행의 전통 등이 빛을 잃게 됩니다. 이것이 제가 말씀드린 단절의 의미입니다. 제가 유학 시절에 참석한 과학철학 수업에서 그 과목을 담당하신 교수님은 과학 말고 다른 형태의 지식이 있겠느냐는 단언으로 강의를 시작하였습니다. 저는 이에 대해 그 많은 수강생 중 그 누구도 반론을 제기하지 못하는 것을 보고 충격을 받았습니다. 과학의 빛이 너무 강렬한 탓에 오히려 모든 것을 가려 버린다는 느낌이었습니다. 근대성의 대두로 말미암아 인류는 돌아올 수 없는 망각의 강^{Lethe}을 건넜습니다. 다른 인류가 된 것입니다.

7강

한국철학

이승종, 『우리와의 철학적 대화』

"

이 책에서 나는 내가 걸어온 철학의 길에서 만난, 내게 영
향을 미친 동시대 사람들로 대화 상대자의 범위를 설정했
다. 그러다 보니 자연스레 20세기와 21세기 한국이라는 지
역성과, 철학이라는 주제가 기준이 되었다.

『우리와의 철학적 대화』, 7쪽

"

윤유석 〈철학의 길〉 일곱 번째 시간입니다. 이번 강의에서는 이승종 교수님과 '한국철학'에 대해 대화해 보고자 합니다. 한국철학에 대해 소개하는 강의나 저술은 일반적으로 삼국시대의 원효로부터 조선 후기 실학까지의 지나간 역사를 다룹니다. 그렇지만 오늘의 교재인 『우리와의 철학적 대화』는 역사 속 한국철학이 아니라 동시대의 한국철학을 주제로 삼고 있습니다.

이 책에 등장하는 대부분의 인물들은 이승종 교수님이 직접 대화하고 논쟁한 국내의 철학자들입니다. 이분들 중에는 김형효 교수님이나 박이문 교수님처럼 지난 세대 한국철학계에 중요한 흔적을 남긴 분도 계시고, 여전히 철학계의 현직에서 활동하는 분도 계십니다. 특히 책의 내용이 동시대 철학자들과의 생생하고 날카로운 논쟁을 담고 있는 만큼, 이번 대화에서는 한국철학자들에 대한 단순한 인물 소개를 넘어 오늘 우리가 놓여 있는 철학적 자리가 어디인지에 대한 생생한 비판적 고찰이 이루어질 수 있을 것으로 기대합니다.

이정표

이승종 플라톤의 『대화편』이나 공자의 『논어』가 예증하고 있듯이 동서를 막론하고 철학은 대화를 그 출발점으로 하고 있습니다. 사유는 대화에서 싹틉니다. 대화는 상대를 이해하고 자신을 돌아보는 계기인데 이해와 돌아봄(반성)이 곧 사유인 것입니다. 3인칭에 머물러 있던 타자는 대화 상대자가 되면서 2인칭으로 격을 달리해 사유에 동참합니다. 대화는 3인칭과 1인칭으로부터 2인칭이라는 새로운 시점을 창출하는 획기적 사건입니다.

대화로 말미암아 사유는 더욱 예리하고 풍성해집니다. 자신이 미처 짚어 내지 못한 부분을 대화 상대자가 짚어 주거나 대화를 통해 스스로 깨닫게 되곤 합니다. 사람은 저마다, 달리 조건 지어진 유한자이기 때문에 각자에게 주어진 한계를 넘어서기 어렵습니다. 그렇지만 대화로써 대화 상대자의 눈을 통해 세상과 텍스트를 달리 보게 되는 대리 체험을 할 수 있으며, 이를 통해 자신의 이해의 경계를 깨뜨려 변화의 계기를 얻게 되곤 합니다.

대화에서 누가 옳고 그른지는 2차적인 문제라고 생각합니다. 일치에 이르지 못해도 차이를 인정하고 존중하는 것만으로도 대화의 성과는 충분하다고 봅니다. 서로의 견해 차이를 확인함으로써 사안에 대한 시각의 다양성을 깨닫게 되고, 자신의 견해를 점검하게 되고, 상대의 견해가 노정하는 장단점을 통해 사안을 보다 입체적으로 헤아리게 되는 것입니다. 논증이나 비판은 이 과정에서 생겨나는 부산물로서 그것 역시 대화에 부쳐져야 합니다.

　반면 대화의 부재나 단절은 2인칭의 부재나 소멸을 야기합니다. 서로는 서로에 대해 굳게 잠긴 문이 됩니다. 대화가 없는 상대는 나와 엮일 일 없는 3인칭 타자일 뿐입니다. 대화를 한다 해도 그것이 서로의 목적을 달성하기 위한 방편일 뿐이라면, 앞서 살펴본 의미에서의 2인칭적 대화로 보기는 어렵습니다. 상대를 수단이 아닌 목적으로 대하라는 칸트의 가르침은 대화의 2인칭 정신을 잘 표현하고 있습니다.

　저는 대학원생 시절, 수업 중에 박동환 교수님(연세대 철학과)이 이끄는 대화와 토론에서 많은 것을 배우고 생각하게 되었습니다. 교수님은 2인칭적 대화와 토론을 매개로 대학원생들과 함께 철학이라는 심해를 탐사하는 역할을 해 주셨습니다. 미국 유학 시절 대학원 수업에서는 코코란 교수님John Corcoran, 뉴욕주립대학교(버펄로) 철학과이 역시 2인칭적 대화와 토론을 매개로 대학원생들과 함께 논리학이라는 또 다른 심해를 탐사하는 역할을 해 주셨습니다. 저는 두 분의 소크라테스적 교수법에 매료되었고 대화의 중요성에 눈떴습니다.

　저는 지금까지 읽은 글들에 제 생각을 섞어 책들을 지어냈습니다. 제 책들은 3인칭으로 주어진 글과 1인칭인 저 사이의 2인칭적 대화로 이루어져 있습니다. 3인칭적 텍스트와 1인칭적 생각의 접점에서 이 양자를 넘어서는 어떤 돌파구를 찾으려 한 것입니다. 동과 서를 가리지 않고 제 관심이 이끄는 글을 찾아 읽었지만, 지금까지 지어낸 저의 책이 준거하고 있는 글의 저자들은 모두 먼 과거에 속한 사람들입니다. 그러나 『우리와의 철학적 대화』에서는 제가 걸어온 철학의 길에서 만난, 제게 영향을 미쳤던 동시대 사람들로 대화 상대자의 범위를 설정했습니다. 그러다 보니 자연스레 20세기와 21세기 한국이라는 지역성과, 철학이라는 주제가 기준이 되었습니다.

　　『우리와의 철학적 대화』의 얼개를 소개해 보면 다음과 같습니다. 1부 '현대철학의 지형도'에서는 한국현대철학에 직접적으로 영향을 준 현대철학의 면모를 조망하는 글들을 통해 현대철학의 지형도를 그려 보았습니다. 1장 '동일자의 생애'에서는 전통철학에서 현대철학으로의 이행을 동일자에서 타자로의 주제 변환의 관점에서 서술했습니다. 2장 '한국현대철학의 지형도'에서는 서양현대철학이 한국에 수용되면서 형성된 한국현대철학의 지형도를, 대륙철학과 영미철학 사이의 대립구도를 중심으로 그려 보았습니다. 3장 '철학과 사회'에서는 분석철학이 한국에 수용되는 과정과 현황, 한국철학의 정체성 문제, 학제 간 연구와 융합연구, 역사철학 등의 주제를 대화로 풀어내고, 4장 '철학사의 울타리와 그 너머: 로티와 김상환 교수'에서는 대표적 탈현대 사상가로 국외에서는 로티를, 국내에서는 김상환 교수를 택하여 이들의 탈현대적 철학사론이 지니는 문제점들을 비판적으로 검토하였습니다.

　　2부 '고유섭과 서영은'을 시작하는 5장 '고유섭의 미술철학'에서는 고유섭의 저술들에 대한 독해를 통해 우리 예술사의 철학을 살펴보며, 이 과정에서 우리 학계가 전통으로부터 전수받은 문화소文化素들의 함축과 한계를 가늠해 봅니다. 서영은의 소설들을 니체의 철학과 견주어 가며 허무주의의 극복이라는 이 시대의 과제에 대한 하나의 시도로 읽어 내는 6장 '우리는 누구인가: 서영은 문학의 철학적 독해'는 서구의 시대정신이 우리 문학에 미친 영향과 그에 대한 우리의 응답을 짚어 보는 장이기도 합니다.

3부 '김형효와 박이문'에서는 우리 시대의 대표적 한국철학자로 김형효 교수와 박이문 교수를 집중 조명했습니다. 7장 '김형효의 노장 읽기'의 주요 텍스트인 김형효 교수의 『노장사상의 해체적 독법』은 포스트모던 사상으로 우리 학계에 소개된 해체주의를, 동아시아의 대표적 사유의 하나인 노장 사상에 접목시킨 획기적 저서입니다. 이 책의 성공에 영향받아 『노자에서 데리다까지』를 위시해 여러 종의 유사한 연구물들이 출간되기도 했는데, 이로 말미암아 동양의 고전 사유가 현대의 철학과 종적으로 연결될 수 있는 가능성을 확보하는 계기가 되었습니다. 이 장에서 저는 노장에 대한 김형효 교수의 해체적 독법이 지니는 의의와 문제점을 몇 가지 범주로 대별해 구체적이고도 비판적으로 거론했습니다.

8장 '박이문의 철학세계'에서는 박이문 교수의 광활한 사유세계를 탐사하는 작업을 진행했습니다. 박이문 교수는 국문 저술 이외에도 영문으로 쓰인 방대한 분량의 저술들이 있는데, 이들은 그 중요성에 비해 국내에서는 지금까지 조명을 받지 못했습니다. 저는 그의 국문 저술뿐 아니라 영문 저술들을 섭렵하여 그가 전개하는 논지의 결함과 문제점들을 비판하고 보완해 나가는 데 주력했습니다. 이 장은 예술과 생태학으로까지 뻗쳐 있는 박이문 교수의 넓은 관심사를 추적하는 학제 간 횡단 연구의 형태로 전개됩니다.

4부 '토론과 대화'를 여는 9장 '토론과 스케치'에서는 승계호, 이기상, 이진경, 박영식, 최진덕 교수 등 국내외에서 활동해 온 대표적 한국현대철학자들의 저술들을 비판적으로 거론하여 이들이 기여한 한국현대철학의 현황을 조망하고 이들 분야에 대한 국내외 연구의 현황을 점검했습니다. 10장 '대화'는 저의 인터뷰와 학생들과의 대화가 담긴 장인데,

시대가 철학에 부과하는 사명, 철학의 본령이 기술문명시대에 굴절을 겪게 되는 과정, 미래의 철학이 나아가야 할 방향 등을 한국 사회의 당면 문제들과 결부해 하나하나 살펴 나갔습니다.

『우리와의 철학적 대화』는 대중서나 교양서가 아니라 학술서를 지향하지만, 소수의 해당 전공자들만을 겨냥한 것이 아니라 인문학, 나아가 문학이나 예술과 같은 인접 분야의 고급 독자들에게도 널리 읽히기를 기대합니다. 불통의 전문성만을 고수하다 고립을 자초해 위기에 빠진 한국현대철학이 나아가야 할 새로운 방향의 하나를 이 책이 보여 주었기를 희망합니다. 대화가 없었던 독백의 한국현대철학을 학술광장으로 이끌어 거기서 공적인 검증을 받고자 하는 것이 이 책의 체제를 대화 중심으로 방향 잡은 주된 연유입니다.

한 학계가 연구 역량을 축적하려면 선대의 연구에 대한 정당한 평가와 비판적 계승이 있어야 합니다. 그렇지 못한 학계는 늘 해외 학술동향과 같은 외풍에 휩쓸리는 종속성을 탈피하지 못하게 됩니다. 그렇게 수입된 해외의 학문이 설령 한국에서 어떤 성과를 낸다 해도 그것이 제대로 평가·계승되지 못한다면, 이 또한 밑 빠진 독에 물을 붓는 오류를 반복하는 꼴이 됩니다.

『우리와의 철학적 대화』에서 저는 절실히 요청되는 우리 학문에 대한 정당한 평가 작업을 수행하려 했습니다. 아울러 이 과정에서 선배의 학문에 대한 평가를 넘어 나름의 철학적 비전을 제시하려 했습니다. 한국에서는 이처럼 두 작업이 서로 연결되는 일이 드물었습니다. 선행 연구에 대한 심도 있는 논의가 별로 없었기 때문이기도 하고, 자신의 학문을 개진한다 해도 그것이 어떤 학문적 배경에서 잉태된 것인지가 불분명했습니다. 이 책은 이러한 오류들을 극복해 우리 철학의 어제와 오늘과 내일을 창의적으로 이어 나가는 역할을 수행하고자 했습니다.

『우리와의 철학적 대화』는 『철학의 길』과 짝을 이루는 작품이기도 합니다. 『우리와의 철학적 대화』가 제가 만나 교류했던 동시대의 철학자와 예술가와의 대화를 줄거리로 하고 있다면, 『철학의 길』은 제가 그동안 지어낸 일곱 권의 책들을 텍스트로 윤유석 씨와 나누었던 대화를 줄거리로 하고 있기 때문입니다. 『우리와의 철학적 대화』에서는 제가 동시대의 철학자와 예술가에 대해 인터뷰를 진행했다면, 『철학의 길』에서는 역할이 바뀌어 제가 인터뷰의 대상이 되었습니다.

『우리와의 철학적 대화』의 마지막 장에서 제가 이미 인터뷰의 대상으로 나온다는 점에서 『철학의 길』은 『우리와의 철학적 대화』가 끝나는 곳에서 시작한다고 할 수 있습니다.

길로 들어가며

질문 1. 국내 철학계를 관통하는 공통의 화제가 과연 존재할까요?

윤유석 첫 번째로 교수님께 드리고 싶은 질문은 국내 학계의 철학적인 동향, 혹은 국내 학계의 철학적인 논쟁 구도에 대한 것입니다. 철학적 토론이 활발하게 이루어지기 위해서는 서로 다른 입장과 관점을 관통하는 공통의 화제가 있어야 한다고 생각합니다. 그렇지만 저로서는 국내 철학계에 그러한 화제가 있는지 잘 모르겠습니다.

　　교수님께서는 『우리와의 철학적 대화』에서 현대철학 전반의 동향을 "해체되는 동일자"(이승종 2020, 39쪽)라는 관점으로 설명하셨습니다. 또한 1970년대에 벌어졌던 이규호 교수님과 이영호 교수님 사이의 사회과학 방법논쟁을 중심으로 한국에서의 대륙철학과 분석철학 사이의 갈등을 소개하셨습니다. 그런데 이조차도 오늘날에 이르러서는 너무 오래전 이야기가 되어 버렸습니다.

　　가령 2010년대에 들어서면서 '해체'나 '포스트모던'이라는 개념들의 유행은 다소 사그라들었습니다. 대륙철학과 분석철학도 예전에는 서로 갈등이라도 하였지만, 이제는 상대편에 대해 거의 무관심해진 것으로 보입니다. 하이데거나 비트겐슈타인처럼 한 시대 전체를 지배하는 거대한 철학자도 더 이상 찾기 힘듭니다. 남아 있는 것은 단지 철학의 세부 분과에서 이루어지는 파편화된 논쟁들뿐인 것 같습니다. 교수님께서는 우리 철학계에 공통의 화제라는 게 있다고 생각하시는지 궁금합니다.

이승종 철학계의 공통의 화제는 현대인이면 누구라도 당면하게 되는 생존입니다. 철학은 직업으로서의 학문이 되어 버렸고, 이 직업의 현장이 팍팍하다 보니(직업을 얻기도 어렵고 그 자리를 유지하기도 어렵습니다) 누구나 생존을 위해 사투를 벌여야 합니다. 철학자를 포함해 현대인은 모두 역사적으로 철학자와 가장 거리가 먼, 노동자라는 계급으로 자신을 자리매김하고 있습니다.

교수님께서 참여하신 국내의 철학적 논쟁 중에서 가장 기억에 남는 것은 무엇인가요?

윤유석 교수님이 참여하신 국내의 철학적 논쟁 중에서 제일 기억에 남는 것은 무엇인지 궁금합니다.

이승종 학술적인 비판을 인신공격이나 명예훼손이라고 생각해 불편해하는 분도 계시더군요. 좁은 땅에서 서로 이런저런 인연으로 얽혀 있고 그 층도 얇은 학계에서 비판은 생존을 위해서는 바람직하지 못한 게 아닌가 하는 회의가 들기도 했습니다. 오히려 저의 비판을 너그러이 받아 주신 분들은 박이문, 김형효 교수님과 같은 학계의 원로들이셨지요.

윤유석 이것도 생존의 문제에 걸려 있네요. 안타까운 현실인 것 같습니다.

교수님께서는 최근에 국내의 어떤 철학적 논쟁에 참여하셨나요?

윤유석 교수님께서 최근에 어떤 철학적 논쟁들에 참여하셨는지도 궁금하거든요.

이승종 논쟁에 대한 회의가 들어 참여를 꺼려 온 편입니다. 제가 가는 방향에서 발견한 문제점들에 대해서는 목소리를 내어 왔지만, 그것은 논쟁보다는 감정적이거나 정파적인 반발을 일으키더군요. 다음번 강좌에서 다루게 될 저의 책『우리 역사의 철학적 쟁점』이 제가 지피고자 했던 논쟁의 불쏘시개였습니다.

교수님께서 인상적으로 지켜보신 국내의 철학적 논쟁에는 어떠한 것이 있었나요?

윤유석 교수님께서 지켜보신 국내 철학계의 논쟁 중에서 흥미로웠던 것들로는 무엇이 있었는지 궁금합니다.

이승종 동양담론의 현실적 유효성을 주제로『교수신문』에서 시작해『오늘의 동양사상』으로 자리를 옮겨 진행되었던 지상논쟁을 꼽을 수 있겠습니다. 일련의 서양철학 전공자들과 동양철학 전공자들이 참여한 그 논쟁은 「동양철학, 서투른 논쟁은 접자. 갈 길이 멀다」라는 글로 마감되었습니다. 저는 저 글의 제목이 우리 학계의 인식을 대표하고 있다고 생각합니다. 각자의 갈 길을 가면 그만이지 무슨 되도 않는 논쟁이냐 하는 태도 말입니다. 자신의 전공영역을 넘어서는 끝장토론을 원하지 않는 것 같습니다.

윤유석 교수님과 대화하다 보니 우리나라 철학계의 동향을 정말 새로운 시선으로 생각하게 되네요. 항상 생존이라는 현실적인 문제가 걸려 있고, 그게 철학자들의 학술적인 논의보다도 훨씬 더 중요해지고, 토론도 그에 영향을 받아 축소되고, 학자도 몸을 사려 자기가 전공하고 있는 분야를 넘어서지 않으려는 소극적인 모습을 보이는 게 아쉽습니다.

질문 2. 고유섭과 서영은에 대해 이야기해 주실 수 있나요?

윤유석 일반적인 한국철학 연구서들과는 달리, 『우리와의 철학적 대화』의 2부는 한국의 미술작품과 문학작품에 대한 비평을 중심으로 논의가 구성되어 있다는 점에서 대단히 독특합니다. 아마도 교수님의 자전적 배경과 예술 취향이 강하게 반영되어 있는 것 같습니다.

　　거기에서 교수님은 (1) 일제강점기 미술사학자 고유섭이 한국 고대미술에 대해 제시한 해석을 비판적으로 평가하면서 한국 민중의 인생관과 세계관이 무엇이었는지를 추적하셨습니다. 모든 만물에 생명이 깃들어 있다는 '애니미즘', 순환적 시간론과 다층적 공간론을 주장하는 '샤머니즘', 세속과 천상의 연결을 강조하는 '연세적 세계관', 규율의 준수와 위

고유섭

반을 종합하고자 하는 '모순의 공존', 서로 다른 문화를 융섭하고자 하는 '풍류도'가 한국 민중의 인생관과 세계관이 지닌 특징이라는 것이 교수님의 주장이었습니다.

또한 교수님은 (2) 소설가 서영은의 「사막을 건너는 법」과 「먼 그대」라는 작품을 통해 '남성' '여성' '신성神性'으로 상징되는 세 가지 삶의 태도에 대해서 고찰하셨습니다. 사막 같은 황량한 현실을 낙타처럼 꿋꿋하게 걷는 태도로 삶과 세계의 의미를 발견하고자 노력해야 한다는 것이 교수님의 요지라고 이해하였습니다.

고유섭과 서영은에 대한 교수님의 독해는 흥미로웠지만, (특히 저에게는 서영은의 소설에 대한 비평이 흥미로웠지만) 두 인물에 대한 논의는 철학과에서 흔히 접할 수 있는 종류의 이야기가 아니어서 낯설기도 하였습니다. 고유섭과 서영은이 어떠한 인물이고, 그분들의 사유에서는 어떠한 점이 특징적인지 간략한 소개 부탁드립니다.

이승종 예술은 철학의 데이터인 삶과 세계에 대해 철학보다 더 가깝고 더 직접적일 수 있습니다. 이 점에서 철학은 예술에 주목할 필요가 있습니다. 예술비평가나 문학평론가는 철학자와 동업자의 관계라고 생각합니다. 고유섭은 당시만 하더라도 불모지나 다름없었던 우리 미술사에 대해 최초로 철학이라 부를 만한 작업을 한 선구자이고, 서영은 선생님은 우리 문학에 부족한, 삶의 부조리와 모순과 같은 철학적 소재를 소설의 형식으로 펼쳐낸 귀중한 작가입니다.

고유섭과 서영은에 주목하게 된 계기가 있나요?

윤유석 특별히 고유섭과 서영은이라는 두 인물에 주목하게 된 어떤 계기가 있는지 궁금합니다.

이승종 계기는 개인적이고 우연한 것이었습니다. 저는 인천 부평에서 초·중·고등학교를 나온 뒤 연세대학과 동 대학원을 졸업하고는 연세대에서 평생을 봉직했습니다. 인천에서 성장해 연세대의 모태인 연희전문학교에서 가르친 고유섭은 동향 선배나 동문처럼 가깝게 여겨졌습니다. 우리의 미술사와 철학에 대한 관심과 애정을 고유섭에게서 배웠습니다.

　　　　서영은 선생님은 고등학교 때 그분의 소설집을 탐독하면서 알게 되었습니다. 그분의 「사막을 건너는 법」은 저로 하여금 작가가 되게 할 뻔한 큰 충격을 주었습니다. 세상의 실존적 모순과 부조리를 이 작품을 통해 절실히 깨닫게 되었습니다.

윤유석 서영은 선생님과는 연락도 주고받으시나요?

이승종 자주 연락드리지는 못합니다만 『우리와의 철학적 대화』를 보내 드렸지요.

미술작품이나 문학작품에서 철학적 의미를 발견해 내기 위해서는 어떤 점을 고려해야 하나요?

윤유석 교수님은 고유섭이나 서영은을 다루면서 미술작품과 문학작품에서 철학적인 의미를 발견해 냈는데, 이렇게 예술로부터 철학적인 의의들을 끄집어내기 위해서는 어떤 점에 주목하면 좋을까요?

이승종 작가를 위시한 예술가들에게는 '천재성'이라 이름 부를 만한 깊고 예리한 직관과 통찰력이 있습니다. 그로써 삶과 세계를 자신의 작품에 녹여 내는 게 예술가의 과업이고요. 어떤 장르에서 활동을 하느냐에 따라서 표현의 매체도 각기 달라지겠지만, 그들은 이를 저마다의 매체로 훌륭히 형상화해 내고 있지요.

철학자의 경우에는 개념이 중요한 매체입니다. 예술가가 자신의 고유한 매체를 통해서 표현해 낸 직관과 통찰력을 철학자는 개념으로써 해석해 냅니다.

윤유석 예술가에게는 직관과 통찰력이 중요한데, 철학자는 그것을 어떻게 개념화할 수 있을지를 고민해야 한다는 말씀이군요.

한국 드라마, 영화, 가요 등 대중문화에서 철학적 영감을 받은 적은 없나요?

윤유석 고유섭과 서영은의 작품들은 전통적인 의미에서의 예술 영역에 들어와 있는 작품들인데, 한국의 드라마나 영화, 가요 등의 대중문화에도 철학적 의의가 있는 작품이 있다고 보시나요?

이승종 열거한 장르에 해당되는 것은 아니지만 이문열의 『사람의 아들』은 철학의 경지에 오른 뛰어난 문학작품으로 꼽습니다.

윤유석 저도 그 작품이 종교에 대한 논쟁으로부터 출발해서 인간과 세계에 대한 깊이 있는 성찰로까지 나아가는 게 인상적이었는데, 교수님께서도 높게 평가하시니 반갑네요.

길을 걸어가며

질문 3. 김형효 교수님과의 논쟁은 다소 아쉽게 끝난 것이 아닌가요?

윤유석 『우리와의 철학적 대화』에서 가장 흥미로운 부분은 김형효 교수님의 노장 해석을 비판적으로 고찰하는 7장이었습니다. 김형효 교수님은 벨기에 루뱅대학교에서 프랑스철학을 전공했지만, 데리다의 해체주의를 통해 노자와 장자를 독창적으로 독해하여 국내 도가철학 연구에 큰 기여를 하신 분으로도 잘 알려져 있습니다.

저는 대학 초년생 시절에 김형효 교수님의『사유하는 도덕경』
과『데리다의 해체철학』을 감명 깊게 읽었습니다. 김형효 교수님이 "화광
동진和光同塵"이라는 구절을 중심으로 노장과 데리다 사이의 유사성을 설명
하는 방식이 주석적으로 상당히 설득력 있을 뿐만 아니라 철학적으로도
통찰력이 있다고 생각해서, 한동안 도가철학과 해체주의에 매료되었던 적
도 있습니다. 그래서 더욱 노장 해석을 둘러싼 교수님과 김형효 교수님 사
이의 논쟁에 관심이 갔습니다. 그런데 이 논쟁이 헛돌다가 끝난 것 같다는
인상을 지우기 힘듭니다.

교수님은 (1) 김형효 교수님이 노장과 데리다 사이의 대칭성에
만 지나치게 주목한 나머지 비대칭성을 보지 못한 것은 아닌지, (2) 도道의
논리와 문법을 해명하고자 한 김형효 교수님의 시도가 형식논리학에 비추
어 보았을 때 다소 부당한 논증으로 이루어진 것은 아닌지, (3) '유명有名'과
'무명無名'에 대한 김형효 교수님의 해석이 주석적으로 정당화되기 힘든 것
은 아닌지 의문을 제기하셨습니다.

그런데 저의 관점에서 보았을 때는, 김형효 교수님이 형식논리
학에 익숙하지 않다 보니, 교수님께서 제기하신 비판의 요지를 정확히 이
해하지 못한 것 같았습니다. ('무위적/당위적/유위적' 사유가 서로 다르다는 김형효
교수님의 대답은 너무 원론적이었습니다.) 오히려 좀 더 적절한 반응은 김영건 선
생님과 박원재 선생님에게서 나왔다고 생각합니다.

김영건 선생님은 '같음/다름'과 '안/밖'을 모순 개념이 아니라
반대 개념으로 보게 되면, 도의 문법과 논리를 형식화하는 과정에서 발생
하는 문제를 해소할 수 있다고 지적했습니다(김영건 2002 참조). 박원재 선생
님은 김형효 교수님이 노장을 데리다의 품속에서 해석하려 하였던 것처

럼, 이승종 교수님도 노장을 비트겐슈타인과 들뢰즈의 품속에서 해석하려는 똑같은 한계를 지니고 있지 않은지 의문을 제기했습니다(박원재 2006 참조). 그러나 아쉽게도 이 두 분의 대응과 비판을 교수님께서 어떻게 받아들였는지가 『우리와의 철학적 대화』에서는 충분히 나타나 있지 않았습니다. 두 분의 의견에 대한 교수님의 생각이 궁금합니다.

이승종 동양철학의 원전과 이에 대한 학술적 성과들은 논리적 일관성에 대한 감수성이 부족해 보였습니다. 도를 깨달은 사람에게는 논리 따위는 하등 문제가 안 된다는 식의 거드름이 못마땅했습니다. 논리는 학문의 알파와 오메가인데 그것을 저리 쉽게 건너뛰어도 된다는 말인가 하는 이러한 불편함을 김형효 교수님께 투사한 것 같아 죄송한 마음입니다. 김형효 교수님은 거드름과는 무관한 모범적 철학자이셨습니다.

　　　　김영건 선생님의 비판은 모순 개념과 반대 개념을 혼동한 데서 비롯된 잘못된 것입니다. 두 개념들이 모순 관계에 있으려면 그 개념들이 적용된 사례들이 동시에 참일 수 없고 동시에 거짓일 수도 없어야 합니다. 반면 두 개념들이 반대 관계에 있으려면 그 개념들이 적용된 사례들이 동시에 참일 수는 없지만 동시에 거짓일 수 있어야 합니다. 같음과 다름을 적용한 사례 중에서 동시에 거짓일 수 있는 경우가 있는지 저는 의심합니다. 이 문제에 대해서는 『우리와의 철학적 대화』에서 상론한 바 있습니다.

　　　　박원재 선생님의 지적은 겸허히 받아들이겠습니다.

김형효 교수님은 동일성이 차이성에 비해 파생적이라는 생각을 "같은 것은 다른 것의 다른 것이다"라는 말로 표현하신 것이 아닐까요?

윤유석 교수님이 논쟁에서 언급하셨던 김형효 교수님의 명제로 "같은 것은 다른 것의 다른 것이다"가 있습니다. 저는 이 명제를 동일성이 차이성에 비해서 파생적이라는 뜻으로 이해했습니다. 이는 『우리와의 철학적 대화』 중 1장의 논제와도 부합한다고 보는데요.

이승종 훌륭한 해석입니다.

김영건 선생님이 '같음/다름'과 '안/밖'의 이원적 구도를 설명하신 방식은 교수님이 책 1장에서 '중심/주변'의 이원적 구도를 해체하신 방식과 굉장히 유사하지 않나요?

윤유석 김영건 선생님과의 논쟁에 대한 생각인데, 저도 교수님이 지적하신 것처럼 '같음'과 '다름' '안'과 '밖'을 반대 관계로 설명하는 것은 적절하지 않다고 봅니다. 그런데 '같음'과 '다름' '안'과 '밖'이 모순이 아닌 반대 관계라는 김영건 선생님의 지적은 사실 부연 설명으로 나온 거잖아요.
　　　김영건 선생님의 핵심은 '같음/다름' '안/밖' '유/무' '성/속' '존재/의미' 같은 대립 쌍들이 고정된 본질이 없기 때문에 상호보완적 관계를 맺으면서 서로가 서로를 설명하는 관계로 이해되어야 한다는 것이었습니다. 그렇다면 이것도 『우리와의 철학적 대화』 제일 앞부분에서 나왔던 중심과 주변의 이원적 구도에 대한 데리다적 비판과 일맥상통할 수 있지 않을까요?

이승종 합당한, 그리고 필요한 해석입니다. 그러한 부연이 있어야만 김형효 교수님의 논제도 제 의미를 부여받을 수 있습니다.

박원재 선생님이 지적하신 것처럼 노장, 비트겐슈타인, 들뢰즈 사이의 비대칭성 역시 강조되어야 하지 않을까요?

윤유석 교수님께서 받아들인다고 하신 박원재 선생님의 지적은 『동아시아 사유로부터』에 대한 지난 강좌에서의 토론과도 일맥상통하는 것 같습니다. 당시 우리는 비트겐슈타인과 장자의 자연주의, 데리다의 해체주의, 들뢰즈의 차이의 형이상학 간의 차이를 살폈는데 박원재 선생님의 지적도 그런 맥락에서 받아들이시는 건가요?

이승종 그렇습니다. 모든 관계는 유사성과 차이성이 씨줄과 날줄로 엮이기 마련인데 비교철학에서는 양쪽을 공평히 잘 헤아리는 통찰력이 특히 중요합니다.

질문 4. 박이문 교수님의 철학이 지닌 어떤 점들에 주목하셨나요?

윤유석 교수님의 책에서 제가 발견한 가장 반가운 이름은 '박이문'이었습니다. 저는 고등학생 시절에 박이문 교수님의 『현상학과 분석철학』을 아주 유익하게 읽었습니다. 이 책은 전문적인 학술서임에도 평이한 언어로 20세기 철학 전반을 잘 소개하고 있어서, 그 당시 철학을 처음 접한 저에게 커다란 지적 자극을 주었습니다. 특히 이 책에 나타난 박이문 교수님의 담백한 글쓰기와 폭넓은 학식이 존경스러워서, 이 책을 읽은 경험이 『둥지의 철학』이나 『존재와 표현』 같은 박이문 교수님의 다른 책들에 대한 관심으로도 자연스럽게 이어졌습니다.

지금도 제 책장의 가장 눈에 띄는 자리에는 10권으로 된 『박이문 인문학 전집』이 꽂혀 있습니다. 그런데 교수님께서도 대학생 시절에 박이문 교수님의 책들을 인상적으로 읽었다고 해서 반가웠습니다. 교수님께서 『박이문 인문학 전집』의 간행위원 중 한 분이었다는 사실을 알고 놀라기도 하였습니다.

교수님은 어떤 점에서 박이문 교수님의 철학에 영향을 받았는지 궁금합니다. 『우리와의 철학적 대화』의 8장이 박이문 교수님의 철학 내에 있는 여러 가지 결함과 문제점을 지적하는 내용이다 보니, 어떤 점에서 교수님이 박이문 교수님의 철학을 가치 있게 생각하는지가 뚜렷하게 보이지 않습니다.

저에게는 박이문 교수님의 철학에서 세 가지 정도가 인상적이었습니다. (1) 박이문 교수님은 인간이 '존재/의미' '사물/의식' '자연/자유' 같이 서로 대립하는 극들 사이에서 끊임없이 갈등하면서도 자신의 세계를 만들어 간다는 사실을 잘 그려 냈다고 생각합니다. 특히 이러한 칸트 주의적 구도를 통해 '시적 체험'이 가능할 수 있다는 귀결을 이끌어 낸 점은 대단히 통찰력 있어 보입니다(박이문 1980 참조).

　　(2) '현상학'이 '문학비평'과 다르지 않다는 박이문 교수님의 주장에도 공감이 되었습니다. 기존 비평들이 작품 외적인 이론을 도입하여 작품을 '설명explanation'하고자 한 것과 달리, 현상학은 작품이 말하고자 하는 사태에 주목하여 작품을 '해명elucidation'하고자 한다는 점에서, 현상학이야말로 진정한 의미에서 '문학비평'이라고 불리기에 합당하다는 주장이었습니다(박이문 1974 참조).

　　(3) 하이데거나 데리다 같은 철학자들을 자신만의 언어로 충분히 소화하여 정리할 뿐만 아니라, 그들을 자신의 관점에서 적극적으로 비판하고자 한다는 점도 박이문 교수님께 감명을 받은 점 중 하나입니다. 박이문 교수님의 해설과 평가가 얼마나 정당한지에 대해서는 다소 의문이 있지만, 적어도 저로서는 박이문 교수님만큼 솔직한 태도로 고전적인 철학자들을 소화하고 비판하는 분을 본 적이 거의 없습니다.

　　교수님은 어떤 점에서 박이문 교수님의 철학세계에서 영감을 받으셨는지 궁금합니다.

이승종 유석 씨처럼 저도 박이문 키드입니다. 그 점을 매우 자랑스럽게 생각하고요. 유석 씨가 박이문 교수님의 철학에서 배운 점과 짚고 넘어가야 할 중요한 공헌점들을 잘 지적해 주었는데, 저도 거기에 대해서 공감합니다.

　　제 글에서는 박이문 교수님을 비판만 했는데 비판은 교수님에 대한 저의 사랑법입니다. 그 점을 널리 양해해 주기 바랍니다.

교수님이 인상 깊게 읽은 박이문 교수님의 책들에 대해 소개해 주실 수 있나요?

윤유석 교수님이 읽은 박이문 교수님 책 중에서 제일 인상적이었던 책은 무엇인가요?

이승종 학창 시절에 읽은 『하나만의 선택』이 박이문 교수님에 대한 저의 첫사랑이었습니다. 데리다를 알게 된 것도 이 책을 통해서였습니다만, 무엇보다도 교수님에게서 바람직한 철학자의 초상을 발견하였다는 점에 의의를 부여하고 싶습니다.

윤유석 『우리와의 철학적 대화』에서 언급하셨듯이 구도자적인 자세로 철학을 했다는 점에서 박이문 교수님을 본받아야 할 철학자라고 생각하셨나 보네요.

박이문 교수님의 철학은 ('존재-의미 매트릭스'라는) 일종의 칸트주의적 사유 구도 위에서 전개된다는 점에서 ('사물 자체의 문제' 같은) 칸트주의적 철학의 한계를 극복하기 어렵지 않을까요?

윤유석 저는 박이문 교수님의 철학이 칸트 철학과 유사하다고 생각합니다.

박이문 교수님은 '존재-의미 매트릭스'라는 표현을 통해 세계를 해명하십니다. 밀가루 반죽처럼 무정형적인 우주의 존재는 인간의 시선 속에서 비로소 의미 있는 세계관으로 구조화된다고 주장하시죠(박이문 2008 참조).

　　　　박이문 교수님은 칸트 철학의 구도를 본인의 철학에 가져오다 보니 사물 자체의 문제라든가 주관주의의 문제 등 칸트 철학의 약점으로 지적되는 여러 가지 문제에서 자유롭지 못한 것 같습니다. 이에 대해서는 어떻게 보시나요?

이승종 타당한 비판입니다. 그러나 저는 칸트를 읽을 때는 느낄 수 없었던 사유의 풍성함, 성찰의 아름다움, 스타일의 담백함, 글의 명징함 등을 박이문 교수님의 작품에서 발견하곤 합니다. 큰 즐거움이죠.

윤유석 그렇죠. 칸트 철학이 이론적이고 무미건조한 문체와 내용으로 구성되어 있는 반면, 박이문 교수님의 철학은 문학적이면서도 삶의 실존적인 여러 문제들과 직접 연결되어 있어서 멋있고 감동적이었습니다.

박이문 교수님과의 일화들 중에서 인상적이었던 것이 있나요?

윤유석 교수님은 박이문 교수님과 가까운 사이였던 것으로 알고 있습니다. 박이문 교수님과의 개인적인 일화들도 있었을 텐데요.

이승종 포항공대에 재직하실 때 서울에 올라오면 꼭두새벽에 전화를 주시곤 했습니다. 당신이 묵고 계신 메트로라는 호텔로 당장 나오라는 호출입니다. 저는 부랴부랴 옷을 주워 입고 캄캄한 새벽에 그리로 달려갔습니다. 교수님은 저를 만나면 바로 철학적 질문을 던지곤 했습니다. "진리가 뭐라고 생각해?" "인생의 의미가 뭐지?" 잠에서 안 깨었는지 호텔 컨시어지도 보이지 않던 어둑어둑한 호텔 로비에서 철학적 대화에 몰입하시던 교수님이 그립습니다.

윤유석 박이문 교수님께도 괴짜 기질이 있었던 것 같네요. 철학자들은 소크라테스 때부터 그랬던 것 같지만 말이에요. 하지만 그런 괴짜 기질 때문에 그렇게 열성적으로 철학적인 작업을 할 수 있었고, 많은 작품들을 남길 수 있었다는 생각이 듭니다.

3. 길에서 잠시 쉬며

질문 5. '한국'이라는 정체성이 반드시 필요할까요?

윤유석 교수님의 『우리와의 철학적 대화』에는 다소 구분되는 두 가지 방향성이 내재되어 있는 것 같습니다. 즉 (1) 교수님은 "한국철학 공동체 내에서의 대화와 상호작용"(이승종 2020, 10쪽)이 중요하다고 강조하면서 한국에도 뛰어난 철학적 성취들이 존재한다는 사실을 지적하셨습니다. 또한 (2) 교수님은 "한국철학의 정체성"(이승종 2020, 88쪽)도 강조하면서 한국에도 독자적인 문화소가 존재한다는 사실을 주장하셨습니다.

저는 두 가지 논의가 서로 연관될 수 있다는 가능성을 완전히 부정하지는 않습니다. 다만 동시대 한국철학자들과의 비판적 대화 자체는 굳이 한국이라는 정체성 없이도 얼마든지 이루어질 수 있을 것으로 봅니다. 가령 김형효 교수님의 해체주의적 노장 해석이나 박이문 교수님의 둥지의 철학이 반드시 한국의 독자적인 문화소를 바탕으로 이루어진 철학적 성취라고 평가하기는 어려울 것입니다.

물론 그분들은 분명히 자랑스러운 한국철학자들이지만, 한국에서 태어나 활동하였다는 사실을 제외하고는 그분들이 자신들의 철학 속에 (적어도 노장 해석이나 둥지의 철학 속에) 한국이라는 정체성을 따로 심어 둔 것 같지는 않습니다. (마치 김재권 교수님의 심리철학에 한국이라는 정체성이 따로 들어 있지 않은 것처럼 말입니다.)

따라서 한국이라는 정체성에 특별히 주목하지 않고도 국내의 뛰어난 철학적 성취들과 비판적으로 대화할 수는 있다고 생각합니다. 오히려 특정한 철학적 성취가 왜 뛰어난지를 설명하기 위해 굳이 한국이라는 정체성을 언급하는 것은 종종 논점 일탈처럼 보이기도 합니다.

그렇다면 교수님께서는 어떠한 이유에서 단순히 "한국에도 뛰어난 철학적 성취들이 존재한다"라는 주장을 넘어서, "한국에도 독자적 문화소가 존재한다"라는 주장까지 제시하시는 것인지 궁금합니다.

이승종 유석 씨의 지적은 다 맞는 말이기는 한데 너무 한가합니다. 맞는 말도 주변의 상황을 보아 가며 해야 합니다. 중국은 한반도를 복속시키려는 큰 기획하에 우리의 역사와 문화를 자신의 것으로 전유하는 데 공을 들이고 있습니다. 한국과 일본의 과거사 문제도 진행 중인 사안입니다.

이런 상황에서 한국이라는 정체성을 한국인이 주목하지 않거나 부정하는 것은 무장해제나 이적 행위에 가깝습니다. 치열한 각축전을 벌이고 있는 한·중·일 삼국 중에서 한국처럼 제 살을 깎아 먹고 있는 나라도 없습니다.

우리 철학계가 '한국'이라는 정체성 의식을 가져야 하는 이유가 무엇인가요?

윤유석 철학을 하는 데 있어서 정체성이라는 게, 특히 국가적인 정체성이라는 게 어떤 점에서 필요할지가 조금 의문시되기도 하는데, 교수님 생각은 어떤가요?

이승종 신채호 선생은 "석가가 들어오면 조선의 석가가 되지 않고 석가의 조선이 되며, 공자가 들어오면 조선의 공자가 되지 않고 공자의 조선이 되며, 무슨 주의가 들어와도 조선의 주의가 되지 않고 주의의 조선이 되려 한다. 그리하여 도덕과 주의를 위하는 조선은 있고, 조선을 위하는 도덕과 주의는 없다"면서, "이것이 조선의 특색이냐?"라고 반문합니다. 그는 "특색이라면 특색이나 노예의 특색이다"라고 결론짓습니다. 조선 500년 동안 우리에게 체화된 사대주의의 본질이 노예도덕임을 간파한 것입니다. 정체성 회복은 노예근성으로부터의 탈피를 의미합니다.

'한국'이라는 정체성을 구성하는 요소는 무엇인가요?

윤유석 한국이라는 정체성이 중요하다면 그 정체성을 구성하는 요소들은 무엇인가요?

이승종 질문에 배어 있는 공시적 본질주의를 경계해야 합니다. 그러한 본질 따위는 애초에 존재하지 않는다는 것이 해체주의적/포스트모던적 역사철학의 중요한 메시지입니다. 정체성은 전적으로 통시적 계보학의 문제입니다. 본질보다는 역사적 흐름을 짚어 낼 수 있어야 합니다. 이 과제는 다음 강좌의 텍스트인 『우리 역사의 철학적 쟁점』에서 수행되고 있습니다.

세계화시대에는 '한국'이라는 정체성이 걸림돌이 되지 않을까요?

윤유석 세계화시대에 한국이라는 정체성이 오히려 걸림돌이 된다고 비판하시는 분들도 계신데, 교수님은 이런 비판에 대해서 어떻게 생각하시나요? 세계화시대에 우리가 한국의 정체성을 강조하는 게 의의가 있을까요?

이승종 바람직한 의미로 이해했을 때 세계화는 니체가 스케치한 호메로스의 경쟁을 지향합니다. 각 나라와 민족이 저마다의 아레테, 즉 저마다의 장기를 뽐내는 경연입니다. 나라와 민족을 부정하는 사람은 뽐낼 장기가 없는, 근본 없는 노예나 뜨내기일 뿐입니다. 자신의 고향을 버린 사람이 아니라 고향을 세계에 알리는 사람이 진정한 코스모폴리탄의 자격이 있습니다. 노발리스^{Novalis}도 철학은 고향을 향한 그리움이라고 하지 않습니까.

윤유석 우리가 자신의 정체성을 내세울 수 있을 때에야 세계화시대에도 경쟁력을 가질 수가 있고, 그로부터 보편성도 성취할 수 있게 된다는 말씀인가요?

이승종 그렇습니다.

수강생들과의 토론

박인주 한국철학계의 현실을 반영하는 키워드가 생존이라고 하셨는데, 학문으로서 철학을 하시는 분들의 경우에는 학문이 수단이 아니고 목적이 되어야 한다고 생각합니다. 한국에서 철학의 위기가 발생한 건 목적이 되어야 할 학문이 수단이 되어 버렸기 때문이 아닐까요? 철학이 부재한 한국 사회에서 사즉생死即生의 자세로 철학에 임해 줄 것을 한국에서 철학하시는 분들께 주문드립니다.

홍혜랑 유독 한국에서는 비평과 토론이 감정적으로 흐르곤 하는데 저마다의 독선과 아집 때문인 것 같습니다.

이승종 두 분께서 우리 현실의 문제를 잘 진단해 주셨습니다. 환자가 자신의 증상을 자각하게 하는 것이 정신치료의 방법이듯이, 우리 스스로의 자각과 반성으로부터 결자해지의 길이 열리리라 기대해 봅니다.

박오병 (1) 중국이나 일본은 서양의 문명이나 새로운 용어를 받아들일 때 자기 걸로 체화해서 받아들이고 자기 용어로 번역해서 쓰는데, 한국만 오리지널^{original} 그대로 받아들여 씁니다. 저는 이러한 현상이 한국의 사대주의와 무관하지 않다고 봅니다. (2) 사정이 이렇다 보니 철학의 경우에도 중국이나 일본은 자기들만의 철학이 있는데, 우리의 경우에는 과연 우리 고유의 철학이랄 게 있는지 의심스럽습니다.

이승종 (1)은 글로벌 스탠더드^{global standard}를 가감 없이 배워 그에 맞추고자 하는 염원 때문인 것 같은데, 그로부터 지적하신 문제가 야기되었다고 봅니다. 앞으로 우리가 세계를 선도하기 위해서는 궤도수정이 필요할 것입니다. (2) 고유성은 고정불변의 것이 아니라 역사적 흐름과 계승의 과정에서 자연스레 표출되는 것이라고 생각합니다. 우리의 경우 역사의 굴절과 절맥이 심각한 편인데 이에 대한 복원이 절실히 요청됩니다.

박득송 (2)에 관련해 말씀드리자면 저는 유영모와 함석헌을 우리 고유의 철학을 시도한 철학자로 꼽습니다. 이분들에 대한 연구가 거의 없는 게 아쉽습니다.

이승종 한국에서는 학문의 분과화가 촘촘한 데다 학문 간의 장벽이 높아

이를 크로스오버하지 않으려 합니다. 예컨대 신학은 신학자의 전유물로, 철학은 철학자의 전유물로 생각하려는 경향이 있습니다. 언급하신 두 분은 신학과 철학에 걸쳐 있는 사상가이다 보니, 어느 한쪽으로 분류하기가 애매한 관계로 주목을 덜 받게 되는 것 같습니다. 한국인들은 대개 자생적 철학에 별 관심이 없는 것 같습니다. 철학 연구자들 사이에서 누가 한국의 대표적인 현대철학자인지에 대해서는 아무런 합의가 없고, 철학과 대학원생들조차 자기 학교의 철학과 교수님들 이외에는 이름을 아는 한국의 현대철학자가 없는 형편입니다. 이런 상태에서 벗어나 한국현대철학사를 정립하는 날이 오기를 기대합니다.

8강

역사철학 I

이승종, 『우리 역사의 철학적 쟁점』

"

오래전부터 전해 내려오는, 그리고 그보다 더 오랜 상고 시대에 관한 글들이 우리 앞에 놓여 있다. 고문古文에 박혀 있는 글자 하나하나도 각각이 고고학적 유물들이다. 이 유물을 번역한다는 것은 고문에서 켜켜이 쌓인 먼지를 털어내 글자들이 빛나게 하는 일이다.

『우리 역사의 철학적 쟁점』, 33쪽

"

윤유석 〈철학의 길〉 여덟 번째 시간입니다. 이번 강의에서는 '역사철학'에 대해 이승종 교수님과 대화해 보고자 합니다. 역사의 문제는 우리가 살아가는 현재의 사회 및 정치와 언제나 긴밀한 연관을 맺고 있습니다.

가령 고조선을 어떻게 보아야 할는지는 2000년대 이후로 지금까지 계속되는 중국의 동북공정 및 문화 예속화 시도 문제에서 자주 쟁점이 되고는 합니다. 일제강점기에 우리가 겪은 쓰라린 아픔은 광복 이후 70년이 더 지난 오늘날에도 한·일 외교 관계에서 풀리지 않는 앙금으로 남아 있습니다. 남북 분단, 경제 성장, 민주화의 과정에서 발생한 이념 갈등은 한국 정치계에서 보수와 진보 사이의 극렬한 대립을 낳았습니다.

따라서 역사의 문제에 대한 논의는 지나간 과거에 대한 정보 전달 그 이상의 의미를 지닙니다. 우리는 역사를 탐구하면서 우리가 놓인 삶의 자리를 철학적으로 성찰할 수밖에 없습니다. 오늘은 이승종 교수님의 『우리 역사의 철학적 쟁점』을 교재로 삼아 역사를 둘러싼 수많은 해석 논쟁과 이념 갈등으로부터 우리가 어떻게 철학을 수행해 나갈 수 있을지를 토론하도록 하겠습니다.

이정표

이승종 1955년에 김동진이 작곡하여 저의 학창 시절만 해도 행사 때마다 불리던 〈조국찬가〉에는 우리 역사가 반만년이라는 표현이 등장합니다. 1970년에는 대한민국 반만년 역사 기념주화가 제작되기도 했습니다. 여기서의 반만년은 정인보가 작사한 〈개천절 노래〉가 기리는 단군조선의 건국연대인 기원전 2333년으로부터 계산된 수치입니다. 그러나 한국의 강단사학자들은 단군조선을 인정하지 않습니다. 그들의 관점에서는 우리 역사가 반만년이라는 노래 가사나 기념주화도 근거 없는 판타지요 헛짓거리일 뿐입니다.

　　　우리 역사를 둘러싼 이러한 불일치는 왜 발생하는 걸까요? 우리 역사 반만년설이 『삼국유사』, 『제왕운기』 등에는 기록되어 있지만, 저러한 사료를 증빙할 실증적 유물이나 유적이 부족하다는 것입니다. 강단사학은 단군조선뿐 아니라 『삼국사기』에 등장하는 고구려, 신라, 백제 등의 초기 기록에 대해서도 같은 이유로 불신합니다.

　　　사료에 대한 연구는 해석학의 영역이고 유물과 유적에 대한 연구는 고고학의 영역입니다. 해석학은 철학에, 고고학은 실증과학에 가깝습니다. 철학으로서의 해석학과 실증과학으로서의 고고학은 그 전제와 방법에서부터 서로 일치하기 어려운 차이를 내고 있습니다. 철학으로서의 해석학에는 자비의 원리라는 숨은 전제가 작동하고 있습니다. 그것은 상대의 주장을 최대한 호의적으로 해석해 봐야 한다는 원리입니다. 반면 실증과학으로서의 고고학에서는 그러한 원리를 불신합니다. 오히려 거기에는 무자비의 원리라고 이름 부를 만한 숨은 전제가 작동하고 있습니다. 그것은 상대의 주장을 최대한 악의적으로 해석해 봐야 한다는 회의주의적 원리입니다.

고고학이 해석학을 배격하고 역사학을 장악할 때 역사학은 실증이 아닌 불확실성의 나락으로 떨어집니다. 유적이나 유물은 그 자체로는 역사에 대해 아무런 말도 해 주지 않습니다. 사료가 그러한 것처럼 유적이나 유물도 해석을 요합니다. 그리고 역사에서 해석은 그 배경이 되는 사관에 영향을 받습니다. 그럼에도 해석과 사관을 괄호 친 상태에서 유적이나 유물을 증거로 채택할 때 거기에는 과소결정성[underdetermination]이 발생합니다. 과소결정성이란 경합하는 이론이나 주장에 대한 증거가 어느 한 이론이나 주장을 증명하거나 반증하기에 불충분한 상태에 있음을 가리킵니다.

실증주의가 자신이 지향하는 것과는 정반대로 오히려 불확실한 과소결정성을 야기한다는 사실은 역설 같지만, 그것은 무자비의 원리가 야기하는 최소주의의 당연한 결과입니다. 최소주의는 실증적으로 방어가 가능한 최소한의 사실만을 인정하겠다는 것입니다. 실증의 기준을 엄격히 할수록 한국사가 놓이게 되는 시공간의 파이는 줄어들게 마련입니다. 그렇다고 해서 오류 가능성이 축소되는 것은 아닙니다. 경기도가 한국의 일부인 것은 맞지만, 누군가가 경기도만 한국이라고 주장한다면 그는 오류를 범하고 있는 것입니다. 번데기가 완전 탈바꿈과정의 일부인 것은 맞지만, 누군가가 완전 탈바꿈이 번데기에서 시작한다고 주장한다면 그는 오류를 범하고 있는 것입니다.

실증사학의 최소주의는 한국 고대사의 시공간 획정에만 영향을 주는 것이 아니라 한국사 전체에 파장을 미칩니다. 애초에 배제된 부분의 시공간은 그 뒤로도 한국사와 인연을 맺기 어렵습니다. 역사의 알파와 오메가가 계승에 있다는 점을 감안할 때 이는 심각한 문제입니다. 최소주의적 해석은 한국 고대사뿐 아니라 한국사 전체의 시공간을 축소시키는 우를 범하고 있습니다. 이웃한 중국과 일본처럼 자국自國의 역사를 드높여도 모자랄 판에, 스스로를 깎아내리고 있는 최소주의의 노선은 재고되어야 합니다. 사람들은 모국의 역사에서 긍지와 자신감을 얻게 마련인데, 우리는 그런 권리를 노선에 대한 이 같은 고대사학자들의 집착으로 말미암아 제약받고 있는 것입니다.

저는 『우리 역사의 철학적 쟁점』에서 한국 고대사에 대한 최소주의적 해석이 당위가 아닌 사실의 차원에서 틀렸음을 보이려 했습니다. 틀려야 마땅하므로 틀린 게 아니라 사실을 잘못 해석하고 있으므로 틀렸다는 것입니다. 철학자가 역사 해석의 옳고 그름에 개입하는 것은 전통적 입장에서 보면 월권으로 여겨질 수 있습니다. 그러나 제가 이 책에서 지향하는 통합적 사고는 그러한 칸막이를 넘어 어느 역사 해석이 옳고 그른지를 학제적 공론에 부치고자 한 것입니다. 저는 이 책에서 새로 발굴한 사료나 사실을 들어 최소주의적 해석을 논박하려는 것이 아니라, 최소주의적 해석과는 다른 관점에서 기존의 사료와 유물을 해석하는 쪽이 더 설득력을 가질 수 있음을 보이고자 했습니다.

우리 고대사는 강단과 재야가 첨예하게 대립하고 있는 분야이자 저 용어들이 함축하듯이 권력과 이데올로기로 점철된 곳이기도 합니다. 그러다 보니 논쟁은 무성한데 늘 제자리를 맴돌 뿐 이렇다 할 진척이 없었습니다. 논의의 정리에 그치는 교양서의 수준으로는 교착 상태를 타개할 수 없습니다. 저는 『우리 역사의 철학적 쟁점』에서 기존의 논의를 한 단계 뛰어넘는 새로운 시각과 방법으로 그동안의 정체停滯를 정면 돌파하고자 했습니다. 저는 국수주의로 흐르는 1인칭적 사관, 실증주의에 함몰된 3인칭적 사관과 대비되는 2인칭적 사관을 선보이는 한편, 철학적 분석과 논증의 메스로 우리 역사에 켜켜이 쌓인 편견과 이데올로기의 때를 씻어내려 했습니다. 누군가 마땅히 했어야 할 작업이지만 우리 역사와 철학의 크로스오버는 국내외를 통틀어 전례가 없는 시도이기에 저는 각별한 소명의식과 각오로 지난 23년간 이 책의 준비에 심혈을 기울였습니다.

『우리 역사의 철학적 쟁점』의 얼개를 일부 소개하면 다음과 같습니다. I부 '우리 상고사와의 대화'는 우리 상고사 연구에 대한 총체적 반성을 고대의 한·중 관계에 접맥시켜 시도하는 1장 '우리 상고사의 철학적 반성'과, 우리 상고사를 종적 계통, 횡적 강역, 민족문제의 세 축을 중심으로 가늠해 보는 2장 '하늘과 땅과 사람'으로 구성했습니다.

1장에서는 우리 상고사 연구에 드리워진 중화와 사대의 그늘을 적시하고 해체하는 작업을 전개하였습니다. 중국의 역사공정이 어떻게 중국과 우리의 역사를 동시에 왜곡하고 있는지를 규명하고, 중국이라는 국가와 민족의 역사적 허구성을 사료와 문헌에 대한 분석을 통해 논증하였습니다. 이어서 일제강점기에 식민사학에 의해 이루어진 우리 상고사에 대한 부정과 축소 작업을 살펴보고, 그러한 작업이 역사적 사실에 바탕을 둔 것이 아니라 식민주의를 정당화하려는 학문 외적 동기에 의해 이루어진 자의적인 것임을 조목조목 증명했습니다. 이를 토대로 동아시아사의 전개에 우리 역사와 민족이 공헌한 바를 정당하게 복권시키고 복원하는 계기를 마련하고자 했습니다.

　　2장에서는 천지인^{天地人}이라는 동양의 전통적 범주를 빌려 우리 상고사의 체계를 세워 보았습니다. 하늘을 뜻하는 천^天은 순환을 상징하는 원으로 표기되곤 하는데, 순환은 곧 변화를 함축하며 변화는 다시 시간이라는 역사의 한 축을 형성합니다. 저는 하늘이라는 범주하에 우리 상고사의 종적 계통을 살펴보았습니다. 땅을 뜻하는 지^地는 사방을 의미하는 사각형으로 표기되곤 하는데, 사방은 곧 강역을 함축하며 강역은 다시 공간이라는 역사의 다른 한 축을 형성합니다. 저는 땅이라는 범주하에 우리 상고사의 횡적 강역을 살펴보았습니다. 사람을 뜻하는 인^人은 서 있는 사람을 의미하는 삼각형으로 표기되곤 하는데, 사람은 곧 민족을 함축하며 민족은 종과 횡으로 뻗치는 연대성으로 역사의 또 다른 한 축을 형성합니다. 이 세 축을 바로 세워야 중국이 걸어오는 동북공정이라는 역사적 도전에 제대로 맞설 수 있습니다.

　　우리의 역사를 객관적으로 보아야 하지만 그렇다고 그것을 남의 집 불구경하듯 3인칭적으로만 보아서는 안 됩니다. 과거의 우리 역사와 그 주체가 현재의 우리와 무관한 타자가 아니기 때문입니다. 우리의 역사를 우리의 입장에서 보는 것이 필요하지만 그렇다고 그것을 주관적으로, 혹은 자기중심적으로 1인칭적으로만 보아서도 안 됩니다. 과거의 우리 역사와 그 주체가 현재의 우리와 정확히 일치하는 것도 아니기 때문입니다. '우리 역사'라는 표현에서 '우리'는 역사의 시원^{始原}에 놓인 어떤 불변의 본질을 지칭하지 않습니다. 민족주의가 범하곤 하는 민족에 대한 본질주의는 비현실적이고 관념적인 형이상학에 불과합니다. '우리'는 한 핏줄로 이어지는 실체가 아니라 역사 속에서 끊임없이 섞이고 분화되는 가운데 형성된 흐름 중에서 현재의 우리에 가장 직접적으로 관련 있는 갈래와 그 계보의 주체를 지칭합니다. 그리고 그 관련성은 생물학적 유전자보다는 문화적 유전자의 공유 여부와 정도에 의해 가늠됩니다.

　　우리 역사를 풍성히 드러내 주려는 선의지를 잃지 않으면서도 3인칭적 실증주의나 1인칭적 주관주의의 양극단을 비껴가는 중도中道의 균형 잡힌 자세를 우리는 2인칭적 접근이라고 이름 부를 수 있을 것입니다. 우리 역사라 해도 그 주체는 우리라는 1인칭이 아니라 우리의 선조인 당신들이라는 2인칭이기 때문입니다. 2인칭적 접근은 3인칭적 접근이 초래할 수 있는 무책임한 수수방관과 1인칭적 접근이 초래할 수 있는 독선적인 집착에서 벗어나, 있는 그대로의 역사와 열린 마음으로 대화하고 소통할 것을 제안합니다. 역사를 대상화하는 3인칭적 접근과 역사를 보는 자신의 눈에 구속된 1인칭적 접근과 달리 2인칭적 접근은 현재 우리의 눈과 역사가 만나는 접점과 경계에 초점을 둡니다. 2인칭적 역사 해석은 바로 그 접점의 사건입니다.

　　2인칭적 관점은 현재 우리의 입장을 과거의 우리 역사에 그대로 투사하거나 동일시해서는 안 됨을 역설합니다. 현재 우리의 지평과 과거 우리 역사의 지평 사이에는 망각과 단절과 변이와 차이가 놓여 있기 때문입니다. 한반도를 우리 역사의 시작과 끝으로 보고 한반도의 정착민을 현재의 우리와 동일시하는 반도사관은 역사를 이루는 역동적 혼융과 변화의 과정을 놓치고 있습니다. 우리의 과거와 현재는 가다머가 말하는 해석학적 지평 융합의 과정을 거쳐 만나야 합니다. 이 과정에서 우리 역사를 애정 어린 눈으로 볼 줄 아는 공감의 정서가 있어야 그로부터 어떤 교훈과 메시지를 얻을 수 있습니다.

저는 2인칭적 역사학이 중국의 동북공정에 맞서는 데 필요한 한국 상고사 연구의 방법이라고 봅니다. 『우리 역사의 철학적 쟁점』은 그러한 방법을 우리 상고사 연구의 실제에 적용하여 써졌다는 점에서 2인칭적 역사학의 이론과 실제를 반영하는 것으로 평가되기를 희망합니다.

길로 들어가며

질문 1. 철학은 역사 연구에 어떤 도움을 줄 수 있나요?

윤유석 저는 교수님의 『우리 역사의 철학적 쟁점』이 역사서보다는 철학서의 성격을 더 강하게 지니고 있다고 생각합니다. 이 책은 "역사적 사실이 무엇인가?"라는 질문을 넘어서 "역사를 어떻게 해석해야 하는가?"라는 질문을 다루고 있기 때문입니다.

가령 교수님은 역사철학자 콜링우드^{R. G. Collingwood}의 역사 연구 방법론을 비판적으로 검토하면서 역사학에서의 증거 지상주의와 회의주의를 비판하였습니다. 또한 『상서^{尙書}』의 "사근동후^{肆覲東后}"라는 구절을 번역하는 과정에서 고려해야 하는 여러 가지 사항들을 콰인의 '번역 불확정성^{indeterminacy of translation}' 개념을 통해 지적하였습니다. 그 밖에도 역사에 대한 가설을 평가하는 방법을 과학철학자 핸슨^{Norwood Russell Hanson}이 제시한 '관찰의 이론 적재성^{theory-ladenness of observation}' 개념과 해석학자 가다머의 '해석학적 순환^{hermeneutic circle}' 개념을 통해 논의하기도 했습니다.

소위 '이론철학'에서 다루어지는 개념들과 방법들이 역사 연구와 관련된 실천적인 문제에도 도입될 수 있다는 것이 저에게는 매우 흥미로웠습니다. 철학의 다양한 논의들이 역사 연구에 어떠한 도움을 줄 수 있는지에 대해 교수님께서 책에서 설명하신 내용을 전반적으로 소개해 주시면 감사하겠습니다.

이승종 『논어』에서 공자는 "『시경』의 시 삼백 편을 외운다 해도, 정치를 맡기면 잘 해내지 못하고, 사방에 사신으로 가서도 독자적으로 대응을 할수 없다면, 비록 시를 많이 외운다고 하더라도 또한 그것이 무슨 소용이 있겠는가?"라고 말했습니다. 저는 이 구절을 읽으면서 제가 바로 그런 사람이 아닐까 반성해 보았습니다.

문사철은 하나로 통한다는데, 대학에서조차 사학과 철학 사이의 교류는 전무한 상태입니다. 역사에 착근^{着根}되지 않는 철학은 공허한 관념론이 되고, 철학이 없는 역사 연구는 맹목적이어서 잡다한 고고학으로 떨어집니다. 역사학과 철학 사이의 대화가 부재한 상황은 역사학자들에게도 일정 부분 책임이 있지만, 통합적 학문을 수행해야 할 임무를 게을리해온 철학자들의 문제가 더 크다고 봅니다.

윤유석 내용 없는 사유는 공허하고 개념 없는 직관은 맹목적이라는 칸트의 말을 빗대어 역사학과 철학의 관계를 살피셨네요.

역사학에서의 증거 지상주의와 회의주의는 왜 비판받아야 하나요?

윤유석 교수님은 역사학에서 증거 지상주의와 회의주의가 둘 다 극복되어야 된다고 하셨는데 그 이유는 무엇인가요?

이승종 증거 지상주의는 증거에만 집착한다는 점에서 조야한 실증주의로 떨어지고, 회의주의는 모든 것을 부정하는 자기 파괴적인 이론이라는 점에서 역사의 부정으로 떨어집니다. 역사학은 정신을 다루는 정신과학인데 증거 지상주의나 회의주의는 역사학의 알파와 오메가에 해당하는 정신성의 문제를 게을리한다는 한계가 있습니다.

윤유석 사료나 유물 같은 증거만으로는 그것이 무엇을 말해 주고 있는지에 대한 설명이 되지 않는다는 교수님의 지론과 연관되어 보입니다.

역사적 기록에 대한 번역은 왜 쉽지 않나요?

윤유석 역사적 기록에 대한 번역의 문제도 지적하셨는데, 기록을 번역한다는 게 왜 쉽지 않은 문제인가요?

이승종 역사적인 문헌의 번역은 해석학적 선^先지식이 갖추어져야 비로소 가능합니다. 이에 대한 준비가 없이 자구를 그냥 번역하면, 기록에 숨겨져 있는 행간의 뜻을 오해하거나 연관된 상황을 왜곡하기 십상입니다. 번역은 번역되는 사료와 번역가 사이의 시공간적인 거리, 문화적인 거리, 지역적인 거리를 좁혀 가는 해석학적 과정이라는 점에서, 그저 번역의 차원에서만 논의될 문제가 아닌, 철학적인 과제입니다.

역사에 대한 가설은 어떠한 방식으로 검증될 수 있나요?

윤유석 역사에 대한 여러 가지 가설들을 검증할 수 있는 방법들은 어떻게 제시될 수 있는지도 설명을 부탁드립니다.

이승종 가설 검증의 차원에서는 역사학이 여타의 과학들과 큰 차이를 보이지는 않습니다. 즉 역사학도 가설을 검증하는 일반적인 절차를 따라야 하겠죠. 다만 검증에 상당한 시간이 걸리고 확정적 검증이 어려운 경우가 허다함을 감안해야겠습니다.

그런데 그것만 가지고는 역사학이 바로 설 수 없습니다. 역사학은 사관史觀이 검증에 선행합니다. 역사서로서의 『성경』만 해도 먼저 믿음의 체계가 있고 검증의 과정은 그에 맞게 구성됩니다. 『성경』의 구절들에 대한 증거의 사실 여부보다 그 구절이 기독교인들의 믿음에 어떻게 연관되어 어떤 역할을 수행했느냐 하는 점이 더 중요한 것입니다.

고고학적 유물이나 유적이 미미한 우리 상고사의 경우에도 논의는 사관에서 시작해야 합니다. 삼국시대에 이미 고조선은 현실에 없었고 고려시대에 와서는 구전으로만 알려진 상태였던 것 같습니다. 그럼에도 일연을 위시한 우리의 사가들은 고조선을 의심하지 않았습니다. 검증이 아닌 믿음이 우리 상고사의 구축에 결정적 역할을 한 것입니다. 우리의 과거나 조상에 대한 믿음이 특정한 형태로 계승되어 우리가 누구인가에 대한 집단적 정체성을 유지시켜 주었다는 정신적 현상이 우리 역사의 요체입니다. 역사에 대한 믿음은 현대인에게도 정체성을 형성시켜 주는 데 아주 중요한 역할을 합니다.

따라서 역사는 실증과학이 아닌 정신과학입니다. 사관을 배제한 실증과학으로서의 역사는 방향성 없이 끝없는 논쟁의 수렁을 맴돌다 말 공산이 큽니다. 자료는 늘 부족하고 늘 폐기되거나 조작될 수 있기 때문입니다. 그러나 정신과학의 관점에서는 검증은 부차적인 것에 불과합니다.

윤유석 사관이 중요하다는 말씀이네요. 역사란 유물이나 사료로부터 곧바로 이끌어 낼 수 있는 학문이라기보다는, 사관을 먼저 정립한 이후에 유물과 사료를 비판적으로 검증하고 평가하는 학문인 것 같습니다. 그렇지 않으면 잡다한 고고학이 되어 버릴 가능성이 높고요.

질문 2. 이분법적 역사관은 어떻게 극복되어야 할까요?

윤유석 교수님은 역사에 대한 이분법적 접근의 문제를 책 전반에서 지적하였습니다. 가령 『우리 역사의 철학적 쟁점』의 1부에서 교수님은 (1) 우리 역사에서 단군사화史話와 고조선사가 지니는 의의를 왜곡하거나 축소하려는 중국의 '동북공정', 일본의 '식민사관', 한국의 '사대주의'를 비판하면서도, (2) 제정일치 무속국가이자 부족연맹체였던 고조선을 마치 우리가 회복해야 할 고대의 거대제국처럼 과장하는 '민족주의' '국수주의' '호고주의'도 거부하였습니다.

　　　또한 2부 1장에서 교수님은 (1′) 고대 일본이 한반도 남부를 지배했다는 '임나일본부설'과 일본이 제국주의를 정당화하기 위해 내세우는 '식민지 근대화론'을 비판하면서도, (2′) 부여나 백제가 일본을 정복했다는 '기마민족 정복설'과, 일제의 식민지로 병탄되기 전에 이미 이 땅에서도 자주적 근대화가 이루어져 가고 있었다는 '내재적 발전론'도 비판하였습니다.

　　　그 밖에도 2부 2장과 3장에서 교수님은 한국 현대사를 둘러싼 남북 갈등 및 좌우 갈등 문제에서 (1″) 근대화와 경제성장에 기여한 보수와 (2″) 민주화에 기여한 진보 사이의 소모적인 내전 상태가 종식되어야 한다고도 강조하였습니다.

　　　물론 각각의 주제가 대단히 복잡하고 세부적인 사항들을 그 속에 포함하고 있다 보니, 교수님의 논의를 '이분법의 극복'이라는 관점으로 요약하는 것이 지나친 단순화인 줄로 압니다. 그렇지만 논쟁 구도를 선명하게 만들기 위해 우선 이분법의 문제로부터 이야기를 시작하는 것이 좋을 것 같습니다. 상고사 및 근·현대사에 대한 이분법적 접근이 어떻게 극복되어야 하는지에 대해 대략적인 그림을 그려 줄 수 있나요?

이승종　우리 시대에 통용되는 말 중에 '답정너'라는 표현이 있죠. "답은 이미 정해져 있으니 너는 그 답을 그냥 읊으면 돼"라는 뜻입니다. 미리 답을 정해 놓고 현상을 보겠다는 건데, 이는 학문과는 상극인 이데올로기적 태도에 비견될 수 있습니다. 우리 역사 연구에 만연한 답정너식의 이데올로기를 걷어 내고, 역사를 있는 그대로 드러나게 하는 역사현상학으로의 패러다임 전환이 요청됩니다.

저는 이분법의 극복에 대체로 찬성을 하지만, 그렇다고 이분법이 무조건 전부 극복되어야 한다는 것은 아닙니다. 서로 첨예하게 대립하고 있는 사안들에 대해서는 그 사실 관계 여부에 따라 옳고 그름을 철저히 가려내는 작업이 있어야 합니다. 이분법의 극복은 그다음에 지향해야 될 방향성의 문제입니다. 이러한 절차를 거치지 않는 양비론兩非論은 지적 타락에 불과합니다.

고조선에 대한 대립되는 가설을 예로 들어 보겠습니다. 고조선이 대제국이었다는 가설이 있습니다. 그런데 우리가 잘 알고 있는 세계 4대 문명 중에 과연 대제국이 있었나요? 어느 문명이건 그 시원은 성읍국가, 도시국가의 규모를 벗어나지 않습니다. 우리 역사의 시원에 해당하는 고조선이 대제국이었다는 가설은 이러한 역사적 사실과 맞지 않습니다.

이와는 정반대로 고조선의 실체를 아예 부정하는 가설이 있습니다. 설령 고조선이 있었다 해도 그것은 무시해도 좋은 하잘것없는 집단이었다거나, 중국문명에 복속되어 있던 자율성 없는 집단이었다는 것입니다. 이는 고조선에 대한 사료들을 축소지향적으로 왜곡한 데서 기인한 잘못된 가설입니다. 국수주의적 과잉해석은 지양해야겠지만 사실 관계에 입각해서 존중할 것은 존중해야 합니다.

우리는 조선시대에 자신의 정체성을 소중화小中華로 자리매김하면서 중화주의에 젖어 들게 되는데, 이것도 청산해야 될 이데올로기입니다. 중화주의는 "우리는 처음부터 위풍당당했고 늘 승자였다"고 주장합니다. 그러나 세상에 어느 나라 어느 민족이 늘 승리만 해 왔습니까? 저는 소중화의 이데올로기에서 비롯된 대표적인 반^反사실적 이론으로 내재적 발전론을 꼽습니다. 조선의 정체성과 몰락과정을 들여다보면 이 이론이 이데올로기와 반일감정의 귀결에 불과함을 알 수 있습니다.

상고사에 대한 사대주의와 민족주의의 이분법은 어떠한 방향으로 극복되어야 할까요?

윤유석 상고사에 대한 사대주의와 민족주의의 이분법은 그럼 어떤 방향으로 극복되어야 할까요?

이승종 사대주의는 노예사관이자 기회주의입니다. 우리는 조선 500년을 지배해 온 이 자멸적 역사인식에서 아직도 벗어나지 못하고 있습니다. 민족주의 진영의 대고조선론은 역사적 사실과 맞지 않습니다. 바른 사관의 정립과 사실에 대한 바른 이해가 요청됩니다.

윤유석 우리나라 역사학계면 응당 자국에 유리한 방향으로 우리 역사를 해석하려 할 것 같은데, 왜 굳이 사대주의적인 방향으로 역사를 해석하는 입장들이 있는지가 궁금하네요.

이승종 이 문제는 우리 자신에게뿐 아니라 우리의 조상에게도 책임을 묻지 않을 수가 없습니다. 조선은 건국과정에서 명나라가 나라의 이름을 무엇으로 고쳤는지를 묻자, 태조 이성계의 고향인 '화령'과 고대에 존재했던 국가명인 '조선' 중에 하나를 택하여 달라고 청합니다. 이에 명나라의 황제가 조선을 국호로 정해 줍니다.

조선의 친명 사대주의는 명나라가 멸망한 이후에도 면면히 이어집니다. 만주족이 세운 청나라는 한족漢族이 아닌 이족夷族의 나라였기 때문에, 명나라를 진정으로 계승하는 나라는 청나라가 아니라 조선이라는 신념을 근간으로 하는 소중화주의에 빠져들게 되는데요. 이러한 시대착오적이고 해묵은 사대주의가 아직도 완전히 청산되지 않은 채 우리의 내면에서 관성으로 작동하고 있습니다.

한·일 관계에 대한 친일과 반일의 이분법은 어떠한 방향으로 극복되어야 할까요?

윤유석 한·일 고대사나 근·현대사에 있어서 친일과 반일의 이분법은 어떻게 극복해야 하나요?

이승종 우리 이웃에 대해서 책임을 물어야 할 것, 시비를 가려야 할 것이 있습니다. 일본에 대해서도 과거사의 문제는 계속 논의를 해 가야 합니다. 그런데 안타깝게도 우리나라에서는 주변국과 연루된 역사 문제가 정쟁과 연동되어 논의되곤 합니다. 주변국과의 관계를 내부 정쟁의 도구로 이용하는 악습을 지양해야만 주변국과의 건강한 외교적인 관계가 설정될 것입니다. 일본이나 중국을 손가락질하는 것도 좋지만 우리부터 거듭나야 합니다.

윤유석 특히 일본과의 관계는 우리의 정쟁에 자꾸만 이용되기 때문에 더 해결하기 어려운 것 같습니다.

현대사를 둘러싼 보수와 진보의 이분법은 어떠한 방향으로 극복되어야 할까요?

윤유석 오늘날 현대사를 둘러싼 보수와 진보의 이분법에 대해서는 어떻게 극복되어야 한다고 보시나요?

이승종 나라의 화폐에는 대개 그 나라의 역사를 수놓은 위대한 인물이나 그 나라를 대표하는 정치가(예컨대 대통령)가 등장하기 마련인데, 우리나라의 화폐에 등장하는 인물은 조선시대의 사람들 일색입니다. 한국 화폐에 한국이 없는 것입니다. 저는 이에 대해서 다음과 같은 가설을 띄워 봅니다.
　　첫째, 우리들 마음속에는 아직도 우리의 정체성을 조선으로 보는 관성이 남아 있습니다. 한국에 살면서도 조선으로 회귀하려는 것입니다. 둘째, 우리는 한국 국민임에도 한국에 대한 동의가 이루어지지 않았습니다. 한국의 대통령들에 대해서조차 누가 화폐에 등장할 만한 인물인지 동의가 이루어지지 않은 것입니다.
　　민족문제연구소의 역사 다큐멘터리 〈백년전쟁〉은 1910년부터 2010년까지의 우리 현대사 100년을 내전 상태로 규정하고 있습니다. 대한민국의 정통성에 정면으로 도전하고 있는 것입니다. 남북의 분단도 모자라 남남갈등이 극한으로 치닫고 있습니다. 우리는 언제쯤 서로에게 주고받은 상처를 치유하고 화합할 수 있을까요?

캐네디 대통령이 대통령 취임 연설에서 했던 말을 떠올립니다. "나라가 여러분을 위해 무엇을 할 수 있는지를 묻지 말고, 여러분이 나라를 위해서 무엇을 할 수 있는지를 물어라." 우리에게는 이러한 자세가 절실히 필요합니다.

1970-80년대를 풍미했던 마르크스주의로부터 우리가 민주화의 원동력을 얻은 것은 사실입니다. 그런데 그 악영향으로 우리는 우리가 수호해야 할 한국을 약탈국가로 잘못 배웠습니다. 한국은 약탈국가가 아니라 눈부신 성취를 이룩해 온 발전국가라는 사실에 대한 동의가 있어야 합니다.

윤유석 한국이 어떤 나라인지에 대한 동의가 되어 있지 않기 때문에 우리의 정체성을 조선에서 찾으려는 관성이 유지되고, 그게 오늘날 여러 갈등과 분란의 씨앗이라고 보시는 거네요.

질문 3. 철학적 논의를 역사적 이슈에 어떻게 적용할 수 있나요?

윤유석 『우리 역사의 철학적 쟁점』에서는 철학적 논의가 역사적 이슈에 어떻게 적용될 수 있는지에 대한 매우 구체적인 사례들이 제시되어 있습니다. 가령 '번역 불확정성' '관찰의 이론 적재성' '해석학적 순환'은 모두 우리의 경험과 추론이 우리의 관점에 커다란 영향을 받는다는 사실을 지적하는 개념들입니다. 교수님은 이 개념들을 사용하여 『상서』에 등장하는 "사근동후肆覲東后"가 "순임금이 동쪽 제후들을 만났다" 이외에도 "순임금이 고조선의 임금 부루를 알현했다"라는 의미로 해석될 여지가 있다고 주장하셨습니다. 이러한 해석이 참일 경우 "사근동후"라는 구절은 순임금과 고조선의 임금 부루의 관계가 앞서의 경우와는 반대라는 사실을 함의할 것입니다. 저는 역사에 대한 구체적인 지식이 부족하다 보니, 둘 중 어떠한 해석이 더욱 설득력이 있는지를 직접 평가할 만한 능력은 없습니다. 다만, 철학에서 이루어지는 논의가 역사적 이슈를 다루는 데 사용될 수 있다는 점만큼은 매우 흥미로웠습니다. 교수님께서 역사를 해석하시는 방식에 대해 "사근동후"라는 구절을 중심으로 더욱 자세히 설명해 주실 수 있나요?

이승종 영미의 콰인과 데이빗슨, 대륙의 하이데거와 가다머는 각기 다른 지적 전통을 배경으로 번역과 해석이 해석학적 작업임을 역설하고 있습니다. 저는 우리 상고사와 관련하여 그것들이 역사철학적 작업이기도 함을 보이고자 했습니다. 중국 측의 가장 오랜 역사 자료인 『상서』(『書經』)의 번역자(김학주)는 「순전舜典」의 "肆覲東后 協時月正日 同律度量衡 修五禮(사근동후 협시월정일 동률도량형 수오례)"를 [순임금이] "동쪽의 제후들을 만나 철과 달을 맞추고 날짜를 바로잡으셨으며 악률樂律과 도량형을 통일하시고, 오례五禮를 정리하셨다"로 번역하고 있습니다. 다른 번역본도 대체로 이 번역을 따르고 있습니다. 한국의 독자는 이 번역문을 통해 순임금이 동쪽의 제후들을 교화시키는 그림을 머릿속에 떠올리게 됩니다. 앞으로 보겠지만 번역어의 선택이 그 당시 동아시아의 판도에 대한 치우친 인식을 심어 주고 있습니다.

번역의 문제에 철학을 어떻게 적용할 수 있나요?

윤유석 "사근동후"라는 구절의 번역 가능성과 그에 대한 교수님의 의견을 듣고 싶습니다.

이승종 '后(후)'는 제후로도 새길 수 있고 임금으로도 새길 수 있는 낱말임에도, 김학주 교수는 '后'를 '제후들'로 복수로 새기고 '協(협)' '正(정)' '同(동)' '修(수)'를 모두 사역동사로 간주하였습니다. 이는 "肆覲東后"를 임금(단수)과 제후들(복수) 사이의 상하 관계로 보려는 의도를 반영하고 있습니다. 그러나 원문이 '諸后(복수)'가 아닌 '后(단수)'로 되어 있으므로 "協時月正日 同律度量衡 修五禮"도 '后'의 문화를 기준으로 철과 달을 협의하고[協], 날짜를 바로잡고[正], 악률[樂律]과 도량형을 통일하고[同], 오례[五禮]를 수정한 것[修]으로 번역하는 것이 더 자연스럽습니다.

진서와 위서 평가에 철학을 어떻게 적용할 수 있나요?

윤유석 교수님께서는 "사근동후"라는 구절을 해석하시면서 『태백일사』와 『규원사화』를 둘러싼 위서논쟁에 대해서도 언급하셨습니다. 이와 관련하여 진서와 위서 평가에 철학이 어떠한 역할을 할 수 있는지도 설명을 부탁드립니다.

이승종 『태백일사』와 『규원사화』는 "肆覲東后"의 '東'을 고조선으로, '后'

를 단군왕검의 아들 '부루'로 해석할 수 있는 단서를 제공합니다. 이에 따르면 순임금은 고조선의 문명을 배우는 처지에 놓여 있었으므로 '覲'의 의미는 '만나다'가 아니라 '알현하다'가 됩니다. 그랬을 때 『상서』의 저 구절은 [순임금이] "동쪽의 임금[부루]을 알현하여 [고조선의 문화를 기준으로] 철과 달을 협의하고, 날짜를 바로잡고, 악률과 도량형을 통일하고, 오례를 수정하였다"로 번역할 수 있습니다.

      어떤 텍스트가 진서인지 위서인지에 대해서는 문헌이 있는 경우 그것의 지질^{紙質}과 글씨 등에 대한 감정을 받으면 됩니다. 『규원사화』에 대해서는 서지학 및 금석학 분야의 전문가이자 고서심의위원인 이가원, 손보기, 임창순이 국립중앙도서관 소장본이 조선 중기의 것임을 공식 확인한 바 있습니다. 문헌이 없는 경우에는 유증^{類證}, 호증^{互證}, 추증^{追證}, 반증^{反證}, 변증^{辨證} 등 다양한 증명의 방법을 사용해 보아야 합니다. 『태백일사』가 이에 해당하는데 과문한 탓인지는 모르지만 이 책이 포함된 『환단고기』를 둘러싼 위서논쟁에서 어느 한쪽이 옳다는 결정적인 근거는 아직 나오지 않은 상태입니다. 근거가 어느 정도 축적이 되어야 논쟁의 성패를 가늠할 수 있을 것입니다.

문화사 이해에 철학을 어떻게 적용할 수 있나요?

윤유석 교수님의 해석대로라면 "사근동후"는 고조선 임금 부루가 순임금에게 문화를 전수했다는 사실을 함의하는 구절이 됩니다. 문화의 전파가 일반적으로는 중국에서 다른 동북아 지역으로 이루어졌다는 점에 비추어 볼 때, 과연 고조선에서 중국으로 문화의 전파가 이루어졌을지 의문이 들기도 합니다. 교수님은 당대의 문화사적 관계를 어떻게 보고 계신지 궁금합니다.

이승종 중국이란 기원전 3세기 말 출현한 진나라부터 1911년 멸망한 청나라까지 중원에서 일어났다가 망한 약 30개의 왕조들을 총칭하는 보통명사였는데, 그 뒤에는 20세기에 생겨난 중화민국의 약칭으로 통용되면서부터 고유명사로 전환되었습니다. 진나라 이전에는 보통명사로서나 고유명사로서나 중국은 존재하지 않았습니다. 부사년傅斯年은 그 이전의 역사를 동쪽의 이夷와 서쪽의 하夏 사이의 투쟁으로 이해하는 이하동서설夷夏東西說을 제창한 바 있습니다. 그는 양자를 서로 대립되는 역사적 존재자로 보고 있지만, 이夷에 대한 하夏의 문명적 우월성은커녕 하夏의 독자적 문명이 어떤 것이었는지도 온전히 밝히지 못하고 있습니다. 하夏를 이夷와 가를수록 하夏는 문명적으로 빈곤해지고 이夷는 풍성해지는 반비례의 역설을 우리는 「이하동서설」에서 확인할 수 있습니다. 그럼에도 불구하고 중국문화사나 사상사의 이름을 단 책들을 보면 현재 중국의 영토 내에 있었던 모든 이질적 문명과 사상을 자기들의 것으로 쓸어 담고 있습니다. 이러한 흐름대로라면 현재 중국이 강점하고 있는 티베트의 유구한 불교 전통이 통째로 중국 사상사의 일부로 편입될 날도 멀지 않을 것입니다. 그러나 저 문명과 사상들은 현재 시간과 공간의 기준에 의해서가 아니라, 그것들이 태동한 시간과 공간에서 해석되어야 하고 그 시공간으로 되돌려주어야 합니다.

수강생들과의 토론

박오병 『서경』에서 중국이 요순시대를 역사인 양 서술해 놓은 것을 보고, 『삼국유사』의 저자를 위시한 우리의 선조들은 우리도 요임금과 같은 시기에 단군이 고조선을 건국했다고 지어냈고, 일본도 이와 비슷한 작업으로 자신들의 고대사를 지어내어 결국 한·중·일 삼국이 서로 비슷한 연대의 고대사를 갖추게 되었습니다. 그러나 중국이 요순시대를 역사로 간주하고 있지 않듯이, 우리도 단군조선을 역사로 간주하지 않고 신화로 보고 있는 것입니다.

이승종 단군왕검의 '왕검'은 사마천의 『사기』에 위만조선의 도읍지 이름으로 나옵니다. 이는 위만조선의 시대까지는 (단군)왕검의 내러티브^{narrative}가 계승되어 왔으며, 이 내러티브가 고려의 일연이 지어낸 것이 아님을 보여 줍니다.

  『삼국유사』는 고조선의 건국과 도읍지 이주를 일관되게 중국의 역사적 사건에 견주어 그 연도를 표기하고 있습니다. 이는 『삼국유사』 편찬 당시의 글로벌 스탠더드가 중국이었기 때문에 편의상 취한 방법이었을 뿐, 중국과의 맞대응을 목표로 한 것은 아니었다고 봅니다.

  박오병 선생님의 말씀과는 달리 중국은 탐원공정을 통해 요순시대를 역사로 간주하고 있습니다.

  『삼국유사』는 지금은 전해지지 않는 북제의 위수가 편찬한 고

본古本『위서』와, 서지사항을 알 수 없는 『고기』를 인용해 단군의 내러티브를 전개합니다. 저러한 인용 자체가 위조된 것이라는 근거는 없습니다.

박오병 이승종 교수님께서는 요순시대를 과대평가하고 계십니다. 겨우 부족국가를 유지하고 있던 석기시대의 요순이 멀리 떨어진 고조선과 교류를 할 수 있었을까요? 요순시대를 기록한 『서경』 자체에 대해서도 위서논란이 있습니다.

이승종 『서경』의 "사근동후"라는 구절이 관점을 달리했을 때 얼마나 달리 해석될 수 있는지를 보이고자 했지, 그중 어느 해석이 옳은지가 관건은 아니었습니다.

　　　　석기시대에도 문명의 교류는 있었다고 봅니다. 고인 물이 썩는다고 하지 않습니까? 교류가 없으면 발전도 없는 겁니다. 대부분의 경우의 발전은 문화접변을 통해서 일어납니다. 단군사화도 웅족, 호족, 환웅족 간의 문화 접변을 통해서 고조선이라는 새로운 국가 체제로 이행하게 되는 과정을 전개하고 있습니다.

9강

역사철학 Ⅱ

이승종, 『우리 역사의 철학적 쟁점』

"

접화군생이 생명철학이라면 홍익인간은 사회철학이다. 전
자는 생명에의 눈뜸이, 후자에는 인간에의 눈뜸이 집약되
어 있다. 전자는 생명이라는 보편 현상에 개별적으로 접속
하는 반면, 후자는 신시神市라는 특정 인간 공동체에 홍익
이라는 보편적 가치를 접속하고 있다.

『우리 역사의 철학적 쟁점』, 331쪽

"

윤유석 〈철학의 길〉 아홉 번째 시간입니다. 지난 시간까지는 상고사의 문제에 어떻게 철학적인 논의들이 적용될 수 있는지를 이야기하였습니다. 이번 시간에는 근·현대사의 문제에 어떻게 철학적인 논의들이 적용될 수 있는지, 그리고 역사로부터 우리가 어떤 철학적 교훈들을 이끌어 낼 수 있는지를 주제로 이야기를 진행해 보려고 합니다.

이정표

이승종 한국철학계에서 역사철학은 구체적 역사와 착근되지 않은 채 방법론적 탐구에 방향 잡혀 있거나, 마르크스주의와 같은 특정 이데올로기를 역사에 도식적으로 적용하는 데 그친 감이 있습니다. 역사의 구체성을 감안할 때 이는 지양되어야 합니다. 그 첫 단계는 역사철학이 다름 아닌 우리 역사와 만나는 데서 찾아질 것입니다.

　　헤겔은 "개인 각자는 자신의 **시대의** 아들이며 철학은 **사상으로 포착된 그의 시대**"라고 말한 바 있습니다. 저는 그의 말을 지식사회학을 넘어서는 역사철학의 명제로 새깁니다. 시대는 역사의 한 단면이므로 역사에 대한 통시적 이해 없이는 시대에 대한 이해 역시 불가능합니다. 철학이 사상으로 포착된 그의 시대라는 헤겔의 말은 철학이 통시성을 이념으로 하는 학문임을 역설하고 있습니다. 철학이 곧 철학사라는 그의 말도 같은 연장선상에 있습니다. 우리는 이 시대의 아들딸이며 우리의 철학도 이 시대에 귀속됩니다.

　　하이데거는 시대를 존재의 역운으로 풀이합니다. 각 시대마다의 존재의 역운이 역사를 지배한다는 것입니다. 시대는 국소적으로는 우리가 체험하는 이 땅에서 펼쳐지는 역사, 즉 한국사의 시제입니다. 하이데거의 말을 헤겔과 엮으면 한국사에 대한 우리의 철학은 시대와의 대화인 셈이며 철학은 역사철학이 됩니다. 철학은 반反시대적일 수는 있어도 시대를 등질 수는 없습니다. 시대를 등진 철학은 관념론이자 공염불일 뿐입니다.

저는 『우리 역사의 철학적 쟁점』에서 한국 고대사와 관련된 쟁점과 함께 한국 현대사와 관련된 쟁점을 다루었습니다. 한국 현대사는 이데올로기의 전쟁터입니다. 전 세계적으로 체제나 이념의 논쟁은 수그러든 지 오래이지만 체제를 달리하는 남과 북으로 분단된 한반도, 그중에서도 남쪽은 예외입니다. 이데올로기를 둘러싼 남남갈등은 남북통일뿐 아니라 우리 사회의 결속을 저해하는 심각한 문제입니다.

한국은 좌와 우의 이데올로기로 양분되어 있습니다. 투표와 같은 정치 행위에서뿐 아니라 한국 현대사에 대한 해석을 위시한 사관, 세계관과 같은 거대 담론에서부터 학내문제, 노사갈등, 젠더 갈등 등 갈등이 있는 곳은 거의 어디에서나 저 양분된 이데올로기가 음으로 양으로 개입해 문제를 증폭시킵니다. 사회의 원동력일 수 있다는 점에서 갈등이 나쁜 것만은 아니지만 한국은 그 도를 넘어 분열의 차원에 접어들고 있습니다. 이데올로기적인 요소가 있는 글에는 꼭 따라붙는 엄청난 양의 악성댓글이 그 징조입니다. 한국의 철학자들이 역사와 현실의 문제에 개입하기를 꺼리는 것도 교조주의에 가까운 이분법적 진영논리가 조장하는 이러한 광적인 역풍을 우려해서입니다.

우리 상고사가 너무 멀고 아득해 어려웠다면, 근·현대사는 너무 가까운 데다 문제가 자신이 처한 현실에 직결되어 있어 어떤 평가적 판단을 내리기가 어렵고 주저되었습니다. 자기가 신봉하는 이데올로기를 위해서는 자국의 역사왜곡도 서슴지 않고, 자신과 다른 의견을 낸 사람에 대해서는 세몰이를 동원해 무차별 인신공격을 가하는 살벌한 세태에 휘말릴 것이 염려되기도 했습니다.

그러나 자신이 속한 역사의 과거와 현재를 살아왔으면서 그 역사에 대해 알고도 말하지 않는다면, 이는 지식인으로서의 임무를 방기하는 것이라는 생각에 용기를 내어 『우리 역사의 철학적 쟁점』을 세상에 공개하게 되었습니다. 제 의견을 개진할 때에는 잘못된 진단이나 비전으로 역사와 민족에 죄를 짓는 일이 없도록 개인의 호불호가 아닌 그 자체의 올바름을 판단의 엄격한 기준으로 삼았습니다. 좌나 우로 일방적으로 치우쳐 있는 세간의 방향타를 이념적합성이 아닌 사태적합성을 기준으로 재조정해 균형 감각을 유지하려 했습니다.

저는 『우리 역사의 철학적 쟁점』을 준비함에 있어 제가 출간했던 다른 책들과는 다른 태도와 방법으로 연구에 임했습니다. 지금까지의 책들은 철학의 범주에서 벗어나지 않는 주제와 소재들에 국한해 있었습니다. 그러나 이번 책에서는 주된 텍스트를 전통적 철학의 범주 바깥에서 찾았습니다. 그동안의 책들이 선별된 철학 텍스트에 대한 정독에서 출발했다면, 이 책에서는 다독과 정독을 병행해 가며 연구 대상이 되는 텍스트의 범위를 확장하였습니다. 저는 이 연구를 진행하면서 역사가 진정한 의미에서 통합적 사고를 요함을 알게 되었습니다. 그래서 우리 역사를 이해하는 데 도움이 될 만한 학문과 이론을 힘닿는 데까지 두루 섭렵하고 활용하고자 했습니다.

『우리 역사의 철학적 쟁점』은 우리 역사에서 가장 논란이 많은 고대사와 근·현대사의 핵심 주제들을 선별해서 철학적으로 고찰하였습니다. 저는 이 책에서, 우리 역사에서 철학적으로 반드시 짚고 넘어가야 할 주제들만을 가려 뽑아 이를 탐구하는 선택과 집중의 잣대로, 시간적으로는 고대와 근·현대, 공간적으로는 중국, 일본, 북한과의 관계를 주제로 삼았습니다. 고대는 한·중 관계와 동북공정, 근·현대는 한·일 관계 및 남북 관계에 초점을 맞춰 전개됩니다.

『우리 역사의 철학적 쟁점』은 총 3부 8장으로 구성됩니다. 1부는 우리 상고사에, 2부는 우리 근·현대사에 각각 초점이 잡혀 있습니다. 저는 이 책을 준비하며 그 중간 성과들을 학계에 발표하여 피드백을 받았는데, 3부에서는 이 책의 일부를 주제로 한 학술회의에서의 토론들을 선별해 수록하였습니다.

『우리 역사의 철학적 쟁점』의 얼개 중 2부와 3부를 마저 소개하면 다음과 같습니다. 2부 '우리 근·현대사와의 대화'는 얽히고설킨 한·일 관계의 미로를 일련의 가설들로 풀어 보는 1장과, 통일을 지향점으로 바람직한 남북 관계를 모색하는 2장, 그리고 결론에 해당하는 3장으로 구성했습니다.

『우리 역사의 철학적 쟁점』에서 가장 비중 있게 다루어지는 1장 '한·일 관계의 역사철학'에서는 한·일 관계를 세 가지 시대로 대별해 다음과 같은 세 쌍의 작업가설들을 전제로 이들을 차례로 증명하는 방법으로 전개하였습니다.

A. 고대 한·일 교섭사의 가설들

1. 일선동조론日鮮同祖論이라는 제국주의 이데올로기로 악용되었다는 낙인이 찍혀 금기시되고 있지만, 한국과 일본은 계보학상 같은 뿌리에서 나왔다.

2. 고대 한·일 교섭사는 임나일본부설이나 기마민족 정복설과 같은 쌍방 간의 정복이 아닌 한반도에서 일본 열도로의 개척으로 이해해야 한다.

3. 고대 일본은 한반도의 국가들에 종속된 속국이 아니라 동맹국으로서 한반도의 문물을 빠른 속도로 캐치업^{catch-up} 했다.

B. 식민지 시기의 재인식 가설들

4. 한·일 간의 문물 교류는 구한말부터 일본 문물의 한반도로의 일방적 전래로 방향 전환되었지만, 이 와중에 한반도에는 식민지 자본주의화에 따른 식민지 근대성이 피어났다.

5. 식민지 근대화론, 내재적 발전론, 식민지 반^半봉건사회론, 자본주의 맹아론 등 식민지시대를 조명하는 기존의 이론들은 역사적 사실과 부합하지 않는다.

6. 예속자본론을 위시한 공산주의이론이나 그에 바탕을 둔 투쟁은 한국의 독립을 위한 투쟁이라기보다 계급투쟁으로 보아야 한다.

C. 해방 이후 한·일 관계의 가설들

7. 해방 이후 일본에 대한 한국의 일관되지 못한 임기응변식 정책이나 그에 맞서는 반일 공산주의 이데올로기 모두 한·일 협력체제에 걸림돌이 되므로 발전적 지양이 요청된다.

8. 한·일 관계는 전략적으로 한·미·일의 삼각체제 내에서 자리매김하는 것이 바람직하며, 한국이 미국으로부터 이탈하는 순간 한·일 관계도 악화될 것이다.

9. 한·일 협력체제는 김옥균과 안중근의 역사철학을 비판적으로 계승해 동아시아 삼국의 공존과 평화를 도모하는 방향으로 정

위되어야 한다.

　　2장 '남북 관계의 철학적 분석'에서는 롤스가 제시한 공정으로서의 정의관에 의거해 바람직한 남북 관계를 탐구하였습니다. 저는 우리 사회를 분열시킨 이데올로기들을 무지의 베일로 가린 공정한 상황에서 합리적 합의를 추구하는 모델로 롤스의 정의관에 주목했습니다. 바람직한 대북 정책을 위해 정부와 민간 통일운동 단체가 관계를 설정하는 과정에서 서로 이데올로기적 성향을 문제 삼지 않을 때, 우리는 이미 이데올로기가 무지의 베일에 가려진 원초적 상황에 접근하는 것이며 그 상황에서는 다만 어떠한 방식의 통일운동이 진정 통일에 기여할 수 있는가 하는 점만이 문제시될 뿐입니다. 종교에 바탕을 둔 민간 통일운동에 대해서 정부가 취해야 할 입장도 이데올로기와 마찬가지로 종교를 무지의 베일로 가리는 것이어야 합니다. 저는 그렇게 해서 얻어지는 원초적 상황하에서 바람직한 통일운동에 공정한 절차적 정의를 정착하는 것을 추구했습니다.

　　3장 '우리는 어디에서 와서 어디로 가는가?'에서는 『우리 역사의 철학적 쟁점』을 관통하는 접화군생과 홍익인간弘益人間의 역사철학이 지니는 의의를 되새기고 그것이 실제 역사의 흐름에서 어떠한 영욕과 굴절을 거쳐 갈등과 질곡의 현대사를 초래하게 되었는지를 살폈습니다. 아울러 남과 북의 체제와 이념을 비교하고 각 체제를 이끌었던 인물들의 공과를 평가해 보았습니다. 끝으로 당면한 동북아 정세에서 어떠한 선택과 대응이 우리에게 바람직한 것인지를 가늠해 보았습니다.

　　3부 '토론'에서는 『우리 역사의 철학적 쟁점』의 몇몇 장을 학술 모임에서 발표해 주고받은 논평, 답론, 토론을 주제별로 범주화해서 실었습니다. 그 내용은 한·중의 역사인식과 민족문제, 우리 상고사 연구의 길, 고대 한·일 관계의 역사철학 등 이 책의 중심 주제들을 망라하고 있는데, 독자들은 논평과 답론, 토론을 통해 동시대 학자들과의 학술 교류 현황을 직접 느낄 수 있을 것입니다. 이를 통해 이 책의 논지가 보다 명료해지고, 논의가 깊이를 확보하고, 시각이 입체성을 얻게 되기를 바랍니다.

길을 걸어가며

질문 4. '민족' 개념에 대한 본질주의와 회의주의를 어떻게 모두 극복할 수 있을까요?

윤유석『우리 역사의 철학적 쟁점』에 등장하는 매우 흥미롭고 논쟁적인 문제 중 하나로 "'민족'은 과연 허구적인 개념인가?"를 들고 싶습니다. 코넬대학교 국제학과 명예교수였던 베네딕트 앤더슨^{Benedict Anderson}이『상상의 공동체^{Imagined Communities}』라는 저서에서 '네이션^{nation}'을 근대에 만들어진 허구적인 개념이라고 주장한 이후로, '민족' 개념을 통해 역사를 이해하고자 하는 시도는 많은 비판을 받게 된 것으로 알고 있습니다. 가령 삼국시대의 고구려, 백제, 신라가 과연 서로를 하나의 '민족'으로 이해하였을지, 혹은 현재의 우리가 과연 그들로부터 이어져 내려온 '민족'이라는 정체성을 계승한다고 할 수 있는지에 대해 오늘날 많은 사람들이 의문을 제기합니다.

사실 저 역시 교수님의 책을 읽기 전까지만 해도 '민족' 개념에 대해 다소 회의적인 입장이었습니다. 그런데 "핏줄이나 불변의 요소로 묶이는 실체로서의 민족은 허구이다. 민족은 그러한 생물학적, 형이상학적 개념이 아니기 때문이다. 민족이라는 용어 자체가 근대에 만들어진 개념인 것도 맞다. 그러나 이로부터 민족에 해당하는 의미의 자각이 없었다는 결론은 따라 나오지 않는다"(이승종 2021a, 23쪽)라는 교수님의 주장을 읽고서 생각이 꽤 많이 바뀌었습니다. 생물학적-형이상학적 정체성으로서의 민족이 존재하지 않는다고 하더라도, 사회적-문화적 정체성으로서의 민족까지 존재하지 않는다고 주장하는 것은 논리적 비약일 수 있다고 말입니다. 그러나 저로서는 아직 이 문제를 더 구체적으로 다루기 위해 필요한 역사적 근거들을 자세히 알고 있지는 못합니다.

교수님께서는 어떠한 역사적 근거들을 통해 '민족' 개념이 (특히 '우리 민족'이라는 개념이) 오늘날에도 여전히 유의미할 수 있다고 생각하게 되었나요?

이승종 민족문제는 철저하게 역사적인 지평에서 다루어야 합니다. 그렇지 않고서는 민족의 본질이나 정체성에 대한 질문은 본질주의에 빠져들게 되고 그러한 본질주의는 어떠한 방식으로도 정당화되기 어렵습니다. 민족은 계보학적으로 추적해 들어갈 때에만 제대로 해명될 수 있는 문제입니다.

윤유석 실제 역사를 보지 않고서 곧장 관념적으로 민족이라는 형이상학적 본질 아니면 생물학적 본질에 대해 논하는 건 무의미하다는 말씀이네요.

이승종 민족에 대한 관념적 접근법의 안티테제로 역사 회의주의가 있습니다. 그것은 역사 자체를 부정하는 막장으로 치닫게 되고요.

서양사에서 등장한 '네이션^{nation}'이라는 개념과 동아시아사에서 등장한 '민족'이라는 개념 사이에 구체적으로 어떤 차이가 존재하나요?

윤유석 서양사에서 등장한 '네이션'이라는 개념과 동아시아의 '민족'이라는 개념 사이에 어떤 차이가 있는지, 왜 '네이션'이라는 개념에 대한 부정이 '민족'이라는 개념에 대한 부정으로 이어지면 안 되는지를 설명해 주실 수 있나요?

이승종 서양과 동양 사이에는 유사성도 있고 차이성도 있는데 '네이션'과 '민족'은 후자에 해당됩니다. 서양은 중세까지만 해도 단일한 문화 공동체를 이루고 있었습니다. 종교는 로마가톨릭이었고 라틴어를 공용어로 사용했습니다. 그런데 점차 방언이 발전되고 언어가 분화되었으며 종교 개혁이 일어났습니다. 각국의 제후는 자기가 관할하는 영역 가운데 동일한 언어를 사용하는 영역을 분리해서 '네이션'으로 독립시키게 됩니다. '네이션'은 이러한 계보학적인 뿌리를 갖는 독자적인 언어 공동체였습니다.

　　　동양에서는 이러한 도식이 들어맞지 않습니다. 언어만 해도 우리는 예로부터 중국과 언어가 달랐습니다. 삼국시대의 삼국은 언어가 같았고 중국에 대해서와는 달리 문화적으로도 서로 동질적인 요소가 많았습니다. '네이션'과 '민족'의 문제나 동양에서의 민족 정체성은 이처럼 문화주의적으로 접근을 해야 서로 간에 변별성을 찾을 수 있고 경계도 올바로 그을 수 있습니다.

신라가 당나라와 동맹을 맺고서 고구려와 백제를 무너뜨렸다는 사실은 삼국 사이에 민족의식이 없었다는 사실을 방증하지 않나요?

윤유석 우리 역사에서의 민족 개념을 부정하는 사람들은 삼국시대에 신라가 당나라와 연합해 고구려와 백제를 무너뜨린 사건을 근거로 신라, 고구려, 백제 사이에 아무런 공통된 정체성도 민족의식도 없었음을 알 수 있다고 주장합니다. 교수님은 이에 대해서 어떻게 생각하시나요?

이승종 북한이 소련과 중국의 지원을 받아 한국을 침략했다고 해서 남과 북 사이에 있는 공통의 민족의식이 없다고 할 수 있나요? 『삼국사기』가 밝히고 있듯이 고구려와 백제는 부여에서 나온 나라임에 대한 인식을 공유하고 있었는데, 부여는 고조선의 후예입니다. 『삼국사기』는 신라를 건국한 중심 세력인 진한 6부의 사람들에 대해서도 고조선의 남겨진 백성遺民이라고 증언하고 있습니다. 고구려, 백제, 신라는 다 고조선으로 소급된다는 점에서 정체성에 있어 한 뿌리인 것입니다.

그럼에도 불구하고 삼국이 치열한 각축전을 벌이다 당나라와 연합한 신라가 백제와 고구려를 차례로 무너뜨린 사실은 국제정치학적인 차원에서 논의되어야 할 다른 사안입니다.

우리의 민족의식이 고조선시대로부터 지금까지 계승되고 있다는 주장을 뒷받침할 역사적 근거가 존재하나요?

윤유석 우리가 지금 가지고 있는 민족의식이 고조선에서부터 계속 내려왔다는 것을 보여 줄 수 있는 역사적인 근거 자료 같은 것들은 있나요?

이승종 일연의 『삼국유사』, 이승휴의 『제왕운기』, 허목의 『동사』, 안정복의 『동사강목』 등의 사서는 우리의 역사를 고조선으로 소급하고 있습니다. 유물의 차원에서 이를 증빙하기는 지난한 일입니다만 우리 자신을 유물로 삼는 발상전환이 필요합니다. 현재까지 전해 내려온 우리 역사를 이어받아 후속 세대에 전해 줄 이어달리기 주자는 바로 우리 자신입니다. 우리의 역사는 우리에게 전승됨으로써 살아남았고 우리에게는 그 역사의 편린들이 간직되어 있습니다. 이를 풀어내어 잘 짜맞추고 추리하면 고조선을 복원할 길이 열릴 것입니다. 소크라테스의 상기설을 역사인식에 적용하여 우리의 잃어버린 기억을 상기해 내자는 것입니다.

질문 5. 역사의 진리화는 어떻게 이루어질 수 있을까요?

윤유석 교수님의 이전 책들은 "진리의 역사화"라는 문제에 초점을 맞춘 반면, 이번 책은 "역사의 진리화"라는 문제에 초점을 맞추는 것 같습니다(이승종 2021a, 49쪽). 즉 이전 책들은 탈역사적-형이상학적-공시적 진리 개념을 비판하는 문제에 초점을 맞춘 반면, 이번 책은 우리의 상고사와 근·

현대사로부터 역사적-탈형이상학적-통시적 진리 개념을 도출하는 문제에 초점을 맞추는 것 같습니다.

　　　저는 교수님이 제시하신 '진리의 역사화'와 '역사의 진리화'라는 두 가지 방향성에 동의하면서도, 역사의 진리화가 과연 어떻게 해야 성공적으로 이루어질 수 있을지에 대해 조금 더 세부적인 질문을 드리고 싶습니다. 가령 교수님께서는 『삼국유사』에 등장하는 고조선의 건국이념인 '홍익인간'이 우리 민족의 최초의 철학적 명제라고 강조합니다. 또한 신라 시대 최치원이 우리 조상들의 문화를 요약하는 말로 제시한 '접화군생'이라는 표현과 송나라 범엽이 『후한서』에서 이족夷族의 성격을 요약하는 말로 사용한 '호생好生'이라는 표현 속에 고조선으로부터 이어진 우리 민족의 고유한 문화철학이 잘 반영되어 있다고 봅니다.

　　　그런데 우리 역사에 나타난 이러한 철학적 사유들이 정말 독창성과 보편성을 지닌 것으로 강조되기 위해서는 크게 두 가지 질문에 대한 대답이 제시되어야 할 것으로 보입니다. 첫째는 "정말 이러한 사유가 동시대의 동아시아와 서양에서 등장하는 다른 사유들과 구별되는 특징을 지니고 있는가?"라는 질문이고, 둘째는 "정말 이러한 사유가 최첨단의 현대과학과 현대철학으로 무장한 현대인에게도 도전적인 것이 될 수 있는가?"라는 질문입니다. 교수님께서는 '홍익인간' '접화군생' '호생' 등이 동시대의 사유와 현대의 사유에서 모두 의의를 지닐 수 있는 철학이라고 생각하시나요?

이승종 저는 '홍익인간' '접화군생' '호생' 등이 우리 민족만의 독창적인 아이디어라고 생각하지 않습니다. 이러한 철학소哲學素들이 샤머니즘 정신을 본래적으로 표현하고 있다는 데에 의의를 두어야 합니다. 역사의 원류로 소급해 가다 보면 어느 문명이든 샤머니즘과 만나게 됩니다. 샤머니즘은 정신사에서 원형이나 근원에 가까운 사유라고 생각하는데, 그게 우리의 역사에는 비교적 잘 간직되어 본래적으로 표현되고 있다는 점에 주목합니다. 독창성보다 보편성이 더 중요한 것입니다.

'접화군생'과 '호생'에 대해 간략히 설명해 주실 수 있나요?

윤유석 '접화군생'과 '호생'이라는 표현이 어떤 의미인지를 설명해 주실 수 있나요?

이승종 '호생'은 '살리기를 좋아한다'라는 뜻이고 '접화군생'은 뭇 생명이 한데 어우러져 서로 살린다는 뜻입니다. 이들은 생명력의 제고를 지향하는데 그 구체적인 방법은 접接입니다. 나와 상대가 객관적인 3인칭으로 저만치 떨어져 마주하고 있는 것이 아니라, 2인칭적으로 서로 만나接 한데 어울린다는化 소통의 정신을 표현하고 있습니다. 우리 상고사에 대한 연구는 샤머니즘에 대한 재평가와 함께 이루어져야 합니다.

이러한 사유는 동시대의 동아시아와 서양의 사유와는 어떤 점에서 구별되나요?

윤유석 이런 식의 사유가 동시대의 동아시아 및 서양의 사유와 어떤 점에서 구별된다고 생각하시나요?

이승종 니체와 하이데거는 서양의 사유를 아낙시만드로스로 소급되는 허무주의와 반생명주의로 요약한 바 있습니다. 반면에 우리 역사에 등장하는 샤머니즘의 철학소들은 친생명적인 건강한 정신성을 간직하고 있다는 점에서, 반생명적인 물질주의가 석권하고 있는 현대문명에 시사하는 바가 있습니다. 세상을 살리고 활기를 불어넣는 사유소이기 때문입니다.

이러한 사유는 현대과학과 현대철학의 사유와는 어떤 점에서 구별되나요?

윤유석 이러한 사유가 현대철학이나 현대과학으로 무장한 우리에게도 여전히 의의가 있을 수 있나요? 우리 시대의 사유와는 어떤 점에서 구별되나요?

이승종 생명체라면 생명을 불어넣어 주는 사유를 더 선호하게 마련 아닐까요? 허무주의는 바람직하지 않은 반생명적 물질주의로 흐르게 되는데, 이를 친생명적인 방향으로 전환하기 위해서는 생명을 제고하는 샤머니즘의 원시반본原始返本, 업데이트가 필요합니다.

윤유석 교수님께서는 현대철학의 주된 경향을 물질주의라고 보시는 건가요?

이승종 그렇습니다.

윤유석 자연과학주의도 물질주의인가요?

이승종 네.

윤유석 자연과학에 근거한 물질주의가 오늘날의 사유에 녹아 있는데 그에 반대되는, 생명에 대한 샤머니즘의 강조가 의미를 가질 수 있다고 하시는 거네요.

이승종 네, 저는 오늘날 만연한 물질주의에 대한 해독제로서의 친생명적 정신주의인 네오샤머니즘을 지향합니다.

길에서 잠시 쉬며

질문 6. 이념 갈등에 휘말린 적은 없나요?

윤유석 역사의 문제는 정치의 문제와 너무 밀접하게 연결되어 있다 보니, 다른 사람들 앞에서 쉽게 이야기를 꺼내기가 망설여집니다. 가령 상고사에 대해 이야기하는 사람은 국수주의자나 반중론자로 여겨지곤 합니다. 한·일 고대사나 근·현대사에 대해 이야기하는 사람은 친일과 반일의 프레임에 따라 재단됩니다. 남북 분단, 경제 성장, 민주화 같은 현대사의 이슈를 꺼내는 사람은 보수와 진보 진영 중에서 하나를 선택하도록 강요받습니다.

이러한 이념 갈등의 상황에 비추어 볼 때, 교수님의 책은 여러 가지 스캔들에 휘말리기 쉬운 내용들을 담고 있는 것 같습니다. 실제로 이 책의 말미에 수록된 학회 토론에서는 교수님의 역사관에 대한 신랄하고 날선 평가들도 많이 찾아볼 수 있습니다. 교수님께서는 이념 갈등에 휘말려 당혹스러웠던 적이 없었는지 궁금합니다.

이승종 각오는 했습니다만 이는 『우리 역사의 철학적 쟁점』에만 해당되는 일도 아닙니다. 정도의 차이가 있을 뿐 제가 그동안 출간한 책들은 다 준비 단계에서부터 출간과정, 그리고 그 이후까지 적지 않은 어려움을 겪곤 했습니다. 저는 이것도 운명이라고 생각하고 제가 가고자 하는 길을 갈 뿐입니다. 제 책에 수록된 토론들은 저의 사유에 대한 학계의 비판적 피드백을 가감 없이 보여 주고 있습니다. 판단은 독자의 몫이겠지요.

교수님에 대해 제기된 비판 중에 가장 당혹스러웠던 것은 무엇이었나요?

윤유석 혹시 교수님에게 제기된 비판 중에서 제일 당혹스러웠던 것은 무엇이었나요?

이승종 비판은 언제나 환영입니다. 배우는 게 많기 때문입니다. 가장 당혹스러웠던 것은 비판보다 무시였습니다. 비판에 대해서는 잘잘못을 가릴 수 있겠지만, 무시의 경우에는 그럴 수조차 없더군요.

우리 시대의 가장 심각한 이념 갈등은 무엇이라고 생각하시나요?

윤유석 우리 시대의 가장 심각한 이념 갈등은 뭐라고 보시나요?

이승종 이념 갈등의 주요 생산지는 언론인 것 같습니다. 저도 주요 일간지들을 검색하곤 하는데 기사들이 편향적이고 날이 서 있습니다. 이분법적 진영논리로 전 국민을 세뇌하는 격입니다. 정론직필이 실종된 게 안타깝습니다.

윤유석 개별적인 이념 갈등 자체보다도 그런 갈등을 부풀리고 장려하는 언론들이 문제라고 보시는 거네요.

이념 논쟁에 휘말릴 위험에도 불구하고 역사의 문제를 논한 이유는 무엇인가요?

윤유석 이념 갈등에 휘말릴 위험에도 불구하고 역사의 문제에 대해서 적극적으로 논한 이유는 무엇인가요? 철학자가 역사를 논하는 게 낯설게도 느껴지는데요.

이승종 자신이 속해 있는 공동체에 대해 지식인이 지녀야 할 최소한의 책무라는 생각이 들었습니다.

수강생들과의 토론

박오병 교수님은 샤머니즘이 고려 때까지는 강력한 영향력을 떨쳐 왔다고 말씀하셨는데, 무속 의례를 관장하는 정부의 공식 기관은 조선 중기에도 있었습니다. 게다가 지금도 우리나라에는 수많은 점집이 성행하고 있기도 합니다. 불교나 기독교 신자들 중에서도 기복신앙을 가지고 있는 사람들이 대부분입니다. 현재까지도 우리에게 샤머니즘 정신이 살아남아 있다는 점에 대해서는 어떻게 생각하십니까?

이승종 선생님의 질문 속에도 샤머니즘에 대한 현대인의 태도가 묻어 있습니다. 샤머니즘은 미신이고, 종교의 탈을 쓴 미신이 우리나라에 횡행하고 있다는 생각 말입니다. 샤머니즘이 얼마나 살아남아 있는지도 중요하지만, 샤머니즘에 대한 우리의 태도도 중요합니다.

　　　　현재 우리나라에서 샤머니즘의 지위는 여타 종교에 비해 형편없는 것이 사실입니다. 샤머니즘은 유교, 기독교, 불교와 동급으로 여겨지지 않습니다. 배우지 못하거나 착각에 빠진 사람들이 찾는 종교, 아니 미신이라는 것이 샤머니즘에 대한 일반적인 평가 아닙니까? 정치인이 무속인에게 조언을 받았다고 하면 엄청난 이슈가 되어 사방으로부터 집중포화를 맞게 됩니다.

저는 현대 사회에서 샤머니즘의 영락한 지위가 아니라 우리 역사에서 샤머니즘 전통이 어떠했는가를 논하고자 했습니다. 『고려사』의 경우만 해도 국가에서 무당을 소집한 기사가 자주 보입니다. 그 한 예로 인종 11년인 1133년에 무녀 300명을 소집해 비를 내려 달라고 빌었다는 기사가 있습니다.

조선시대에는 유교로 사회 전체를 갈아엎으려고 했기 때문에 샤머니즘은 홀대를 받게 되었습니다. 그러나 샤머니즘은 기층 민중의 신앙으로 면면히 내려왔습니다. 아무리 유교가 공식 이데올로기였다 해도 민중은 잘 변하지 않으니까 말입니다. 그렇지만 조선 이래로 샤머니즘은 미신으로 치부되어 전락의 길을 걷게 된 것이 사실입니다.

윤신숙 교수님은 대지와 세계의 투쟁이나 금관악기와 타악기의 투쟁에 대해서 이야기해 주셨습니다. 그런데 '투쟁'이라는 말 대신 보통 우리는 '조화'라고 하지 않나요? 저에게는 두 가지가 서로 의지하는 관계로 보이는데, 왜 '투쟁'이라고 하셨는지요?

이승종 서양 최초의 철학자들 중의 한 사람인 헤라클레이토스는 "투쟁이 만물의 아버지이다"라고 했습니다. '투쟁'의 그리스어는 '폴레모스$^{\pi\acute{o}\lambda\epsilon\mu o\varsigma}$'인데, 지금도 현대 영어에서 사용됩니다. 논쟁을 의미하는 'polemic'에서 '쟁爭'이 '다툴 쟁'이지 않습니까? 수천 년 전 헤라클레이토스가 사용한 표현을 지금도 현대 영어에서 사용하고 있는 것입니다.

그만큼 서양의 경우에는 우리에 비해 계승성이 잘 간직되어 왔습니다. 철학과에서는 로크, 버클리^{George Berkeley}, 흄 등 수백 년 전에 쓰인 근대철학자들의 원서를 강의 시간에 지금도 읽고 있습니다. 근대 영어로 쓰였지만 읽기에 큰 어려움이 없습니다.

그런데 제가 강의 시간에 정인보나 최남선의 역사 서술을 학생들과 같이 읽는다고 생각해 보죠. 한 페이지를 나가기도 어렵습니다. 즉 그분들과 우리 사이의 시간 차이가 100년이 채 안 되는데도 엄청난 언어적 단절이 있습니다. 그러한 단절은 그분들과 우리 사이에만 있는 것이 아니라 우리와 더 먼 과거의 선조들 사이에도 있습니다. 우리 역사가 제대로 계승되어 오지 못한 것입니다.

원래의 질문으로 돌아가서, 왜 투쟁이 강조되어야 하는가를 생각해 보겠습니다. 헤라클레이토스가 실마리를 주었듯이, 서양 사람들은 본래적으로 모험 정신이 강한 투쟁적인 사람들이 아니었을까 하는 생각이 듭니다. 그래서 서양철학사의 새벽에 해당하는 헤라클레이토스가 만물의 아버지로 조화나 사랑이 아니라 투쟁을 새겨 넣은 게 아닐까 싶고요.

오늘 우리가 수업 중에 함께 감상한 「시^詩」를 지은 네루다^{Pablo Neruda}, 〈별이 빛나는 밤〉을 그린 고흐, 교향곡 5번을 작곡한 브루크너는 모두 서양 사람들이므로 저는 헤라클레이토스의 키^{key}로 그들의 작품들을 해석해 본 겁니다. 물론 작품과 해석은 별개의 문제이고, 해석은 누구에게나 열려 있기 때문에 다른 해석도 얼마든지 가능하겠죠.

저의 체험을 말씀드리자면 브루크너의 교향곡 5번 종결부에서 고흐의 〈별이 빛나는 밤〉에 그려진 하늘의 별들이 땅으로 쏟아져 내리고,

편백나무를 비롯한 대지의 모든 것들이 하늘로 융기하는 것 같은 전율을 느꼈습니다. 이것이 투쟁이 아니면 뭘까요? 달리 더 표현할 수 없는 엄청난 스펙터클이 음악 속에서 전개되고 있습니다. 그런 강력한 힘을 지니고 있는 것이 서양문명입니다. 서양의 예술가들이나 사유가들도 그런 힘을 무기로 세계를 석권할 수 있었던 것이 아닌가 합니다.

김주섭 광개토대왕비가 중국의 역사 유적으로 유네스코에 등록되어 있다는 것을 들었던 기억이 납니다. 고구려 역사는 우리나라 역사인데 정부나 학계에서 중국에 대해 강한 어조로 이의를 제기했다는 소식은 듣지 못했습니다. 그 이유는 무엇일까요? 힘이 없어서 그런 건가요?

이승종 그게 우리의 민낯입니다. 이렇다 할 반응이 없습니다. 저는 한국에서 사대주의가 종식되지 않았다고 생각합니다. 한국인의 마음속에는 조선 500년의 관성이 아직도 남아 있는 것 같습니다.

이경호 샤머니즘에 대해서 저도 종교의 탈을 쓴 미신 이상으로 생각하지 못했습니다. 그런데 교수님 말씀을 들어 보면 이것이 굉장히 잘못된 이해일 수 있겠다는 생각이 듭니다. 그렇다면 샤머니즘을 어떻게 이해해야 하는지가 여전히 궁금합니다. 예를 들어 고흐의 〈별이 빛나는 밤〉을 샤머니즘적으로는 어떻게 보아야 할까요?

이승종 『샤머니즘』이라는 제목의 기념비적인 연구서를 출간한 루마니아 출신의 미국의 종교 사학자인 엘리아데는 샤머니즘의 핵심을 히에로파니

엘리아데

hierophany라는 개념으로 요약하였습니다. 우리말로는 성스러운 것이 드러난다는 의미로 '성현聖顯'이라고 할 수 있습니다. 그에 의하면 이는 비단 샤머니즘에 국한된 것이 아니라 종교 일반에 적용됩니다. 종교의 핵심이 히에로파니라는 것입니다. 샤머니즘의 세계가 따로 있는 게 아닙니다. 우리가 살고 있는 이 세계를 기적으로 보는 것, 성스러움이 드러나는 시공간으로 보는 것, 이게 샤머니즘입니다. 종교의 원천은 샤머니즘으로 귀속되는 성현 체험입니다.

고흐의 〈별이 빛나는 밤〉은 우리가 밤이면 볼 수 있는 밤하늘을 그린 것입니다. 밤하늘은 어느 한 사람만의 독점적인 시공간이 아니라 누구에게나 열려 있습니다. 그런데 샤면은 저 밤하늘에서 성스러운 것을 체험한 거죠.

제가 여러분에게 저 밤하늘의 사진을 보여 드리면, "알겠어. 그런데 뭐 별것 있어? 암만 들여다봐도 그냥 별이 좀 뿌려져 있을 뿐인데, 뭐가 대단해?"라고 할 것입니다. 그런데 저 별들은 아주 먼 곳에서 아주 오래된 과거의 시점에서 우리에게 영롱한 빛으로 말 걸고 있습니다. 그중에는 이미 사라져 버린 별들도 있습니다. 밤하늘은 있음과 없음, 잠재성과 현실성, 드러남과 숨음, 멀고 가까움, 과거와 현재, 연속성과 불연속성이 한데 어우러진 존재사건의 장엄한 스펙터클입니다. 이런 엄청난 메시지가 밤만 되면 우리를 엄습하는데, 도시의 네온사인에 파묻힌 우리는 이를 눈여겨보지 않습니다.

그런데 샤먼, 예술가, 철학자는 그렇지 않습니다. 그들은 별들의 말 건넴을 온몸으로 느끼고 심지어 그와 하나가 됩니다. 그들의 체험이 저런 위대한 예술로 재현되는 겁니다. 물론 이에 대해서 여러 가지 해석을 할 수 있겠죠. "샤머니즘이란 모든 것에 정령이 깃들어 있다는 일종의 애니미즘 아닌가? 별이나 달을 별님과 달님으로 인격화한 것 아닌가?" 그런데 엘리아데가 볼 때 핵심은 그런 인격화가 아닙니다. 인격화보다 더 중요한 것은 성스러움이 기적 같은 형태로 발현됨을 느끼는 감수성입니다. 이것이 종교이고 그 종교의 가장 원시적인 형태가 샤머니즘이라고 할 수 있습니다.

조병희 교수님은 샤머니즘의 생명주의가 서구의 물질주의를 극복할 수 있다고 말씀하셨는데, 그것이 구체적으로 어떤 의미인지 말씀해 주시면 좋겠습니다. 우리 주변에 남아 있는 미신적인 것들 이외에는 샤머니즘이 무엇인지 알기 어렵습니다. 일반적으로 알려져 있는 샤머니즘은 '왜소해진 샤머니즘'이라고도 할 수 있을 텐데, 이런 샤머니즘으로 서구의 물질주의를 극복할 수 있는 방법이 과연 있을까 하는 생각이 듭니다.

이승종 "무속인들에게서 미신 말고 뭘 배울 수 있는가?"라는 조병희 선생님의 질문은 우리 시대의 샤머니즘의 실상을 꼬집고 있습니다. 그런데 종교도 홀대를 받아 유지가 어려워지면 호구지책으로 변할 수밖에 없지 않습니까? 연명을 위해 기복신앙으로 전락하는 것입니다. 자녀가 좋은 학교에 들어가길, 부모 자식이 무병장수하길 대신 빌어 주는 서비스업이 되는 겁니다. 무속인이 3차 산업 종사자가 되는 것입니다. 이능화 선생의 『조선무속고』는 우리 역사에서 샤머니즘이 어떻게 해서 영광스러운 시기를 지나 몰락에 이르게 되었는지를 잘 보여 주고 있습니다.

그렇다면 샤머니즘의 본래적 모습은 무엇일까요? 일상에서 성스러움을 체험하는 것이 종교의 원천이고, 그것의 출발이 샤머니즘입니다. 그러한 감수성을 회복하여 생명력의 가치와 의미에 대해서 눈뜨는 것, 저는 이게 샤머니즘의 살길이고 더 나아가서 현대인들에게 필요한 활력소라고 생각합니다. 바버라 매클린톡^{Barbara McClintock}이라는 생명과학자의 전기의 제목이 『생명의 느낌』이었습니다. 저는 그 표현이 적절하다고 생각합니다. 생명을 연구하는 생명과학자의 일생이 그 전기 작가에 의하면 '생명의 느낌'이라는 말로 요약이 되는 거죠. 그런데 그런 느낌을 우리가 일상에서 회복할 수 있을 때 샤머니즘을 비롯한 종교는 꺼져 가는 불씨를 다시 살려 내어 우리에게 어필할 수 있을 거라고 생각합니다.

세상을 기적으로 바라보는 태도는 비트겐슈타인이 강조한 바이기도 합니다. 저는 비트겐슈타인이나 하이데거가 우리 시대의 샤먼이라고 생각합니다. 하이데거는 「사물」이라는 글에서 사물에 대한 샤머니즘적 이해를 선보입니다. 그에 의하면 세상에 존재하는 어떠한 존재자도 사방 세계의 도움을 받는다고 합니다. 태극기를 예로 들어서 사방 세계를 설명해 보겠습니다. 태극기의 가운데는 태극이, 네 모퉁이에는 건乾ᆖ,하늘, 곤坤ᆖᆖ,땅, 감坎ᆖᆖ,물, 리離ᆖ ᆖ,불 괘가 배치되어 있습니다. 태극은 이 네 괘가 표상하는 하늘과 땅, 물과 불의 도움을 받고 있습니다. 이와 유사하게 하이데거는 세상의 모든 존재자가 하늘, 땅, 사람(죽을 자), 신(적인 것)으로 이루어진 사방 세계의 보살핌을 받아 존재하는 것으로 파악합니다. 그 누구도 고아가 아니고, 모두가 다 사방 세계와 연결되어서만 존재할 수 있고 의미를 가질 수 있다는 것입니다. 저는 태극기와 하이데거의 이러한 세계관에서 샤머니즘의 흔적을 봅니다. 고구려 고분 벽화의 사신도四神圖에 묘사된 사신四神도 하이데거의 사방 세계와 샤머니즘을 공유하고 있습니다.

"세상에 뭐 별것 있어?"라고 냉소 짓는 우리 현대인들이 눈을 떠 세상을 별것으로 다시 볼 수 있어야 합니다. 세상을 기적과 경이로 볼 줄 알고, 세상에 은총이 가득하다는 것을 알고, 허투루 살아서는 안 된다는 것을 알고, 우리가 전수받은 것을 잘 간직해 다음 세대에 전해 주어야 함을 아는 것, 우리의 이러한 과업은 우리 아니면 그 누구도 대신해 주지 못한다는 사실을 아는 것이 우리 시대에 거듭나야 할 샤머니즘의 과제입니다.

조병희 말씀하신 것들은 일종의 개인적인 사건 아닙니까? 물질주의를 극복하려면 개인적인 사건을 통합하는 체계나 사상이 있어야 할 것 같은데요.

이승종 부족하지만 제가 수행한 30여 년간의 철학 연구와 교육, 그 산물인 저의 책들은 그러한 노력의 일환입니다. 책에 담았던 저의 생각을 젊은 세대 및 여러분과 공유하고 싶습니다. 비록 제가 남기는 성과는 미미하지만 누가 알겠습니까? 그것이 누군가에게서 싹을 틔워 큰 편백나무로 성장할는지.

박득송 많은 사람들이 기독교나 불교는 체계가 있는 훌륭한 종교이고, 샤머니즘은 완전히 비과학적인 미신이라고 생각하는 것 같아 가슴이 아픕니다. 낮은 믿음과 높은 믿음이 있을 수 있겠습니까? 우리가 한쪽의 생각을 받아들였다고 해서 다른 쪽의 생각을 무시하는 것은 잘못되었다고 봅니다. 샤머니즘에 대한 이승종 교수님의 말씀에 동감이 되고, 또 그렇게 살아오신 것을 상당히 부럽게 생각합니다.

김주섭 홍익인간이라는 이념이 어떻게 샤머니즘으로 분류되나요?

이승종 보통 홍익인간은 고조선의 단군과 연결되곤 하죠. 그런데 『삼국유사』를 읽어 보면 홍익인간은 환인에게 귀속되는 철학소입니다. 여기에 대해서 오해가 없어야 할 것입니다. 저는 이것이 큰 문제라고 생각하지는 않습니다만, 텍스트상에서의 사실 관계는 분명히 바로잡을 필요가 있습니다.

다음으로 홍익인간과 단군이 어떻게 연관이 있는지를 말씀드리자면, 저는 단군이나 환인이나 환웅이나 모두 샤먼 왕이라고 생각합니다. 이는 고조선에 국한된 사실이 아닙니다. 세계사에 등장하는 오래된 역사와 전통을 지닌 민족이나 국가의 시원에는 샤먼 왕이 출현하곤 합니다. 저는 플라톤이 『국가』에서 철학자 왕을 이야기할 때의 모티브도 샤먼 왕으로 소급된다고 생각합니다. 왜냐하면 저는 샤먼이 최초의 철학자였을 것이라고 생각하니까요.

단군왕검은 칭호에서부터 샤먼적인 냄새가 물씬 납니다. 최남선은 '단군壇君'이 '텡그리tengri'에서 유래되었다고 하죠. '텡그리'는 흉노, 선비, 투르크족, 불가리아, 몽골족, 헝가리 그리고 알타이 지역에서 하늘을 의미하는 낱말로 사용됩니다. 따라서 '단군'은 하늘에서 내려온 왕天君이라는 뜻입니다. 이는 환웅에게도 그대로 적용됩니다. 『삼국유사』에서 환웅은 '천왕天王'으로 표기되어 있습니다. '천왕'이 다음 세대에는 '단군왕검壇君王儉'으로 반복되고 있는 것입니다.

하늘에서 내려온 왕(임금)을 의미하는 '단군'이나 '천왕'은 샤먼에서 근거한 겁니다. 샤머니즘은 세상을 서로 연결되어 있는 전체로 이해하는 전체론적인 세계관을 가지고 있습니다. 샤먼은 하늘과 땅을 매개해 주는 영매입니다. 이 때문에 하늘에 정체성을 두는 환인, 환웅, 단군은 모두 샤먼 왕들이라고 할 수 있습니다.

샤먼 왕이 통치했던 나라가 고조선입니다. 이는 고조선이 아주 오래된 나라라는 것을 방증해 주는 결정적인 자료입니다. 동양에서 통치자는 덕성을 갖춘 왕으로 표현되곤 합니다. 정치를 덕으로 해야 한다德治는 이념이 유교의 근원적인 메시지입니다. 그런데 샤먼 왕으로서의 환인, 환웅, 단군이 등장하는 단군사화는 유교 이전의 시원적인 용어들과 철학소들을 포함하고 있다는 점에서 가치가 높습니다.

그래서 저는 『삼국유사』의 「고조선조」를 고려시대에 창작된 것으로 일축하는 태도를 지양해야 한다고 봅니다. 섣부른 예단을 삼가고 텍스트를 잘 살피면 압축 파일 풀듯이 그로부터 많은 것을 풀어낼 수 있습니다.

그렇다면 샤먼 왕이 홍익인간과 무슨 연관이 있는지에 대해서 말씀드릴 차례입니다. 홍익인간은 "널리 사람을 이롭게 한다"라는 말로 이해되곤 합니다. 그런데 널리 사람을 이롭게 한다는 말이 왜 중요할까요?

저는 여기서 신화학자 캠벨 Joseph Campbell의 견해를 소개하고 싶습니다. 캠벨에 의하면 사람들이 최초로 종교와 철학에 대해서 생각하게 된 것은 수렵의 시대로 거슬러 올라갑니다. 사냥은 때로는 목숨을 건 위험한 일입니다. 내셔널지오그래픽에서 사자들에게 잡아먹히는 물소의 모습을 보세요. 처절합니다. 상대가 죽어야 내가 사는 것입니다. 때로는 사자가 다치거나 죽기도 합니다. 삶과 죽음이 맞교환되는 곳이 사냥터입니다.

캠벨

사냥에 실패하면 굶어야 하고 먹이를 제때 얻지 못하면 수렵인들의 자녀는 굶어 죽을 위험에 직면하게 됩니다. 원시시대에는 죽느냐 사느냐의 문제가 사냥터에서 잡아먹히는 동물과 사람 사이에 일어났습니다.

캠벨에 의하면 동물을 사냥할 때 사람들은 사냥의 종교적, 철학적 의미를 깨닫게 되었습니다. 동물은 자신이 사람에게 잡아먹히는 것을 허여했고, 동물을 사냥한 사람은 동물의 희생이 얼마나 위대하고 신성한 것인지를 깨달았습니다. 그래서 죽어 간 동물들을 위해 진혼제를 베푼 것이 종교의 시발점이었고, 지금도 종교의 중요한 양식으로 남아 있는 게 희생양 제사라는 거죠. 우리는 피를 뿌리는 의식儀式을 야만적이고 잔인한 것이라고 생각하지만, 사냥터에서 생과 사를 오갔던 수렵인들에게는 그 행위가 그 당시의 신성한 느낌을 재현하는 겁니다. 그래서 죽은 동물의 정령들을 위로하고 그들이 번성해 다시 찾아오기를 바라는 기원을 하는 것이 제사나 종교적인 제례 행위의 핵심이라고 캠벨은 이야기합니다. (고구려 고분벽화의 〈수렵도〉 역시 이러한 종교적 의미로 이해되어야 합니다.)

저는 캠벨에 의거해서 홍익인간을 이해하고자 합니다. 홍익인간은 사람의 공동체가 번성하기를 바라는 염원을 담고 있습니다. 저는 홍익인간이 호생이나 접화군생보다 나중에 나온 철학소라고 이해합니다. 인간에 방점을 두었으니까요. 호생이나 접화군생의 경우에는 사람뿐만 아니라 모든 생명들이 풍요롭게 공생하면서 번성하기를 바라는 수렵인들의 염원이 담겨 있습니다. 홍익인간보다 앞선, 최초의 철학에 걸맞은 표현이라고 생각합니다.

박득송 앞으로 역사에 관심을 가지고 책을 쓰실 생각이신가요?

이승종 저는 철학과 교수로서 해야 하는 강의와 과제들이 있습니다. 역사 연구에만 몰두하기는 어렵습니다. 그러나 역사에 대한 연구는 지속할 것입니다. 후속 세대에게 바른 사관을 전해 주고 싶습니다.

박득송 교수님은 한국철학에 대해서도 관심을 가지시는데, 한국철학과 한국역사를 같이 연구하실 생각은 없으신가요?

이승종 헤겔에 의하면 철학은 곧 철학사입니다. 하이데거에 의하면 철학은 역운에 대한 성찰입니다. 우리나라에도 문사철이 서로 다른 게 아니라 하나라는 말이 있기는 합니다. 아무도 실천하지 않는 허언처럼 되어 버렸지만 저는 그 말의 참뜻에 충실하고 싶습니다. 신채호 선생이 역사학자이지만 철학자는 아니라고 할 수 있을까요? 그분이야말로 학제적인 시각에서 우리 역사를 풍성한 방식으로 드러내고자 했던 분이지요. 한국사도 전공자의 전유물이 아닙니다. 자기 나라의 역사에 대한 바른 인식은 누구에게나 기본 소양으로서 갖추어야 할 덕목입니다. 학문 간의 연대성뿐 아니라 사람들 사이의 연대성이 실종되어 있기 때문에 우리의 삶이 이렇게 피폐해지고 팍팍한 겁니다. 우리가 한국이라는 하나의 공동체에 속해 있다는 의식이 없는 것입니다. 이를 회복하기 위해서는 공유되는 바가 있어야 되는데, 그것을 찾는 작업이 철학자만의 몫이거나 역사학자만의 전유물일까요? 학문에 종사하는 사람들을 포함한 국민 모두가 좀 더 애정 어린 눈으로 우리의 역사를 돌아보고 공유하면서 홍익인간 정신을 계승하고 실천해야겠습니다.

박득송 한국철학을 사상사적으로 접근할 수도 있고 논리적 분석으로 접근할 수도 있을 것입니다. 두 경우 큰 차이가 있을 것 같아 보이는데, 여기에 대해서는 어떻게 생각하십니까?

이승종 철학자들 각자가 연마해 온 분야나 무기가 다르기 때문에 나오는 성과물도 다르겠죠. 그런데 저의 경우 선생님께서 제시하신 이것이냐 저것이냐의 구분 중에서 선뜻 어느 하나를 택하기가 어렵습니다. 저의 작업은 꼭 그런 식으로 전개되지는 않기 때문입니다. 저는 제가 관심을 갖는 연구를 할 뿐 다른 사람들이 그것을 어떻게 분류할 것인가에 대해서는 크게 개의치 않습니다. 저의 연구가 철학 사상사에 대한 작업인지 분석적 작업인지에 대해서는 규정하지 않겠습니다.

10강

자연주의 Ⅰ

이승종, 『비트겐슈타인 새로 읽기』

"

사람의 얼굴을 한 자연주의는 무엇을 하려는 것인가? 그
것은 우리가 자연에 터를 둔 사람의 관점에서 세상을 살고
세상을 본다는 지극히 자명한 사실을 우리에게 환기하려
할 뿐이다. 그것이 어떤 의미를 지닐 수 있는 까닭은 이 자
명한 사실이 사람의 모든 노력의 출발점이자 궁극적 한계
이기도 하다는 점이 당연시되기는커녕, 너무 쉽게 잊히거
나 암암리에 부정되기 때문이다.

『비트겐슈타인 새로 읽기』, 112-113쪽

"

윤유석 〈철학의 길〉열 번째 시간입니다. 이번 강의에서는 '자연주의'에 대해 이승종 교수님과 대화해 보고자 합니다. 자연주의는 지난 강의들에서 종종 다루어진 주제였습니다. 우리는 2강에서 자연주의와 해체주의가 철학사의 커다란 두 가지 흐름을 이루고 있다는 사실을 살펴보았고, 3강에서 비트겐슈타인의 자연주의에 근거하여 논리철학과 수학철학의 문제들을 고찰하였고, 5강에서 노자와 장자의 사상을 자연주의의 관점으로 재해석하였습니다.

오늘은 이승종 교수님의 『비트겐슈타인 새로 읽기』를 교재로 삼아 그동안 언급된 자연주의가 정확히 어떠한 사유였는지를 더욱 세부적으로 살펴보도록 하겠습니다. 특히 이 책은 '사람의 얼굴을 한 자연주의'라는 관점에서 비트겐슈타인의 철학을 새로운 방식으로 해석하는 내용인 만큼, 그의 철학에 대한 깊이 있는 이해에도 도움이 될 것으로 기대합니다.

이정표

이승종 문화관광부가 우수학술도서로 선정한 『비트겐슈타인이 살아 있다면』도 『데리다와 비트겐슈타인』 못지않게 학계의 주목을 받았습니다. 『비트겐슈타인이 살아 있다면』에 대한 서평들과 논문을 읽으면서 답론을 준비하였습니다. 『데리다와 비트겐슈타인』에서 자세히 다루지 못했던 비트겐슈타인의 자연주의를 한편으로는 현대영미철학에 큰 영향을 미친 자연과학주의와, 다른 한편으로는 가버 교수님의 초월적 자연주의와 대비시키는 작업도 진행하였습니다. 『비트겐슈타인이 살아 있다면』에서 다루었던 괴델 및 튜링과 비트겐슈타인이 벌인 논쟁도 새로운 각도에서 다시 살펴보았습니다.

　　20년에 걸쳐 꾸준히 후속연구를 진행하다 보니 어느덧 두 권 분량의 책으로 낼 만한 원고가 쌓였습니다. 그중 한 권은 비트겐슈타인의 자연주의를 부각시키고자 제목을 『비트겐슈타인 새로 읽기: 자연주의적 해석』으로 정했습니다. (다른 한 권은 『구도자의 일기: 비트겐슈타인의 삶과 철학』으로 제목을 정했습니다.) 『비트겐슈타인 새로 읽기』는 2022년에 출간되어 대한민국학술원에 의해 우수학술도서로 선정되기도 했습니다. 비트겐슈타인의 자연주의를 집중 거론하고 있는 이 책의 Ⅰ부는 '자연주의와 해체주의'라는 장으로 시작하는데, 이 장은 이 책을 『데리다와 비트겐슈타인』과의 연계선상에 위치시키면서 책 전체의 윤곽을 잡아 줍니다. 이전 저작과의 연계성은 책의 Ⅲ부에서도 찾아집니다. Ⅲ부는 『비트겐슈타인이 살아 있다면』의 모순론을 발제문 형식으로 요약하는 것으로 시작해, 이를 보완하는 글에 이어서 국내 학자들과의 지상 논쟁을 수록했습니다.

『논리-철학논고』에서 언어와 세계는 액자에 걸린 그림과 거기에 묘사된 풍경처럼 서로 거리를 둔 채 3인칭적으로 초연하게 마주 보고 있었습니다. 언어가 세계를 그린다는 그림이론은 이러한 전제하에 구축된 의미론입니다. 그 작품에는 이와는 어울리지 않는 1인칭 유아론唯我論도 보입니다. 작품 후반부의 윤리학과 초월적 성찰은 1인칭적으로 묘사되어 있습니다. 그런데 1인칭과 3인칭만으로는 사람의 삶이 제대로 드러나지 않습니다. 모든 것이 너무 정적靜的인 데다가 소통이나 교류의 여지가 없기 때문입니다.

『철학적 탐구』는 스토아주의를 연상케 하는『논리-철학논고』의 정적靜寂에서 벗어나 상인에게서 사과를 사는 사람, 건축 기사와 조수 사이의 의사소통에 대한 이야기로 시작합니다. 그리고 필요할 때마다 비트겐슈타인과 대화 상대자 사이에 서로 엇갈리는 대화가 전개되곤 합니다. 플라톤의 작품에서처럼 일방적이거나 기획 연출된 대화가 아니라, 어떤 판단이나 시각에 대해 당연히 나올 법한 자연스러운 반론이 제기되고 이에 대한 적절한 응수가 뒤따릅니다. 대화는 주고받는 사유를 더 정교하게 다듬어 서로를 더 잘 이해하게 함과 아울러 서로의 잘못을 돌아볼 계기를 마련해 줍니다. 상대를 2인칭적으로 대하면서 그로부터 자신이 놓친 것이 무엇이고 상대가 환기시켜 준 바는 무엇인지를 헤아려 서로의 견해를 확충해 나가는 것입니다. 『철학적 탐구』에서 비트겐슈타인은 그 제목이 시사하듯이 자신이 수행하는 철학적 탐구의 전 과정을 대화와 토론의 형태로 생중계하고 있습니다. 거기서 펼쳐지는 사유의 모험은 극도로 압축된 단정적 독백으로 일관한 『논리-철학논고』와 확연한 차이를 보입니다.

비트겐슈타인 스스로도 인정했듯이 그의 사유는 분석철학보다는 현상학에 더 가까워 보입니다. 현상학은 현상이라는 소여에서 시작하는 철학입니다. "왜 아무것도 없지 않고 어떤 것이 있는가?"라는 라이프니츠와 하이데거의 물음은 소여를 인정하고 있다는 점에서 현상학적 물음입니다. 『논리-철학논고』에서 비트겐슈타인은 스스로를 보여 주는 세계의 존재를 신비스러운 소여로 간주하였습니다. 그러나 이 작품에서 소여로서의 세계는 초연한 3인칭적 관점에서 그저 신비로운 것으로만 묘사될 뿐입니다.

『철학적 탐구』에서 주어진 소여는 막연한 세계가 아니라 사람의 삶의 형식과 사람의 자연사로 대별되고 그에 대한 논의도 구체성을 띠게 됩니다. 사람은 천차만별이지만 누구나 동일한 삶의 형식으로 묶이고 동일한 자연사에 내던져집니다. 박쥐와 고등어의 삶의 형식이 서로 다르다고 할 때 우리는 그 의미를 이해하는 데 별 어려움을 느끼지 않습니다. 사람과 박쥐가 삶의 형식이 서로 다르다고 할 때에도 마찬가지입니다. 사람에게 고유한 삶의 형식이 무엇인가에 대한 인간학이나 형이상학은 비트겐슈타인의 관심사가 아닙니다. 지상에 존재하는 생명체들이 종種을 단위로 삶의 형식을 달리한다는 정도로만 이해하면 됩니다.

박쥐와 고등어의 자연사가 서로 다르다고 할 때에도 우리는 그 의미를 이해하는 데 별 어려움을 느끼지 않습니다. 사람과 박쥐의 자연사가 서로 다르다고 할 때에도 마찬가지입니다. 사람에게 고유한 자연사가 무엇인가에 대한 역사철학이나 인류학은 비트겐슈타인의 관심사가 아닙니다. 지상에 존재하는 생명체들이 종을 단위로 자연사를 달리한다는 정도로만 이해하면 됩니다.

비트겐슈타인은 사람의 삶의 형식과 자연사가 철학을 비롯한 모든 인간 활동의 최종적 토대이자 조건임을 적시합니다. 누구도 그러한 소여 사태를 무시하거나 그로부터 벗어날 수 없습니다. 우리는 저 테두리 내에서 무언가를 생각하고 느끼고 체험하고 삽니다. 인식론이나 존재론, 윤리학이나 논리학과 같은 철학도 예외가 아닙니다. 삶의 형식과 자연사를 수식하는 '사람의'라는 용어는 삶의 형식과 자연사라는 두 축으로 이루어진 비트겐슈타인의 자연주의가 '사람의 얼굴을 한 자연주의'임을 보여 주고 있습니다.

박쥐들 중에 스스로를 돌아보고 주위를 성찰할 줄 아는 박쥐가 있다면 그 박쥐의 철학은 박쥐의 얼굴을 한 자연주의일 것입니다. 철학하는 박쥐는 박쥐라는 종에 부과된 삶의 형식과 자연사가 어떻게 박쥐의 인식과 존재 이해를 틀 짓는지를 박쥐의 관점에서 서술할 것입니다. 철학하는 박쥐는 자신을 포함한 박쥐들이 고등어나 사람과 왜 그리고 어떻게 다르고 얼마나 다른 삶을 사는지를 이해하게 될 것입니다.

사람의 얼굴을 한 자연주의는 사람과 주변에 대한 2인칭적 성찰의 산물이라는 점에서 3인칭적 탐구를 지향하는 자연과학주의, 객관주의, 상대주의나, 1인칭적 탐구를 지향하는 관념론, 주관주의, 표현주의와 구별됩니다. 사람의 얼굴을 한 자연주의는 자연이나 자연사 그 자체를 탐구하는 것이 아니라, 그런 것과 사람이 어떻게 접합하여 어떠한 사유를 빚어내고 그 사유 속에서 세상은 어떻게 현상하는지를 기술합니다. 기술의 도구가 언어이고 언어의 규칙은 문법이기 때문에 비트겐슈타인의 현상학은 '언어현상학'이라고 일컬을 수 있을 정도로 사람의 언어 행위와 문법에 초점이 잡혀 있습니다.

비트겐슈타인은 사람의 얼굴을 한 자연주의에 입각해 『철학적 탐구』의 핵심을 이루는 언어철학과 심리철학의 여러 문제와 현상들을 해소하고 기술합니다. 그러나 플라톤주의라는 초월론에 빠지기 쉬운 수학철학과 신이라는 초월자에 빠지기 쉬운 종교철학은 이 책에서는 다루어지지 않고 있습니다. 비트겐슈타인이 큰 관심을 갖고 중시한 이 두 분야가 정작 자신의 대표작인 『철학적 탐구』에서 빠져 있다는 것은 저 분야에 대한 자연주의적 해석이 별도의 저술을 요하는 지난한 과제임을 함축합니다. 하이데거도 수학과 존재신학을 서구 형이상학의 핵심으로 간주하면서 이를 자신의 대표작인 『존재와 시간』이 아닌 별도의 저술에서 다룬 바 있습니다. 저는 『비트겐슈타인 새로 읽기』에서 비트겐슈타인의 다른 저술들을 원용해 수학과 종교를, 사람의 얼굴을 한 자연주의적 관점에서 해명함으로써, 미완에 그친 그의 『철학적 탐구』를 보완해 보았습니다.

비트겐슈타인의 철학을 그와 서로 엇각을 이루고 있는 현대 분석철학의 경향과 대비해 보면 다음과 같은 다섯 가지 특징이 두드러지는데, 이를 조목조목 비판해 보겠습니다. 첫째, 비트겐슈타인은 철학과 (수리논리학과 수학을 포함한) 과학을 엄격히 구분하면서 양자의 상호독립성과 불간섭을 강조하고 있는데, 이는 철학이 과학으로부터 얻을 수 있는 귀중한 영감과 암시의 가능성을 박탈하는 결과를 초래합니다. 그로 말미암아 학문의 지형도에서 철학은 더욱 고립되고 그 입지는 더욱 축소됩니다. 둘째, 비트겐슈타인은 철학에서 형이상학을 배제하고 있는데, 이는 그렇지 않아도 메말라 가는 철학적 상상력을 더더욱 궁핍하게 합니다. 형이상학이 없는 철학은 철학적 품격이 없는 잡다 그 이상도 이하도 아닙니다. 셋째, 비트겐슈타인의 철학은 배경이 되어야 할 철학사와 유리된 채 전개되는데, 철학에서 철학사를 배제한다는 것은 과거와의 생산적인 대화를 단절시키는 것입니다. 그로 말미암아 온고이지신의 미덕은 실종되고 철학적 문제들은 그 뿌리와 맥락과 원천을 송두리째 상실하고 맙니다. 넷째, 비트겐슈타인은 철학에 새로운 전문용어를 도입하는 것에 부정적이었는데, 새로운 개념에 대한 부정적 태도는 철학에서 거품을 제거한다는 명분에서만 정당화될 뿐, 나머지 영역에서는 독소 조항으로 역기능을 합니다. 철학은 개념을 가지고 해 나가는 작업인데 개념을 업데이트하거나 창조할 수 없다면, 이는 철학의 업데이트와 창조를 부정하는 결과를 낳습니다. 다섯째, 비트겐슈타인은 철학에서 체계화와 설명과 연역을 배제하고 기술記述만을 남긴다는 전략인데, 이는 지나치게 검약한 것입니다. 세 방법이 동시에 반드시 필요한 것은 아닐지 몰라도, 체계화와 설명과 연역은 경우에 따라 철학을 전개하는 데 적어도 부분적으로는 요구되는 도구들입니다.

열거한 대립은 어느 한쪽이 맞고 다른 한쪽이 틀렸다기보다는, 추구하는 철학의 성격과 방향성의 차이에서 초래된 것으로 보아야겠습니다. 아무리 위대한 철학자라 해도 모든 것에 활연관통豁然貫通할 수는 없습니다. 어떤 관점을 택하면 그 선택으로 말미암아 선택되지 않은 부분이 생겨나고, 어떤 길로 들어서면 그로 말미암아 가지 않은 길이 남게 되기 때문입니다.

저는 비트겐슈타인의 철학에 아주 오랫동안 머물러 있었습니다. 지금도 그의 철학을 주제로 책 몇 권의 원고를 준비하고 있습니다. 그러다 보니 제 사유에는 원하건 아니건 그의 피가 흐르고 있음을 느끼곤 합니다. 저는 비트겐슈타인으로 말미암아 철학이 끝났다고 생각하지 않습니다. 끝나기는커녕 그의 철학 자체가 미완의 진행형입니다. 그를 계승하건 그와는 다른 길을 가건 철학의 길은 끝없이 계속될 것입니다. 저도 제 삶이 다하는 순간까지 철학의 길을 갈 것입니다. 제가 그 길을 가는 한 숙명과도 같은 그와의 인연도 지속될 것입니다.

길로 들어가며

질문 1. 콰인의 자연주의와 비트겐슈타인의 자연주의는 어떻게 다른가요?

윤유석 '자연주의'라는 명칭은 흔히 '존재론적 자연주의^{ontological naturalism}'나 '인식론적 자연주의^{epistemological naturalism}'를 가리키는 말로 사용됩니다. 존재론적 자연주의는 플라톤적 형상, 데카르트적 마음, 칸트적 예지계 등을 거부하고 오직 시간과 공간 내부의 사물들만을 존재하는 것으로 받아들이는 입장이라고 알려져 있습니다. 또한 인식론적 자연주의는 지식의 획득과정을 인과적 질서만으로 설명하는 입장이라고 알려져 있습니다.

　　두 가지 자연주의는 (서로 강조점은 다르다고 하더라도) 각각 자연과학의 존재론과 방법론에 근거하여 철학을 성립시키고자 한다는 점에서 모두 '자연과학주의'라고 할 수 있을 것입니다. 콰인이 바로 이러한 자연과학주의를 대표하는 철학자입니다. 그런데 교수님께서는 비트겐슈타인의

철학이 일종의 '자연주의'라고 주장하면서도, 이 용어를 '자연과학주의'와
는 전혀 다른 의미로 사용하였습니다.

　　　　사실 저는 처음에 이 책이 말하는 '자연주의'라는 용어가 일반
적으로 통용되는 의미와는 너무 달라서 내용 이해에 혼란을 느꼈습니다.
『비트겐슈타인 새로 읽기』에서 토론자인 손봉호, 엄정식, 남경희, 송하석,
백승균, 김대웅 선생님도 '자연주의'라는 용어에 대해 의문을 표하였습니
다(이승종 2022a, 375, 403-404, 406, 440, 451쪽 참조).

　　　　우선 '자연주의'라는 말에 담긴 애매성을 해결해야 논의에서 불
필요한 오해가 발생하지 않을 것 같습니다. 콰인의 자연주의(자연과학주의)
와 비트겐슈타인의 자연주의(사람의 얼굴을 한 자연주의)가 어떻게 다른지에
대해 간략한 설명을 부탁드립니다.

콰인

　　　　　　　　　　　　　　　　　　　　10강 자연주의 ⅰ

이승종 콰인의 자연주의는 자연과학주의이고 비트겐슈타인의 자연주의는 자연사自然史주의라고 할 수 있겠습니다. 콰인의 자연주의는 과학을 지식의 유일한 가능한 형태로 보며 특히 자연과학에 그 방점이 있는 반면에, 비트겐슈타인의 자연주의는 철학을 자연사적 확실성에 착근시키려는 시도로 특히 사람과 관련된 자연사에 그 방점이 있습니다. 사람의 얼굴을 한 자연이란 이를 의미합니다.

왜 오해의 소지에도 불구하고 '자연주의'라는 용어를 선택했나요?

윤유석 콰인의 자연주의와는 달리 비트겐슈타인의 자연주의는 사람의 자연사, 즉 사람이 어떻게 살아가고 있고 어떻게 살아왔는지에 초점을 맞추는 입장이라고 할 수 있겠네요. 그러면 토론자분들이 지적했던 오해의 소지에도 불구하고 교수님께서 굳이 '자연주의'라는 용어를 사용한 이유는 무엇인가요?

이승종 현대가 과학주의의 시대이니만큼 과학이 전통적 용어의 의미까지 전유해 지배권을 행사하려고 합니다. 자연주의가 그 대표적인 예에 해당하는데, 과연 과학주의가 대두되기 이전에도 자연주의가 콰인의 방식대로 자연과학주의의 의미로 사용되어 왔나요? 저는 과학주의가 초래한 의미의 전도나 전유를 바로잡으려는 하나의 시도로서 자연주의의 본래적 의미를 해석해 보았습니다. 저의 해석은 저만의 새로운 것이 아니라 자연주의에 대한 전통적 이해와도 맞닿아 있다고 봅니다.

'사람의 얼굴을 한 자연'에 대한 강조는 철학적으로 어떠한 의의를 지니나요?

윤유석 자연이나 자연주의의 정의에 대한 자연과학의 독점권을 거부하면서, 그 말들의 본래 의미를 회복시키는 방식으로 사용하고자 하신 거네요. 그러면 교수님께서 제시하는 사람의 얼굴을 한 자연주의라는 것은 어떤 철학적 의의가 있나요?

이승종 하이데거는 현대의 과학과 기술을 서양에서 고대로부터 이어 온 형이상학의 귀결로 보았습니다. 여기서 형이상학이란 존재를 존재자로 오해하는 존재신학, 존재를 현전現前으로 오해하는 현전의 형이상학, 그리고 거기에 깃든 이성중심주의를 말합니다.

　　비트겐슈타인은 과학주의적 언어관을 중세의 아우구스티누스로부터 찾고 있습니다. 과학주의적 언어관이란 언어의 의미를 지시체에서 찾는 의미론을 말합니다. 과학에서 사용되는 자연종自然種 명사의 경우 그 지시체가 고정되어 있다는 크립키의 고정지시어 이론이 과학주의적 언어관의 현대 버전입니다.

　　하이데거가 과학주의에 깃든, 형이상학의 헤게모니에 대한 큰 그림을 그리고 있다면, 비트겐슈타인은 그 실상에 대한 세부적인 분석을 하고 있습니다. 형이상학의 내재적인 경향성을 언어에 대한 뿌리 깊은 오해에서 짚어 내고 있는 것입니다. 사람의 얼굴을 한 자연주의는 저러한 오해를 불식하는 해독제이자 대안으로 제시되었습니다.

비트겐슈타인이 말하는 '자연'은 '사람의 자연'을 의미한다는 점에서 사실상 '인 문^{人文}'과 같다고 볼 수 있지 않을까요?

윤유석 사람의 얼굴을 한 자연주의는 서양의 형이상학 전통 일반에 대한 비판이 될 수도 있다는 거네요. 교수님께서 말씀하시는 사람의 얼굴을 한 자연은 사람이 살아가는 방식, 사람이 살아온 과정들과 연관이 되어 있다 는 점에서 '인문'이라는 개념과도 분리될 수 없다는 생각이 들었습니다. '인문'이라는 말 자체가 '사람이 그린 무늬'잖아요. 그러니까 비트겐슈타 인의 자연 개념을 우리가 흔히 떠올리는 '인문'이라는 개념으로 이해해 보 는 건 어떨까 하는데요?

이승종 적절한 지적입니다. 자연과학주의는 사람의 요소를 빠뜨리는 3인 칭적 이론으로 흐릅니다. (사람을 다루는 경우에서조차 사람을 3인칭적 객체로서만 취급합니다.) 아우구스티누스로 소급되며 크립키의 고정지시어 이론에서도 반복되고 있는 지시적 의미론의 경우에도 언어의 의미가 사람이 언어를 사용하고 있다는 사태에 놓여 있다는 성찰이 누락되어 있습니다. 그런 점 에서 3인칭적 과학주의는 유석 씨가 잘 표현한 인문으로서의 사람의 얼굴 을 한 자연주의가 지향하는 2인칭적 접근과 구별됩니다.

윤유석 사람의 얼굴을 한 자연은 결국 자연과 인문을 분리시켜 보지 않는 개념이네요.

질문 2. '삶의 형식'이란 무엇인가요?

윤유석 저에게는 이 책에 담긴 여러 가지 내용 중에서도 '삶의 형식' 개념에 대한 교수님의 해석이 가장 인상적이었습니다. '삶의 형식'은 비트겐슈타인의 후기철학에서 중요한 개념 중 하나로 자주 언급되지만, 정작 이 개념이 무엇을 의미하는지에 대해서는 막연한 설명만 제시되곤 합니다.

그런데 교수님께서는 '삶의 형식' 개념에 대한 기존 비트겐슈타인 연구자들의 해석을 (1) 언어게임으로서의 삶의 형식, (2) 행위 묶음으로서의 삶의 형식, (3) 사회 문화적 양식으로서의 삶의 형식, (4) 유기체적 해석, (5) 초월적 자연주의라는 다섯 가지 범주로 분류한 후에 각각이 지닌 문제를 지적하였습니다. 더 나아가 '삶의 형식' 개념을 사람이 공유하고 있는 인류학적 현상이라고 주장하면서, 이러한 주장을 처음 제시한 가버의 '초월적 자연주의'와 교수님이 새롭게 제시한 '사람의 얼굴을 한 자연주의'가 서로 어떻게 구별되는지를 다양한 층위에서 논의하였습니다.

사실 교수님의 책을 읽기 전까지 제가 '삶의 형식' 개념을 이해한 방식은 (3)에 가까웠습니다. 교수님께서도 지적하신 것처럼 (3)은 베이커Gordon Baker, 해커P. M. S. Hacker, 글록Hans-Johann Glock 등 저명한 비트겐슈타인 연구자들이 주장하는 '표준적 해석'이기도 합니다. 그들에 따르면 삶의 형식은 사회 문화적 양식이므로 사람에게는 그가 속한 사회와 문화에 따라 각기 다른 삶의 형식들이 부여됩니다. 이러한 표준적 해석과는 확연하게 구별되면서도 훨씬 더 치밀한 교수님의 해석을 처음 접했을 때 큰 충격을 받았습니다. 교수님의 해석이 지닌 특징을 간략히 소개해 주시면 감사하겠습니다.

349

이승종 사람의 얼굴을 한 자연주의로 풀어 본 비트겐슈타인 철학에서 삶의 형식은 자연사와 더불어 각각 형식과 내용에 해당합니다. 즉 그의 철학은 '형식＝사람의 삶의 형식' '내용＝사람의 자연사'라는 등식으로 이해할 수 있습니다. 이처럼 삶의 형식과 자연사가 비트겐슈타인의 철학에 있어서 자연주의를 떠받치는 두 가지 중요한 요소입니다. 특정한 형식(삶의 형식)을 부여받은 사람의 삶을 조건 짓는 원초적 현상(자연사적 사실)에 대한 2인칭적 통찰通察, übersehen을 통해 철학의 여러 문제들을 하나하나 해소해 나가는 대증對症치료가 비트겐슈타인이 수행하는 작업의 골자입니다.

'언어게임' '규칙' '문법' '삶의 방식Art des Lebens' '삶의 양식Lebensweise' '삶의 형식 Lebensform' '자연사'의 개념적 관계를 정리해 주실 수 있나요?

윤유석 비트겐슈타인의 후기 철학에는 여러 개념들이 나오잖아요. '언어게임' '규칙' '문법' '자연사' 그리고 '삶의 형식'과 비슷해 보이는 '삶의 방식' '삶의 양식' 등등. 이 개념들 간의 관계를 정리해 주실 수 있나요?

이승종 '삶의 방식' '삶의 양식'은 사회와 문화의 지평에서 발견되는 라이프스타일을 지칭합니다. '삶의 형식'은 그러한 가변적인 스타일이 아니라 각 생물들마다 고유한 존재 형식을 지칭합니다. 예컨대 우리는 박쥐의 삶의 형식과 고등어의 삶의 형식이 서로 얼마나 다른지를 봅니다. '언어게임'은 사람의 자연사를 이루는 중요한 단위개념이며, '문법'은 언어게임의 규칙에 해당합니다.

윤유석 '삶의 형식'은 생명체 각각의 종에 귀속되는 고유한 것이고, '언어게임'은 그 형식을 채우는 개별적인 내용들이고, 그 언어게임을 가능하게 하는 것들이 규칙들이고, 그 '규칙'은 '문법'과 동의어라고 봐도 될까요?

이승종 네.

'초월적 자연주의'와 '사람의 얼굴을 한 자연주의' 사이의 차이를 설명해 주실 수 있나요?

윤유석 가버의 초월적 자연주의와 교수님이 제시한 사람의 얼굴을 한 자연주의 사이에 어떤 차별점이 있는지가 궁금합니다.

이승종 초월적 자연주의에 대해서는 두 가지 문제를 제기하고 싶습니다. 첫째, '초월적 자연주의'에서의 '초월'은 자연과학을 넘어선다는 의미이지만, 철학사에서 '초월'은 그런 국한된 의미로만 사용된 것은 아니기에 오해의 소지가 다분합니다. 전통철학의 관점에서 보자면 '초월적 자연주의'는 둥근 삼각형처럼 형용모순으로 들리기도 합니다.

둘째, 비트겐슈타인에 대한 해석으로서의 초월적 자연주의에는 사람의 자연사에 대한 그의 관심이 충분히 나타나 있지 않습니다. 그러다 보니 2인칭적인 소통의 문제가 제대로 드러나지 않는 아쉬움이 있습니다.

윤유석 '초월'은 칸트적인 용어이다 보니 자연주의와는 사실 잘 어울리지 않고, 사람의 고유한 인류학적 삶의 형식이 그 말로는 제대로 드러나지 않기 때문에, 사람의 얼굴을 한 자연주의라는 대안적 해석을 제시하신 거네요.

사람의 삶의 형식이 하나라는 주장은 일종의 본질주의 아닌가요?

윤유석 교수님의 해석에 따르자면 삶의 형식은 각각의 종이 갖고 있는 고유한 틀인 거잖아요. 그런데 이게 마치 본질주의를 연상시키기도 하거든요. 사람이 하나의 삶의 형식을 본질로서 가지고 있다는 주장을 연상시키는데, 사람의 얼굴을 한 자연주의가 본질주의라는 비판에 대해서는 어떻게 생각하시나요?

이승종 박쥐의 삶의 형식이 고등어의 삶의 형식과 다르다는 주장이 본질주의를 함축하나요? 저런 지평에서의 종들의 차이는 박쥐에도 여러 종류가 있다는 주장과 모순되는 것이 아닙니다. 삶의 형식을 형이상학적으로 이해해 '그것의 본질이 뭘까?'를 탐구하거나, 개별적 삶의 형식에 대한 과학적인 연구를 한다거나 하는 것은 비트겐슈타인이 추구하는 방향과는 거리가 멉니다.

윤유석 우리가 '고등어랑 박쥐는 다르다'라는 일상적인 이야기를 할 때처럼, '사람이라면 그냥 이렇게 살아간다'라는 일상적인 차원에서 삶의 형식을 말씀하시는 거네요.

이승종 네.

2. 길을 걸어가며

질문 3 의미의 문제와 진리의 문제가 서로 구분될 필요가 있을까요?

윤유석 교수님은 의미의 문제와 진리의 문제 중 무엇이 더 원초적인지를 질문하면서 비트겐슈타인과 데이빗슨을 대비시켰습니다. 비트겐슈타인은 의미의 문제를 더 원초적이라고 보는 반면, 데이빗슨은 진리의 문제를 더 원초적이라고 본다고 말입니다. 의미와 진리 중에서 무엇을 더 원초적으로 보아야 하는지에 대해 이영철 교수님과 논쟁도 하셨죠. 사실 저는 이 논쟁에서 이영철 교수님의 입장에 조금 더 동의가 되었습니다. 이 논쟁과 관련해서 세 가지를 질문드리고 싶습니다.

　(1) 이영철 교수님이 지적하신 것처럼, 비트겐슈타인은 『확실성에 관하여』 403절이나 205-206절 등에서 언어게임 자체를 가능하게 만들어 주는 토대를 종종 '진리'라고 말하는 것 같습니다. 물론 비트겐슈타인은 많은 경우 '지식/확실성' '해석/규칙' '의견/삶의 형식'을 구분하긴 하지만, 논의의 맥락에 따라 얼마든지 '확실성' '규칙' '삶의 형식'도 '진리'라고 부를 준비가 되어 있는 것으로 보입니다. 주제에서 벗어나기는 하

지만, 「진리의 본질에 관하여」에서 하이데거 역시 참/거짓의 판단이 성립하기 위해 전제되어야 하는 '열린 장$^{ein\ Offene}$' 자체를 '진리'의 층위로 이해하는 것 같습니다(하이데거 1943, 100-103쪽 참조).

　　　　(2) 우리 자신이 받아들이는 세계상이나 규칙을 '진리'라고 이야기하고, 우리 자신이 받아들이지 않는 세계상이나 규칙을 '거짓'이라고 이야기하는 것은 일상 언어에서 자연스러워 보입니다. 가령 기독교인들은 자신들이 받아들이는 신앙의 규칙을 '진리'라고 이야기하고, 자신들이 받아들이지 않는 세속의 규칙을 '거짓'이라고 이야기합니다. 키에르케고르는 이러한 의미로 사용된 진리를 '나에게 있어 진리인 진리'라고 명명합니다(Kierkegaard 1835, 32-37쪽 참조). 이런 것들을 보면 언어게임의 가장 근본적인 규칙이나 토대를 진리라고 하는 게 괜찮지 않은가 하는 생각이 듭니다.

　　　　(3) 확실성의 층위를 '의미'라는 범주로 설명할 것인지 '진리'라는 범주로 설명할 것인지가 과연 중요한 문제인지에 대한 의문도 듭니다. 둘 중에서 어떠한 용어를 사용할 것인지는 단순한 '언어적^{verbal}' 결정 사항인 것처럼 보입니다. 즉 둘 중에 어떤 걸로 설명하든지 사실 똑같은 이야기를 하고 있는데, 말만 달라지는 게 아닌가 합니다.

이승종 이 문제는 비트겐슈타인이 진리 개념을 어떻게 사용했느냐에서부터 풀어 가야겠죠. 그는 진리를 명제의 진리치에 국한해서 사용합니다. 즉 '진리'라는 용어는 명제에 귀속되는 표현이고 그 외의 다른 용례는 그의 저술에서 발견하지 못했습니다.

『확실성에 관하여』403절이나 205-206절을 어떻게 해석하시나요?

윤유석 그러면 제가 제시한 논점들을 하나하나 세분화해 토론하는 게 좋을 것 같습니다. 우선 『확실성에 관하여』403절이나 205절, 206절을 보면 비트겐슈타인은, 언어게임의 근저에 놓여 있는 것은 우리의 **행동**이지 진리는 아니라고 말합니다. 진리가 근거 지어진 것이라면, 근거는 진리도 거짓도 아니라는 것입니다. 그러나 다른 한편으로 비트겐슈타인은 "누가 우리에게 '그러나 그것은 **진리인가?**'라고 묻는다면 우리는 '그렇다'고 대답할 수 있을 것이다"라고도 말합니다. 언어게임 자체를 가능하게 만드는 문장들은 그의 언어게임의 흔들리지 않는 기초인 한에서는 진리라는 것입니다. 교수님께서는 이 구절들을 어떻게 해석하시는지가 궁금하거든요.

이승종 진리인 문장들 중에는 그 내용이 언어게임 자체를 가능하게 만들어 주는 토대의 역할을 하는 문장들이 있습니다. (진리인 모든 문장들이 그러한 역할을 하는 것은 아닙니다.) 그러한 문장들의 의미가 바로 토대에 해당합니다. 그리고 그 문장의 진리는 그 문장들이 지니는 의미의 속성입니다. (어떤 문장들은 거짓이고 그 경우에는 거짓이 그 문장들이 지니는 의미의 속성입니다.) 이처럼 진리와 의미의 층위를 잘 갈라서 비트겐슈타인의 말을 해석해야겠습니다.

윤유석 토대로 사용되는 문장들 중에서 진리인 문장이 있지만 그 문장이 진리이기 때문에 토대가 된다기보다는 그 문장의 의미 때문에 토대가 된다는 말씀이네요. 진리인 어떤 문장들이 설령 토대로 사용된다고 해도 그게 진리가 의미보다 선행하기 때문에 토대인 것은 아니며, 진리는 의미의 한 속성일 뿐이라는 것이군요.

우리 자신이 받아들이는 세계상이나 규칙을 '진리'라고 이야기하는 것은 일상 언어에서 자연스럽지 않나요?

윤유석 일상에서 우리는 자신이 받아들이고 있는 세계상이나 근본적인 규칙들을 '진리'라고 부르기도 하는데 이에 대해서는 어떻게 생각하시나요?

이승종 비트겐슈타인이 진리를 세계상이나 규칙에 귀속시킨 적이 있나요? 진리는 '진리치 truth value'라는 말에 새겨져 있듯이 평가적 가치에 해당되고, 평가의 대상은 명제이지 세계상이나 규칙이 아닙니다.

윤유석 제가 염두에 두었던 것은 키에르케고르가 말하는 '나에게 있어서 진리인 진리'였습니다. 나에게 있어 진리인 진리를 먼저 받아들이고 난 다음에야 그 진리를 기준으로 다른 개별적 문장의 진리, 다른 개별적 철학의 진리를 평가할 수 있다는 것이 키에르케고르의 주장입니다. 그런데 교수님 말씀을 듣고 보니 그렇게 주장한 키에르케고르조차도 본인이 말하는 나에게 있어서 진리인 진리와 일상적인 명제의 진리들을 구분했다는 생각이 들기도 하네요.

확실성의 층위를 '의미'라는 범주로 설명할지 '진리'라는 범주로 설명할지는 단순한 언어적 문제가 아닐까요?

윤유석 확실성의 층위를 의미라는 범주로 설명할지 아니면 진리라는 범주로 설명할지는 일종의 언어적인 선택의 문제가 아닌가요?

이승종 비트겐슈타인이 그렇게 사용했나요? 확실성은 자연사적 사실에 귀속됩니다. '불에 손을 대면 데인다'가 그 한 예가 되겠지요. 반면 진리는 그러한 사실이 아니라 가치입니다. 진리치라는 표현이 이를 잘 말해 주고 있지요.

　　　　비트겐슈타인은 가치 실재론자가 아닙니다. 사실과 가치가 구별되어야 하듯이 확실성과 진리도 구별되어야 합니다. 요컨대 진리는 확실성이 아니라 지식을 구성하는 명제들에 귀속됩니다. 그리고 비트겐슈타인은 지식과 확실성을 엄격히 구별하였습니다. 즉 확실성은 사실의 차원에 귀속되고 지식은 그것을 구성하는 명제들에 귀속됩니다. 명제의 중요한 속성의 하나가 참이나 거짓과 같은 진리치이고요.

　　　　이처럼 비트겐슈타인이 지식과 확실성을 엄격히 구별했다는 것도 그가 진리의 개념을 사실이 아닌 평가적인 개념으로 사용했다는 것에 대한 중요한 근거가 되겠습니다.

윤유석 비트겐슈타인의 용법에서는 '사실'과 '가치', '지식'과 '확실성'이 서로 엄격하게 구분된다는 말씀이시네요. 그런데 제가 이게 단순한 언어적인 논쟁이 아닌가 생각했던 이유는 이영철 교수님이 옹호하는 데이빗슨의 원초적 진리 개념이 우리가 일반적으로 떠올리는 명제적 참/거짓 개념인가 하는 의문 때문이었습니다. 진리를 '대응'이나, '정합성'이나, '실용성' 같은 개념으로 정의하려는 다른 이론들과 달리, 데이빗슨은 '진리'라는 개념을 더 이상 정의할 수 없는 원초적 개념으로 선제함으로써 '의미'라는 개념을 해명합니다. 더 이상 정의가 불가능한 원초적 진리의 층위가 선제되고, 개별적 명제들의 의미는 진리의 층위를 바탕으로 설명되는 것입니다. 그래서 비트겐슈타인이 지식과 확실성을 구분하는 것처럼, 데이빗슨도 개별적 명제의 층위와 원초적 진리의 층위를 구분합니다. 이영철 교수님이 옹호하는 데이빗슨의 입장에서 보면 이승종 교수님이 주장하고자 하는 구분법이 원초적 진리를 상정하고서도 성립할 수 있는 게 아닌가 하는 생각이 들었거든요.

이승종 비트겐슈타인과 데이빗슨 사이에는 유사성도 있지만 차이성도 있습니다. 데이빗슨의 진리 조건적 의미론은 "p는 p일 경우 그리고 오직 그 경우에만 (언어 L에서) 참이다(p is true (in L) iff p)"를 함축하는 타르스키[Alfred Tarski]의 규약 T에 연관해서 논의되고 있기 때문에, 데이빗슨이 말하는 참인 명제들은 규약 T를 충족시키는 문장들로 국한해 이해해야겠습니다.

　　　　그다음에 또 한 가지 우리가 짚고 넘어가야 할 중요한 사실은 데이빗슨이 종국에 가서는 진리 조건적 의미론을 포기하고 의미론 자체에 대한 회의를 고백했다는 점입니다.

윤유석 데이빗슨이 전기에 제시했던 의미론은 비트겐슈타인의 관점에서는 비판받아야 하는 것이고, 데이빗슨이 후기에 의미론 자체를 폐기했을 때는 비트겐슈타인과 대화할 여지가 좀 더 열리는 건가요?

이승종 네, 저는 그렇게 이해했습니다.

수강생들과의 토론

홍혜랑 비트겐슈타인은 왜 신조어를 만드는 것에 대해 못마땅하게 생각했나요? 사유하는 사람들은 언어선택에서 누구나 어려움을 겪습니다. 하이데거가 신조어를 만든 것도 이미 있는 언어로는 자신의 사유세계를 표현할 수 없기 때문이었을 텐데요. 혹시 비트겐슈타인은 사유의 폭이나 깊이가 부족해서 신조어를 만들어야 할 필요성에 미치지 못한 것이 아닐까요? 그도 분명히 사유에서 신세계를 경험하였을 것 같은데, 왜 신조어에 대해 부정적이었는지 궁금합니다.

이승종 불교에서도 석가모니의 원음에 가장 가깝다고 하는 『니까야』들은 술술 읽힙니다. 『니까야』에서 얼핏 신조어처럼 보이는 것들도 사실 그 당시 인도 사회에서는 통용되던 용어들이었다고 합니다. 그런데 『아비다르마』나 후대의 대승 경전들에서는 신조어들이 등장합니다. 아마도 비트겐슈타인은 『니까야』 같은 방식의 철학을 지향했던 게 아닌가 합니다. 석가모니와 비트겐슈타인은 모두 철학이 전무후무한 것을 포착해 내거나 만들어 내는 작업이 아니라고 생각했던 것 같습니다. 비트겐슈타인을 초기 불교 경전의 정신으로 생각해 보면, 그가 신조어에 대해 강력하게 반발했던 것도 이해할 수 있을 것 같습니다.

신조어에 대한 고민은 철학뿐만 아니라 과학에서도 많이 일어납니다. 하이젠베르크의 『물리학과 철학』에는 양자역학을 구축하기 위해 코펜하겐에 모였던 보어와 하이젠베르크가 양자역학이 포착해 내는 여러 현상들을 어떤 이름으로 불러야 할 것인지에 대해 논의한 내용이 잘 갈무리되어 있습니다. 예를 들어 '파동함수의 붕괴'라는 말에서 '붕괴'도 일상적인 용어이긴 하지만 양자역학에서는 상당히 독특한 방식으로 사용되고 있죠. '중첩'이나 '얽힘entanglement' 같은 용어도 우리가 알고 있는 일상적인 용어로는 제대로 포착해 내거나 서술하기 어려운 현상들을 설명하기 위해 불가피하게 사용된 것입니다. 일상적인 용어 같지만 사실 양자역학의 지혜와 수학식들이 들어 있는 용어들이죠.

그런데 비트겐슈타인은 신조어의 발명이 과학의 영역에서 일어난다고 보았습니다. 그는 신조어의 발명이 과학의 영역에서는 아무런 문제가 없다고 생각했습니다. 다만 철학은 그런 활동이 아니라는 겁니다. 즉 전무후무한 것을 새로 고안하고 만들어 내려 하는 태도는 비트겐슈타인이 보기에는 철학을 과학으로 오해한 데서 기인합니다. 그런 태도는 그가 추구하는 철학과는 아무런 상관이 없습니다.

저는 철학자들 중 신조어에서 자유로운 인물로 흄과 니체를 꼽습니다. 그 두 사람의 글은 이렇다 할 가이드나 2차 문헌 없이도 이해하기 쉽습니다. 흄이나 니체는 자신들이 하고자 하는 말을 아주 명료하고 정확하게 전달하더군요. 저는 이 두 사람이 비트겐슈타인과 함께 글쓰기에 혁명을 일으킨 사람들이라고 봅니다. 이렇다 할 전문용어 없이도 사유의 경지를 자연언어만 가지고 충분히 전달할 수 있다는 것을 몸소 실천한 사람들이라 아주 마음에 들었습니다.

이런 점에서 비트겐슈타인이라면 홍혜랑 선생님의 비판을 아마 절반 정도만 받아들일 것이라고 생각합니다. 즉 비트겐슈타인과 하이데거는 비슷한 듯하면서도 다른 길을 간 사람들입니다. 비트겐슈타인과 비교하자면, 하이데거는 엄청난 야심가가 아니었나 합니다. 하이데거는 서양 철학 전체를 다루면서 그 위에 더욱 개선된 방식의 형이상학을, 혹은 형이상학 이후의 새로운 비전을 지닌 철학을 세우려 했기 때문입니다. 그런데 비트겐슈타인은 그런 의지 자체가 오히려 올바른 철학을 하는 데 큰 장애가 된다고 보았을 것입니다.

그래서 저는 『비트겐슈타인이 살아 있다면』이라는 제 책의 서문에서 그의 철학에 '청빈주의'라는 이름을 붙여 보았습니다. 최소한의 일상적인 언어만을 가지고서도 철학을 서술하는 데 부족함이 없다고 보는 입장 말입니다. 비트겐슈타인은 당대에 큰돈을 상속받아 억만 장자가 될 뻔한 사람입니다. 그런데도 그 돈들을 모두 예술가들에게 익명으로 나눠 주고 본인은 노르웨이의 오두막에서 용맹전진하였죠. 그는 이처럼 청빈한 마음을 가지고 철학을 한 사람이고, 저는 이런 태도도 그 나름대로 상당한 의의가 있다고 봅니다.

석가모니도 『니까야』에서 전무후무한 형이상학을 건립하려는 의도를 가지고 철학을 한 것은 아니지 않습니까? 오히려 그는 자신을 의사라고 했죠. 자신은 사람들의 아픔이나 문제를 의사로서 해결하러 온 것이지, 전무후무한 이론을 가지고서 우주를 설명하거나 체계를 건립하려는 목적으로 온 것이 아니라고 하면서요.

박오병 19세기까지는 사람의 삶에 발전은 있었어도 큰 변모는 없었습니다. 그러나 20-21세기에는 삶의 형식과 내용이 엄청나게 바뀐 것 같습니다. 지금까지 우리가 사용하던 용어로는 정의할 수 없는 새로운 삶의 패턴들이 나타났기 때문입니다. 물론 비트겐슈타인 시절에도 그 이전에 비하면 새로운 과학문명으로 인해서 격변이 있었겠지만, 지금과 같은 격변은 아니었다고 생각합니다. 아마도 이런 시대적 한계로 인해 그가 새로운 용어로 새로운 삶을 정의해야 할 필요성을 느끼지 못한 것은 아닐까요?

이승종 격변하는 것은 사람에게 주어진 삶의 형식이 아니라 사람이 구가하는 라이프스타일^{life style} 아닌가요? 예컨대 강남 스타일은 전에 없던 것이죠. 그런데 비트겐슈타인의 관심사는 그런 삶의 방식이나, 문화적인 변이나, 스타일상의 차이가 아닙니다. 그는 오히려 고정된 것처럼 보이고 변화하기 어려운 것처럼 보이는 현상들에 초점을 맞춥니다. 심지어 그는 이렇게 말하기도 했습니다.

> 만일 누군가 철학에서 논제論題들을 제기하려고 한다면, 그 논제들에 대한 논쟁은 불가능할 것이다. 왜냐하면 모든 사람이 그 논제들에 동의할 테니까. (『철학적 탐구』, §128)

선생님의 말씀처럼 20세기와 21세기에 혁명적인 변화가 있었지만, 그렇다고 해도 사람이 나고, 성장하고, 늙고, 죽는 이 라이프 사이클 자체가 변하지는 않았지 않습니까? 생명이 연장된 것은 사실이지만 사람의 유한성은 여전히 어쩔 수 없습니다. 또 사람이 두 발로 걷고, 오감으로 세상을 이해하고, 그것을 언어로 정리하고, 정리된 언어로 다른 사람과 소통한다는 사실에도 큰 변화는 없다고 생각합니다. 즉 사람의 삶의 근간 자체는 크게 달라지지 않았습니다. 사람들이 여러 가지 다른 옷을 입고, 여러 가지 다른 스타일을 뽐내고, 다양한 방식의 실험을 통해서 삶을 더욱 풍성하게 만들기는 하지만, 그럼에도 불구하고 사람의 삶의 형식이 바뀌어서 우리가 박쥐가 된다거나 고등어가 된다거나 혹은 박쥐나 고등어가 우리와 소통을 하게 된다거나 하는 것은 요원한, 아니 거의 불가능에 가까운 일이 아니겠습니까?

그렇다고 해서 비트겐슈타인의 철학이 당연한 얘기만 늘어놓고 있다고 보신다면 이는 오산입니다. 그는 주어진 것에 대해서 원초적인 경이감을 간직하고 있던 사람입니다. 이러한 경이감은 우리 시대에는 아쉽게도 거의 다 사라졌다고 해도 과언이 아닙니다. 매스 미디어의 여러 이미지들이 우리를 융단 폭격하고 있기 때문에 우리는 밤하늘을 보아도 고대인들이 거기에서 느꼈던 경이감이나 기적을 느끼기 어렵습니다. 비트겐슈타인의 철학은 우리의 원초적인 감성을 환기하고자 하는 지난한 노력이라고 저는 생각합니다.

박득송 비트겐슈타인은 『논리-철학논고』에서는 자연과학주의에 경도되어 있었던 것 같고, 『철학적 탐구』에서는 자연주의로 입장이 바뀐 것 같습니다. 나이를 먹으면서 수학적인 것들보다는 인간적인 삶에 더 관심이 많아

졌기 때문인지도 모르겠습니다. 그런데 제가 보기에는 철학이나 과학이나 종교가 모두 손잡고 가야 할 것 같습니다. 과학이 철학과는 맞지 않는다고 보는 것은 너무 철학에만 치우친 생각이 아닐까요? 오히려 21세기에는 과학이 철학을 이끌어 가야 하는 게 아닌가 하는 생각도 드는데 말입니다.

이승종 아까 제가 발제문을 낭독할 때 비트겐슈타인에 대해서 5가지 딴지를 걸어 보았죠? 그중 하나가 철학과 과학을 너무 차별화하면 철학이 오히려 왜소해지고 종말에 이르게 될 수도 있다는 것이었습니다. 철학과 과학은 같이 가야 한다는 것이 저의 지론입니다. 비트겐슈타인은 비트겐슈타인일 뿐입니다. 철학에 대한 그의 공헌은 충분히 인정하지만, 그가 다 섭렵하지 못한 현대의 과제들에 대해서는 우리 시대에 우리들이 펼쳐 나가는 것이 아니겠습니까? 사람의 삶은 저마다 각자의 몫으로 주어져 있는 것입니다. 저는 선생님의 비판에 대해서 전적으로 동감합니다.

11강

자연주의 Ⅱ

이승종, 『비트겐슈타인 새로 읽기』

"

비트겐슈타인의 철학에서 언어의 일상적 사용은 언어의 오용을 치료하는 명료한 도구이자, 동시에 그 자신이 형이상학적 오용에 노출되거나 오용의 소지를 이미 내포하고 있는 비판의 대상이기도 하다. 같은 일상 언어를 통해 우리는 문제를 통찰^{通察, übersehen}할 뿐만 아니라 또한 문제를 간과^{übersehen}한다.

『비트겐슈타인 새로 읽기』, 21쪽

"

윤유석 〈철학의 길〉열한 번째 시간입니다. 오늘도 지난 시간과 마찬가지로 자연주의를 주제로 이야기를 진행해 보려고 합니다. 지난 시간에는 비트겐슈타인의 자연주의가 분석철학에 만연한 일반적인 자연과학주의와 어떻게 구별되는지를 다루었습니다. 그리고 비트겐슈타인의 철학에서 '삶의 형식'이 어떤 개념인지를 논의하면서, 삶의 형식을 진리의 층위에서 이해해야 하는지 의미의 층위에서 이해해야 하는지에 대한 토론을 진행하였습니다. 이번 시간에도 이 주제들과 관련한 추가적인 논의들이 진행될 예정입니다.

이정표

윤유석 대학교 2학년 시절에 저는 우연한 기회로 데리다의 『그라마톨로지에 대하여』와 만나게 되었습니다. 물론, 고작 학부생이었던 제가 현대 프랑스 철학의 고전 중에서도 가장 어려운 책으로 손꼽히는 『그라마톨로지에 대하여』를 혼자 읽고 내용을 모두 이해하였던 것은 아니었습니다. 제가 데리다를 처음 접한 것은 학부 강의에서였습니다. 그 당시 제가 재학 중이었던 서강대학교에서는 '해체주의'라는 제목으로 데리다의 텍스트들을 강독하는 수업이 열렸습니다. 수업을 담당하셨던 서강대학교 서동욱 교수님께서는 한 학기 동안 데리다의 『그라마톨로지에 대하여』와 『마르크스의 유령들』이라는 두 권의 책을 전체적으로 훑으면서 중요한 부분들을 발췌하여 해설해 주시는 방식으로 강의를 진행하셨습니다. 강의의 난이도는 무척이나 높았지만 교수님이 수업 전체를 완전히 주도하시면서 책의 가장 중요한 부분들을 빠짐없이 다루어 주셨다 보니 집중해서 들으면 학부생이더라도 내용을 충분히 따라갈 수 있었습니다.

저는 그 수업을 통해 데리다라는 철학자와 해체주의라는 사조가 얼마나 매력적인지를 알게 되었습니다. 솔직히, 그 수업을 수강하게 된 것은 무조건 새로운 철학적 유행만을 뒤쫓으면서 아는 체하길 좋아하였던 대학교 2학년생 당시 저의 건방진 태도 때문이었지만, 결과적으로 그 수업은 이후에 제가 철학을 공부하는 방식에 큰 변화를 주었습니다. 이전까지만 하더라도 저에게 철학이라는 학문은 치밀한 이론이나 거대한 사유 체계를 구성하는 작업으로 여겨졌습니다. 가령 "보편적인 윤리 규범이란 존재하는가?"와 같은 질문에 대해 모든 사람이 의심할 수 없이 동의하는 전제들로부터 출발하여 합리적인 대답을 도출해 내는 활동이 바로 제가 생각한 철학이었습니다. 그러나 해체주의는 이와 같은 방식의 사유 자체에 의문을 제기하는 입장이었습니다. 오히려 해체주의는 우리가 그동안 이론이나 체계를 성립하는 과정에서 무비판적으로 받아들이고 있었던 전제들을 의심해 볼 것을 지적하는 입장이었습니다.

"보편적인 윤리 규범이란 존재하는가?"라는 질문을 다시 사용하면 해체주의가 어떠한 사조인지를 구체적으로 이해하기가 조금 더 쉬울지도 모릅니다. 이 질문은 크게 두 가지 전제들을 자명한 것으로 받아들인 상태에서 성립합니다. (a) 보편적인 것과 보편적이지 않은 것을 구분할 수 있다. (b) 윤리적인 것과 윤리적이지 않은 것을 구분할 수 있다. 즉 '보편적/예외적'이라는 구분과 '윤리적/비윤리적'이라는 구분이 모든 사람에게 의심의 여지 없이 자명하게 이해될 수 있다고 가정하는 사람만 "보편적인 윤리 규범이란 존재하는가?"라는 질문을 제기합니다. 보편적인 것과 예외적인 것 사이에 울타리가 세워지고, 윤리적인 것과 비윤리적인 것 사이에 울타리가 세워질 때에야 비로소 보편적 규범이 존재하는지에 대한 질문이 유의미하게 제기될 수 있습니다.

그러나 철학적 질문이 암묵적으로 받아들이고 있는 전제들은 때로 매우 의문스럽습니다. 가령 안중근 의사가 하얼빈역에서 우리나라의 독립을 위해 일본의 내각 총리대신이었던 이토 히로부미를 저격한 사건을 생각해 봅시다. 안중근 의사의 행위는 일본의 정치가를 향한 테러라는 점에서는 '비윤리적' 행위이지만, 국가의 자주성을 위한 의열투쟁의 일환이었다는 점에서는 '윤리적' 행위이기도 합니다. 또한 안중근 의사가 지향한 윤리는 일제강점기를 전후로 한 매우 특수한 상황에서만 정당화될 수 있다는 점에서는 '예외적' 윤리이겠지만, 모든 대한민국 국민에게 귀감으로 여겨지고 있다는 점에서는 '보편적' 윤리입니다. 문제는 서로 상반되는 관점들을 아주 엄격하게 분리하고자 하는 시도가 성공하기 어렵다는 사실입니다. 안중근 의사는 대한민국 국민이라면 누구나 '애국정신의 영원한 표본'으로 동의할 만한 인물이지만, 그분의 의거는 '일제의 침략'이라는 매우 예외적인 배경에서 '살인'이라는 매우 급진적인 방법을 통해 이루어졌습니다. 따라서 안중근 의사의 사례에서 우리는 역설에 처해 있는 것으로 드러납니다. 우리가 '보편적'이고 '윤리적'인 행위가 무엇인지 판단하기 위해 의존하는 기준 속에 이미 '예외적'이고 '비윤리적'인 요소가 포함되어 있기 때문입니다.

해체주의는 바로 이와 같이 우리의 철학적 질문을 성립시키는 전제들 속에 역설적이게도 그 질문 자체를 붕괴시키는 균열이 숨어 있다고 폭로합니다. 여기서 핵심은 특정한 사유를 지탱하는 토대야말로 그 사유를 무너지도록 만드는 약점이라는 사실입니다. 즉 우리는 안중근 의사의 이토 히로부미 저격 사건처럼 모든 사람이 받아들일 만한 범례로부터 '보편적/예외적'인 것과 '윤리적/비윤리적'인 것이 무엇인지에 대해 설명하고자 합니다. 그러나 정작 '보편적/예외적'인 것과 '윤리적/비윤리적'인 것이 무엇인지를 논의하는 과정에서 안중근 의사의 이토 히로부미 저격 사건과 같은 범례가 서로 상반되는 두 가지 항 중 어느 쪽에 속해야 하는지는 점차 불분명해집니다. 물론, 유사한 역설은 '순수/비순수' '기원/비기원' '주관/객관' '존재/비존재' '현상/실재' '기표/기의'와 같은 다른 종류의 이분법들에서도 동일하게 발생합니다. 전통적인 형이상학자들은 이 분법들을 구성하는 두 항을 엄격하게 구분하고자 하였지만, 정작 형이상 학자들은 두 항 사이의 모호한 얽힘 관계를 전제한 상태로만 "가장 순수 한 것은 무엇인가" "가장 기원적인 것은 무엇인가" "가장 객관적인 것은 무엇인가"와 같은 질문을 제기할 수 있었다는 것입니다.

저는 해체주의를 접한 대학교 2학년 시절부터 지금까지 철학 의 문제들을 해체의 관점에서 바라보려는 시도에 관심을 가지게 되었습니 다. 기성의 문화에서 자명하게 받아들여지고 있는 구분들과 범례들이 엄 격한 해체의 렌즈를 통과하게 될 경우 세상이 우리에게 어떠한 방식으로 보이게 될 것인지 궁금해졌기 때문입니다. 그러나 '해체 이후의 풍경'에 대한 고민이 저 자신만의 고유한 의문인 것은 아닙니다. 오히려 이와 같은 의문은 대륙철학과 영미철학을 막론하고서 현대철학에서 공통적으로 제 기된 의문입니다. 비록 '해체주의deconstructionism'라는 명칭은 데리다를 통해 1960년대를 기점으로 대륙철학에서 활발하게 통용되었지만, '해체주의적 deconstructionist' 입장들은 대륙철학과 영미철학을 막론하여 철학의 역사에서 다양한 방식으로 꾸준히 등장하였기 때문입니다. 당연히 해체 이후의 풍 경에 대한 논의도 꾸준히 이루어졌습니다. 아마도 그중 대표적인 두 가지 는 다음과 같을 것입니다.

(1) 포스트모더니즘: 소위 '포스트post-' 담론들은 해체 이후의 풍 경을 그려 보기 위한 시도라고 할 수 있습니다. 물론, 90년대부터 00년대 까지 인문사회과학계를 지배한 '포스트모더니즘postmodernism'이나 오늘날 종종 언급되는 '포스트 트루스post-truth'가 철학계에서 의미가 정확히 합의 된 전문용어라고 하기는 어렵습니다. 두 가지는 예술, 건축, 비평 등에 종

사하시는 분들이 대륙철학의 경향을 개괄하기 위해 만든 임시방편적 용어일 뿐입니다. 모든 사람이 동의할 수 있을 만한 합리성이나, 신념이나, 규범 따위가 존재하지 않는 혼란스러운 세계가 바로 대륙철학이 그려 내는 세계라는 것이 그분들의 평가입니다. 저는 이와 같은 견해가 대륙철학에 대한 다소 부정확한 이해에 근거하고 있다고 생각하지만, 흔히 '포스트'라는 용어로 기술되는 대륙철학의 모습이 완전히 잘못되었다고 생각하지도 않습니다. 실제로, 대륙철학은 우리의 정치, 법, 문화, 윤리가 지향해야 할 뚜렷한 방향이나 대안을 제시하지 않습니다. 오히려 푸코처럼 급진적이고 저항적인 철학을 수행하는 철학자조차 종종 신자유주의와 같은 기성의 경제 논리를 받아들이는 경향을 보이고는 합니다. 오늘날 대륙철학이 결국 아무런 가치도 규범도 지향하지 않는 자본의 무한한 자기 증식의 과정을 정당화할 뿐이라는 비판이 제기될 정도로 말입니다(아사다 1983, 5장 참조).

(2) 자연과학주의: 1950년대 이후 영미철학을 대표하는 인물 중 하나인 콰인도 해체 이후의 풍경에 대해 논의하였습니다. 콰인은 소위 '분석적 명제'와 '종합적 명제'라는 오래된 이분법을 해체하여 이전까지 영미철학을 지배하였던 논리실증주의를 무너뜨린 철학자로 유명합니다. 그의 논문인 「경험주의의 두 독단」은 우리의 언어를, 자연과학적으로 검증 가능한 명제들의 집합으로 분석하려는 시도가 성공할 수 없다는 사실을 드러내었다는 점에서 큰 의의를 지닙니다. 그러나 콰인의 철학이 '논리실증주의'라는 자연과학주의의 한 갈래를 비판하였다고 해서 그의 철학이 자연과학주의를 총체적으로 비판한 것은 아닙니다. 오히려 콰인의 철학은 자연과학주의를 아주 적극적으로 옹호합니다. 즉 무엇이 세계를 구성하고 있는 사실인지에 대해 '실증주의적' 탐구가 불가능하다면, 우리에게 남아

있는 유일한 대안은 '실용주의적' 접근일 뿐이라는 것이 콰인의 주장입니다. 또한 무엇이 좋은 이론인지에 대해 '실용주의적' 접근만 가능하다면, 우리에게 주어져 있는 최선의 대안은 '자연과학적' 접근이라는 것이 콰인의 견해입니다(Quine 1951, 44쪽 참조). 따라서 논리실증주의에 대해 콰인이 수행한 해체는 역설적인 방식으로 자연과학주의를 부활시키는 결과를 초래하였습니다. 오늘날 영미철학의 자연과학주의적 경향은 콰인의 해체주의에 지대한 영향을 받았다고 해도 과언이 아닙니다.

저는 이와 같은 해체 이후의 풍경에 대한 논의들 사이에서 고민하던 중에 이승종 교수님의 『비트겐슈타인 새로 읽기』를 접하였습니다. 아직 책이 정식으로 출판되기 이전이었던 2022년 1월에 교수님께서 초고를 지도 제자들에게 보내 주셔서 저도 이 책을 미리 읽어 볼 기회를 얻게 되었습니다. 특별히, 저에게는 책의 내용 중에서도 '자연주의'와 '해체주의'라는 두 축을 중심으로 철학사를 바라보는 1장, 비트겐슈타인의 철학을 '사람의 얼굴을 한 자연주의'라는 이름으로 해석하는 2장, 비트겐슈타인의 '삶의 형식' 개념에 대해 논의하는 3장이 매우 흥미로웠습니다. 그 부분들은 대륙철학의 포스트모더니즘이나 영미철학의 자연과학주의와는 다른 제3의 길을 비트겐슈타인의 철학을 통해 제시하고 있었기 때문입니다. 『비트겐슈타인 새로 읽기』의 첫 세 장은 『논리-철학 논고』의 언어/세계 동형론을 해체하여 『철학적 탐구』의 자연주의에 도달한 비트겐슈타인의 사유과정을 통해 해체 이후의 풍경을 그려 보고자 하는 시도로 이해될 수 있는 것입니다.

여기서 **자연주의**란 사람의 삶의 형식과 사람의 자연사를 강조하는 입장입니다. 비트겐슈타인이 말하는 자연이란 사람과 무관하게 존재하고 있는 사물들의 집합이 아닙니다. 오히려 비트겐슈타인의 철학은 '사람'이라는 축과 '자연'이라는 축이 결코 철저하게 분리될 수 없다는 사실을 지적하는 '사람의 얼굴을 한 자연주의'입니다. 즉 우리에게는 다른 생물종과는 구별되는 사람만의 고유한 행위의 방식이 주어져 있고, 오랜 세월 동안 누적된 사람만의 고유한 삶의 궤적이 주어져 있습니다. 우리는 바로 이와 같은 '자연적' 요소를 바탕으로 세계와 상호작용하고 있는 존재자들입니다. 우리가 이해하는 세계란 바로 우리에게 주어져 있는 삶의 형식과 자연사 속에서 기술됩니다. 따라서 사람의 삶의 형식과 사람의 자연사를 강조하는 철학은 우리가 살아가는 세계를 절대화하려는 경향과 상대화하려는 경향 모두에 대해 반대합니다. (a) 사람의 삶의 형식과 사람의 자연사가 박쥐의 삶의 형식과 박쥐의 자연사처럼 여러 가지 가능한 인식 조건 중 하나인 이상, 우리의 세계 이해 역시 여러 가지 가능한 세계 이해 중 하나일 뿐입니다. 그러나 (b) 우리가 사람의 삶의 형식과 사람의 자연사를 바탕으로 세계를 이해할 수밖에 없는 존재자인 이상, 우리의 세계 이해에는 사람의 삶의 형식과 사람의 자연사로부터 부과되는 일종의 강제력이 작용합니다.

　　이와 같은 자연주의에서는 세계를 경이롭게 경험할 가능성이 열립니다. 세계는 우리가 사람의 삶의 형식과 사람의 자연사 속에서 취하고 있는 태도에 따라 서로 다른 모습으로 우리에게 말을 걸어오는 것으로 드러나기 때문입니다. 가령 밤하늘의 별들은 더 이상 우리와 무관하게 저 멀리 우주 어딘가에서 불타고 있는 가스 덩어리들 따위가 아닙니다. 오히려 별들조차 우리에게 '사람의 얼굴'로 찾아옵니다. 물론, 우리가 자연과학적 태도를 취하고서 별들을 바라보면, 별들은 핵융합 반응을 지속하고 있는 수소와 헬륨 원소들로 탐구될 수 있을 것입니다. 그러나 우리가 신비적 태도를 취하고서 별들을 바라보면, 별들은 수많은 시와 회화에 끊임없이 영감을 주고 있는 놀랍도록 아름다운 감탄의 대상으로도 경험될 수 있을 것입니다. 자연과학적 태도와 신비적 태도 중 어느 한쪽이 더 우월하다는 식의 비교를 하려는 것이 아닙니다. 두 가지 태도 모두 사람의 삶의 형식과 사람의 자연사에 근거하고 있다는 사실이 중요합니다. 자연과학적 태도만이 전부라고 생각하는 현대인들은 종종 신비적 태도를 망각하지만, 신비적 태도 역시 자연과학적 태도만큼이나 우리가 사람의 삶의 형식과 사람의 자연사 속에서 세계를 기술한 결과라는 것입니다.

이승종 교수님이 자연주의와 해체주의를 결합하신 방식은 저에게 적지 않은 충격을 주었습니다. 데리다의 해체주의를 통해 비트겐슈타인의 자연주의에 도달할 수 있다는 생각을 저로서는 이전까지 한 번도 떠올려 본 적이 없었습니다. 또한 이와 같은 자연주의가 대륙철학의 포스트모더니즘과 영미철학의 자연과학주의를 넘어서는 새로운 대안으로 제시될 수 있다는 점도 놀라웠습니다. 이후에 저는 「부정신학 없는 해체주의를 향하여」라는 논문을 통해 『비트겐슈타인 새로 읽기』에서 받은 영감을 제 나름의 방식으로 정리해 보기도 하였습니다. 비록 그 논문은 겉보기에 뉴턴 가버와 이승종 교수님의 공동저술인 『데리다와 비트겐슈타인』을 비판하고 있지만, 실제로는 이승종 교수님의 『비트겐슈타인 새로 읽기』를 전적으로 옹호하는 내용이라고 할 수 있습니다. 『데리다와 비트겐슈타인』에서는 자연주의와 해체주의가 서로 갈등하는 관계로 설명되는 반면, 『비트겐슈타인 새로 읽기』에서는 자연주의와 해체주의가 서로 보완하는 관계로 설명되기 때문입니다. 저의 논문은 바로 자연주의와 해체주의 사이의 상호성을 더욱 다듬는 작업을 수행하였을 뿐입니다. 아마도 앞으로 계속될 저의 다른 작업들 역시 자연주의와 해체주의에 대한 이승종 교수님의 논의를 발전시키는 방향을 꾸준히 지향하게 될 것 같습니다.

질문 4. 비트겐슈타인의 철학은 과연 자기 지시적일까요?

윤유석 비트겐슈타인의 철학이 과연 자기 지시성^{self-referentiality}의 문제에 빠지는지가 궁금합니다. 얼핏 보면 그의 철학은 자기 지시적인 성격을 지니는 것 같긴 합니다. 그가 사용하는 비판의 전략도 자기 지시적인 것처럼 보입니다. 칸트가 이성의 한계 내에서 이성을 비판하고자 한 것처럼, 비트겐슈타인도 언어의 일상적 사용 내에서 언어의 오용을 치료하고자 하였기 때문입니다. 그런데 저는 여기서 **비판하는 언어**와 **비판받는 언어**가 정확히 무엇인지가 종종 혼란스럽습니다.

　　(1) 교수님께서 지적하신 것처럼, 비트겐슈타인은 '일상인'이 아니라 '철학자'를 겨냥하여 비판을 전개하였습니다(이승종 2022a, 433-434쪽). 그렇다면 여기서 비판하는 언어는 **일상 언어**이고, 비판받는 언어는 **형이상학 이론**이 되어야 할 것으로 보입니다. 언어를 이렇듯 두 가지로 구분한다면, 적어도 비트겐슈타인의 철학이 자기 지시성의 문제에 빠지지는 않을 것입니다. 물론 일상 언어가 왜 형이상학 이론에 비해 더 신뢰할 만한 근거인지는 여전히 해명되어야 하는 문제로 남을 것이지만 말입니다.

　　(2) 교수님께서 지적하신 것처럼, 철학은 '모순'에 봉착하여 "나는 어떻게 해야 할지 모르겠다"라고 고백하게 되는 상황에서 새로운 깨달

음에 도달합니다(이승종 2022a, 20쪽). 그렇다면 여기서 비판하는 언어는 **형이상학 이론**이고 비판받는 언어도 **형이상학 이론**인 것으로 보입니다. 철학의 언어가 발생시킨 모순이 이렇듯 그 언어를 자체 붕괴시킨다면, 역시 비트겐슈타인의 철학은 자기 지시성의 문제에 빠지지 않을 것입니다. 오히려 자기 지시성의 문제에 빠지는 것은 형이상학 이론이 될 것입니다.

제 생각에 (1)과 (2) 중 어느 쪽을 선택하든지 비트겐슈타인은 자기 지시성에서 자유로울 수 있을 것 같습니다. 특히 (2)의 경우 비트겐슈타인은 아무런 형이상학, 의미론, 토대 등에 개입하지 않고서도 철학자들을 향해 "너는 막다른 지점에 봉착했다. 이제 어떻게 할 것이냐?"라고 비판적 질문을 던질 수 있을 것 같습니다.

이승종 저는 자기 지시성이 비트겐슈타인의 철학에 있어서 문제 상황이라고 생각하지 않습니다. 오히려 그는 자기 지시성에 대해 나름의 철학적인 통찰을 부여한 것으로 볼 수 있겠는데요. 형이상학은 언어의 무제약적인 사용에서 귀결되는 것이고, 그러한 무제약적인 사용을 언어 비판을 통해 본래적인 사용으로 되돌려놓으면 형이상학은 해소된다는 게 비트겐슈타인의 치료법이었죠. 이는 형이상학은 이성의 무제약적 사용에서 비롯되는 것이기 때문에, 이성에 대한 비판을 통해 해체되고 극복된다는 칸트의 전략과 크게 다르지 않다고 생각합니다. 주제만 이성에서 언어로 바뀌었을 뿐 비판의 대상도 형이상학으로 그대로 유지되고 있고요. 비트겐슈타인의 자기 지시성 문제는 그와 칸트 사이의 계승성의 관점에서 이해해 볼 수 있습니다.

교수님께서는 자기 지시성이 문제적이지 않을 수 있다고 생각하시나요?

윤유석 비트겐슈타인의 철학 안에는 자기 지시성이 있긴 하지만 이게 문제가 되지 않는다는 말씀인데 왜 그런지 설명해 주실 수 있나요?

이승종 자기 지시성이 문제인 경우가 있고 아닌 경우가 있습니다. 순환논증의 오류는 전자에 해당하고 그때의 순환은 악순환입니다. 그런데 해석학의 중요한 공헌으로 악순환이 아닌 선善순환의 정립을 꼽을 수 있습니다. 해석학은 이를 자신의 방법에 중요한 디딤돌로 삼아서 '해석학적 순환'이라는 용어로 다듬어 냅니다. 칸트와 비트겐슈타인의 저술들은 각각 이성과 언어를 해석학적 순환의 관점에서 비판하고 있는 것으로 긍정적으로 해석할 수 있겠습니다.

일상 언어가 형이상학 이론보다 더 신뢰할 만한 근거를 지니나요?

윤유석 비트겐슈타인은 일상 언어를 형이상학 이론을 비판하기 위한 근거로 삼고 있지만, 일상 언어가 형이상학 이론보다 더 근본적이고 더 신뢰할 만하다고 할 수 있을 이유가 무엇일까요?

이승종 잘못된 질문이 아닌가 싶은데요. '일상 언어가 형이상학의 언어보다 우월하다, 혹은 그렇지 않다'라는 위계의 문제가 아니라, 일상 언어를 어떻게 사용하느냐가 핵심이거든요. 비트겐슈타인에 의하면 형이상학은 언어의 오용이나 남용에서 비롯된 그릇된 시도이기 때문에, 그러한 오용이나 남용을 바로잡아 주면 해소됩니다. 그때 바로잡아 줌에 해당하는 역할을 수행하는 것도 언어이고요. 형이상학의 언어가 따로 있고 일상 언어가 따로 있어서 서로 간에 위계가 작동하는 게 아닙니다. 이런 맥락에서 형이상학 비판은 곧 언어 비판이기도 합니다.

하나의 예를 들면 이해가 빠를 것 같은데요. 위의 경우는 뮐러-라이어Müller-Lyer 착시 현상을 그러한 착시를 일으키는 우리의 시각으로써 교정하는 과정에 견줄 수 있습니다. 다음 그림에서 세 직선의 길이는 차이가 있어 보입니다.

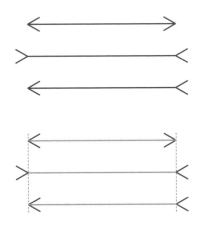

그러나 우리는 세 직선의 길이를 재 봄으로써 이것이 착시임을 우리 눈으로 확인하게 됩니다.

착시에 빠졌던 우리의 시각을 이처럼 스스로 교정할 수 있는 것입니다.

언어의 왜곡에서 비롯되는 형이상학에 대한 교정도 착시를 우리의 시각으로 교정하는 것과 같은 방식으로 수행될 수 있습니다.

윤유석 비트겐슈타인의 작업은 형이상학의 잘못된 언어 사용을 바로잡아 줌으로써 형이상학의 문제들을 해소하려는 것이지, 근본적인 층위의 언어에서 세운 의미론에 입각해 형이상학을 비판하는 건 아니라는 말씀이네요.

20세기 초에 분석철학이 처음 등장하면서 지적했던 것 중의 하나가 언어의 논리적인 구조가 일상 언어에서는 감춰져 있다는 거였잖아요. '현재 프랑스의 왕은 대머리이다'라는 명제는 주어가 '현재 프랑스의 왕'이고 술어가 '대머리이다'처럼 보이지만, 러셀의 기술 이론에 따라 분석해 보면 그게 아니라 "현재 프랑스 왕인 어떤 사람이 존재하고, 그 사람은 오직 한 명만 존재하며, 그 사람은 대머리이다"라는 명제(($\exists$x)(Kx & (y)(Ky $\supset$ y=x) & Bx))로 분석이 된다는 것이었습니다.

언어철학자들과 형이상학자들은 이처럼 일상 언어가 순수한 논리적 구조를 왜곡하고 있기 때문에 일상 언어를 바로잡아야 한다고 하는데, 비트겐슈타인은 반대로 형이상학의 언어와 의미론의 언어가 왜곡되어 있기 때문에 그걸 바로잡아야 한다고 하니, 이 두 가지 입장 중에서 어느 쪽이 맞는지의 문제는 계속 생겨날 수밖에 없는 것 같습니다.

이승종 일종의 이분법적인 분류인 것 같은데요. 저는 비트겐슈타인은 그 어디에도 속하지 않는다고 봅니다. 그는 일상 언어의 문제는 바로 그 언어의 자정 능력에 의해서, 적절한 분석이나 용례에 대한 통찰을 통해서 해결할 수 있다고 보았으니까요. 즉 일상 언어가 무결점이고 그 무결점의 일상 언어를 거울 삼아 다른 언어나 이론들을 비판해야 한다는 것이 아니라, 일상 언어에 노출되어 있는 여러 문제점들을 일상 언어를 사용해서 스스로 정화할 수 있다는 믿음을 견지했다고 보는 게 더 맞지 않을까요?

윤유석 일상 언어는 스스로 자정 능력이 있으므로 개별적으로 어떤 게 오용이고 어떤 게 바른 사용인지를 따져 봐야 되는 것이지, 일상 언어와 형이상학의 언어가 구분되어 있는 것처럼 전제하는 것 자체가 잘못됐다고 볼 수 있겠네요.

형이상학 이론 내부의 모순을 폭로하는 방식으로 수행되는 비판은 자기 지시성에서 자유로울 수 있지 않을까요?

윤유석 저는 형이상학 언어 내부의 모순을 지적하는 방식으로 형이상학의 이론들이 극복될 수 있다고 생각하거든요. 말하자면 일종의 귀류법적인 논증을 사용하여 특정한 입장이나 이론이 자기모순을 지니고 있다는 걸 폭로하는 방식으로 그 이론이 스스로 무너지게 만들 수 있음을 강조하는 입장입니다. 이런 방식으로 수행되는 언어 비판이라면 자기 지시성의 문제에서 자유로울 수 있지 않을까 생각하는데요?

이승종 자기 지시성을 극복해야만 한다는 강박관념이 있는 것 같은데 자기 지시성이 왜 문제가 되는지요? 자기 지시성도 사례마다 구체적으로 접근해야 하겠습니다.

윤유석 자기 지시성이 문제가 될 수 있지 않다고 전제하면, 굳이 그 문제를 극복하기 위한 전략을 만들 필요가 없다는 말씀이네요.

이승종 네. 사실 서양철학은 자기 지시성의 화두로 시작하지 않았나요? '너 자신을 알라'는 화두 말입니다.

윤유석 그 화두는 문제가 되지 않는 자기 지시성이라고 보시는 건가요?

이승종 네.

질문 5. 수학의 인류학은 플라톤주의와 극단적 규약주의를 모두 극복할 수 있을까요?

윤유석 비트겐슈타인의 수학철학은 대단히 독특합니다. 비트겐슈타인은 '사람이 아닌 존재자들의 수학은 과연 어떤 활동일까?' 하고 상상하는 과정에서 '사람의 수학은 과연 어떤 활동인가?'를 성찰하기 때문입니다. 그는 수학이 사람의 삶과 대단히 밀접한 관계를 맺고 있는 인류학적 현상이라는 사실을 강조하기 위해 역설적이게도 사람이 아닌 존재자의 수학이 사람의 수학과 얼마나 다를 수밖에 없는지를 이야기하는 것입니다. 가령 모든 것이 분절 없는 액체만으로 이루어진 세계에서도 계산을 하는 지적 존재자가 있다면, 그런 지적 존재자의 계산 방법은 우리의 계산 방법과는 크게 다를 것이라고 지적하는 방식으로 말입니다.

교수님은 수학이 인류학적 현상이라는 비트겐슈타인의 관점이 수학에 대한 플라톤주의와 극단적 규약주의가 지닌 한계를 모두 극복한다고 강조하셨습니다. 교수님의 설명에 따르면 플라톤주의는 자연수, 실수, 유리수, 무리수와 같은 수학적 대상이 사람과 무관하게 어딘가에 실제로 존재한다고 주장하는 입장이고, 극단적 규약주의는 수학이 완전히 자의적인 활동이라고 주장하는 입장입니다. 그러나 비트겐슈타인의 수학철학은 그 두 입장과 달리 (1) 수학이 '인류학적' 현상이라는 점에서는 수학이 서로 다른 삶의 형식에 따라 상대적이라는 사실을 인정하면서도, (2) 삶의 형식이 수학에 '필연성'과 '강제력'을 부여한다는 점에서는 수학이 결코 자의적이지 않다는 사실도 인정합니다.

　　　사실 저는 수학에 대한 비트겐슈타인의 견해에 많은 부분 동의합니다. 다만 비트겐슈타인의 논점을 더욱 선명하게 만들기 위해 악마의 변호인devil's advocate 역할을 자처하여 비판을 제기하고 싶습니다. 가령 사람이 아닌 존재자는 사람과 다른 방식으로 계산을 할 것이라는 비트겐슈타인의 주장은 이상합니다. 그런 존재자의 계산은 애초에 계산이라고 간주될 수조차 없는 완전히 '무의미한' 행위이거나 올바른 계산과는 맞지 않는 단순히 '틀린' 계산이 아닐까요? 또한 비트겐슈타인의 수학철학을 통해 극단적 규약주의를 극복할 수 있는지도 의문스럽습니다. 수학이 사람의 삶의 형식에 근거하고 있다는 주장은 수학이 자의적이라는 주장과 과연 근본적으로 다를까요? 수학의 인류학이 어떻게 플라톤주의와 극단적 규약주의를 모두 극복할 수 있는지에 대해 더욱 자세한 설명을 부탁드립니다.

이승종 비트겐슈타인은 사람이 아닌 존재자가 행하는 계산에 대해서뿐 아니라 사람이면서도 우리와 다른 방식으로 행하는 계산에 대해서도 논의하고 있습니다. 목재더미의 길이와 너비는 재지만 높이는 따지지 않고 가격을 매겨 파는 이상한 목재상이 그 한 예입니다(Wittgenstein 1978, 93쪽 이하; Wittgenstein 1976, 202쪽). 그러한 목재상이 실제 존재하지는 않겠지만 그가 하는 실행을 계산으로 간주하지 않는다거나 틀린 계산에 불과하다거나 완전히 무의미한 행위라고 간주할 근거는 없다고 봅니다. 비트겐슈타인은 그와 반대로 이상한 목재상의 계산을 이해하고 옹호할 수 있기 위한 상상속의 인류학적 방안을 모색하고 있습니다. 우리는 수학이 외부 세계를 탐구하는 물리학이나 형이상학이 아니며, 수학자가 자유로이 입안한 자의적 규약의 산물도 아니라는 점에 유의해야 합니다. 수학의 인류학은 수학에 대한 저러한 오해를 불식시키고 인류사에서 수학의 바른 지위를 정초하는 작업입니다.

수학의 인류학은 플라톤주의를 극복할 수 있을까요?

윤유석 사람이 아닌 존재자의 수학을 상상할 수 있다는 사실만으로 플라톤주의가 극복되었다고 할 수 있을까요? 오히려 그런 상상 속 수학 자체가 무의미하다거나 틀렸다고 생각하는 사람들은 비트겐슈타인의 견해를 무시해 버리지 않을까요?

이승종 그런 사람들에게 비트겐슈타인은 다음과 같이 제안하고 있습니다.

만일 누군가 어떤 개념들을 완전히 올바른 개념들이라고 믿고, 그와 다른 개념들을 갖는 것은 마치 우리가 이해하는 어떤 것을 전혀 이해하지 못한다는 뜻이라고 믿는다면 ― 나는 매우 일반적인 어떤 자연의 사실들이 우리에게 익숙한 것과는 다르다고 상상해보라고 그에게 권하고 싶다. 그렇다면 그는 익숙한 개념들과는 전혀 다른 개념들이 어떻게 형성되는지를 이해하게 될 것이다. (비트겐슈타인, 『심리철학-단편』, §366, 비트겐슈타인, 『철학적 탐구』에 수록.)

비트겐슈타인은 달라진 자연사에서 저러한 대안적 개념 형성의 가능성에 대한 이해를, 우리가 사용하는 개념들의 자명성에 대한 집착으로부터 벗어나기 위한 도구로 사용하고 있음에 주목해야겠습니다.

수학의 인류학은 극단적 규약주의를 극복할 수 있을까요?

윤유석 삶의 형식이 수학의 필요조건이라는 주장은 결국 수학이 자의적이라는 주장으로 귀결되지 않을까요? '인류학적' 현상들 중에서 필연적인 현상이 존재하기는 어려워 보이는데요. 가령 음식을 먹을 때 어떤 사람들은 포크를 사용하고 어떤 사람들은 젓가락을 사용하는 것처럼, 수학도 인류학적 현상일 경우 단순히 자의적인 규약의 체계라고 보아야 하지 않을까요?

이승종 수학이 인류학적 현상이라는 말은 수학이 사람의 활동이라는 뜻이지 수학이 자의적인 규약의 체계라는 것은 아닙니다. 우리는 곡률이 0인공간에 대해서는 유클리드 기하학을, 0보다 큰 공간에 대해서는 리만 기하학을, 0보다 작은 공간에 대해서는 로바첵스키 기하학을 각각 사용합니다. 저러한 선택은 자의적인 것이 아닙니다. 각 기하학들은 해당 조건에서만 성립하는, 즉 해당 조건에 최적화된 수학이기 때문입니다. 각 기하학들의 정리는 해당 기하학들의 공리에 대해 필연적 연역의 관계하에 있습니다.

수학의 인류학은 수학의 역동성을 해명할 수 있을까요?

윤유석 사람의 삶의 형식과 자연사는 쉽게 변화하지 않는 사람의 조건인 것으로 알고 있습니다. 그렇다면 수학이 사람의 삶의 형식과 자연사에 뿌리를 두고 있는데도 지금까지 지속적으로 변화하였다는 사실은 어떻게 이해되어야 할까요? 플라톤주의에서는 수학이 고정된 진리를 향해 점차 발전하고 있다고 해명할 것 같고, 극단적 규약주의에서는 수학이 단순히 시대와 문화에 따라 자의적으로 바뀌었다고 해명할 것 같은데, 수학의 인류학은 수학의 변화를 어떻게 해명할 수 있을까요?

이승종 말씀하신 변화는 주어진 삶의 형식과 자연사의 전제하에서 일어난 것들임에 유의할 필요가 있습니다. 삶의 형식과 자연사는 수학의 필요조건이지만 충분조건은 아닙니다. 판단에 있어서의 일치, 삶의 형식에 있어서의 일치, 자연의 제일성齊一性 등은 사람이 행하는 수학의 필요조건입니다. 그러나 우리는 저러한 필요조건을 충족하는 다양하고 상이한 수학 체계와 실행을 상상할 수 있으며, 실제로 그러한 체계들을 실행합니다. 이는 삶의 형식과 자연사가 각각의 수학에 대해 충분조건이 아님을 입증합니다. 주어진 삶의 형식과 자연사의 전제하에서도 수학이 변화할 수 있는 여지는 확보됩니다.

길에서 잠시 쉬며

질문 6. 논리와 언어에 대한 성찰이 어떻게 영성에 대한 성찰과 결부되나요?

윤유석 교수님께서는 논리와 언어에 대한 비트겐슈타인의 성찰이 종교적 함축을 담고 있다고 지적하였습니다. 가령 "비트겐슈타인이 의사소통의 문제에 관심을 갖는 이유는 의미론이나 의사소통 이론의 정립을 목표로 하기 때문이라기보다는, 사람과 사람 사이의 진정한 영적 교류가 어떻게 가능한가 하는 종교적 관심 때문이라고 생각합니다"(이승종 2022a, 435쪽)라고 말입니다. 저에게는 교수님의 이러한 설명이 매우 놀라웠습니다.

　　　물론 비트겐슈타인은 아주 종교적인 인물이었던 것으로 유명합니다. 그에게 깊은 영향을 받은 오늘날의 종교철학자나 신학자도 적지 않은 것으로 알고 있습니다. 그렇지만 비트겐슈타인의 논리철학과 언어철학이 어떠한 방식으로 종교적 함축을 지닐 수 있는지가 곧바로 떠오르지는 않습니다.

대부분의 경우 비트겐슈타인의 논리철학과 언어철학은 그의 종교철학과는 독립적으로 다루어지다 보니, 그 영역들 사이의 연관성을 발견하기가 더 쉽지 않은 것 같습니다. 교수님께서는 어떤 점에서 논리와 언어에 대한 성찰이 영성에 대한 성찰과 결부된다고 생각하신 건가요?

이승종 호르크하이머^{Max Horkheimer}와 아도르노^{Theodore Adorno}는 그들이 같이 쓴 『계몽의 변증법』에서 근대성의 이념인 계몽의 프로그램을 세계의 탈마법화, 탈신화화로 규정한 바 있습니다. 근대성을 세속화과정과 맞물려 이해한 셈인데, 비트겐슈타인의 사유는 근대나 탈근대가 아니라 전근대에 더 가까운 모습을 보이곤 합니다. 낡고 보수적이라는 의미에서가 아니라 본래적이라는 의미에서 그렇습니다.

우리는 언어를 의사소통의 도구로 일의적으로만 생각하지만 근대 이전 사람들은 그렇지 않았습니다. 예컨대 『성경』에 '태초에 말씀이 있었다'라는 구절이 있습니다. 거기서 말씀은 언어이고 그 언어의 주체는 사람이 아닌 신이었습니다. 비슷한 사유가 플라톤의 『파이드로스』나 동양의 『주역周易』에서도 보입니다.

저는 비트겐슈타인을 하이데거와 아울러 이러한 본래적인 전통을 잘 간직한 사람으로 봅니다. 러셀은 어느 날 자정에 자신을 찾아온 비트겐슈타인과 나누었던 다음과 같은 대화를 『자서전』에 기록하고 있습니다.

> 러셀: "너는 논리에 관해 생각하고 있는가, 아니면 원죄에 관해 생각하고 있는가?"
> 비트겐슈타인: "둘 다에 관해서입니다."

여기서 우리는 비트겐슈타인이 논리의 문제를 죄의 문제와 동일선상에 놓고 생각했음을 알 수 있습니다. 논리를 어기는, 명료성에 이르지 못하는 사유는 죄에 해당합니다. 그 죄의 이름은 '무지無知'이고 그것의 언어는 세례를 받듯이 정화되어야 합니다. 무지를 회개하고 거듭나야 한다는 것입니다.

이는 동서양을 막론하고 철학의 근본정신에 해당합니다. 소크라테스도 '너 자신을 알라'라는 신탁을 '자신의 무지를 알라'라는 방식으로 이해했고요. 불교에서 세 가지 번뇌로 꼽는 탐, 진, 치痴의 '치'가 무지에 해당합니다. 12연기를 촉발하는 첫 번째 계기인 무명이 곧 무지이기도 하고요. 무지로 말미암아 업이 발생하고, 무지를 극복할 때 비로소 해탈과 열반의 길이 열립니다. 이런 점에서 저는 비트겐슈타인이 매우 고전적이고 본래적인 방식으로 언어, 논리, 철학의 문제에 접근했다고 봅니다.

윤유석 아주 재미있네요. 비트겐슈타인이 언어에 대한 근대 이전의 본래적 사유를 되살리려다 보니 언어, 논리, 무지, 죄가 분리되지 않는 구도가 되는 거네요.

사람을 대하는 태도가 다른 사물을 대하는 태도와 본질적으로 다른 이유는 무엇인가요?

윤유석 비트겐슈타인은 사람을 대하는 태도와 사물을 대하는 태도를 서로 구분하고 있습니다. 이로부터 영성을 비롯한 종교적인 문제들에 대한 함축이 나오는 것 같은데, 저 두 태도가 본질적으로 다른 이유는 어떤 것인가요?

이승종 의료 행위와 같은 아주 예외적인 경우를 제외한다면 우리는 사람을 결코 물질로 대하지 않죠. 우리가 사람을 대하는 태도는 여타의 생명체를 대하는 태도와도 구별됩니다. 사람을 사람으로 대한다는 것이 너무나 당연한 말처럼 들리지만, 비트겐슈타인은 이를 탐구해야 할 중요한 원초적 현상으로 보았습니다. 이것이 그가 『철학적 탐구』에서 진행한 2인칭적 탐구의 하이라이트라고 생각합니다.

비트겐슈타인이 생각하는 '신의 영광'이란 무엇인가요?

윤유석 비트겐슈타인은 자신의 작품이 신의 영광을 위한 것이라고 했습니다. 신의 영광이란 대체 어떤 것인가요?

이승종 신은 전지전능의 아이콘이죠. 신에게는 모든 것이 다 명명백백하게 드러나고 오류나 번뇌도 없습니다. 비트겐슈타인은 그처럼 모든 번뇌로부터 해방되어서 더 이상 철학을 하지 않아도 되는 상황을 신의 영광이라는 말로 표현했던 것 같습니다. 비트겐슈타인에게 있어서 오류, 불명료, 비논리는 죄입니다. 그 죄를 사함받기 위해서 '신의 영광'이라는 종교적인 표현을 끌어 들인 게 아닌가 합니다.

윤유석 사이비 문제들을 발생시키는 논리적인 오류와 불명료함이 다 제거된 상태가 비트겐슈타인이 지향했던 신의 영광이라는 말씀이네요.

모든 문제를 종교적 관점에서 본다는 것은 무엇을 의미하나요?

윤유석 비트겐슈타인은 자신이 종교인은 아니지만 모든 문제를 종교적 관점에서 볼 수밖에 없다고 말한 것으로도 알려져 있습니다. 모든 문제를 종교적 관점에서 본다는 비트겐슈타인의 말은 어떤 의미인가요?

이승종 우리말에서 '종교'는 으뜸宗이 되는 가르침敎이지만, 원어인 'religion'에는 기독교적인 요소가 녹아들어 있습니다. 캠벨Joseph Campbell에 따르면 'religion'은 '묶다, 연결하다'는 뜻의 'ligare'의 앞에 '다시'라는 뜻의 're'라는 접두사가 붙은 것입니다. 끊어졌던 하늘과 땅의 연관이 다시 연결되고, 끊어졌던 아버지 하나님과 아들 예수의 관계가 십자가 사건에서 복원되는 2인칭적인 만남의 현상이 'religion'으로서의 '종교'에 새겨져 있습니다. 여기서도 우리는 종교가 영매인 샤먼을 내세우는 샤머니즘으로부터 연원함을 알 수 있습니다.

　　모든 문제를 종교적 관점에서 보지 않을 수 없다는 비트겐슈타인의 말은 앞의 어원 분석에 따르면 모든 것을 서로 연결 지어 2인칭적으로 복원하려는 정신을 표현하고 있습니다.

윤유석 '종교'의 어원을 따라가다 보면 하나 됨과 만남이라는 개념이 강조되는데, 그러한 2인칭적 사건을 바탕으로 세계를 총체적으로 이해하려는 시도가 "모든 것을 종교적 관점에서 본다"는 비트겐슈타인의 언명에 들어 있다는 말씀이네요.

수강생들과의 토론

윤신숙 자기 지시성이 무엇인지 말씀해 주실 수 있나요?

이승종 서양철학자 헤겔이 이런 말을 했죠. "미네르바의 올빼미는 황혼이 저물어야 그 날개를 편다"라고요. 미네르바의 올빼미는 철학의 아이콘입니다. 그런데 왜 황혼이 되어서야 날갯짓을 시작할까요? 철학이 약진하는 문명으로 하여금 자신을 돌아보게 하기 때문이라고 생각합니다. 문명을 이끌고 앞으로 달려가는 것은 과학이나 기술이겠지만, 철학은 황혼이 되어서야 날갯짓을 하는 미네르바의 올빼미처럼, 앞서가는 문명을 총체적인 관점에서 반성하고 다가올 미래에 대한 방향성을 설정하는 역할을 합니다.

　자기 지시성은 철학과 뗄 수 없는 관계에 있습니다. 철학은 문명의 황혼 무렵에 일어나는 반성입니다. 헤겔은 우리에게 자신을 되돌아볼 여지를 주는 역할을 하는 것이 철학이라고 이해했던 것 같습니다. 자기 지시성이 철학의 과제이고 운명이라는 헤겔의 말에 대해서는 소크라테스,

칸트, 비트겐슈타인도 동의할 거라고 생각합니다.

우리도 인생을 살면서 잘나갈 때는 앞만 보고 달리죠. 이때는 철학 같은 게 눈에 보일 리가 없습니다. 그런데 인생이라는 게 이렇게 잘 나가기만 하는 건가요? 오르막이 있으면 내리막도 있죠. 정도의 차이는 있지만, 누구에게나 고통이 닥쳐오고, 시련이 닥쳐오고, 환난이 닥쳐옵니다. 그러한 극한 상황 속에서 "나는 어떻게 해야 할지 모르겠다"라는 자기 반성을 하게 되고, 신을 찾게 되고, 지혜를 갈구하게 되는 것이 인간인 것 같습니다.

장보성 두 가지 질문을 드리고 싶습니다. 첫 번째로, 형이상학이 언어를 오남용하는 구체적인 사례를 제시해 주실 수 있나요? 어떤 언어들이 어떻게 오남용되고 있는지 궁금합니다. 두 번째로, 언어의 오남용을 제거하여 형이상학을 치료하려는 기획은 전기 비트겐슈타인의 기획에 가깝지 않을까요? 저는 후기 비트겐슈타인이 오남용된 언어와 그렇지 않은 언어의 구분 자체를 탈피하려 했다고 해석합니다.

이승종 예를 들어 우리는 삶이 얼마나 속절없는지를 표현할 때 "시간이 정말 빨리 흐르는구나!"라고 하죠. 그런데 이 표현을 좀 더 형이상학적으로 끌고 가면 "시간에도 속도라는 게 있구나!"라고 말하게 될지도 모릅니다. 시간이 빨리 흐르기 위해서는 시간이라는 실체가 있어야 하고, 이 실체가 점점 속도가 붙어야 한다고 잘못된 생각을 할 수도 있는 것입니다.

공간도 존재자들이 담길 수 있는 커다랗고 보이지 않는 그릇 같은 실체로 생각해 버릴 수도 있습니다. 이런 식으로 시간과 공간을 실체화해서 사유하는 사람이 있다면, 그 사람은 시간과 공간에 대한 형이상학을 하는 것입니다.

그러나 이러한 형이상학은 우리가 사용하는 시적이고 은유적인 표현에 근거할 뿐입니다. "시간이 정말 빨리 흐르는구나!"라는 표현을 너무 진지하게 생각해서 시간을 실체화하는 사유를 비트겐슈타인은 비판하고 있죠.

그런데 제가 지금 제시한 두 예는 비트겐슈타인의 전기 대표작인 『논리-철학논고』에 나오는 이야기가 아니라, 그의 후기 대표작인 『철학적 탐구』에 나오는 예입니다. 즉 장보성 님의 두 번째 질문과 직결되는 사안인데요. 장보성 님께서는 비트겐슈타인이 후기에는 형이상학에 대한 태도를 달리한 것으로 보고, 형이상학이 언어의 오남용에서 비롯된다는 생각은 청년 시절의 비트겐슈타인의 생각이라고 진단하셨습니다. 그러나 제가 지금 든 예에서 볼 수 있듯이, 형이상학에 빠질 수 있는 우리의 실수는 언제 어디서나, 누구에게나 닥칠 수 있습니다. 특히 진지한 사람들에게 말입니다. 형이상학은 진지한 사유가 빠지는 덫입니다.

언어의 오남용에 빠지지 않는 일상 언어는 어떠한 것인지에 대해서는 오늘 후반부에 유석 씨와의 토론과정에서 짚어 본 바 있습니다.

박득송 자기 지시성을 한마디로 말하면 무엇입니까?

이승종 '자기를 되돌아봄' '나는 누구인가를 스스로 물어봄'입니다.

박득송 그런 정의는 상당히 형이상학적으로 느껴지는데요?

이승종 형이상학 없이도 그런 질문은 할 수 있지 않을까요? "내가 누구지?"라고요.

박득송 수리논리학 같은 것을 사용해서 자기 지시성을 설명하는 방식은 없나요?

이승종 자기 지시성에 대한 질문을 던질 때 사람마다 강도가 다를 수는 있겠죠. 어떤 사람에게는 그게 굉장히 절실한 문제로 다가오고, 어떤 사람에게는 그게 문제 자체가 아닐 수도 있는 거고요. 그런데 철학의 경우에는 자기 지시성의 문제는 피할 수가 없는 것입니다.

박득송 어떤 의미에서 자기 지시성은 철학의 알파와 오메가 같습니다. 그렇지만 다른 말로 하자면, 자기 지시성이라는 것은 하나 마나 한 이야기 아닙니까? 당연한 것을 구태여 말하는 것이니까요.

이승종 그렇지만 우리가 삶을 살아가면서도 언젠가 한번쯤은 자기 자신을 돌아보는 그런 순간이 있죠. 저는 이게 굉장히 중요한 순간이라고 생각을 합니다.

박득송 글쎄요, 우리는 항상 자기 자신을 바라보지 않나요? 그게 인간의 속성 아닙니까? 물론 잠깐 잊을 수야 있겠지만요.

이승종 항상 자기를 바라본다고요? 그럴까요? 하이데거는 사람이 항상 자기를 바라본다기보다는 항상 이익을 좇아서 계산을 한다고 이야기하겠죠.

박득송 뭐, 그럴 수도 있습니다만, 우리는 항상 고통에 빠져서 우리 자신을 이미 느끼고 있지 않나요? 불교적으로 이야기하자면, 고해에 빠져 있는 자기 자신을 항상 느끼면서 자기 지시하고 있는 것이 사람 아닌가요?

이승종 그런데 그것은 아무것도 아닌 반성은 아니겠죠. 자신이 체험하는 바가 보편적인 수준에서 주어진 고통이라는 사실에 대해 자각하는 사람은 깨달은 사람입니다.

박득송 사람은 이미 모두 깨달았다고 보아야 하지 않을까요? 자신이 깨달았다는 것을 모를 뿐이겠죠. 어쩌면 제가 자기 지시성이라는 개념을 정확히 이해하지 못해서 교수님과는 다른 이야기를 하고 있는 것인지도 모르겠습니다. 자기 지시성이라는 것이 명확히 무엇인가요?

이승종 철학에도 역사적인 전개과정이 있고 축적되는 지식들이 있습니다. 서양의 경우에도 소크라테스 이전에 철학이 없었던 것이 아닙니다. 소크라테스 이전에는 밀레토스학파를 위시한 자연철학자들이 있었죠. 그들은 "세상 만물의 근원이 무엇인가?"라는 화두에 사로잡혀 있었죠. 소크라테스 이전까지는 밀레토스학파가 주도한 자연철학적인 질문들, 즉 "세상의 참된 구조와 실재를 어떻게 설명할 것인가?"라는 문제에 빠져 있었다고 해도 과언이 아닙니다.

그런데 바깥에 대한 이러한 질문이 180도 방향 전환을 하게 되

소크라테스

는 것이 소크라테스의 출현부터죠. 소크라테스는 처음부터 "나는 자연철학자의 질문을 던지지 않겠다"라고 선언을 하고 나온 것처럼 보이는 철학자입니다. 오히려 그가 던진 질문은 그 이전의 자연철학자들에게는 매우 낯선, 그리고 우리가 보기에는 아주 신선한 것이죠. 바로 "내가 누구인가?"라는 질문 말입니다.

　　　소크라테스는 자신이 이러한 질문을 델포이의 신탁으로부터 받았다고 합니다. "너 자신을 알라"라는 신의 명령으로부터요. 소크라테스는 그 명령에 충실해서 자신의 철학을 거기에 바쳤다고 할 수 있습니다. 제가 보기에, 그의 전 인생은 "너 자신을 알라"라는 델포이의 신탁을 보편적으로 소급해서 "우리는 우리 자신에 대해서 무엇을 알 수 있을까?"라는 질문을 인류가 고민하도록 만든 위대한 탐구의 여정이었다고 생각합니다.

박득송 그렇다면 그 이야기 속에서 자기 지시성이라는 것은 무엇입니까?

이승종 "너 자신을 알라"라는 말의 지향성이죠. 세상 만물의 근원이 무엇인지에 대해 밖으로 향하는 질문을 던지는 것이 아니라, "너 자신을 알라"처럼 안쪽을 들여다보게 만드는 명령이 자기 지시성을 지니죠.

박득송 자기 지시성과 지향성은 어떻게 다른가요?

이승종 '지향성'이라는 말에는 가리킴이라는 뜻밖에는 없습니다. 지향성이 나 자신을 향해 있을 때 '자기 지시성'이라고 할 수 있겠네요.

철학에서의 위대한 돌파구는 많은 경우에 답변에서 나오는 게 아니라 질문을 던지는 각도에서 나온다고 저는 생각을 합니다. 야구에서 투수가 공을 던질 때 어느 각도에서 공을 뿌리는지가 중요한 것이지, 그렇게 던진 공이 스트라이크인지 볼인지는 그다음 문제인 것처럼요. (투수에게는 스트라이크를 던져야 할 상황이 있고 볼을 던져야 할 상황이 있습니다.) 철학에서의 위대한 돌파구도 위대한 질문을 던진 사람에 의해 마련됩니다.

예를 들어 중세에 서양의 철학사가 신의 문제에 완전히 몰입되어 있을 때 데카르트가 나타나서 "나는 사유한다. 고로 나는 존재한다"라고 말했죠. 이것도 자기 지시적인 문제 제기입니다. "내가 누구인가? 나는 사유하는 존재다"라는 식으로 문제를 180도 돌려놓게 되죠. 신에 대한 계시와 신앙의 문제가 아니라 나의 자기 인식의 근거의 문제로 철학사가 방향 전환을 하면서, '근대성'이 데카르트에 의해서 형성이 되는 거죠.

저는 데카르트가 제2의 소크라테스라고 생각합니다. 서양철학사가 소크라테스의 "너 자신을 알라"라는 화두에서 시작되었다면, 서양철학사에서의 또 한 번의 혁명은 데카르트가 불러일으킨 근대성의 혁명이라고 봅니다. 그 혁명은 나 자신에 대한 재사유인 것이죠.

김주섭 '극단적 규약주의'라는 용어가 이해가 잘 되지 않습니다.

이승종 원어로는 'full-blooded conventionalism'이죠. 'full-blooded'를 '극단적'으로 번역했고, 'conventionalism'을 '규약주의'로 번역했습니다.

극단적 규약주의는 규약과 규약 사이의 연관 관계조차도 규약으로 간주합니다. 하나의 예를 들자면, 우리는 3 + 8이 11이라는 것을 잘 알고 있어요. 그런데 극단적 규약주의자에 의하면, 3 + 8이 11이라는 것도 규약입니다. 4 + 5는 9죠 이것도 규약이에요. 모든 것을 다 규약으로 이해하는 게 극단적인 규약주의입니다.

이것은 우리의 상식과 잘 맞지 않죠. 우리가 계산을 할 때 매 경우마다 규약을 맺지는 않습니다. 그럴 필요가 없기 때문입니다. 산수의 기초만 알면, 그 다음에 우리는 어떠한 계산이라도 할 수 있습니다. 비록 시간이 걸리고 가끔씩 실수도 하겠지만, 규약에 의지하지 않고도 계산해 낼 수가 있는 것이죠.

그런 점에서 저는 극단적인 규약주의가 다소 우둔한 생각인 것 같아요. 수학을 이해할 수 있는 다른 방식들도 있는데, 매 계산마다 우리가 하나하나 규약을 맺는다고 생각하는 것은 번거로운 일이죠. 저로서는 수긍하기가 어려운 입장입니다.

박득송 우리 강의에서는 철학을 하면서 음악도 들었는데, 철학적인 이성과 음악적인 감성이 합쳐져야 전체적인 사유가 완성된다고 생각하시는 것인가요?

이승종 네.

박득송 예술적인 감성이 이성에 합치돼야지만 온전한 철학이 된다는 생각을 합니다. 이런 방향으로 생각하는 게 맞을까요?

이승종 『비극의 탄생』에서 니체는 소크라테스를 비판하면서 그를 서양 허무주의의 원흉으로 지목합니다. 그런데 그 책의 말미에 보면, 그런 소크라테스가 죽음을 눈앞에 두고 개과천선하는 장면이 있다는 말도 합니다. 플라톤의 『파이돈』에는 소크라테스가 사약을 받고 세상을 떠나기 전에 제자들과 나눈 말이 기록되어 있습니다. 니체가 그렇게 이성중심주의자로 몰아세웠던 소크라테스는 꿈속에서 음악을 하라는 암시를 받았다고 이야기합니다. 그래서 니체는 『비극의 탄생』에서 우리에게 정말 절실한 철학자는 음악을 하는 소크라테스라고 말합니다.

　　박득송 선생님께서 하신 말씀이 니체가 본 소크라테스의 한계와 그것에 대한 극복을 잘 나타내고 있다고 생각합니다. 즉 음악을 하는 소크라테스야말로 우리가 혹은 니체가 생각한 앞으로 도래할 철학자의 참모습이었다는 것입니다. 제가 한 학기 동안 매 강의마다 소중한 10분을 음악 감상에 할애하는 것도 '우리가 음악을 하는 소크라테스가 될 수는 없을까?' 하는 생각 때문이었습니다. 우리들 각자도 그럴 만한 충분한 잠재력이 있습니다. 다만 그 실현 여부는 누가 실제로 그렇게 하는지에 달려 있습니다. 이는 각자가 의지를 내야 할 문제이기도 합니다. 철학에서 중요한 것은 재능보다 의지입니다.

12강

앞으로의 길

"

그동안 해 온 작업이 탈형이상학적인 현상학의 차원에 머물러 있었다면, 철학적 동역학은 그러한 현상학적 해체 작업 이후의 새로운 차원에서 형이상학을 모색하고 있다.

"

윤유석 〈철학의 길〉 열두 번째 시간입니다. 이번 강의에서는 이승종 교수님과 '앞으로의 길'에 대해 이야기해 보고자 합니다. 우리는 지금까지의 강의를 통해 대륙과 영미, 서양과 동양, 과거와 현재를 넘나들면서 철학의 다양한 개념, 주제, 사조, 인물에 대해 논의하였습니다. 오늘은 지금까지의 강의에서 다루어졌던 내용을 '2인칭 철학'이라는 관점에서 새롭게 정리하고, 2인칭 철학이 어떠한 확장성을 지닐 수 있는지에 대해 살펴보려고 합니다. 특히 이승종 교수님께서 2인칭 철학을 다양한 영역에 적용하면서 어떠한 새로운 연구들을 진행하고 계신지가 이번 대화의 주제가 될 것입니다.

이정표

윤유석 철학과 대학원생들의 모임에서는 철학계의 현재 동향에 대한 이야기가 항상 빠지지 않고 등장합니다. 철학도 대학에서 이루어지는 학술 활동인 이상, 학자들의 집단에서 주목받고 있는 최신 연구들을 파악하는 활동은 철학에서도 매우 중요하기 때문입니다. 저만 하더라도 종종 필페이퍼스PhilPapers나 구글 스칼라Google Scholar 같은 인터넷 사이트를 활용하여 최신 논문들을 검색하는 작업에 몰두합니다. 국내외 출판 시장에서 가장 최근에 홍보되고 있는 책들도 주의 깊게 살피고는 합니다. 물론, 철학에도 '최신' 연구들이 있다는 사실 자체를 애초에 놀랍게 느끼시는 분들이 있을지도 모릅니다. 그러나 대중문화가 유행에 따라 변화하는 것처럼 철학도 유행에 따라 변화합니다. 심지어 현대철학에서 일어나는 변화는 지나간 그 어느 시대보다도 더욱 빠르게 일어납니다. 과학과 기술의 급격한 변화에 발맞추어 철학도 끊임없이 새로운 담론들을 생산할 수밖에 없는 상황에 처해 있는 것입니다.

　　대륙철학은 동시대의 사회적 배경과 긴밀하게 연결되어 있다는 점에서 유행에 매우 민감합니다. 가령 20세기 초반의 대륙철학은 후설로부터 시작된 현상학 운동에 의해 지배되었습니다. 그러나 1960년대에 프랑스를 중심으로 라캉Jacques Lacan, 푸코, 데리다 등이 등장하자 대륙철학은 구조주의와 후기 구조주의라는 새로운 사조를 중심으로 변화하였습니다. 1990년대부터 2000년대에는 바디우Alain Badiou, 아감벤Giorgio Agamben, 지젝$^{Slavoj\ Žižek}$ 등의 급진적 정치철학이 많은 주목을 받았습니다. 2010년대 이후로는 퀑탱 메이야수$^{Quentin\ Meillassoux}$의 사변적 실재론, 그레이엄 하먼$^{Graham\ Harman}$의 객체 지향 존재론, 레비 브라이언트$^{Levi\ Bryant}$의 신유물론 등이 인문학 출판 시장에서 커다란 인기를 얻고 있습니다.

얼핏 보수적일 것처럼 보이는 영미철학 역시 유행에서 결코 자유롭지 않습니다. 20세기 초반의 영미철학은 본래 수리논리학에 근거한 언어철학을 내세워 전통적 형이상학을 극복하고자 한 사조였습니다. 그러나 20세기 중반에 이르러 콰인에 의해 존재론적 개입 기준이 정립되고, 크립키와 루이스 등에 의해 가능세계 의미론이 제시되자 영미철학에서도 형이상학을 부활시키고자 하는 경향이 나타났습니다. 또한 1970년대 이후로는 촘스키$^{Noam\ Chomsky}$ 등에 의해 언어를 심적 능력의 결과로 바라보는 태도가 확산되면서 영미철학의 주된 담론의 장이 언어철학에서 심리철학으로 변화하였고, 롤스에 의해 정의론에 대한 논의가 체계화되면서 영미철학에서도 윤리학과 정치철학에 대한 관심이 확산되기도 하였습니다.

그러나 현대철학에서 새롭게 유행하는 담론들이 반드시 이전에 존재한 담론들을 극복하거나 개선한 결과라고 보기는 어렵습니다. 오히려 대부분의 유행은 이전에 존재한 담론들을 단순히 망각한 상태에서 제시되고는 합니다. 가령 사변적 실재론이나 신유물론을 지지하는 대륙철학자들은 하이데거의 사유를 일종의 인간중심주의적이고 구성주의적인 철학이라고 폄하한 상태에서 자신들의 주장을 전개합니다. 하이데거가 「휴머니즘에의 편지」와 같은 글들에서 인간중심주의와 구성주의를 얼마나 강력하게 비판하였는지는 그들의 논의에서 완전히 간과되고 맙니다. 또한 분석적 형이상학이나 심리철학을 전공하는 영미철학자들은 비트겐슈타인의 글들을 단순히 무시한 상태에서 자신들의 길을 가고자 합니다. 1960년대 이후로 영미철학에서 다루어지는 개별 논의들은 지나치게 세분화되고 전문화되어서 비트겐슈타인처럼 100년 전에 활동한 철학자를 되돌아볼 여유조차 없습니다.

저는 철학사의 훌륭한 유산들이 단순히 유행에 뒤쳐졌다는 이유만으로 손쉽게 망각되는 현실이 항상 아쉬웠습니다. 또한 새로운 사조가 단순히 유행에 부합한다는 이유만으로 추앙받는 상황 역시 불만스러웠습니다. 철학계의 동향을 살피는 작업이 단순히 유행을 추종하는 활동에 안주할 수는 없습니다. 적어도 새로운 사조가 의의를 인정받기 위해서는 기존 철학사에서 가장 중요한 사유를 극복하거나 개선할 수 있어야 합니다. 저에게는 바로 해체주의와 자연주의가 새로운 사조를 평가하기 위한 기준입니다. 어떠한 사조가 과연 철학적 논의에서 중요하게 받아들여질 만한지는 그 사조가 해체주의와 자연주의에 비해 얼마나 강점을 지니고 있는지로 평가되어야 한다고 생각하는 것입니다.

해체주의는 전통적 형이상학이 인간과 세계에 대해 제시한 수많은 이분법이 언제나 내적 균열을 지니고 있었다고 지적합니다. 가령 플라톤은 우리의 세계가 감각의 영역인 '가시계visible world'와 이데아의 영역인 '가지계intelligible world'로 나누어진다고 보았고, 데카르트는 인간이 순수하게 정신적인 부분인 '사유thought'와 순수하게 물질적인 부분인 '연장extension'으로 나누어진다고 보았으며, 칸트는 인간의 세계가 자연의 영역인 '현상계phenomenal world'와 자유의 영역인 '예지계noumenal world'로 나누어진다고 보았습니다. 그러나 그들은 두 가지 극들을 엄격하게 분리하였으면서도 그 극들이 언제나 상호적으로 연관을 맺고 있어야 한다고 주장하였다는 점에서 역설에 빠지고 말았습니다. 즉 플라톤의 형이상학은 어떻게 우리가 가시계에서 가지계를 직관할 수 있는지를 설명하지 못하였고, 데카르트의 형이상학은 어떻게 사유와 연장이 서로 결합될 수 있는지를 설명하지 못하였으며, 칸트의 형이상학은 어떻게 인간이 인과적 질서에 완벽하게 종속되면서도 도덕적 질서를 자유롭게 추구할 수 있는지를 설명하지 못하였습니다. 인간과 세계를 구성하는 요소들을 두 가지 극들로 철저하게 나눈 상태에서 그 극들을 다시 통합하려는 시도가 성공할 수 없다는 사실은 해체주의를 통해 폭로되었습니다. 적어도 우리 시대의 철학에서 논의되는 담론들은 해체주의가 전통적 형이상학에 대해 제기한 문제에 걸리지 않도록 주의해야 할 것입니다.

　　　자연주의는 우리에게 가장 근본적으로 주어져 있는 삶의 층위가 '사람의 얼굴을 한 자연'이라고 지적합니다. 해체 이후의 풍경에서는 '사람'이라는 극과 '자연'이라는 극이 서로 별개인 것처럼 상정될 수 없습니다. 우리 자신과 완벽하게 분리된 자연은 존재하지 않고, 자연과 완벽하게 분리된 우리 자신도 존재하지 않습니다. 오히려 우리가 '세계'라고 부르는 영역은 사람의 삶의 형식과 사람의 자연사 위에서 세워집니다. 즉 사람과 자연이 엄격하게 나누어지지 않는다는 사실이 해체를 통해 폭로된 상황에서는 세계가 그 두 가지 극들의 얽힘으로 드러납니다. 이와 같은 세계는, (1) 박쥐의 세계나 고등어의 세계와는 구별되는 사람의 세계라는 점에서는 각각의 삶의 형식과 자연사에 대해 '상대적'인 세계이지만, (2) 우리가 박쥐의 세계나 고등어의 세계가 아닌 사람의 세계를 살아갈 수밖에 없는 존재자라는 점에서는 우리에 대해 '절대적'인 세계이기도 합니다. 따라서 자연이란 더 이상 자연과학이 상정하는 물리적 자연만으로 환원되지 않습니다. 해체 이후의 풍경을 기술하고자 하는 현상학은 자연에서 우선 '사람의 얼굴'을 발견할 수밖에 없습니다. 적어도 우리 시대의 철학에서 논의되는 담론들은 자연으로부터 '사람의 얼굴'을 지워 버리고자 하는 태도가 사람의 삶의 형식과 사람의 자연사에서 결코 원초적인 태도는 아니라는 사실을 유념해야 할 것입니다.

　　이승종 교수님의 글들에서 종종 등장하는 '2인칭 철학'은 바로 사람의 얼굴을 한 자연주의를 의미하는 또 다른 용어인 것으로 보입니다. '순수/비순수' '기원/비기원' '주관/객관' '존재/비존재' '현상/실재' '기표/기의'와 같은 전통적 형이상학의 이분법이 해체된 상태에서는 그동안 서로 분리된 것처럼 여겨진 두 가지 극들 사이의 관계가 부각됩니다. 특별히, 이와 같은 상태에서는 세계가 단순히 우리 앞에 고정된 형태로 놓여 있는 사물들의 집합으로 이해될 수 없습니다. 즉 순수한 사물 자체가 우리와 상관없이 존재하고 있다는 생각은 허구적일 뿐입니다. 우리의 세계를 이루고 있는 모든 것은 언제나 우리에게 주어진 사람의 삶의 형식과 사람의 자연사를 바탕으로 자신을 드러냅니다. 따라서 존재하는 모든 것은 우리와 상호작용을 하고 있습니다. 이와 같은 2인칭 철학이 지닌 특징은 1인칭 철학과 3인칭 철학이 지닌 특징과의 대조 속에서 더욱 뚜렷하게 강조될 수 있습니다. 두 철학은 모두 사물이 우리와 동떨어져 독립적으로 존재한다는 가정 위에 성립된 입장이기 때문입니다.

　　1인칭 철학은 주관적 사실로부터 시작하여 철학의 체계를 성립시키고자 합니다. 이와 같은 철학의 체계에서는 감각, 직관, 관념, 의식 등이 더 이상 의심할 수 없는 형이상학적 토대 역할을 합니다. 즉 우리의 내적 세계를 구성하고 있는 요소들은 마치 고정된 사물처럼 우리의 내적 시선 앞에 주어져 있습니다. 우리는 내적 시선을 통해 내적 세계를 구성하고 있는 요소들을 있는 그대로 바라볼 수 있습니다. 가령 내가 책상에 부딪혔을 때 느끼는 고통은 다른 어떠한 지식들보다도 훨씬 생생합니다. 나는 다른 외적 사물의 존재는 의심할 수 있어도 지금 내가 느끼는 내적 고통의 존재는 의심할 수 없습니다. 철학이 바로 고통과 같은 주관적 사실에 근거해야 한다고 주장하는 입장이 1인칭 철학입니다. 코기토로부터 형이상학을 시작하고자 하는 데카르트, 순수 자아로부터 세계를 건립하고자 하는 후설, 환원 불가능한 감각질의 존재를 받아들이는 네이글과 잭슨[Frank Jackson] 등이 1인칭 철학의 대표적 인물로 거론될 수 있습니다.

　　3인칭 철학은 객관적 사실로부터 시작하여 철학의 체계를 성립시키고자 합니다. 이와 같은 철학의 체계에서는 이데아, 실체, 본질 등이 더 이상 의심할 수 없는 형이상학적 토대 역할을 합니다. 즉 우리의 외적 세계를 구성하고 있는 요소들은 단단한 실재성을 지닌 사물로 우리의 외적 시선 앞에 주어져 있습니다. 우리는 외적 시선을 통해 외적 세계를 구성하고 있는 요소들을 그대로 바라볼 수 있습니다. 가령 금이 무엇인지에 대한 나의 인식이나 기억은 종종 오류에 빠질 수 있더라도 금은 나의 인식이나 기억과 상관없이 언제나 동일한 모습으로 내 앞에 놓여 있습니다. 내가 금과 황동석을 구분하지 못한다고 하더라도 그 두 대상은 본질적으로 다른 것으로 존재합니다. 철학이 바로 금의 존재와 같은 객관적 사실에 근거해야 한다고 주장하는 입장이 3인칭 철학입니다. 수학적 대상의 실재성에 근거하여 수학을 설명하고자 한 괴델, 본질에 대한 고정적 지시를 통해 자연종 명사를 설명하고자 한 크립키, 보편자를 통해 속성 일치 현상을 설명하고자 한 암스트롱 등이 3인칭 철학의 대표적 인물로 거론될 수 있습니다.

그러나 2인칭 철학은 세계가 우리 자신과 분리된 상태로 기성품처럼 존재하고 있다는 생각을 거부합니다. 해체 이후의 풍경에서는 순수한 사물이나 순수한 우리 자신이 결코 무비판적으로 가정될 수 없습니다. 오히려 그 두 가지 극들은 항상 상호작용을 통해 동시에 구성됩니다. 즉 우리는 우리가 바라보는 타자와 언제나 상호작용을 하는 과정에서 매 순간 구성되고 있습니다. 또한 우리가 바라보는 타자 역시 우리와 상호작용을 하는 과정에서 매 순간 구성되고 있습니다. 어느 쪽도 자신만의 독립적 실체나 독립적 본질을 가지고 있지 않습니다. 우리는 타자에게 의존하고, 타자 역시 우리에게 의존합니다. 따라서 이와 같은 관계에는 역동성이 내재되어 있습니다. 어느 쪽도 상호작용의 과정에서 고정되어 있지 않기 때문입니다. 우리 자신이 타자를 구성하고, 그렇게 구성된 타자가 우리 자신을 구성하며, 그렇게 구성된 우리 자신이 다시 타자를 구성하는 끊임없는 교류가 계속되는 것입니다.

이와 같이 세계를 우리와 타자 사이에서 발생하는 상호작용의 과정으로 이해하고자 하는 시도는 폭넓은 철학적 가능성을 지니고 있습니다. 2인칭 철학은 단순히 특정한 주제에 국한되는 사유가 아닙니다. 오히려 2인칭 철학은 우리의 삶을 이루고 있는 모든 종류의 영역에 적용될 수 있는 일종의 패러다임입니다. 세계가 사물들의 집합이 아니라 상호작용의 과정으로 이해되는 상황에서 기존의 철학적 논의들이 어떻게 새로운 모습으로 변화하게 될 것인지를 그려 내는 작업이 2인칭 철학의 목표입니다. 가령 우리는 2인칭 철학의 시선에서 예술, 윤리, 역사라는 영역이 드러나는 방식을 어렴풋하게나마 기술해 볼 수 있습니다.

(1) 예술: 전통적인 예술철학에서는 예술작품이 무엇인지가 주

로 세 가지 입장들을 중심으로 다루어졌습니다. 즉 예술작품이란 외적 세계에 존재하는 아름다움이나 진리를 모방한다는 표상론, 예술작품이란 예술가나 감상자의 내적 세계에 존재하는 감정을 표출한다는 표현론, 예술작품이란 특정한 문화적 형식을 만족시킨다는 형식론이 전통적 예술철학의 주요 입장들이었습니다. 그러나 2인칭 철학은 '외부/내부' '창작자/감상자' '형식/내용'을 엄격하게 분리시키는 세 가지 입장들 중 어느 쪽의 손도 들어 주지 않습니다. 오히려 2인칭 철학에서는 두 가지 극들이 언제나 상호작용을 맺고 있는 것으로 제시됩니다. 가령 고흐의 〈별이 빛나는 밤〉이라는 작품은 밤하늘과 고흐가 만나 상호작용을 하는 과정에서 탄생한 결과이지만, 밤하늘과 고흐 역시 이 작품을 통해 변화를 겪습니다. 〈별이 빛나는 밤〉을 이후로 밤하늘은 소용돌이치는 거대한 힘의 공간으로 우리에게 인식되고, 고흐 역시 그 힘을 포착해 낸 위대한 예술가로 우리에게 기억됩니다. 또한 이 작품은 우리가 밤하늘을 보는 관점을 바꾸어 놓지만, 그렇게 바뀐 우리의 관점은 다시 우리가 〈별이 빛나는 밤〉이라는 작품을 보는 관점을 바꾸어 놓습니다. 작품을 통해 세계를 새롭게 인식하게 되면, 그렇게 이해된 세계가 다시 작품에 대한 더 깊은 이해를 낳는 것입니다.

(2) 윤리: 전통적인 윤리학에서는 무엇이 옳은 일이고 무엇이 옳지 않은 일인지를 고정된 행위 규범을 바탕으로 판단하고자 하였습니다. 가령 의무론은 "거짓말을 하지 말라"처럼 모든 상황에서 지켜야 하는 보편타당한 법칙들을 제시하고자 하였고, 결과론은 "최대다수의 최대행복"처럼 최선의 결과를 도출해 내기 위한 기본 원칙을 제시하고자 하였습니다. 즉 의무론과 결과론은 겉보기에는 서로 상반되는 것 같지만, 실제로는 우리의 행위가 미리 정해진 틀에 따라 이루어져야 한다고 가정한다는 점

에서 윤리에 대해 동일한 기본 관점을 공유하고 있습니다. 두 입장은 윤리가 단순히 주어진 행위 규범을 얼마나 잘 준수하는지의 문제라고 보고 있기 때문입니다. 그러나 2인칭 철학에서는 우리와 타자 사이의 상호작용에 앞서 윤리가 미리 존재하고 있다는 생각이 거부됩니다. 오히려 윤리는 서로 다른 관계들로부터 성립하는 서로 다른 행위 방식이 되어야 합니다. 가령 친구와의 관계에서는 격식을 차리지 않고서 서로 편하게 대하는 것이 우정을 더욱 돈독하게 만들어 준다고 하더라도, 어른들과의 관계에서까지 격식을 차리지 않는 것은 상황에 맞는 적절한 행위가 아닙니다. 윤리는 보편적인 규범의 층위에서가 아니라 개별적이고 관계의 층위에서 논의되어야 할 것입니다.

　　(3) 역사: 실증주의 역사관은 역사를 단순히 지나간 과거의 사실 정도로 여깁니다. 이와 같은 역사관은 역사가 먼지 쌓인 유물처럼 어딘가에 움직이지 않는 상태로 존재하고 있고, 역사가는 그 유물을 있는 그대로 발견해 낼 수 있다고 가정합니다. 그러나 2인칭 철학에서는 역사 역시 과거와 현재 사이의 역동적 대화의 과정에서 끊임없이 재해석되는 사건입니다. 가령 신라의 삼국통일 이후 시대를 '통일신라시대'라고 불러야 할 것인지 '남북국시대'라고 불러야 할 것인지의 문제는 단순히 그 시대에 일어난 개별 사실들을 살펴보는 것만으로는 해결되지 않습니다. 현재의 우리가 어떠한 정체성을 가지고 있는지에 따라 과거의 시대를 바라보는 사관은 크게 달라질 수밖에 없습니다. 물론, 중국의 동북공정이나 일본의 식민사관 같은 자의적인 역사 해석이 얼마든지 가능하다는 의미는 결코 아닙니다. 우리가 사람의 삶의 형식과 사람의 자연사를 지닌 존재자인 한에서는 움직일 수 없는 역사적 사실들이 존재하지만, 그 역사적 사실들조차 우

리의 적극적인 해석의 노력 없이는 결코 드러나지 않는다는 의미입니다. 우리 시대에 발생한 정치적이고 사회적인 사안들에 직면하여 역사를 끊임 없이 새롭게 해석해야 하는 책무가 우리에게 주어져 있는 것입니다.

　　예술, 윤리, 역사와 같은 개별적 영역을 넘어서 세계라는 총체 적 영역을 2인칭 철학의 시선으로 바라보고자 시도할 수도 있습니다. 이 승종 교수님은 2인칭 철학을 통해 세계를 그려 내고자 하는 작업을 종종 **'철학적 동역학'**이라고 이름 붙이시는 것 같습니다. 여기서 동역학이란 힘 力, 변화易, 시간曆, 역사歷라는 네 가지 '역'을 통해 이루어지는 형이상학이 라고 보입니다. 저는 아직 이승종 교수님의 철학적 동역학이 어떤 모습으 로 완성될지 정확히 알 수 없지만, 아마도 그 기획이 '역'으로 집약되는 네 가지 은유를 사용하여 세계를 새로운 관점에서 해석하는 시도를 지향하고 있을 것이라고 기대합니다. 즉 해체 이후의 풍경으로 우리가 떠올려 볼 수 있는 세계의 형이상학적 모습이란 상호작용의 과정 속에서 끊임없이 변 화하는 힘들의 바다일 것이라고 생각합니다. 우리에게 주어지는 현상들은 이와 같은 힘들의 바다가 시간과 역사의 지평으로 펼쳐지면서 만들어 내 는 각양각색의 물방울들일 것이라고 예상합니다. 우리는 힘들의 바다로부 터 튀어 오름으로써 생성되었다가 다시 힘들의 바다로 가라앉아 소멸되기 를 무한히 반복하는 물방울들로 해석될 수 있는 것입니다.

　　해체주의와 자연주의로부터 2인칭 철학을 지나 철학적 동역학 으로 나아가는 길에 대한 저의 묘사는 대단히 거친 스케치일 뿐입니다. 전 통적 형이상학에 대한 해체가 정확히 어떠한 방식으로 이루어져야 하는지 에 대해서는 더욱 세부적인 논의가 요구됩니다. 사람의 삶의 형식과 사람 의 자연사에 대한 현상학적 기술도 끝없이 풍부할 수 있습니다. 2인칭 철학을 예술, 윤리, 역사라는 영역에 적용하는 작업 역시 훨씬 구체적으로 이루어져야 합니다. 특별히, 이와 같은 모든 사유를 집약하여 철학적 동역학으로 체계화하는 작업은 대단히 방대한 노력을 요구합니다. 그러나 세계에 대한 해석의 시도가 끝없이 계속될 수밖에 없다는 사실이야말로 철학의 매력이라고 생각합니다. 어느 누구도 세계에 대한 완결된 해석에 도달할 수 없다는 사실은 철학이 무한히 풍요롭고 다양하게 뻗어 나가도록 만들기 때문입니다. 따라서 철학의 길을 걷는 사람들은 그 길 위에서 만나는 모든 타자들과 대화하고 그들을 해석하면서 자신의 길을 개척해 나가야 할 것입니다. 철학의 길은 대화의 해석학이 계속되는 동안 언제까지나 이어질 것이라고 믿습니다.

길로 들어가며

질문 1. 2인칭 철학에 대해 설명해 주실 수 있나요?

윤유석 교수님의 책에서는 '1인칭' '2인칭' '3인칭'이라는 구분이 자주 등장합니다. 특히 『동아시아 사유로부터』 제1장에서는 이 구분이 다양한 철학적 사조들을 분류하기 위한 범주로 사용되기도 하였습니다. 즉 교수님께서는 프레게, 괴델의 플라톤주의, 콰인, 처치랜드 Paul Churchland, 필드 Hatry

Field의 경험적 실재론이 객관성의 이념을 지향하는 3인칭 철학이라고 지적하였습니다.

반면 데카르트, 후설, 쿤의 인식론, 굿만, 네이글, 퍼트남^{Hilary Putnam}의 실재론 비판은 주관성의 이념을 지향하는 1인칭 철학이라고 말씀하셨습니다. 이 두 철학 사이의 대립을 비판하면서 교수님이 옹호한 입장은 사람과 사람 사이의 상호주관성의 이념을 지향하는 2인칭 철학이었습니다.

지금까지의 대화에 비추어 볼 때, 교수님은 2인칭 철학의 기본 아이디어를 언어게임에 대한 비트겐슈타인의 논의와 존재사건에 대한 하이데거의 사유에서 발견하신 것 같습니다. 더 나아가 2인칭 철학의 관점에서 유가, 불교, 도가 등의 동양철학을 새롭게 해석하고 계신 것으로 보입니다. 교수님이 2인칭 철학을 통해 강조하고자 하는 내용이 무엇인지, 2인칭 철학이 어떤 점에서 1인칭과 3인칭 철학의 한계를 극복할 수 있는지, 2인칭 철학을 대표하는 인물들로는 누가 있는지에 대한 간략한 설명을 부탁드립니다.

이승종 하이데거가 말했듯이 사람은 세상에 내던져진 존재자입니다. 사람뿐 아니라 세상에 존재하는 모든 존재자가 그렇습니다. 그런데 사람은 그 세상과 아주 고유한 관계를 맺습니다. 그 관계는 사람이 사람에 대해 맺는 고유한 관계에 비견됩니다. 저는 그 고유성의 정체가 2인칭이라고 봅니다. 두 사람이 우정이나 사랑을 나눌 때 두 사람은 다른 사람에 대해서보다 훨씬 더 친밀하고 고유한 체험을 하게 됩니다. 서로는 서로에 대해 2인칭으로 완전히 열리게 되는 것입니다. 이러한 밀도 혹은 강도 높은 체험을 세상을 상대로 지향하는 것이 2인칭 철학입니다.

2인칭 철학의 뿌리는 모든 사유의 시원에 해당하는 샤머니즘으로 소급되고, 샤먼이 체험하는 접신 현상이 2인칭적 관계의 원형이라고 할 수 있습니다. 샤머니즘의 위대한 귀결인 신화적 세계관도 2인칭적 상상력에 바탕을 두고 있습니다.

1인칭 철학과 3인칭 철학의 한계는 무엇인가요?

윤유석 1인칭 철학과 3인칭 철학의 한계를 지적하면서 2인칭 철학을 제시하셨는데, 1인칭 철학과 3인칭 철학은 교수님이 보기에 어떤 점에서 문제가 있나요?

이승종 사람이 주변의 사람이나 세상과 맺는 최초의 관계는 2인칭적입니다. 신생아가 부모에 대해서 맺는 관계가 그렇고, 먹을 수 있는 것과 없는 것, 이로운 사람과 해로운 사람 등등의 분류도 그 아이가 세상에 대해서 맺는 2인칭적 관계의 양태입니다.

반면에 1인칭과 3인칭은 2인칭의 본래적 관계에서 파생되거나 추상된 관계입니다. 1인칭적인 관계 맺음은 관계를 맺어야 할 대상이 자기 자신이라는 점에서 독백에 그치게 되고, 3인칭의 경우에는 그 대상이 서로 교감이 되지 않는 객체로서 거리를 둔 채 떨어져 있다는 점에서 2인칭적 관계가 맺는 밀도나 강도에 필적할 수 없습니다.

윤유석 2인칭적 관계는 우리가 세상에 태어나서 가장 원초적으로 맺는 관계라는 거네요. 아이가 태어나서 '저 사람이 나의 부모구나' '저 사람은 나의 친구구나' 하며 상대와 맺는 관계가 가장 근원적이고 일상적인 관계인데, 이러한 일상적인 관계가 추상화되고 이념화될 때 생겨나는 게 1인칭적 독백과 3인칭적 관찰이라는 거네요.

비트겐슈타인의 철학은 어떤 점에서 2인칭 철학으로 이해될 수 있나요?

윤유석 교수님께서는 2인칭 철학을 제시할 때 비트겐슈타인과 하이데거를 많이 인용하는데, 그 두 철학자에 대해서 각각 질문 드리고 싶거든요. 먼저 비트겐슈타인의 철학은 어떤 점에서 2인칭 철학으로 이해될 수 있을까요? 그에 대한 기존의 해석에서 '2인칭 철학'이라는 명칭은 찾아보기 어려운데요.

이승종 비트겐슈타인은 언어의 의미를 화두로 삼은 철학자인데 의미함을 일컬어 누군가에게 다가가는 것과 같다고 말합니다. 의미를 연구하는 학자에게 우리가 통상적으로 기대하는 바는 3인칭적 의미론일 것입니다. 그러나 비트겐슈타인은 이와는 달리 의미함이 거리를 좁혀 상대를 2인칭으로 변화시킨다는 사실에 주목했다는 점에서 2인칭 철학자로 꼽고자 합니다. 사람과 세상을 원거리에 놓는 3인칭적 과학이 아니라, 지근거리에서 사람의 자연사의 결대로 포착하는 것이 그의 철학입니다.

윤유석 언어철학에서 의미론을 구성하는 작업은 통상적으로 의미를 객관적인 이론 틀 안에 잡아 놓고 설명하는데, 비트겐슈타인은 의미를 그렇게 고정시키지 않고 사람과의 관계하에 해명하려고 했다는 점에서 2인칭 철학자로 보시는 거네요.

하이데거의 철학은 어떤 점에서 2인칭 철학으로 이해될 수 있나요?

윤유석 하이데거는 어떤 의미에서 2인칭 철학자라고 할 수 있을까요? 그에 대한 해설들은 그에게 '2인칭 철학'이라는 명칭 자체는 거의 붙이지 않는데, 교수님은 어떤 점에서 2인칭 철학의 관점에서 하이데거를 보시는 건가요?

이승종 하이데거는 특히 후기에 가면서 존재사건으로서의 생생한 고유화 ^Ereignis에 주목하게 됩니다. 그는 생생한 고유화라는 사건이 존재의 측면에서도 일어나고, 사람의 측면에서도 일어난다고 했습니다. 즉 3인칭이나 1인칭 어느 하나에만 귀속되는 분리된 사건이 아니라, 사람과 존재 사이의 교감에서 피어나는 2인칭적 존재사건이 바로 생생한 고유화입니다. 이 2인칭적 만남에 대한 하이데거의 깊은 존재론적 사유는 그가 진정한 2인칭 철학자임을 잘 보여 주고 있습니다.

윤유석 존재가 내게 주어지고 나와 관계 맺는 방식을 고정된 이론의 틀에서 보지 않고, 나와의 2인칭적 관계 속에서 해명했다는 점에서 하이데거를 2인칭 철학자로 보시는 거군요.

질문 2. 2인칭 철학은 어떻게 확장될 수 있나요?

윤유석 의미, 진리, 세계 등을 2인칭적 시점에서 이해하려는 입장은 다양한 영역에 적용될 수 있을 것으로 생각합니다. 사실 전통적 철학은 오랫동안 실재를 마치 고정된 대상인 것처럼 상정하였습니다. 의미, 진리, 세계가 인간 외부의 객관적 물리 영역이나 인간 내부의 주관적 심리 영역 속에 미리부터 존재하고 있어서, 우리는 그 고정된 대상들을 사후적으로 발견해 낼 수 있다고 가정한 것입니다.

그러나 2인칭 철학은 실재가 사람의 관점과 무관하게 존재하지 않는다고 지적합니다. 의미, 진리, 세계 등은 사람에게 주어진 '삶의 사실'과 '삶의 형식'을 바탕으로 해명되어야 한다는 것이 2인칭 철학의 요지라고 이해하였습니다. 그렇다면 이러한 철학은 형이상학, 인식론, 언어철학, 논리철학, 수학철학 같은 이론철학의 영역에서뿐만 아니라, 윤리학과 예술철학 등 다양한 실천철학의 영역에서도 새로운 사유의 패러다임을 제시할 것으로 보입니다.

실제로 비트겐슈타인이나 하이데거 등 2인칭 철학의 선구자들은 철학을 넘어서 문학비평, 사회학, 법학, 정신분석, 신학 등의 영역에서까지 커다란 영향력을 미치고 있습니다. 교수님께서도 2인칭 철학에서 얻은 통찰들을 바탕으로 헤세와 서영은 등의 문학작품을 해석했고, 우리의 역사와 정치를 해석했고, 비트겐슈타인의 종교관을 해석했던 것으로 기억합니다. 교수님께서 2인칭 철학을 다양한 주제와 영역에 적용하는 방식을 전반적으로 설명해 주시길 부탁드립니다.

가다머

이승종 제 인생에서 부모님이나 친구와 맺은 2인칭적 관계를 넘어서 세상을 2인칭으로 체험하게 된 결정적인 계기는 책을 통해서였습니다. 우리는 보통 책을 물건으로 취급하는데 제게 책은 다른 차원의 세계로 들어가는 스타게이트였습니다. 저는 책을 통해서 위대한 저자들의 영혼 속으로 빨려 들어가거나, 거꾸로 그들이 제 마음속으로 빨려 들어오는 체험을 했습니다. 책 속에서 그들과 직대면하여 배울 수 있다는 사실에 감사했습니다. 문학작품이 출발점이었지만, 점차 철학과 인접 분야의 책들로 견문을 넓히며 생생한 고유화를 만끽했습니다.

그런데 텍스트와의 2인칭적 만남에 대한 철학이 유석 씨가 전공하는 가다머의 해석학 아닌가요?

윤유석 네, 그렇죠. 가다머가 제시한 해석학이 교수님이 말씀하신 것처럼 텍스트와의 만남을 통해 사유의 지평을 넓혀 가는 작업이라고 생각합니다.

2인칭 철학은 예술의 영역에서 어떻게 적용될까요?

윤유석 2인칭 철학과 관련해서 교수님은 예술, 윤리, 역사 등 여러 주제의 텍스트를 다루어 왔습니다. 그래서 각각의 주제에 대해서 차례로 질문드리겠습니다. 우선 2인칭 철학은 예술의 영역에는 어떻게 적용될 수 있을까요? 예술작품과의 2인칭적 만남은 예술에 대한 기존의 이해를 바꾸는 데 어떤 식으로 도움이 될 수 있을까요?

이승종 문학작품이 독서의 출발점이었다는 점에서 저는 예술로부터 2인칭적 체험을 시작한 셈입니다. 예술작품은 세상이 발신하는 의미의 신호를 수신한 예술가가 이를 생생하게 형상화해 낸 것입니다. 그 예술작품이 다시 우리에게 메시지를 발신하고 있으며, 우리는 이를 2인칭적으로 고유화함으로써 예술가와 소통하고, 감수성을 제고하고, 삶에 대한 이해를 심화합니다. 저는 문학작품 이외에 고흐의 그림과 브루크너의 교향곡들로부터 큰 영향을 받았습니다.

윤유석 예술가가 세상과의 관계 속에서 얻게 되는 고유한 체험, 그리고 그 체험이 작품으로써 우리와의 만남에서 고유하게 주어지는 방식에 주목하는 것이 2인칭 예술철학이라는 말씀이네요.

2인칭 철학은 윤리의 영역에서 어떻게 적용될까요?

윤유석 2인칭 철학이 윤리의 문제에는 어떤 식으로 적용될 수 있을지 궁금하거든요. 2인칭에 대한 강조는 사람과 사람이 맺고 있는 관계에 대한 강조이고, 이는 자연스럽게 도덕이나 윤리에 대한 문제와도 연결될 것 같은데, 2인칭 철학은 윤리의 문제에 대해서는 어떤 새로운 대답을 줄 수 있을까요?

이승종 칸트는 사람을 수단이 아닌 목적으로 대하라고 했지요. 2인칭 윤리의 초석으로 삼을 만한 훌륭한 지침입니다. 사람으로부터 배울 게 많습니다. 저만 해도 유석 씨와의 대화를 통해서도 많은 것을 배웁니다. 대화라는 교감의 채널에서 영혼과 영혼이 교류하고 그로 말미암아 서로의 마음이 풍성해집니다.

　　　2인칭 윤리를 실천하고 있는 대표적인 고전으로 『논어』를 들 수 있겠습니다. 『논어』에서 공자는 이론이나 강령을 공리로 삼아서 그로부터 윤리적 판단이나 실천을 이끌어 내는 톱다운top down의 방식이 아니라, 대화의 상대가 처한 상황을 잘 헤아려서 그에 맞는 처방을 내리는 보텀업bottom up의 방식을 선호합니다. 상대의 입장이 되어 보는 역지사지易地思之와 공감이 2인칭 윤리의 동력입니다.

윤유석 고전적인 윤리학은 모든 상황에 적용될 수 있는 보편적인 윤리적 명제나 법칙을 찾아내서 그것을 개별적인 상황에 적용하는 톱다운의 방식을 취해 왔잖아요. 그런데 윤리라는 게 그런 식으로 고정되어 있는 법칙이나 논제가 아니라, 각자의 맥락과 각자가 각자와 맺고 있는 관계 속에서 매 순간 새롭게 성찰될 수 있고, 새로운 방식으로 적용될 수 있다는 것이 2인칭 윤리의 강조점인 것 같네요.

2인칭 철학은 그 밖에도 어떠한 영역에서 적용될 수 있을까요?

윤유석 2인칭 철학은 예술이나 윤리 외에도 다른 영역에도 충분히 적용될 수 있을 것 같은데, 교수님께서 특별히 염두에 두고 있는 주제나 영역이 있나요?

이승종 네, 저는 2인칭적 접근의 중요한 적용 대상으로 역사를 생각해 왔습니다. 다른 나라, 다른 민족의 역사가 아니라 바로 우리의 역사에 대해서 말입니다. 그런데 역사에서 1인칭적인 관점은 국수주의로 흐를 위험성이 있습니다. 자신의 것을 반성이나 비판 없이 드높이기만 하는 우월주의가 1인칭적 관점의 폐단일 수 있습니다.

다른 한편으로 역사에 대한 3인칭적인 관점은 역사학을 고고학 같은 실증 학문으로 생각해서, 자기 역사를 강 건너 불구경하듯 취급하는 태도에 빠질 위험성이 있습니다. 물론 우리 역사를 일구어 낸 선조들과 우리 사이에는 거리가 있습니다. 과거의 분들인 데다가 현재의 우리와 맞지 않는 면이 적지 않은 탓에 직접적인 친연성을 찾기 어려울 수도 있겠습니다. 그러나 2인칭적 관점을 우리의 역사에 투영해 '아, 이래서 저랬겠구나' 하는 식으로 때론 공감하고 때론 애정 어린 비판을 하면서 거리를 좁혀 가는 것이 바람직한 역사철학이라고 봅니다. 사료에 대한 해석학적 접근, 유물에 대한 현상학적 접근이 2인칭 역사철학의 동력입니다.

윤유석 2인칭 철학이 국수주의와 실증주의의 사잇길로서 대안으로서 제시될 수 있다는 말씀이네요. 자신의 역사와 문화에 매몰되어 그 관점으로 세상 모든 것들을 파악하려는 국수주의, 역사를 단순히 사료나 문헌들의 집합체로 보는 실증주의를 비판하면서, 내가 가지고 있는 정체성과의 관계 속에서 매 순간 역사의 의미가 새롭게 드러날 수 있다는 사실을 바탕으로 역사를 연구해 나가는 작업이 2인칭 역사철학이 되겠네요.

2. 길을 걸어가며

질문 3. 비트겐슈타인의 철학과 관련된 어떤 후속작들을 준비하고 계신가요?

윤유석 교수님께서는 비트겐슈타인의 철학과 관련된 후속작들을 준비하고 있는 것으로 알고 있습니다. 대우재단 블로그에 업로드 된 『비트겐슈타인 새로 읽기』 출간 후기에서 앞으로 나오게 될 교수님의 책들에 대한 간략한 소개를 읽었습니다.

그중 한 권은 교수님의 이전 책들과는 조금 다른 구도에서 비트겐슈타인의 철학에 접근하는『구도자의 일기: 비트겐슈타인의 삶과 철학』이었습니다. 저는 제목에 등장하는 '구도자'라는 단어를 보고서 이 책이 그의 윤리관과 종교관에 초점을 맞추는 책이 될 것 같다고 생각하였습니다.

다른 한 권은 비트겐슈타인의『철학적 탐구』에 대한 주석서였습니다. 교수님께서는『철학적 탐구』의 번역자이고 오랫동안『철학적 탐구』를 교재로 학부와 대학원에서 강의를 해 온 만큼, 새로 출간된 주석서에 그동안 축적해 온 교수님의 연구 결과들이 집약될 것이라고 기대합니다.

아울러 분석철학을 서양철학사에 투영한『역사적 분석철학』[3]과 분석철학을 쟁점별로 연구한『분석철학의 쟁점』역시 출간될 예정이라고 들었습니다. 아마 이 책들에도 비트겐슈타인의 관점이 깊이 반영되어 있을 것으로 예상합니다.

이 네 권의 책들은 어떤 내용인지, 교수님이 그동안 수행해 온 연구들(『비트겐슈타인이 살아 있다면』과『비트겐슈타인 새로 읽기』등)과는 어떤 차이가 있는지, 각각의 책들 사이에는 어떤 연관성이 있는지에 대해 간략히 소개를 부탁드립니다.

이승종 오랫동안 비트겐슈타인을 연구하다 보니 마치 그가 저의 아바타이거나 혹은 제가 그의 아바타인 듯한 착각에 빠지기도 합니다. 그는 지금 제 나이쯤에 세상을 떠났습니다. 그래서 저도 그에 대한 평생의 연구와 강의를 결산할 시점이 되지 않았나 하는 생각이 들어서 마무리 작업을 진행하고 있는데요. 그래야만 저의 다음 행보도 홀가분할 것 같습니다.

3　　이 책은 2024년에 출간되었습니다. 이승종 2024 참조.

『구도자의 일기: 비트겐슈타인의 삶과 철학』은 어떤 책인가요?

윤유석 준비 중인 각각의 책에 대해서 질문을 드려 보고 싶은데,『구도자의 일기: 비트겐슈타인의 삶과 철학』은 어떤 내용인가요?

이승종 데리다는 완결된 책과 진행형인 텍스트를 구분한 바 있습니다. 이 구분에 따르자면 비트겐슈타인은 『논리-철학논고』 말고는 책다운 책을 쓴 게 없는 셈입니다. 대신 그는 세상을 떠나기 이틀 전까지 일관되게 일기라는 텍스트를 썼습니다. (『논리-철학논고』 역시 일기를 편집한 작품입니다.) 그의 일기는 그가 어떤 삶을 살았고 어떻게 철학을 일구어 내었는지에 대한 생생한 묘사를 담고 있습니다.

비트겐슈타인의 일기를 보면 그가 매우 종교적이었고 도덕적 결벽성을 스스로에게 부과했음을 알 수 있습니다. 『구도자의 일기: 비트겐슈타인의 삶과 철학』에서는 그가 택한 신산한 삶의 여정으로부터 윤리, 종교, 언어에 대한 사유가 어떻게 피어났는지를 나름의 관점에서 조명하였습니다.

윤유석 비트겐슈타인의 출간된 작품들에도 일기 형식을 그대로 가져온 게 몇 편 있고 거기에서도 윤리나 종교에 대한 언급이 보입니다. 그런 점에서 『구도자의 일기』라는 제목이 참 좋은 것 같습니다. 비트겐슈타인에 대한 언어철학적 접근이나 수리논리학적 접근에서는 잘 발견되지 않는 그의 인간적인 면모를 윤리와 종교에 대한 그의 사유와 함께 부각해 주신다고 하니 기대가 많이 되네요.

준비 중인 『철학적 탐구』 주석서는 어떤 책인가요?

윤유석 준비하고 계신 『철학적 탐구』 주석서는 어떤 내용인가요?

이승종 비트겐슈타인의 『철학적 탐구』에 대한 지난 30년간의 대학 강의와 대학원 세미나, 저의 연구를 한 권의 주석서로 압축해 보았습니다. 『철학적 탐구』를 이루고 있는 693절 하나하나에 나름의 주석을 학생들과의 토론과 함께 덧붙여 원저에 대한 이해를 도모했습니다. 『구도자의 일기: 비트겐슈타인의 삶과 철학』과 한 짝을 이룰 것으로 기대합니다.

준비 중인 분석철학 관련 책들은 어떤 내용인가요?

윤유석 분석철학을 주제로 준비 중인 책들은 어떤 내용인가요?

이승종 두 권의 책을 준비 중인데요. 하나는 분석철학을 서양철학사의 지평에서 조명해 보는 『역사적 분석철학』이라는 연구서이고, 다른 하나는 분석철학의 주요 쟁점들을 선별해 논구하는 『분석철학의 쟁점』이라는 연구서입니다. 『역사적 분석철학』은 고대 그리스의 수학철학과 근대 유럽의 과학철학을 중점적으로 살피며, 『분석철학의 쟁점』은 현대 언어철학과 과학철학 분야에서의 주요 쟁점들을 논의합니다.

질문 4. 철학적 동역학에 대해 소개해 주실 수 있나요?

윤유석 교수님께서 관심을 가지고 계신 다른 주제로 철학적 동역학이 있는 것으로 알고 있습니다. 『동아시아 사유로부터』의 출판 기념 인터뷰에서 이와 관련된 내용을 찾을 수 있었습니다. 철학적 동역학을 다룬 미출간 원고들을 학회에서 몇 번 발표도 하셨던 것으로 기억합니다.

　　　　힘과 운동에 대해 연구하는 물리학의 분과인 동역학에 '철학적'이라는 수식어를 붙이는 것은 저에게는 낯섭니다. 교수님은 인터뷰에서 '동역학'의 '역'을 힘力, 변화易, 시간曆, 역사歷라는 네 가지 개념으로 풀어낼 수 있다고 말씀하셨습니다. 또한 철학적 동역학에 대한 이전의 학회 발표에서 니체와 들뢰즈의 힘 개념으로부터 출발하여 동양철학의 사유에 대해서까지 고찰하는 일종의 크로스오버 작업을 수행하기도 했습니다. 그러나 네 가지 역 개념과 동서철학 사이의 크로스오버가 어떠한 방향을 가리켜 보이고 있는지가 아직 명확히 이해되지는 않습니다. 교수님께서 구상하는 철학적 동역학이 무엇인지가 궁금합니다.

이승종 철학은 이론이 아니라 활동이라는 비트겐슈타인의 정의에 충실하다 보니, 그동안의 제 작업은 그의 철학이 그러한 것처럼 파편적인 상태에 그쳤습니다. 불교가 중관철학이라는 해체불교 이후에 화엄철학을 만개시킨 것처럼, 그리고 칸트가 수행한 형이상학 비판을 반석으로 헤겔의 형이상학이 꽃핀 것처럼, 저도 비트겐슈타인과 데리다의 해체 이후의 형이상학을 새로운 스타일로 그려 보고 싶었습니다.

　　　　화이트헤드가 『과정과 실재』에서 이론물리학을 바탕으로 과정

철학을 전개했듯이, 제가 그동안 연구해 온 현대철학과 현대과학을 바탕으로 모색해 본 형이상학이 철학적 동역학입니다.

철학적 동역학은 교수님의 이전 작업과 어떻게 연결되나요?

윤유석 철학적 동역학이 교수님의 이전 작업들과 어떤 식으로 연결되는지를 소개해 주실 수 있나요?

이승종 저는 그동안 양의 동서, 시간의 고금을 달리하는 텍스트들을 서로 교차해 거기서부터 창의적인 대화를 이끌어 내는 크로스오버를 지향해 왔습니다. 철학적 동역학도 동서 사유의 크로스오버를 지향한다는 점에서 제 이전 작업의 연장선상에 있습니다.

　　　다른 한편으로는 제가 그동안 해 온 작업이 탈형이상학적인 현상학의 차원에 머물러 있었다면, 철학적 동역학은 그러한 현상학적 해체 작업 이후의 새로운 차원에서 형이상학을 모색하고 있다는 차이점이 있죠.

윤유석 철학적 동역학은 2인칭 철학의 적용이라고도 볼 수 있지 않을까요? 이전 형이상학이 1인칭 철학과 3인칭 철학이라는 관점에서 쌓아 올려졌다면, 철학적 동역학은 1인칭 철학과 3인칭 철학을 비판하면서 새롭게 2인칭 철학의 관점에서 형이상학을 수행해 나가려고 하는 노력으로 보이는데요.

이승종 정곡을 짚어 냈습니다.

철학적 동역학을 통해 새롭게 전개하고자 하는 내용은 무엇인가요?

윤유석 철학적 동역학을 통해서 새롭게 전개하려는 내용은 어떤 걸까요?

이승종 힘力의 변화易를 시간曆과 역사歷의 맥락에서 통시적으로 담아내는 작업이 철학적 동역학의 알파이자 오메가입니다. '역'이라는 글자가 의미하는 이 네 가지 주제, 즉 힘, 변화, 시간, 역사를 하나하나 풀어내고 엮어내는 작업을 하고자 합니다.

철학적 동역학에서는 주로 어떤 철학자들을 다루고자 하나요?

윤유석 교수님께서 철학적 동역학을 구상할 때 주로 참고하거나 다루고자 하는 철학자들로는 누가 있나요?

이승종 힘을 다루는 동역학動力學에서는 니체, 하이데거, 들뢰즈, 동양의 샤머니즘과 인도의 신화가, 변화를 다루는 동역학動易學에서는 동양의 『주역』과 불교의 연기론이, 시간을 다루는 동역학動曆學에서는 베르그송^{Henri Bergson}과 아인슈타인 사이의 논쟁, 카이로스적 시간관과 크로노스적 시간관이, 역사를 다루는 동역학動歷學에서는 헤겔이 주된 출처가 되겠습니다.

길에서 잠시 쉬며

질문 5. 지금까지의 길에 대한 평가와 앞으로의 길에 대한 조언을 부탁드려도 될까요?

윤유석 그동안 열두 번의 강의를 통해 저희가 꽤 먼 길을 걸어왔다고 생각합니다. 저희는 교수님께서 1994년에 출간한 『데리다와 비트겐슈타인』으로부터 시작하여 지금 준비하고 있는 연구에 이르기까지, 30여 년의 시간 동안 쌓인 일곱 권의 책들을 통해 철학의 다양한 분야들을 살펴보았습니다. 교수님께서는 지난 30여 년 동안 걸어온 길에 대해 어떻게 회상하는지 궁금합니다. 아울러 앞으로의 길에 대한 바람이나 새로 길을 걸어가는 학생들에 대한 바람이 있다면 말씀해 주시길 부탁드립니다.

이승종 한길로 매진할 수 있게 도와준 가정과 대학과 신에게 감사드립니다. 출간한 한 권 한 권이 모험의 산물이다 보니 그때마다 용기가 필요했습니다. 부족하지만 저 자신을 믿고 끝까지 정진하려고 합니다. 어차피 다른 재주도 없더라고요.

교수님의 작품들 중에서 가장 만족스러웠던/아쉬웠던 것은 무엇인가요?

윤유석 교수님이 출간한 저술들 중에서 제일 만족스러웠던 작품, 아니면 제일 아쉬웠던 작품 은 무엇인가요?

이승종 깨물어 아프지 않은 손가락은 없었습니다. 한 권 한 권이 진통의 산물이다 보니 일곱 권 모두에 공평하게 애정이 갑니다. 제 저서들과는 별개로 연구번역서인 『철학적 탐구』는 완벽주의자인 비트겐슈타인의 작품이니만큼 쇄를 거듭할 때마다 심혈을 기울여 수정에 수정을 가하며 정성을 들이고 있습니다만, 그래도 그에 대한 두려운 마음은 여전합니다.

앞으로는 어떤 길을 걸어가고 싶은가요?

윤유석 교수님께서는 지금까지 30여 년 동안 철학자의 길을 걸어왔고, 지금도 여전히 철학적인 작업들을 하고 계신데 앞으로는 어떤 길을 걸어가고 싶은지요?

이승종 길은 두드리는 사람에게 열리더군요. 철학의 경우 세상에 대해, 주변에 대해, 나 자신에 대해 던지는 물음이 두드림에 해당하겠죠. 물음을 던지고 답을 구하는 사람에게 길은 열립니다. 그런데 길을 어느 방향으로 잡아 나갈지는 각자 처한 상황과 운명, 관심과 역량에 따라 다를 수 있습니다. 저는 앞으로도 계속 이 길을 갈 것입니다. 다음 생이 있다면 그때에도 마찬가지일 것입니다.

철학의 길을 걸어가는 분들에게 해 주고 싶은 말이 있나요?

윤유석 철학의 길로 나선 분들에게 해 주고 싶은 말은 무엇인가요?

이승종 길을 추구하는 사람이 구도자의 문자적인 뜻인데, 그는 횃불로 길을 밝히는 개척자이기도 합니다. 철학은 자신을 던질 만한 아주 매력적인 학문입니다. 저마다 철학에서 길을 구하고, 길을 열어 밝히고, 철학이라는 깊고 넓은 지혜의 바다에서 마음껏 유영游泳하며 큰 깨달음을 얻기를 바랍니다. 여러분의 위대한 여정에 신의 가호가 있기를 기도하겠습니다.

수강생들과의 토론

박오병 (1) 교수님은 비트겐슈타인뿐만 아니라 동양 사상도 같이 연구하시면서 철학적인 지평을 넓혔습니다. 교수님만의 고유한 철학세계는 무엇인가요? 샤머니즘을 언급하셨지만 그것 이외에는 어떤 것이 있는지 잘 모르겠습니다. 교수님만의 새로운 철학세계나 철학이론을 개척하실 생각은 없으신지요?

　　(2) 인류문명에 큰 기여를 했거나 세계적인 각성을 준 철학자나 과학자가 한국에는 없지 않습니까? 가까운 동양에서도 중국이나 일본에는 그런 인물들이 있는 것 같은데요. 특히 일본에 대해서는 우리가 결코 뒤떨어진다고 할 수 없을 것 같은데도 불구하고, 그런 인물들이 전혀 안 나타나는 이유는 무엇일까요? 한국에 그런 인물들이 있었는데도 세상이 알아주지 못한 것일까요?

　　(3) 카프카가 이런 말을 한 적이 있습니다. "우리가 읽는 책이 머리를 주먹으로 내리쳐 깨우지 않는다면, 도대체 무엇 때문에 그 책을 읽어야 할까? […] 한 권의 책은 우리 안의 얼어붙은 바다를 깨는 도끼여야 해."(카프카 1904, 32-33쪽) 교수님도 어렸을 때부터 많은 독서를 하셨는데, 정신이 번쩍 나는 경험이 있었나요?

이승종 (1) 니체의 경우 대학 교수로 재직 중에 쓴 글과 대학을 떠난 뒤에 쓴 책들을 비교해 보면 확연한 차이가 있습니다. 교수직에 있을 때 쓴 글들은 『비극의 탄생』을 제하고는 전통적인 학술적 작품들이었습니다. 나름 훌륭하긴 하지만 제도권의 글쓰기여서인지 본인의 아레테가 완전히 만개된 것 같지는 않더군요. 그런데 야인이 된 다음의 니체는 거칠 게 없습니다. 자부심과 모험심으로 자신의 아레테를 마음껏 뽐냈습니다. 대학에서의 정년을 몇 년 앞두고 있는 저도 앞으로 야인이 되면 니체처럼 홀가분한 마음으로, 제도의 격식에 더 이상 구애받지 않고 저만의 사유를 좀 더 자유롭게 전개하고 싶습니다.

　　(2) 근·현대에 한·중·일 삼국이 다 큰 단절을 겪었습니다. 아편

전쟁으로 상징되는 동과 서의 충돌에서 동양이 처참하게 무릎을 꿇고, 일본이 예외일 뿐 우리와 중국의 경우 타의에 의한 근대화를 거치면서 자신의 정체성이 뿌리째 뽑히는 체험을 했습니다. 우리는 험난하고 끔찍했던 망국과 전쟁의 깊은 상흔에서 벗어나 비약적 경제성장을 성취하여 여기까지 온 만큼 이제 미네르바의 올빼미가 날갯짓을 할 시기가 도래했다고 생각합니다.

우리에게는 박이문, 김형효 교수님과 같은 선학이 뿌려 놓은 아주 중요한 씨앗들이 있습니다. 이를 잘 일구어서, 고흐의 그림에서 보았던 거대한 편백나무를 키워 내야겠죠. 저는 우리의 앞날에 대해서, 한국철학의 앞날에 대해서 비관하지 않습니다. 한국인에게는 그 어느 민족 못지않은 우수한 문화 유전자가 잠재해 있으므로 이를 싹틔워 만개시키는 일만 남았습니다.

(3) 독서를 통한 위대한 체험은 저의 인생을 결정한 사건이었습니다. 사춘기 때의 독서 체험이 가장 강렬했습니다. 마치 벼락을 맞거나 신들렸거나 미쳐 버린 것 같은 정도였으니까요. 그 이후로도 책을 손에서 놓은 적이 거의 없다시피 한 삶을 살아온 셈이지만, 당시의 체험에 견줄 사건은 없었다고 해도 과언이 아닙니다.

박병철·윤유석·고명섭

1. 『비트겐슈타인이 살아 있다면』을 읽고[4] (박병철)[5]

한때 비트겐슈타인의 스승이기도 했으며, 나중에는 그의 강의를 듣고 그 노트를 출간하기도 했던 무어는 1951년 영국 왕실로부터 훈장을 받았다. 훈장을 받는 자리에서 수여자인 영국 왕 조지 6세와 담소를 나눈 무어는 비트겐슈타인과 동시대 인물인 조지 6세가 비트겐슈타인의 이름을 들어본 적이 없다는 사실에 놀랐다고 한다.

　　98년이라는 긴 생애를 통해 왕성한 저술 및 강연, 그리고 반전, 반핵 운동으로 세상 사람들의 입에 그 이름을 오르내리게 했던 그의 또 다른 스승 러셀과 달리 비트겐슈타인은 20세기의 주요 철학자 중에서는 예외적으로 살아서보다 죽은 후에 그 이름이 더 널리 알려졌고, 더 많이 연

4　　『철학』 76집, 2003.
5　　부산외국어대 만오교양대 교수.

구된 인물이다. 살아 있는 동안 출판한 철학적 저서가 그의 전기 철학에 해당되는『논리-철학 논고』단 한 권뿐이라는 점, 게다가 철학사에서 유례를 찾아보기 어려울 정도로 그 책이 담고 있는 것과 매우 다른 철학적 아이디어를 발전시킨 방대한 유고가 남겨졌다는 사실이 아마 비트겐슈타인에 대한 사후 연구가 활발한 중요한 한 이유일 것이다.

그러나 역시 20세기 철학자의 기준에서 볼 때 너무 많은 비트겐슈타인 주석서와 해설서, 연구서 등이 쏟아져 나오자 이제는 그와 관련된 새로운 저서에 대한 그럴듯한 정당화가 필요하다는 느낌이 들 정도다. 물론 이러한 느낌은 독자들의 편에서 나온 것일 수도 있겠지만, 책을 내는 사람들의 입장에서도 충분한 고려 대상인 듯하다. 최근 영국과 미국에서 출간된 일련의 비트겐슈타인 관련 논문집들의 제목이 그 점을 시사한다. 그중 몇몇만 보아도 *The New Wittgenstein*, *Wittgenstein in America*, *Wittgenstein: Biography and Philosophy*와 같이, 이 책들은 기존의 연구서나 논문집과는 뭔가 다른 관점과 접근방법을 통해 비트겐슈타인의 철학을 재조명하고 있음을 제목을 통해 암시하고 있다.

그 내용에 있어서도 *The New Wittgenstein*의 경우 비트겐슈타인의 철학에 대한 본격적인 재평가 작업이라는 주장을 숨기지 않고 있으며, *Wittgenstein in America*의 편집자들은 수록 논문들이 오늘날 미국철학에서 가장 활발하게 논의되고 있는 철학적 이슈들에 대한 비트겐슈타인 철학의 관련성에 초점을 맞추고 있다고 말한다. *Wittgenstein: Biography and Philosophy*는 인간 비트겐슈타인의 이해가 그의 철학의 이해에 결정적이라는 전제를 통해 그의 생애와 철학의 관련성에 대해 논하고 있다.

세상을 떠난 지 50년밖에 되지 않은 철학자에 대해 벌써 *The New Wittgenstein*과 같은 제목의 논문집이 나오고, 전기와의 관련성을 통해 철학을 재조명해야 한다는 주장을 담은 책이 나올 정도면, 비트겐슈타인 철학의 성격은 20세기의 다른 어떤 철학자들과도 비교할 수 없을 정도로 특이한 것임을 쉽게 짐작할 수 있게 한다. 이러한 상황은 대체적으로 두 방향에서 바라볼 수 있을 것이다. 한편으로는 비트겐슈타인 철학이 지닌 고전으로서의 가치일 텐데, 어떤 이유에서건 수많은 해석이 존재하고 또 여전히 새로운 해석의 가능성이 제기되는 것은 아직 성급한 판단일지는 몰라도 그의 철학이 그만큼 재해석의 여지가 많은 이전의 철학사의 고전들이 지녔던 특징을 지니고 있다고 하겠다.

다른 한편으로는 이처럼 수많은 해석과 논란들에 대한 일종의 교통정리의 욕구가 생길 수 있겠다. 물론 비트겐슈타인은 살아서 이미 철학계의 전설이긴 했지만, 고립된 삶을 살면서 스스로 자신의 철학적 입장을 시원스레 해명한 적이 없다. 바로 그 점이 오늘날 비트겐슈타인 해석의 어려움의 원인 중의 하나라고 할 수도 있을 것이다. 이러한 상황에서 과연 비트겐슈타인이 오늘의 상황을 바라본다면, 적어도 수많은 해석들에 대한 최소한의 교통정리가 가능할 것이라는 생각을 해 볼 수도 있을 것이다.

이승종 교수의 『비트겐슈타인이 살아 있다면』은 바로 그러한 교통정리의 욕구를 반영한 제목의 책이다. 물론 이 책이 다루고 있는 내용은 비트겐슈타인의 철학 전반에 관한 것은 아니고, 모순이라는 특정한 주제에 관한 것이다. "논리철학적 탐구"라는 부제를 달고 있긴 하지만, 좀 더 일반적인 뉘앙스의 제목 때문에 일반 독자들에게는 오도적일 수도 있겠다. 실제로 이 책은 비트겐슈타인의 철학의 형성과 변화, 그리고 발전에서 저자가 파악하기에 가장 중요한 모티브 중의 하나인 모순을 집중적으로 다룬 본격적인 비트겐슈타인 연구서이기 때문이다.

그러나 제목이 함의하는 바를 떠나서, 그리고 비트겐슈타인 연구의 주무대인 영국과 미국의 상황을 떠나서, 비트겐슈타인에 대해 논의가 시작된 지 이제 20년을 넘긴 한국에서는 이 책과 같은 비트겐슈타인의 철학에 대한 본격 연구서의 출간은 매우 고무적이며 가치 있는 것이다. 한국철학계에서는 70년대와 80년대를 통해 비트겐슈타인에 대한 소개와 활발한 논의가 시작되었고, 90년대에는 비트겐슈타인의 주요 저작에 대한 번역본이 출간되기 시작했다. 그와 더불어 영향력 있는 해외 저자들에 의한 비트겐슈타인 전기와 개설서 및 해설서들이 하나둘씩 번역되어 비트겐슈타인 연구의 폭을 넓혀 주었다. 이제는 역량 있는 국내 연구자들에 의해 비트겐슈타인 입문서나 깊이 있는 연구서들이 나올 때가 되었다는 기대를 해 볼 만한 시기이며, 따라서 『비트겐슈타인이 살아 있다면』은 바로 그러한 기대에 부응하는 책이다.

이 책에서 저자는 비트겐슈타인의 철학에서 매우 중요한 개념의 하나인 모순에 주목하고 있다. 모순에 대한 비트겐슈타인의 생각의 변화가 그의 전체 철학의 흐름을 적절하게 이해하는 데 매우 중요한 요소라는 것이다. 그래서 저자는 『논리-철학 논고』에 나타나고 있는 모순과 관련된 난점을 지적함으로써 비트겐슈타인에 있어서 '모순에 관한 연구는 전기 저작에 나타난 비트겐슈타인의 사상 전체뿐 아니라 그 난점까지도 헤아려 보는 계기가 된다'는 것이며(20쪽), 의미 혹은 명제에 대한 생각의 변화는 '모순에 대한 태도의 변화와 동일선상에 있다'고 하며(20쪽), 또 새로운 언어관으로 전환한 후기 비트겐슈타인은 '언어의 복잡한 쓰임의 가능성의 범위와 미묘함을 천착하기 위해 개별적인 모순의 사례들을 논의한다'고 말한다(21쪽).

저자가 비트겐슈타인의 철학적 변화와 발전에서 가장 중요한 키워드의 하나로 모순을 취하고, 그의 철학에 있어서 모순의 문제가 가져다준 제반 양상을 탐구하고 있는 점은 과거의 다른 비트겐슈타인 연구에서 별로 찾아볼 수 없는 매우 독창적인 접근이라고 할 수 있다. 특히 전기 비트겐슈타인의 모순 개념에 대한 연구는 종종 있었지만, 모순의 문제를 후기 비트겐슈타인으로 확장하여 비트겐슈타인의 철학 전체에 걸친 문제로 다루는 경우는 거의 없었다.

나는 저자의 이러한 접근 방법에는 이견이 없다. 물론 비트겐슈타인의 철학적 입장의 변화와 발전을 설명해 주는 중요 키워드가 모순 하나뿐인 것은 아니지만, 모순 개념이 적어도 『논고』의 철학 체계의 해체와 새로운 언어관으로의 전환에 미친 영향은 아무리 강조되어도 지나치지 않을 것이라고 생각한다. 또한 비트겐슈타인의 후기 철학에서 전기와의 단절이 이루어졌다고 하는 많은 평가에도 불구하고 궁극적으로 그의 관심이 저자가 적절하게 지적하고 있듯이 의미와 명제에 관한 것이라면, 후기 비트겐슈타인이 모순에 대해 이렇다 할 언급이나 논의를 하지 않았다 해도 여전히 중요한 개념 또는 문제의식의 하나로 다루어질 수 있을 것이다.

문제는 이 책에서 저자가 비트겐슈타인의 철학의 전 시기에 있어서 얼마나 설득력 있게 모순의 문제를 다루었는가 하는 점이다. 논의 구조를 볼 때, 통일성을 가지고 모순의 문제에 대해 치밀하게 고찰하고 있는 부분은 '모순의 논리철학'이라고 이름 붙인 제1부에 국한된다고 볼 수 있다. 저자는 제1부에서 전기 비트겐슈타인에서 나타난 모순의 문제를 매우 정교하게 이끌어 내고 있으며, 그러한 문제를 토대로 언어관의 전환과 중기 비트겐슈타인으로의 발전을 논의하고 있다.

　　반면 제2부는 독립된 논문들을 한데 묶어 놓은 것으로서 주제의 통일성이 결여되어 있다고는 결코 말할 수 없으나 논의의 통일성과 긴장감이 다소 느슨해 보인다. 특히 제8장과 제11장은 다른 연구자의 비판에 대한 저자의 대응 그리고 다른 연구자의 입장에 대한 비판의 형식을 각각 띠고 있어서 모순이라는 일관된 주제를 다루고 있음에도 불구하고, 일종의 다른 연구자들과의 대화라는 점에서, 논의의 통일성이 일부 손상되고 있음은 아쉬운 점이다. 만약 이 챕터들이 본문과 구별되는 부록의 형태로 실렸다면 차라리 통일성의 측면에서 더 나은 책이 되지 않았을까 하는 생각을 해 본다.

　　이러한 생각은 저자가 참여한 모순과 관련된 국내외 학계에서의 토론에 대한 기록인 제3부에도 그대로 적용된다. 이 기록은 저자와 다른 토론자들의 토의 및 질의응답의 성격을 지니고 있기 때문에 이미 1, 2부에서 논의된 내용에 대한 명료화 및 부연 설명의 기능을 지니고 있으므로 저자의 주요 논지를 좀 더 명료화하고 독자들로 하여금 그것을 더 잘 이해할 수 있게 해 주는 데 도움이 될 수 있다. 그러나 역시 한 저서의 통일성의 관점에서 볼 때 부록의 성격을 지니고 있음을 부인하기 어렵다.

　　내용의 측면을 볼 때, 제1부의 제2장과 3장은 이 책에 있어서 논의에 접근하는 저자의 관점이나 논의를 이끌어 가는 방식, 그리고 논의의 내용에 있어서 가장 독창적이고 치밀하며 정교한 부분이라고 할 수 있다. 일단 저자는 『논고』에 나타나고 있는 모순의 문제를 저자가 말하는 형식적 명제론(이에 따르면 모순은 의미 있는 명제다)과 의미론적 명제론(이에 따르면 모순은 명제가 아니며 의미도 없다)의 갈등 관계로 매우 잘 부각시키고 있으며, 그러한 갈등이 후에 색채의 문제를 통해서『논고』를 해체하는 하나의 중요한 계기가 되고 있음을 설득력 있게 보여 주고 있다. 특히 이와 같이 모순의 문제를 통한 비트겐슈타인의 철학적 변화와 발전이 궁극적으로 '명제의 의미'와 관련되어 있다는 저자의 접근 방식은 그야말로 비트겐슈타인의 철학 전체를 새로운 각도에서 바라볼 수 있게 해 준다는 점에서 매우 흥미롭다.

그러나 이러한 저자의 입장이 비트겐슈타인의 후기 철학에서도 설득력 있게 입증되었는지는 의문스럽다. 물론 나는 여기서 저자가 문제를 바라보는 시각 —즉 명제에 대한 시각의 변화가 후기 비트겐슈타인이 모순을 바라보고 그것을 다루는 방식에 영향을 주고 있다는 생각— 에는 별 이견이 없다. 저자는 후기 비트겐슈타인에서 모순의 문맥의존성을 강조하고 있는데, 이러한 모순의 문맥의존성은 명제를 바라보는 시각이 변화했기 때문이라고 한다. 즉『논고』에서와 달리 명제들의 의미가 고정되어 있는 것이 아니라 그것들이 사용된 문맥에 따라 서로 모순을 일으킬 수도 있고 그렇지 않을 수도 있다는 것이다(144쪽). 즉 '두 명제가 서로 모순을 일으키는지의 여부는 명제 자체가 아니라 명제의 쓰임에 의해서 결정된다'는 것이다(146쪽).

제5장의 논의에서 저자는 크립키의 입장을 비판하고 있으며, 이어서 모순적인 언급을 담고 있는 구체적 예를 통해 비트겐슈타인이 철학적 혼동으로부터 벗어날 수 있는 하나의 방법을 제시했다고 평가하고 있다. 나는 비트겐슈타인의 입장을 의미 회의주의로 본 크립키에 대한 저자의 비판에는 대체로 동의할 수 있지만,『철학적 탐구』§304를 통한 모

순에 대한 저자의 해석이 여러 가지 다른 해석들의 가능성을 배제시킬 만큼 충분한 설득력을 지닌 것 같지는 않다고 생각한다.

저자가 예로 든 "그것은 **어떤 것**^{something}도 아니지만 그렇다고 **아무것도 아닌 것**^{nothing}도 아니다"(인용자 강조)는 §304의 문장을 통해서 비트겐슈타인이 사적 감각의 기준을 확보할 수 없음을 주장하고 따라서 사적 감각과 관련된 철학적 혼동에 빠지지 말 것을 보여 준 것이 옳다 하더라도, 그러한 사실이 후기 비트겐슈타인의 모순을 바라보는 시각 전체를 대변한다고는 말할 수 없을 것이다. 일반화를 무리 없이 시도할 만큼 충분한 사례들이 제시되지 않았음은 물론 동일한 고찰에서 다른 결론을 이끌어 내는 것은 여전히 가능할 것이기 때문이다. 이 글의 앞에 일부 인용한 바와 같이, 특히 저자는 책의 앞부분(21쪽)에서 후기 비트겐슈타인이 개별적인 모순의 사례들을 논의한다고 말하고 있기 때문에, 좀 더 다양한 사례들을 통해서 논지를 확충하지 않은 것은 아쉬운 점이다.

지금까지 지적한 문제들은 이 책이 지닌 더 돋보이는 여러 미덕을 훼손할 만큼 심각한 것은 아니다. 무엇보다도 이 책은 비트겐슈타인과 관련된 많은 연구논문과 해설서의 홍수 속에서 또 하나의 새로운 접근법이 가능하다는 것을 여실히 보여 주고 있다는 점에서 가장 돋보인다. 부디 이 책을 자극제로 삼아 국내 학계에도 본격적인 비트겐슈타인 연구서들이 뒤를 이어 홍수는 아니더라도 더위를 물리치는 소나기 역할을 해 주었으면 하는 바람이다.

2. 두 가지 크로스오버: 『크로스오버 하이데거』 (윤유석)

이승종의 『크로스오버 하이데거』는 시대와 문화를 가로지르는 다양한 철학적 사조를 바탕으로 하이데거의 사유가 오늘날 우리에게 지닐 수 있는 의의를 해명하고 있다. 특별히, 이 책은 '분석적 해석학'이라고 일컬어질 수 있는 새로운 독법을 통해 유럽의 해석학 전통에 속한 하이데거를 영미의 분석철학 전통에 속한 비트겐슈타인, 타르스키, 콰인, 데이빗슨 등과 대면시키고 있다는 점에서 매우 흥미롭다. 본고는 우선 『크로스오버 하이데거』를 구성하고 있는 각각의 장을 간략히 요약할 것이다. 다음으로, 이 책의 중심적 방법인 '크로스오버'가 '수동적 크로스오버'와 '능동적 크로스오버'라는 서로 다른 두 가지 활동의 혼합이라고 지적할 것이다. 마지막으로, '능동적 크로스오버'의 필요성이 하이데거의 사유에 내재된 근본적 결함으로 인해 생겨나게 된 것이 아닌지 의문을 제기할 것이다.

1) 크로스오버 하이데거

『크로스오버 하이데거』는 하이데거의 사유를 총체적으로 다루고 있다. 이 책은 하이데거의 사유가 현상학의 맥락으로부터 어떻게 등장하였는지를 **후설과 하이데거** 사이의 대조를 통해 설명하고(제 I 부), 하이데거의 사유가 당대의 언어철학과 수리논리학에 대한 비판을 함의하고 있다는 사실을 **하이데거와 비트겐슈타인** 사이의 비교를 통해 이야기하며(제 II 부), 이러한 대조와 비교를 바탕으로 하이데거의 사유가 **이론철학적 측면**(제III부)과 **실천철학적 측면**(제IV부)에서 오늘날의 진리론과 기술문명의 문제를 극복하고자 하는 시도에 어떻게 기여할 수 있는지를 논증한다.[6] 각각의 장에 담긴 더욱 구체적인 내용은 다음과 같다.

제I부는 현상학의 맥락을 중심으로 후설과 전기 하이데거를 대조한다. 후설은 우리 의식의 내용에 대한 탐구와 대상의 의미에 대한 탐구가 서로 일치한다고 주장하는 철학적 사조인 '현상학'을 성립시켰다. 그는 '심리학적 환원' '선험적 환원' '형상적 환원'이라고 일컬어지는 세 가지 방법을 통해 대상이 우리의 의식에 순수하게 주어지는 방식을 기술하고자 하였다. 우리는 외적 대상에 대한 모든 선입견을 괄호 친 상태에서(심리학적 환원) 순수한 의식 체험에만 집중할 때에야(선험적 환원) 비로소 모든 개별적 요소가 제거된 대상의 의미인 '본질' 혹은 '형상'을 파악할 수 있다(형상적 환원)는 것이다. 그러나 하이데거는 **대상의 의미를 대상의 쓰임**이나 **대상의 맥락**으로부터 분리시키고자 하는 후설의 시도가 허구적이라고 지적한다. '환원'을 통해 대상의 본질에 도달하려는 후설의 현상학에서는 대상이 언제나 우리 자신을 넘어서서 존재한다는 사실(대상의 초월성), 우리가 대상을 결코 완전히 파악하지는 못한다는 사실(지향성의 불완전성), 우리가 무엇을 지향하고 있는지가 종종 미결정적이라는 사실(대상의 미결정성)이 간과되곤 한다. 따라서 하이데거에게 후설의 현상학이란 결코 완벽하게 파악

---

6 제V부는 『크로스오버 하이데거』를 둘러싼 이승종과 국내外 철학자들 사이의 토론을 수록하고 있다. '크로스오버'라는 이 책의 주제에 비추어 볼 때, (a) 유럽 해석학과 영미 분석철학 사이의 크로스오버뿐만 아니라 (b) 서양 학계와 우리 학계 사이의 크로스오버 및 (c) 국내 철학자들 사이의 크로스오버 역시 다루고 있는 제V부는 이 책을 구성하는 매우 중요한 부분이라고 할 수 있다. 그러나 '토론'이라는 형식의 특성상 간결한 요약이 어렵다는 점으로 인해 본고에서는 제V부를 따로 정리하지는 않겠다.

될 수 없는 존재의 지평을, 의식이 구성해 낸 추상적 질서 속에 가두고자 하는 기획이었다. "순수의식의 내적 본질과 보편의 세계는 진정한 세계가 거세된 추상과 인공의 세계"(52쪽)라는 지적이 후설에 대한 하이데거의 비판에서 핵심이라고 할 수 있다.

　　제II부는 하이데거와 비트겐슈타인 사이의 비교를 통해 하이데거의 사유를 분석철학과 연결한다. 하이데거가 현상학적 환원에 반대하여 대상을 쓰임의 맥락 속에서 파악하고자 한 것처럼 비트겐슈타인 역시 형식언어에 반대하여 의미를 사용 속에서 이해하고자 하였다. 두 인물은 모두 우리의 인식에서 "인간의 구체적 삶의 상황과 역사적 존재 일반"(86쪽)이 배제될 수 없다는 사실을 강조한 철학자라는 공통점이 있다. 따라서 얼핏 그 자체로는 난해해 보이는 하이데거의 사유는 (비트겐슈타인이 지닌 문제의식에 비추어 볼 경우) 20세기 초반의 언어철학과 수리논리학이 지니고 있던 경향에 대한 비판으로 독해될 수 있다. 즉, 당대의 언어철학과 수리논리학은 의미가 언어와 세계 사이의 대응, 지시, 인과 관계 따위로 추상화될 수 있다고 생각하였다. 이러한 선입견에 경도된 철학자들은 대응, 지시, 인과 관계가 성립하기 위해서조차 인간의 삶의 지평이 그 배경에 전제되어야 한다는 사실을 망각하고 말았다. "기존의 의미론들의 한계는 그것이 언어에 의한 불러냄 과정보다는 불러냄이 수행되고 난 뒤의 존재자의 지평에서 세계를 언어와 연관 지으려 한다는 데 있다. 그럼으로써 그 이론들은 드러난 전경에만 관심을 쏟을 뿐 그것이 배경과의 총화에 의해 의미를 지님을 간과하였다."(90쪽) 하이데거와 비트겐슈타인은 추상화된 이론 속에서 의미의 문제를 다루고자 한 당대의 시대정신에 맞서 인간의 삶의 지평이 지닌 중요성을 강조하였다는 점에서 공동전선을 이루고 있다. 다만, 하이데거는 언어에 대한 고고학적 발굴 작업을 통해 망각된 고대 그리스의 삶의 경험을 복구시키는 전략을 취한다는 점에서 비트겐슈타인보다 철학사를 다루는 능력이 더욱 뛰어나다. 이승종은 다음과 같이 이야기한다.

> 하이데거는 철학사 자체를 꿰뚫는 생생한 역사 발굴 작업에 나선다. 그의 고고학적 발굴 작업은 역사의 한계를 규명한다는 점에서 비판적이고 해체적이다. 더구나 그는 비트겐슈타인이 미처 도달하지 못했던, 아니 철학사에 대한 비트겐슈타인의 무지와 무관심으로 말미암아 도달할 수 없었던 소크라테스 이전 철학으로 자신의 해체적, 고고학적 관심을 소급시킨다. (106쪽)

제Ⅲ부는 진리론을 중심으로 하이데거의 사유가 지닌 이론철학적 측면을 다룬다. 전통적 진리론은 크게 '진리대응론'과 '진리정합론'이라고 일컬어지는 두 가지 입장으로 구별된다. 진리대응론은 언어와 세계 사이의 대응을 진리라고 주장하고, 진리정합론은 논리적 정합성을 진리라고 주장한다. 그러나 두 입장은 모두 진리가 인간의 관점과 긴밀하게 연관되어 있다는 사실에 주목하지 않는다. 진리대응론과 진리정합론의 근본적 문제는 "대응과 정합의 장소에 인간이 빠져 있다는 점이다."(184쪽) 즉, 무엇이 진리인지는 우리가 무엇을 진실된 것으로서 받아들이는지와 분리될 수 없다. 하이데거가 '존재의 진리'를 강조하는 독특한 진리론을 제시한 이유가 바로 여기에 있다. **진리는 인간의 삶의 지평과 동떨어져서 어딘가에 존재하는 추상물이 아니다.** "진실되고, 적실하고, 확실한 진리는 우리와 무관한 진리가 아니다. 우리와 무관한 것으로 우리의 삶으로부터 외화外化되는 진리는 그로 말미암아 그 진실성, 절실성, 적실성, 확실성을 잃게 된다."(190쪽) 오히려 각각의 시대와 문화 속에서 인간에게 가장 진실된 것으로서 드러나는 존재의 모습이 진리이다. 존재가 변화 속에서 끊임없이 자신을 새롭게 보여 주는 사건이 진리이다. 따라서 존재의 진리는 하나의 고정된 이론 속에 가두어지지 않는다. **매 순간 우리의 이전 관점이 부정되고 붕괴되는 과정에서 존재에 대한 우리의 패러다임이 새롭게 변화하는 일련의 역사적 사태 자체가 '존재의 진리'라고 이해되어야 한다.** 실제로, 하이데거의 진리론은 이러한 입장을 바탕으로 고대, 중세, 근대, 현대를 가로지르면서 각각의 시대마다 진리 개념이 어떻게 변화되었는지를 철학사적 관점에서 해명한다. 이승종은 다음과 같이 이야기한다.

> 존재의 진리의 지평은 초시공간적인 논리적 진공관 속에서 세워진 추상적, 존재자적 구조물이 아니라 역사의 각 시기마다 상이한 방식으로 형성되고 상이한 양상으로 주어지는 구체적이고 존재론적인 것이다. 그러므로 진리에 대한 우리의 해체적 탐구가 온전한 것이 되기 위해서는 존재의 진리의 지평의 생성/변모 과정에 대한 통시적인 계보학적 탐구가 이루어져야 한다. (193쪽)

제Ⅳ부는 기술문명에 대한 비판을 중심으로 하이데거의 사유가 지닌 실천철학적 측면을 다룬다. 세계를 고정된 이론 속에서 파악하고자 하는 플라톤 이후 서양 형이상학의 경향은 오늘날의 기술문명을 낳았다. 현대의 기술은 존재하는 모든 것을 자신이 상정한 이론적 가설과 실천적 목적에 따라서만 규정해 버린다는 특징이 있다. 즉, 하이데거에 따르면, 끊임없이 새로운 모습으로 우리에게 드러나는 존재의 진리가 망각되고, 역사 속 특정한 시점에서 등장한 자연과학이 세계를 완벽하게 표상할 수 있는 것처럼 오해되자, **존재하는 모든 것은 현대의 기술을 통해 얼마든지 조종될 수 있는 부품이 되어 버렸다.** "현대의 기술은 모든 존재자로 하여금 어디에서나 즉시 가까이 지정된 자리에 놓여 있을 것을 도발적으로 요청한다. 이러한 요청에 따라 탈은폐되는 존재자들이 그 자리에 현존하는 방식을 하이데거는 '부품^{Bestannd}'이라 부른다."(233쪽) **이제 세계는 현대의 기술이 요구하는 방식대로만 의미를 지녀야 한다고 몰아세워지게 되어 버렸다.** "하이데거는 인간을 주문요청으로 집약시키는 도발적 요청을 '몰아세움^{Ge-stell}'이라 부른다. 그에 의하면 바로 이것이 지금까지 우리가 찾고자 했던 현대기술의 본질이다."(234쪽) 이러한 하이데거의 비판은 하드웨어(기계) 중심의 기술문명에서 소프트웨어(정보) 중심의 기술문명으로 전환이 일어난 뉴미디어시대에도 여전히 적용될 수 있다. 우리는 정보기술을 통해 해석된 세계를 마치 진정한 세계이기라도 한 것처럼 받아들이면서 살아가고 있고, 정보의 과잉 속에 잠식되어 우리의 일상을 둘러싼 생활세계를 점차 상실하고 있으며, 뉴미디어를 통해 흘러들어 오는 정보를 따라잡기 위해 매 순간 발버둥 쳐야 하는 존재가 되어 가고 있기 때문이다. 따라서 뉴미디어 기술의 만연으로 인해 생겨난 우리 시대의 허무주의를 극복하기 위해서는 (하이데거가 보여 준 것처럼) 인간의 삶의 지평에 대해 성찰하는 '인문적 사유'의 중요성이 다시 강조될 필요가 있다.

2) 수동적 크로스오버와 능동적 크로스오버

『크로스오버 하이데거』의 가장 독창적인 특징은 하이데거의 사유와 분석철학 사이의 '크로스오버crossover'이다. 이 책은 엄밀한 텍스트 독해에 근거하여 하이데거의 고유한 사유를 왜곡 없이 해명하고 있으면서도, 분석철학의 논의를 적극적으로 도입하여 하이데거의 난해한 언어를 세련된 논증의 형태로 새롭게 체계화하고 있다. 이 책에서 수행된 크로스오버는 하이데거의 사유가 오늘날의 언어철학, 수리논리학, 의미론, 진리론, 과학철학, 기술철학 등에 얼마나 광범위한 통찰을 줄 수 있는지를 설득력 있게 보여준다. 사실, 유럽권의 권위 있는 하이데거 연구자들인 푀겔러Otto Pöggeler, 헤르만Friedrich-Wilhelm von Herrmann, 피갈Günter Figal조차 하이데거의 텍스트에 대한 엄밀한 독해에만 몰두하여 하이데거의 사유가 지닌 철학적 의의를 제대로 해명하지 못하는 경우가 많았다. 반대로, 영어권의 권위 있는 하이데거 연구자들인 호그런드John Haugeland, 로티, 드라이퍼스, 브랜덤은 하이데거의 사유가 지닌 철학적 의의를 강조하기 위해 하이데거의 텍스트에 대한 엄밀한 독해를 포기하는 경우가 많았다. 따라서 유럽도 미국도 아닌 제3의 장소에서 이 책이 '분석적 해석학'이라는 독법을 통해 하이데거의 사유가 지닌 철학적 의의를 드러내고 있다는 사실은 매우 주목할 만하다. 두 철학적 전통에서 이루어진 가장 뛰어난 수준의 하이데거 해설들에서조차 이 책만큼이나 엄밀성과 명료성을 모두 갖춘 연구를 찾기는 어렵다.

다만, 이 책이 내용적 측면에서 크로스오버를 대단히 성공적으로 수행하고 있으면서도 방법적 측면에서 크로스오버를 다소 애매하게 남겨 두었다는 사실은 아쉽다. 이 책이 말하고 있는 '크로스오버'라는 활동에는 서로 다른 두 가지 의미가 뒤섞여 있는 것으로 보인다. 즉, 한편으로, 이 책은 크로스오버를 우리 사유에 내재된 불가피한 운명으로서 **일어날 수밖에 없는** 사건이라고 강조한다. 여기서 '크로스오버'란 사유의 과정에서 너무나도 자연스럽게 수행되는 지평 융합을 일컫는 이름으로 이야기된다. 그러나 다른 한편으로, 이 책은 크로스오버를 우리 사유가 지향해야 하는 작업으로서 **일어나야만 하는** 사건이라고도 강조한다. 여기서 '크로스오버'란 사유의 과정에서 인위적 노력을 통해 성취해야 하는 목표를 일컫는 이름으로 이야기된다. 두 가지 크로스오버 사이의 세부적 의미와 방법적 차이는 다음과 같다.

(1) **수동적 크로스오버**: 우리의 사유는 본질적으로 '크로스오버'라는 성격을 지닌다. 우리가 '과거' '현재' '미래'라는 각각의 시간적 지평을 따라 살아가는 이상, 우리의 사유는 매 순간 새로운 형태로 반복될 수밖에 없기 때문이다. 즉, 사물이 고정된 형태로 지속하는 과정에서 동일성을 유지하는 것과 달리, 사유는 매 순간 새로운 형태로 반복되는 과정에서 동일성을 형성한다. 이러한 반복은 이전에는 없었던 맥락, 관점, 입장, 문제 등을 끊임없이 포함하는 방식으로 이루어진다. 우리의 사유에서 크로스오버가 일어날 수밖에 없는 이유가 바로 여기에 있다. 새로운 시간적 지평에서 반복된 사유에는 언제나 새로운 요소가 개입되는 것이다. "크로스오버는 무책임한 장난질이 아니라 **사유의 불가피한 운명이다.** […] 사유가 앞서 언급한 의미에서의 반복이기 위해서는 크로스오버적일 수밖에 없다."(19쪽, 인용자 강조) 따라서 20세기 초반에 유럽의 해석학 전통에서 활동한 철학자인 하이데거를, 20세기 후반에 영미의 분석철학 전통에서 훈련

받은 저자가, 21세기에 한국어로 해설하는 작업에서 크로스오버가 일어난다는 사실은 너무나 당연한 일이다. 분석철학을 도입하지 않는다고 하더라도, 21세기를 배경으로 삼지 않는다고 하더라도, 한국을 맥락으로 삼지 않는다고 하더라도, 하이데거에 대한 모든 독법은 필연적으로 크로스오버를 포함할 수밖에 없다.

(2) **능동적 크로스오버**: 우리의 사유가 반드시 '크로스오버'라는 이상을 지향해야 하는 것은 아니다. 가령, 하이데거를 비트겐슈타인, 타르스키, 콰인, 데이빗슨 등과 교차시키는 작업이 상당히 유익하다고 하더라도, 하이데거의 사유와 분석철학 사이의 크로스오버가 필연적으로 수행되어야만 하는 연구인 것은 아니다. 하이데거의 사유를 다른 철학적 전통과 적극적으로 비교하고 대조할 것인지는 선택의 문제이다. 누군가는 크로스오버 없이 하이데거를 기존 독법대로 해설하는 것을 선호할지도 모르고, 누군가는 크로스오버를 통해 하이데거를 분석적 해석학의 독법대로 해설하는 것을 선호할지도 모른다. 어느 쪽 독법도 그 자체만으로는 당위성을 지니지는 않는다. 따라서 "하이데거의 사유에 대한 우리의 사유는 […] 크로스오버를 **지향한다**. […] 우리는 저마다의 사유를 크로스오버라는 창의적 반복을 통해 새로이 거듭나게 **해야 한다**"(19쪽, 인용자 강조)와 같은 언명은 다소 의아하게 여겨진다. 물론, 이러한 언명은 분석적 해석학의 독법만이 유일하게 올바른 독법이라는 의미가 결코 아닐 것이다. 이 책은 어디에서도 하이데거의 사유가 분석철학을 통해서만 제대로 이해될 수 있다는 강한 주장을 내세우고 있지 않다.[7] 이 책이 말하는 '크로스오버'는 독단적 강령이 아니라 합리적 권유인 것으로 보인다. 그러나 크로스오버가 이루

어져야만 한다는 주장이 어떠한 당위성에 근거하고 있는지는 여전히 불분명하다. 적어도, 하이데거의 사유에 대한 크로스오버가 왜 (수동적 형태로만 남겨져서는 안 되고) 능동적 형태로까지도 시도되어야 하는지가 이 책 속에서 명시적으로 대답되고 있지는 않다.[8]

　　따라서 하이데거의 사유에 대한 크로스오버는 **일어날 수밖에 없는** 사건이면서도 **일어나야만 하는** 사건이라는 역설에 빠진다. 두 가지 사건이 과연 '크로스오버'라는 하나의 이름 아래에서 통일될 수 있는 것인지는 매우 의문스럽다. 즉, (a) 크로스오버가 사유의 과정에서 자연스럽게 일어나는 사건일 경우 우리가 크로스오버를 인위적으로 일으켜야 하는 이유가 사라진다. 마찬가지로, (b) 우리가 크로스오버가 인위적으로 일으켜야 하는 경우 크로스오버가 사유의 과정에서 자연스럽게 일어난다는 주장이 성립하지 않는다. 수동적 크로스오버는 (이 책이 분석적 해석학의 독법을 통해 보여 주고자 하는) '창의적 반복'을 담아내기에는 너무 부족하고, 능동적 크로스오버는 (이 책이 분석적 해석학의 독법을 통해 따르고 있는) '사유의 불가피한 운명'에 국한되기에는 너무 크다.

7　　투겐트하트는 하이데거의 사유가 분석철학의 맥락에서 이해될 때에야 비로소 온전히 철학적 의미를 지닐 수 있다는 다소 강한 주장을 종종 제시하기도 한다. "나는 '존재'의 이해에 대한 하이데거의 물음이 오직 언어-분석적 철학의 틀 속에서 구체적이고 실제적인 의미를 얻을 수 있다고 확신하게 되었다."(Tugendhat 1982, x쪽)

8　　이유선 역시 이승종에게 유사한 질문을 던지고 있는 것으로 보인다. 그는 하이데거를 단순히 분석철학의 개념으로 명료화하는 작업을 넘어 "그래서 어쨌다는 말인가?"라는 물음에도 이승종이 응답해야 한다고 이야기한다(366쪽). 본고의 용어를 사용할 경우 하이데거를 명료화하는 작업은 '수동적 크로스오버'이고 "그래서 어쨌다는 말인가?"에 응답하는 작업은 '능동적 크로스오버'라고 할 수 있다.

3) 크로싱 오버 프롬 하이데거

하이데거의 사유가 매 순간 크로스오버될 수밖에 없을 뿐만 아니라 매 순간 크로스오버되어야만 한다는 역설은 중요한 시사점을 던져 준다. 우리는 수동적 크로스오버가 능동적 크로스오버를 요청한다는 사실로부터 하이데거의 사유 자체에 내재된 **근본적 결함**을 엿볼 수 있기 때문이다. 즉, 하이데거의 사유에 대한 모든 독법은 언제나 이미 크로스오버일 수밖에 없다. 하이데거의 사유를, 하이데거의 언어를 사용하여, 하이데거의 관심에 따라, 아무런 비교철학적 작업 없이 해설하려는 시도조차 사유의 과정에서 일어나는 크로스오버를 피할 수는 없다. 그러나 이러한 크로스오버만으로는 하이데거의 사유가 지닌 철학적 의의가 제대로 해명되지 않는다. 오히려 '하이데거의 언어놀이'에 매몰되는 연구는 하이데거의 사유를 이해 불가능한 공상인 것처럼 만들어 버릴 위험이 있다. 따라서 하이데거의 사유가 진정으로 우리에게 의미 있는 통찰로 여겨지기 위해서는 **크로스오버가 이루어져야만 한다**. 하이데거의 사유는 자신과는 구별되는 다른 사유를 통해 **대리되고 보충되어야 한다**. 크로스오버를 통해 하이데거의 사유가 지닌 철학적 의미를 드러내고자 하는 시도는 역설적이게도 하이데거의 사유가 그 **자체만으로는 충분한 철학적 의미를 지니지 못하고 있다**는 사실을 은밀하게 폭로하고 있는 것이다.

　　　　이러한 문제가 단순히 '사유의 불가피한 운명'에서 발생하는 것으로 여겨질 수는 없다. 하이데거의 사유는 수동적 크로스오버뿐만 아니라 능동적 크로스오버까지도 요청하고 있다. 모든 사유가 결국 다른 사유를 통해 대리되고 보충될 수밖에 없는 운명을 지니고 있다는 사실을 강조한다고 하더라도, 하이데거의 사유가 특별히 다른 사유를 통해 대리되고 보충되어야만 한다는 과제에 직면하고 있다는 사실은 사라지지 않는다. 즉, 하이데거의 사유에는 근본적 결함이 존재한다. 하이데거의 사유는 다른 사유를 통해 이루어지는 별도의 해설 없이는 제대로 이해될 수 없다. 하이데거의 사유에 능동적 크로스오버가 필요하다고 인정하는 입장은 하이데거의 사유가 그 자체만으로는 충분한 설득력을 지닐 수 없다고도 인정해야 한다. 여기서 우리는 하이데거의 사유에 내재된 '근본적 결함'의 구체적 내용으로 다음과 같은 세 가지 문제를 지적하고자 한다.

(1) **현상학적 환원**: '현상학적 환원'이라는 후설의 방법을 극복하고자 한 하이데거의 시도가 성공적이었는지는 의심스럽다. 현존재[Dasein]의 실존론적 구조에 대한 기술로부터 존재론을 성립시키고자 한 전기 하이데거와 철학사에서 일어난 존재사건[Ereignis]에 주목하여 사유를 전개하고자 한 후기 하이데거는 모두 일종의 환원을 수행하고 있다. 하이데거의 사유는 언제나 존재자에 대한 서양 형이상학의 선입견에서 벗어나(심리학적 환원), 존재자가 우리에게 주어지는 다양한 방식에 초점을 맞추어(선험적 환원), 고정된 이론 뒤편에 놓여 있는 인간의 삶의 지평을 생생하게 그려 내는(형상적 환원) 작업을 목표로 하기 때문이다. 실제로, 하이데거는 말년에 이르기까지 자신의 사유가 현상학이라고 생각하였다(하이데거 1963, 192-193쪽 참조). 연구자들 사이에서도 후설과 하이데거의 현상학이 근본적으로는 다르지 않다고 보는 해석이 존재한다(403-405쪽; 이남인 2004, 465-492쪽 참조). 심지어, 이 책 역시 하이데거의 사유가 철저하게 현상학적이라는 사실만큼은 부정하지 않는다(266쪽 참조). 따라서 현상학에 머물러 있고자 하면서

도 현상학의 핵심적 방법인 환원을 거부하고자 하는 하이데거의 입장은 자기논박에 빠져 있는 것으로 보인다. 후설의 현상학에 대한 하이데거의 비판은 하이데거 자신의 현상학에도 그대로 적용될 수 있는 것이다.

(2) **이분법**: 현상학적 환원이 의문시된 상황에서는 하이데거가 강조하는 수많은 구분들이 무너지고 만다. 무엇이 서양 형이상학의 선입견 속에서 전개되는 사유이고 무엇이 존재사건에 대한 적절한 응답으로부터 전개되는 사유인지를 나눌 수 있는 엄밀한 기준이 사라지기 때문이다. 즉, '존재적/존재론적' '실존적/실존론적' '비본래적/본래적' '테크네/피지스' '소크라테스 이후/소크라테스 이전'과 같은 하이데거의 이분법은 현상학적 환원이 가능하다는 암묵적 전제로부터 성립한다. 우리가 현상학적 환원을 통해 이론 뒤에 놓인 인간의 삶의 지평을 생생하게 조망할 수 있을 때에야 비로소 더 근본적인 층위와 덜 근본적인 층위가 나누어질 수 있는 것이다. 그러나 현상학적 환원을 비판하는 하이데거가 어떠한 근거로 자신의 구분들을 정당화하고 있는 것인지는 결코 분명하지 않다. (a) 하이데거가 현상학적 환원을 정말로 포기하였을 경우 하이데거는 이분법을 상정하고자 해서는 안 된다. (b) 하이데거가 이분법을 상정하였을 경우 하이데거는 현상학적 환원을 포기하고자 해서는 안 된다. 어느 쪽을 선택하든지, 하이데거의 이분법이 우리에게 당연한 것으로 여겨지기는 어렵다.

(3) **신의 관점**: 하이데거는 어쩌면 자신의 이분법을 성립시키기 위해 일종의 '신의 관점'이라고 일컬어질 수 있는 형이상학적 위치를 은밀하게 도입하고 있는지도 모른다. 가령, '존재적' 층위와 '존재론적' 층위를

구분하기 위해서는 그 두 층위를 모두 벗어난 곳에 하이데거의 시선이 위치해야 하는 것이 아닌가?[9] 하이데거가 '실존적' 지평과 '실존론적' 지평을 구분하는 과정에서 이야기한 내용들은 현존재를 공중에서 내려다보듯이 그려 내고 있지 않은가? '비본래적' 실존과 '본래적' 실존이라는 구분이 이루어지고 있는 장소는 정작 현존재의 실존 바깥이지 않은가? '테크네'와 '피지스'라는 구분은 문명이 아직 기술에 의해 오염되기 이전의 원초적 상태를 마치 직접 볼 수 있기라도 한 것처럼 가정한 상태에서 제시되고 있지 않은가? '소크라테스 이후'와 '소크라테스 이전'에 대한 평가는 에덴 이후와 에덴 이전에 대한 신학적 평가와 어딘지 모르게 닮아 있지 않은가? 즉, 하이데거의 사유는 대상에 대한 인식이 인간의 삶의 지평을 결코 벗어날 수 없다고 강조하면서도, 정작 인간의 삶의 지평 자체를 다시 대상화하여 그 지평 바깥에서 기술하고 있는 것 같아 보인다. 인간의 삶의 지평을 부각시키고자 하는 노력은 역설적이게도 인간의 삶의 지평을 벗어난 형이상학적 위치를 다시 상정하고 있는 것 같아 보인다.

이러한 혐의를 진지하게 고민하고자 하는 사람은 하이데거의 사유를 결코 있는 그대로 받아들일 수 없다. 그는 하이데거의 사유가 지향하는 목표를 성취하기 위해서조차 우선 하이데거의 사유에 제기되는 혐의를 극복해야 한다. 하이데거의 사유에 대한 크로스오버가 단순히 일어날

[9] 실제로, 이승종이 '존재적/존재론적'이라는 표현과 '실존적/실존론적'이라는 표현 사이의 관계를 설명하기 위해 도입하고 있는 삽화는 현존재의 구조를 위에서 내려다보는 관점에서 그려져 있다(75쪽 각주 16 참조).

수밖에 없는 사건일 뿐만 아니라 일어나야만 하는 사건인 이유가 바로 여기에 있다. 즉, 능동적 크로스오버는 하이데거의 사유에 내재된 근본적 결함으로부터 발생한다. 하이데거의 사유가 그 자체만으로는 자신에게 제기되는 혐의에 충분히 대답할 수 없다는 사실이 능동적 크로스오버의 필요성을 불러일으킨다. 그러나 하이데거의 사유에 근본적 결함이 존재한다고 하더라도 하이데거의 사유가 우리에게 가르쳐 준 통찰들은 여전히 남는다. 가령, (a) 대상의 의미가 대상의 쓰임이나 대상의 맥락과 분리되지 않는다는 사실, (b) 대응이나 지시나 인과 관계가 성립하기 위해서조차 인간의 삶의 지평이 전제되어야 한다는 사실, (c) 진리가 인간의 삶의 지평과 무관한 추상물이 아니라는 사실, (d) 기술문명에서 발생한 허무주의에 대항하기 위해서는 인문적 사유의 중요성이 강조되어야 한다는 사실 등은 우리가 망각해서는 안 되는 중요한 통찰들이다. 우리는 하이데거의 사유에 담긴 수많은 통찰들을 유지한 채로 하이데거로부터 새로운 사유를 향해 건너가야 할 것이다.

3. 전인성을 향하여: 『동아시아 사유로부터』 (윤유석)

1) 들어가는 말

이승종의 『동아시아 사유로부터』는 유가, 불교, 도가의 사유를 비트겐슈타인, 데리다, 들뢰즈 등의 현대철학과 비교하는 독창적인 책이다. 그러나 이 책이 단순히 동아시아 사유와 현대철학 사이의 유사성과 차이를 해설하는 작업에만 머무르고 있는 것은 아니다. 오히려 이 책은 동아시아 사유를 화두로 삼아 오늘날 우리가 추구할 만한 가치가 무엇인지에 대한 비전을 어렴풋이 그려 보고자 하는 열망을 지니고 있다. 본고는 우선 이승종이 말하는 '동아시아 사유'를 크게 '해체적 사유' '자연적 사유' '은유적 사유'라는 명칭으로 재구성하고자 한다. 다음으로, 우리가 그 세 가지 사유를 통해 '전인성'이라는 목표를 향해 나아갈 수 있다고 주장하고자 한다.

2) 해체적 사유로부터

'해체'란 이항대립의 논리에 감추어진 균열을 폭로하는 철학적 작업이다. 가령, 세상을 '순수'와 '비순수'라는 항으로 분류하고자 하는 근본주의적 종교인을 떠올려 보자. 그에게는 얼핏 모든 것이 명료해 보인다. 즉, 죄악이 발생하기 이전의 신화시대는 순수하고, 죄악이 발생한 이후의 역사시대는 비순수하다. 율법을 준수하는 종교 공동체는 순수하고, 율법을 무시하는 세속 사회는 비순수하다. 영혼이 머무르는 천상 세계는 순수하고, 육신이 머무르는 지상 세계는 비순수하다. 그러나 이와 같은 이항대립의 논리는 순수한 신화시대에서 벌어진 최초의 타락, 순수한 종교 공동체에서 발생하는 율법의 위반, 천상 세계에서 실현될 부귀영화 등 순수와 비순수의 경계를 모호하게 만드는 온갖 예외적 사례를 제대로 설명해 내지 못한다. 이항대립 중 어느 쪽에도 뚜렷하게 속하기 힘든 요소가 존재한다는 사실이 드러나는 상황에서는 두 가지 항만으로 세계를 파악하려는 시도가 무너지고 만다. 따라서 해체적 사유는 바로 기성의 범주에 갇히지 않는 요소를 찾아내어 이항대립의 논리를 공격하고자 한다. 이항대립의 논리에서

간과되거나 무시된 온갖 예외적 사례를 발굴해 내어 가치의 기준을 전복시키고자 하는 비판의 전략이 바로 해체인 것이다.[10]

　　　용수는 동아시아에서 해체적 사유를 가장 철저하게 수행한 인물 중 한 명이다. 그는 세계가 '다르마dharma, 法'라는 궁극적 원자들의 출현과 소멸로 이루어져 있다는 아비다르마 철학에 반대한다. 그의 중관철학은 무엇이 다르마의 '진실된 본질svabhāva, 自性'이고 무엇이 다르마의 '찰나적 현현laksana, 相'인지가 엄격하게 구별되지 않는다고 지적한다. 이와 같은 비판은 아비다르마 철학에 내재하는 모호한 지점을 폭로하는 방식으로 이루어진다. 즉, 한편으로 아비다르마 철학은 "변화하는 것은 다르마들이 아니라 시간이다"(156쪽)라고 주장하면서 시간을 다르마의 층위에서 설명하고자 한다. 그러나 다른 한편으로, 아비다르마 철학은 "시간은 다르마들이 현현하는 찰나로 쪼개지며, 이 찰나는 곧 다르마와 구별되지 않는다"(158쪽)라고 인정하면서 시간의 층위와 다르마의 층위를 동일시하고자 한다. 모순되는 두 입장 사이에서 다르마와 시간 사이의 관계가 과연 어떻게 이해되어야 하는지는 모호하게 남겨지고 만다. 궁극적 원자들의 출현과 소멸을 통해 세계를 설명하고자 하는 아비다르마 철학의 시도는 실패할 수밖에 없는 것으로 드러난다.

　　　장자 역시 동아시아의 해체적 사유를 대표하는 인물이다. 그의 방생설方生說과 시비양행론是非兩行論은 얼핏 서로 상충되는 것처럼 보이는 대립항이 언제나 나란히 생기고方生 나란히 함께 간다兩行고 지적한다. 가령, 삶과 죽음은 서로 모호하게 꼬여 있다. 살아 있는 유기물들은 언젠가 죽어

10　　　이와 같은 해설은 필자의 논문에 근거한 것이다(윤유석 2022, 193-206쪽).

서 무기물로 돌아가지만, 죽어 있는 무기물은 언젠가 다시 결합되어 살아 있는 유기물을 형성하기 때문이다. 마찬가지로, 옳음과 그름은 서로 모호하게 꼬여 있다. 한때 옳다고 평가받던 집단도 종종 자신의 진리를 과신하면서 독단에 빠지기도 하고, 한때 그릇되다고 평가받던 집단도 종종 경직된 사회를 비판하면서 혁명을 일으키기도 하기 때문이다. 따라서 장자의 철학에서는 존재하는 것들을 이항대립의 논리로 분류하여 어느 쪽이 먼저이고 어느 쪽이 나중인지 발생론적 순서를 나누고자 하는 시도가 거부된다. 어느 쪽이 높고 어느 쪽이 낮은지 가치론적 서열을 정하고자 하는 시도 역시 지양된다. "다양한 소리나 신체의 다양한 구성 요소에 등급을 매겨 편애해서는 안 된다는 그[장자]의 말은, 이론이 초래하는 중심주의의 권력적 요소에 대한 경계와 비판으로 해석된다."(190쪽) 세계는 '우/열'이나 '귀/천'으로 엄격하게 구분되지 않는 다양성으로 이루어져 있을 뿐이다.

3) 자연적 사유로부터

'자연'이란 우리의 삶에 주어져 있는 원초적 층위이다. 우리는 자연을 단순히 자연과학을 통해 설명되는 '인과적 법칙'으로 생각하거나 사회질서와 대조되는 '야생적 상태'로 생각해서는 안 된다. 두 입장은 자연을 지나치게 협소한 의미에 국한시킬 뿐이다. 가령, 인간이 언어를 사용한다는 사실을 떠올려 보자. 언어는 인과적 법칙이 아니라 의미론적 법칙을 따르는 체계이다. 또한 언어는 야생적 상태가 아니라 문화적 세계에서 형성되는 관습이다. 그러나 인과적 법칙으로 분석되지도 않고 야생적 상태에 귀속되지도 않는다는 사실만으로 언어가 '자연적'이지 않다고 결론을 내리기는 어렵다. 인간은 아무런 소통 없이 혼자 고립된 상태로 존재하다가 다른 인간과 만나는 과정에서 점차 언어를 발명하게 된 것이 아니다. 오히려 인간은 진화론적으로나, 인류학적으로나, 심리학적으로나 다른 인간과 소통하는 능력을 처음부터 갖추고 태어난 '언어적 동물'이다. 따라서 자연의 영역은 자연과학으로 모두 환원되지도 않고, 사회질서와 반드시 대조되지도 않는다. 인간이 언어를 사용한다는 사실은 (a) 결코 '인과적' 사실이 아니고, (b) 일종의 '문화적' 사실이면서도, (c) 여전히 '자연적' 사실이다. 자연적 사유는 우리의 삶을 이루고 있는 바로 이와 같은 폭넓은 의미의 '자연'에 주목하고자 한다.[11] 철학의 수많은 문제들은 '자연'이 무엇인지에 대한 망각과 오해로부터 생겨난 것이기 때문이다.

유가는 자연적 사유를 바탕으로 도덕과 정치에 대한 비전을 제시한다. 가령, 공자의 원시유학은 '인仁', '충忠', '서恕' 등을 인간이 마땅히 지켜야 할 덕목으로 이야기하고, 주희의 신유학은 '이理'와 '성性' 등을 인간에게 주어진 하늘의 질서로 이야기한다. 그러나 그들이 강조하는 '덕목'이나 '질서'란 단순히 인간 내부의 마음을 들여다본다고 해서 발견되는 '1인칭적' 사실도 아니고, 단순히 인간 외부의 사태를 들여다본다고 해서 발견되는 '3인칭적' 사실도 아니다. 오히려 인간과 인간 사이의 관계를 통해 형성되는 '2인칭적' 사실이야말로 유교가 드러내고자 하는 층위이다. 즉, 유교에서는 "인간이 직면해 본 적이 없는 사태, 혹은 인간이 존재하기 전의 사태는 큰 의미가 없다."(85쪽) 도덕과 정치 등을 논의하기 위해 우리가

---

11 이와 같은 '자연' 개념은 비트겐슈타인의 '자연사(natural history)'에 대한 이승종의 논의를 참고한 것이다(이승종 2022a, 29-52쪽).

정말로 관심을 기울여야 하는 대상은 인간의 삶을 구성하는 '인간의 사실'과 '인간의 자연'이다. 따라서 공자는 자신의 대화 상대자가 누구인지에 따라 서로 다른 방식으로 유연하게 대처하는 '굴신屈伸'과 '이순耳順'의 태도를 강조하고, 주희는 동일한 이가 서로 다른 문맥에 따라 서로 다른 방식으로 다수실현된다는 '이일분수理一分殊'의 사상을 강조한다. 두 인물은 도덕과 정치를 획일적 가치의 기준에 따라 평가하기를 거부한다. '인간의 사실'과 '인간의 자연'이란 매 순간 새롭게 성립되는 인간과 인간 사이의 관계에 의존하고 있기 때문이다.

도가 역시 자연적 사유에 근거하여 세계를 바라보는 입장이다. 이론적 '지식'이 자연적 '확실성'보다 선행할 수 없다는 주장이 바로 도가가 말하고자 하는 핵심이다. 가령, 노자의 『도덕경』 1장은 '말해질 수는 있어도 항상 도라고는 할 수 없는 도'非常道와 '말해질 수는 없어도 항상 도인 도'常道를 대비시킨다. 또한 장자의 「천도」는 제나라 군주 환공의 '문자적 지식'과 천민 윤편의 '실천적 지혜'를 대비시킨다. 두 인물은 단순히 말과 글로만 배운 내용보다 우리가 경험을 통해 실제로 걸어간 길과 수련을 통해 실제로 체득한 기술이 더욱 근본적이라고 지적하고 있다. 그들은 "앎과 삶이 서로 다른 범주에 속한다"(195쪽)라고 강조하고, "이 둘을 섞어 삶으로써 앎을 좇거나 혹은 삶을 알려고 할 때의 위험"(195쪽)을 경고한다. 즉, 삶의 층위는 앎의 층위보다 깊고 넓다. 우리의 삶이 결코 고정된 틀 속에 가두어지지 않는다는 사실은 인간과 사회에 대한 모든 논의에서 결코 망각되어서는 안 된다. 윤리, 가치, 당위 등을 추상적 이론 속에서 삶과 무관하게 포착될 수 있는 것처럼 상정하는 태도는 독단으로 귀결될 뿐이다.

4) 은유적 사유로부터

'은유'란 보이는 대상을 통해 보이지 않는 대상을 표현하고자 하는 노력이다. 가령, "내 마음은 호수요"라는 시구를 떠올려 보자. 시의 화자는 보이는 '호수'를 통해 보이지 않는 '내 마음'을 이야기하고자 한다. 그는 물결이 고요하게 흔들리는 호수의 이미지를 매개체로 삼아 자신의 마음 속 잔잔함과 평온함을 시각적으로 형상화한다. 그러나 은유의 사용이 단순히 시와 같은 문학작품에서만 중요하게 부각되는 것은 아니다. 보이는 대상과 보이지 않는 대상을 연결시키고자 하는 시도는 형이상학에서도 자주이루어진다. 형이상학이야말로 '가시계visible world'를 넘어서 '가지계intelligible world'로 나아가고자 하는 인간의 열망을 담고 있는 철학의 대표적 분야이기 때문이다. '은유metaphor'와 '형이상학metaphysics'이라는 단어 속에 '넘다'를 의미하는 접두어 '메타meta'가 공통적으로 나타난다는 사실이 그 둘 사이의 관계를 잘 반영하고 있다.[12] 우리는 바로 이와 같은 사실로부터 전통적 철학에서는 자주 왜곡되었던 형이상학의 진정한 의미를 되새겨 볼 수 있다. 즉, 형이상학을 실재의 구조에 대한 탐구로 이해하고자 하는 전통적철학은 가시계를 통해 가지계를 이야기하려는 활동이 언제나 은유적이라는 사실을 망각하고 있을 뿐이다. 형이상학적 사유란 결코 과학적이거나, 수학적이거나, 논리적인 사유가 아니다. 오히려 형이상학적 사유란 은유적 사유이다.

12　이와 같은 주장은 형이상학에 대한 이승종의 논의를 참고한 것이다(이승종 2021b, 1-3쪽).

헤세의 『싯다르타』에 등장하는 부처는 은유적 사유의 대가이다. 그는 형이상학을 가르치는 인물이면서도 세계에 대한 자신의 해석을 고집하지 않는다. 가령, '연기'와 '해탈'에 대한 부처의 주장은 논리적으로는 모순을 함의한다. 모든 만물이 연기의 법칙에 종속된다는 주장이 참일 경우 해탈은 가능하지 않고, 해탈이 가능하다는 주장이 참일 경우 모든 만물이 연기의 법칙에 종속되는 것은 아니다. 싯다르타는 이와 같은 모순을 어떻게 해결해야 하는지에 대해 부처에게 질문한다. 그러나 '연기'와 '해탈'이란 부처에게 단순한 은유일 뿐이다. 두 주장을 조화시켜 정합적 이론을 구성하는 작업은 그에게 필요하지 않다. 진정한 중요한 활동이란 지식으로는 완전히 담아낼 수 없는 삶의 층위를 은유를 통해 그려 내는 일이다. "부처는 싯다르타가 찾아낸 결함을 부정하지도 시정하려 하지도 않고 있다. 자신의 가르침은 세계에 대한 해석을 목적으로 하는 일관된 체계이기보다, 고뇌를 벗어나기 위한 방편일 뿐이라는 것이다."(124쪽) 즉 고착화되고, 경직되고, 속박된 사유에서 발생하는 실존의 문제는 앎보다 삶이 더욱 깊고 넓다는 자각을 통해서만 해소된다. 은유는 바로 삶의 층위에 도달하기 위한 수단이다. 따라서 모순은 아무런 문제도 되지 않는다. 얼핏 모순처럼 보이는 가르침조차 삶의 층위를 표현하기 위한 은유인 한에서 얼마든지 허용될 수 있다.

은유적 사유의 대가로 언급해야만 하는 또 한 명의 인물은 장자이다. 장자는 자신의 글 중 십분의 구가 '우언寓言'이라고 하였을 정도로 세계를 다른 사물에 빗대어 표현하기를 선호하였다. 그가 형상화하는 세계에서는 어떠한 사물도 고정된 본질이나 고정된 위계를 갖지 않는다. 가령, 장자의 「소요유」는 '곤'이라는 거대한 물고기가 하늘로 뛰어올라 '붕'이라는 거대한 새가 되어 날아가는 모습을 묘사한다. 곤이 붕이 되어 날아가는 과정에서는 '바다/하늘'이라는 공간의 구분이나 '물고기/새'라는 종의 구분이 모호해진다. 엄격하게 갈라져 있다고 생각되었던 각각의 영역은 곤이 붕으로 변화하는 이야기를 통해 하나로 이어진다. "곤은 변신과 비상, 그리고 비행을 통해 갈라진 영역을 하나로 가로지른다."(184쪽) 특별히, 곤과 붕의 은유가 그려 내는 세계는 일종의 '차이'와 '반복'으로 이루어져 있다. 즉, 바다를 헤엄치는 물고기인 곤과 하늘을 날아가는 새인 곤 사이에는 분명한 차이가 존재한다. 그러나 그 차이는 '곤'이라는 이름만으로도 규정될 수 없고 '붕'이라는 이름만으로도 규정될 수 없는 '그 무엇'의 반복을 통해 발생한다. 단일한 범주에 갇히지 않는 '그 무엇'의 반복이 매 순간 새로운 차이를 만들어 낸다. 만물이 차이화하는 반복에 따라 생성과 소멸을 계속한다는 사유야말로 곤과 붕의 은유에 담겨 있는 형이상학인 것이다.

5) 전인성을 향하여

이승종이 '동아시아 사유'를 '해체적 사유' '자연적 사유' '은유적 사유'라는 명칭으로 구분하는 것은 아니다. 그는 유가, 불교, 도가에 대한 해설과 비트겐슈타인, 데리다, 들뢰즈에 대한 해설을 가족유사적인 방식으로 뒤섞어 제시한다. 어느 한 해설에서 다른 해설을 엄밀하게 떼어 내기란 불가능하다. 따라서 우리 역시 세 가지 사유를 엄격하게 다른 것으로 이해해야 할 필요는 없다. 오히려 세 가지 사유는 서로 긴밀하게 연결되어 있다. 즉, (a) 해체적 사유는 '순수/비순수' '기원/비기원' '진리/비진리' 같은 대립항 사이에 엄격한 구분이 존재한다는 논리를 무너뜨린다. (b) 자연적 사유는 대립항의 모호한 뒤얽힘으로 이루어진 인간의 삶을 자연으로 받아들인다. (c) 은유적 사유는 인간의 삶이 고정된 틀 속에 갇히지 않는다는 사실을 은유를 통해 그려 낸다. 바로 이와 같은 세 가지 사유가 함께 모여 '동아시아 사유'를 형성한다. '동아시아 사유로부터'란 '해체적, 자연적, 은유적 사유로부터'이다.

문제는 '동아시아 사유로부터' 우리가 나아가야 할 방향이 어느 곳인지가 다소 불분명하다는 점이다. 이승종은 동아시아 사유를 일종의 '돌연한 출발'의 지점으로 해명한다. 그는 동아시아 사유가 어떠한 목적지를 향하는지를 직접적으로 제시하지는 않는다. 실제로, 『동아시아 사유로부터』의 논평자들은 이와 같은 목적지의 부재를 자주 지적한다. 가령, 김영건은 "이승종 교수의 글은 참으로 깔끔하고 아름답다"(324쪽)라고 평가하면서도, "그런데 모든 아름다운 글이 그런 것처럼, 그것이 정확하게 무엇을 주장하고 있는지는 다소 명료하지 못하다"(324-325쪽)라고 아쉬워한다. 김진근은 헤세의 『싯다르타』에 대한 이승종의 해석에 대해 "이 논문에서 이야기하려는 게 무엇인지요? 왜 굳이 싯다르타를 가지고 이야기했는지요?"(415쪽)라고 의아해한다. 이승종 역시 김진근의 질문에 대해 "이 글에서 주장하는 바는 하나로 수렴되지 않습니다. […] 글에 결론이 있는 것도 아닙니다"(415쪽)라고 대답한다.

그러나 '동아시아 사유로부터' 시작된 돌연한 출발은 '전인성을 향하여' 나아가는 여행인지도 모른다. 우리의 삶이 단일한 기준에 따라 재단될 수 없다는 통찰은 동아시아 사유에서 모두 공통적으로 강조되고 있기 때문이다. 즉 해체적, 자연적, 은유적 사유는 어떠한 지식도 우리의 삶을 완벽하게 범주화하지 못한다는 사실을 드러낸다. 특별히, '성/속' '선/

악' '미/추' 같은 평가조차 결코 절대적이지 않은 것으로 밝혀진다. 두 가지 극들은 각각의 문맥에서 고유한 가치를 지닌다. 우리가 무엇을 추구해야 하고 무엇을 거부해야 하는지는 문맥에 따라 끊임없이 달라진다. 한 문맥에서 올바른 행위가 다른 문맥에서는 잘못된 행위일 수 있다. 한 문맥에서는 부적절한 행위가 다른 문맥에서는 적절한 행위일 수 있다. 따라서 모든 문맥에 통용되는 보편적 법칙을 찾으려는 시도란 허구적이다. 오히려 우리의 삶이 얼마나 역동적인지를 자각한 사람은 자신의 좁은 세계를 뚫어 내어 더 넓은 세계로 나아가고자 끊임없이 노력해야 할 뿐이다. 어느 쪽으로도 치우치지 않은 인격, 모든 상황에 유연하게 적응하는 인격, 누구에게나 관대한 인격이야말로 우리가 추구해야 하는 가치인 것이다.

헤세의 『데미안』은 전인성을 향해 나아가는 인간을 알을 깨고 나오는 새의 모습으로 형상화한다. "새는 알에서 나오려고 투쟁한다. 알은 세계이다. 태어나려는 자는 하나의 세계를 깨뜨려야 한다. 새는 신에게로 날아간다. 신의 이름은 아브락사스."(헤세 1919, 123쪽) 즉 '성/속' '선/악' '미/추'로 이루어진 이항대립의 논리란 마치 새를 둘러싸고 있는 갑갑한 알과도 같다. 그 알을 벗어난 인간은 이제 세계를 모든 것이 모호하게 뒤섞여 있는 영역으로 새롭게 경험한다. 그는 자신을 속박한 이전의 관습과 이전의 규범으로부터 벗어나 '아브락사스'에게 도달하고자 한다. 여기서 아브락사스란 '신적인 것'과 '악마적인 것'을 함께 지닌 양면적 신성이다. 우리의 삶에 내재된 서로 다른 극들을 포괄적으로 통합한 전인성의 상태가 아브락사스로 상징되고 있는 것이다. 헤세는 소설 속 주인공 싱클레어의 목소리를 빌려 아브락사스의 이미지를 다음과 같이 묘사한다.

다만 서서히 그리고 무의식적으로, 이 완전히 내면적인 영성과 바깥으로부터 내게로 찾아온, 찾아야 할 신에 대한 신호 사이에서 하나의 결합이 이루어졌다. 그리고 이 결합은 그 후 더 긴밀해지고 더 내밀해졌으며 나는, 내가 바로 이 예감의 꿈속에서 아브락사스를 불렀음을 느끼기 시작했다. 희열과 오싹함이 섞이고, 남자와 여자가 섞이고, 지고와 추악이 뒤얽히고, 깊은 죄에는 지극한 청순함으로 충격을 주었다. 나의 사랑의 꿈의 영상은 그러했다. 그리고 아브락사스도 그러했다. 사랑은 이제 더 이상, 동물적인 어두운 충동이 아니었다. 그리고 그것은 이제 또한 더 이상 내가 베아트리체의 영상에다 바친 것 같은 경건하게 정신화된 숭배 감정도 아니었다. 사랑은 그 둘 다였다. 둘 다이며 또 훨씬 그 이상이었다. 사랑은 천사상이며 사탄이고, 남자와 여자가 하나였고, 인간과 동물, 지고의 선이자 극단적 악이었다. 이 양극단을 살아가는 것이 나에게는 운명으로 정해져 있는 것처럼 보였다.

(헤세 1919, 127-128쪽)

동아시아 사유가 이상적 인간상으로 평가하는 인물들은 실제로 전인성을 성취한 모습으로 자주 묘사된다. 그들은 자신들의 주장을 고정된 틀 속에 담아 절대화하지 않는다. 오히려 그들은 각각의 문맥에 맞는 각각의 진리가 존재한다는 사실을 인정한다. 가령, 공자는 같은 질문에도 제자가 어떠한 상황에 있는지를 고려하여 서로 다른 대답을 제시한다. 그는 "들으면 바로 행해야 합니까?"라는 질문을 경쟁심 강한 자로가 제기하자 그를 만류하고, 소극적인 염유가 제기하자 그를 격려한다. 부처 역시

부록: 서평

'자아'에 대한 단일한 진리가 존재하지 않는다고 지적한다. 그는 모든 사람이 그들의 고유한 길을 걸어 깨달음에 이르러야 한다는 가르침을 "무소의 뿔처럼 혼자서 가라"라는 시구로 표현한다. 마찬가지로, 장자는 옳고 그름을 엄격하게 나누지 않는 인간을 성인으로 일컫는다. 그는 얼핏 서로 상충하는 것처럼 보이는 입장들이 "도의 축"이라는 성인의 자리에서는 모두 긍정될 수 있다고 이야기한다. 따라서 유가, 불교, 도가는 서로 강조점은 다르더라도 모두 전인성을 목표로 하는 여행으로 우리를 이끌고 있다. 우리는 동아시아 사유를 통해 이항대립의 논리를 해체하고, 현실을 구성하는 모호한 뒤얽힘을 받아들이며, 세계를 은유를 통해 역동적으로 그려낼 통찰을 얻는다. 전인성은 이와 같은 방식으로 우리의 삶이 지닌 서로 다른 측면들을 통합하는 과정에서 이루어진다. '동아시아 사유로부터' 이루어진 돌연한 출발은 '전인성을 향하여' 나아가고 있는 것이다.

4. "찰나의 순간에 영원을 보라": 『우리와의 철학적 대화』[13] (고명섭)[14]

『우리와의 철학적 대화』는 이승종의 저작이다. 이승종은 미국에서 비트겐슈타인의 분석철학으로 박사학위를 받았지만, 영미철학에 탐구 범위를 한정하지 않고 프랑스 철학자 자크 데리다와 독일 철학자 마르틴 하이데거를 함께 공부했다. 또 서양철학을 연구하는 중에도 동아시아 전통 철학에

---

13   고명섭 2023.
14   『한겨레』 선임기자.

대한 관심의 끈을 놓지 않았다. 영미-유럽-동아시아로 이어지는 이런 공부 이력은 『데리다와 비트겐슈타인』, 『비트겐슈타인이 살아 있다면』, 『크로스오버 하이데거』, 『동아시아 사유로부터』 같은 저작들로 그때그때 갈무리됐다. 『우리와의 철학적 대화』는 이런 탐구 여정을 거치는 동안 이승종이 참여한 토론의 장에서 이루어진 철학적 대화를 엮은 책이다. 해당 주제에 대한 이승종의 논문을 앞세우고 그 뒤에 반론이나 토론을 붙인 뒤 다시 이승종의 보론을 다는 식으로 꾸몄다.

제목에서 드러나듯 이승종은 이 책에서 '우리'를 특별히 강조하는데, 우선은 이 책의 내용이 국내 학자·지식인들과 대화하고 토론하는 것이 중심이기 때문이다. 더 중요한 이유는 우리 철학계가 그동안 서양철학 따라 배우기에만 급급하다 보니 국내 철학 연구자들의 학문적 성취를 평가하고 비판적으로 계승하는 작업에는 소홀했다는 반성적 인식에 있다. 그리하여 이 책에는 여러 영역의 철학 연구자들이 등장해 이승종과 대화하거나 이승종의 비판적 논평의 대상이 된다. 특히 이승종은 근년에 타계한 김형효와 박이문을 '우리 시대를 대표하는 한국철학자'로 제시하면서 '두 거장의 철학'을 논평한다. 또 일제강점기 예술사가 고유섭의 저술과 「사막을 건너는 법」, 「먼 그대」를 쓴 소설가 서영은의 작품을 철학적 비평의 대상으로 삼기도 한다.

그러나 '우리와의 대화'가 목적이라고 하더라도 이승종이 서양철학을 전공한 이상, 서양철학이 논의의 바탕이 되는 것은 어쩔 수 없는 일이다. 이 책 전체의 서막에 해당하는 제1장에서 이승종은 먼저 자신이 공부한 비트겐슈타인·하이데거·데리다에 기대어 서양철학의 역사를 '동일자의 탄생과 성장과 해체'의 역사로 개괄한다. 서양철학이 동아시아철학과 극명하게 다른 것은 철학적 사유가 '자기 자신에 대한 자기규정'에서부터 시작한다는 점이다. 그 점을 이승종은 '모든 존재자는 자기 자신과 동일하다'는 '자기 동일성' 명제로 제시한다. 나는 나 자신과 동일하다는 것인데, 이런 자기 동일성 인식은 나 아닌 것을 타자로 규정하는 것과 동전의 양면을 이룬다. 내가 나를 나로 인식하려면 나 아닌 것을 타자로 인식하는 것과 함께 가지 않으면 안 된다.

이런 동일자의 이념이 '세계 인식'으로 나아가면 본체와 현상이라는 이분법으로 나타난다. 영원히 변치 않는 자기 동일적인 본체가 있고 끊임없이 변하는 현상이 있다는 것이다. 이런 이분법은 '이성은 본체를 인식하고 감성은 현상을 인식한다'는 근대 철학의 이분법으로 이어진다. 동일자의 이념은 언어 영역에서도 나타나는데, 언어에서 '의미'가 본체에 해당한다면 '소리'는 현상에 해당한다. 의미는 '침묵 속의 독백'에서, 다시 말해 자기가 자기와 하는 대화에서 자기 동일성을 유지한다. 그러나 이 의미가 소리가 돼 밖으로 나가면 그 의미의 동일성은 왜곡된다. 타인이 내 말을 내가 뜻하는 그대로 이해하지 못하는 것이다. 음성언어가 문자언어로 옮겨지면 오해와 왜곡은 더 심해진다.

사태의 실상이 그렇다 해도, 19세기까지는 언어와 의미, 언어와 세계가 정확하게 대응한다는 생각은 견고하게 유지됐다. 소쉬르의 언어학에 이르러 이 대응 관계가 깨졌다. 언어의 의미는 언어 바깥의 사실들과 일대일로 대응하는 데서 성립하는 것이 아니라, 언어 내부의 차이의 체계로서 성립한다. 언어는 음소들의 차이의 체계이지 세계와의 일대일 대응 체계가 아니다. 이것이 소쉬르의 언어학이다. 소쉬르를 이어받은 데리다에게 언어는 세계의 실재를 향해 육박해 가지만 그 만남과 일치는 끝없이 연기되는 것으로 나타난다. 언어와 세계의 차이는 좁혀지지 않는다. 그것을 두고 데리다는 차이와 연기가 함께한다는 뜻으로 '차연^{différance}'라고 불렀다.

그리하여 동일자는 서양철학사 속에서 해체의 운명을 맞게 됐다고 이승종은 말한다. 우리의 언어는 실재 자체에 이르지 못한 채로 불완전한 체계 안에서 맴돌 수밖에 없다. 그렇다면 언어 체계 바깥으로 나가 실재 그 자체와 만나는 길은 없는가? 현대 언어철학을 주도한 비트겐슈타인·하이데거·데리다 모두 언어 바깥에 있는 그 실재를 손가락으로 달을 가리키듯 가리켜 보이기는 했다. 비트겐슈타인은 이름 붙일 수 없는 그것을 '신비스러운 것'이라고 불렀고 하이데거는 자신을 은폐하는 그것을 '존재'라고 불렀다. 데리다가 '차연'이라는 말로 가리켜 보인 것도 바로 그것이다. 이승종은 철학의 언어가 다룰 수 없고 다다를 수 없는 이 '취급 불가능한 것'이 실은 이 세 사람이 진실로 관심을 품었던 것이라고 말한다.

이승종은 철학이 얻고자 하는 진리 혹은 도^道는 철학적 사유 자체로는 얻을 수 없으며, 삶의 실천 속에서 길을 닦아 나가는 가운데서만 체득할 수 있다고 말한다. "도는 선험적으로 주어지는 것이 아니라 현실의 지평을 떠나지 않는 지속적인 실천을 통해 자연스레 형성된다." 그러면서 이 책의 맺음말에 윌리엄 블레이크^{William Blake}의 시 「순수의 전조」를 소개한다. "한 알의 모래에서 세계를 보고/ 한 송이 들꽃에서 천국을 보라./ 그대의 손바닥에 무한을 쥐고/ 찰나의 순간에 영원을 담아라." 이 시를 이승종은 이렇게 이해한다. "시인은 고립된 각자성의 표상인 한 알의 모래에서 세계라는 전체를, 현상계의 상징인 한 송이 들꽃에서 초월성의 상징인 천국을 꿰뚫어 보며, 유한성의 상징인 손바닥으로 무한을, 찰나의 순간에 영원을 보듬는다." 구체적인 실천·실행으로 삶의 길을 닦으며 그 구체성 위에서 영원을 보려고 노력하는 것이 철학하는 삶이라는 이야기다. 이 책은 '우리와 나눈 대화'의 기록이지만, 뒤집어서 보면 '나 자신과 나눈 대화'의 기록이다.

5. 비트겐슈타인 철학의 열쇠: 『비트겐슈타인 새로 읽기』[15] (고명섭)

『비트겐슈타인 새로 읽기』는 20세기 언어철학의 거인 루트비히 비트겐슈타인(1889-1951)의 후기 철학에 대한 새로운 해석을 담은 이승종(연세대 철학과 교수)의 저작이다. 비트겐슈타인 전문가인 이승종은 2016년에 비트겐슈타인 후기 철학을 대표하는 『철학적 탐구』를 상세한 주석을 달아 번역 출간한 바 있다. 이 번역·주석 작업을 할 때 이승종이 해석의 틀로 삼은 것이 '사람의 얼굴을 한 자연주의'인데, 이 책은 후기 비트겐슈타인 철학의 바탕을 이루는 이 자연주의의 양상을 세밀하게 추적한다.

비트겐슈타인 철학을 한마디로 요약하면 '언어비판'이라고 할 수 있다. 칸트가 이성을 사용해 이성의 한계를 규명하는 '이성의 자기비판'을 감행했듯이, 비트겐슈타인은 언어를 사용해 언어의 한계를 드러내는 '언어의 자기비판'을 탐구의 본령으로 삼았다. 철학자들이 골몰하는 철학적 문제라고 하는 것이 대개 언어의 잘못된 사용으로 빚어진 일종의 질병이라고 보고 언어의 사태를 있는 그대로 드러냄으로써 이 질병을 치료

---

15   고명섭 2023.

하는 것이 비트겐슈타인의 목표였다. 이런 목표를 향해 나아갈 때 보여 준 태도의 차이가 전기와 후기를 가른다. 전기 비트겐슈타인은 언어로 이루어진 명제와 세계의 개별 사태가 일대일 대응을 이룬다고 보았던 데 반해, 후기 비트겐슈타인은 언어와 세계가 일대일로 대응하지 않는다는 것, 다시 말해 언어의 사용이 인간의 삶의 맥락 속에서 무수히 다양하게 이루어진다는 것에 주목했다. 언어의 의미가 삶의 문맥 혹은 삶의 흐름과 연관돼 있음을 밝히려 한 것이 비트겐슈타인의 후기 작업이다.

이 삶의 문맥이라는 것은 언어를 사용하는 사람들 사이의 관계에서 형성된다. 이때 비트겐슈타인에게 원초적인 것은 '참과 거짓'의 문제가 아니라 '의미와 무의미'의 문제다. 어떤 것이 참이냐 거짓이냐를 판별하는 것보다, 어떤 것이 의미가 있느냐 무의미하냐를 판별하는 것이 더 앞선 문제라는 것이다. 이 사태를 이승종은 '빛'과 '사랑'이라는 현상을 사례로 들어 설명한다. '빛이 입자인가 파동인가' 하는 물음은 사람들 사이에 의견의 일치 또는 불일치를 낳을 수 있다. 그렇다면 '사랑이 입자인가 파동인가' 하는 물음은 어떨까? 이런 물음은 애초에 의견의 일치나 불일치가 생겨날 수 없는 물음이다. 왜냐하면 그런 물음은 애초에 '무의미한' 물음이기 때문이다. 빛과 달리 사랑은 입자냐 파동이냐를 물을 수 있는 대상이 아니다. 이것이 '참/거짓'을 판단하기에 앞서 인간의 언어생활에 전제돼 있는 '의미/무의미'의 문제다. 무의미한 문제는 판단의 대상이 될 수 없다. 우리가 언어로써 의사소통을 하고 '참이냐 거짓이냐'를 두고 논쟁할 수 있으려면 먼저 '의미/무의미'를 가르는 차원이 공유돼야 한다. 이렇게 의미와 무의미를 원초적으로 결정하는 가장 기본적인 차원을 비트겐슈타인은 '삶의 형식'이라고 불렀다.

이 삶의 형식은 모든 인간, 곧 인간이라는 종 전체에 공통된다고 비트겐슈타인은 생각했다. 그런 공통성의 토대 위에서 언어의 차이나 문화의 차이도 나타난다. 이 원초적인 삶의 형식을 채우는 것이 '자연사적 사실'이다. 이때 이승종이 주목하는 '자연사'란 자연세계의 모든 것을 포함하는 자연사가 아니라 '사람과 관련된 자연사'다. 언어를 사용하는 원초적인 인간의 자연스러운 삶의 모습이 바로 자연사적 사실이다. 비트겐슈타인이 말하는 '자연'이란 객관적으로 존재하는 자연세계, 곧 3인칭 자연이 아니라 사람과 사람 사이에 펼쳐지는 자연 곧 어떤 본성적인 삶의 상태를 뜻한다.

후기 비트겐슈타인은 우리 인간의 '언어게임', 곧 온갖 종류의 언어활동이 이 자연을 가장 근본적인 토대로 삼아 이루어지고 있다고 생각했다. 그렇게 언어 행위의 최종 근거가 원초적인 자연 상태에 있다고 본다는 점에서 후기 비트겐슈타인의 언어철학은 일종의 '자연주의'라고 할 수 있다. 이 자연주의를 이승종은 '사람의 얼굴을 한 자연주의'라고 부른다. 왜 '사람의 얼굴을 한 자연주의'인가? 비트겐슈타인이 말하는 자연이 인간 생활 바깥의 어떤 객관적 자연이 아니라 '나'와 '너'의 무수한 관계로 이루어진 사람들 사이 삶의 사태를 뜻하기 때문이다. 이 원초적 공통성이 인간의 모든 언어게임의 토대를 이루며 언어게임은 이 토대 위에서만 펼쳐질 수 있다는 것이 비트겐슈타인의 통찰이다.

이승종은 비트겐슈타인 후기 철학에 대한 이런 해석을 바탕에 깔고 비트겐슈타인의 종교철학도 상세히 살핀다. 비트겐슈타인은 종교와 신앙의 문제에 관해 극도로 말을 아꼈다. 하지만 이런 침묵에 가까운 자제는 무관심의 증거가 아니다. 비트겐슈타인은 『철학적 탐구』 '머리말'에서 과학이 종교를 대체하는 시대 상황에 절망한 나머지 자신의 시대를 암흑기로 표현한 바 있다. 종교와 신앙의 문제야말로 비트겐슈타인에게는 핵심적인 문제였다. 그 비트겐슈타인이 신과 세계의 관계에 관해 밝힌 핵심 명제가 젊은 날 노트에 쓴 "신은 […] 세계다"라는 간명한 문장이다.

비트겐슈타인이 동일시한 '신과 세계'를 어떻게 이해할 수 있을까? 이승종은 비트겐슈타인이 사용한 적 있는 '토끼-오리 그림'을 빌려 온다. 이렇게 보면 토끼인 그림이 다르게 보면 오리로 드러나는 것과 같이, 비종교인에게는 그저 자연적 세계일 뿐인 이 세계, 곧 나를 포함한 우주 전체가 종교인에게는 신의 절대성 안에 있는 세계로 나타난다. 신은 세계를 초월해 있는 또 하나의 특수한 존재자가 아니라 이 세계와 함께 이 세계에 의미를 주는 어떤 절대성을 가리키는 이름이다. 토끼로 보이던 그림이 오리로 보이는 그림으로 바뀌듯이 시각의 전환, 곧 '삶의 방향 전환'과 함께 이 세계가 전혀 다른 의미를 띤 세계로 나타나는 것이다.

이승종은 '기적'이라는 것도 그런 식으로 이해할 수 있다고 말한다. 기적이란 흄이 말한 대로 '인과적 자연법칙에 어긋나는 사건'을 뜻하는 것이 아니라, 이 세계의 현상을 종교적 태도로 본다는 것을 뜻한다. 세속의 눈으로 보면 자연법칙에 지나지 않는 것이 종교인의 눈으로 보면 기적이 되는 것이다. 이를테면 이 세계가 존재한다는 사실 자체가 그런 눈으로 보면 가장 놀라운 기적일 것이다.

부록: 2인칭적 대화의 장[16]
— 성천아카데미의 인문학 수업

조병희[17]

나는 지금도 여전히 발전하고 싶다. 평소 '존재의 목적은 곧 나의 성장이다'라고 생각하며, 비록 아둔한 까닭에 들은 만큼의 성장은 더뎠지만, 열심히 도서관으로 연구공동체로, 또 한때는 선방^{禪房}을 찾아 정좌하기도 했다. 여기저기 찾아다니며 열심히 읽고 배우고 나눴는데, 가까운 곳에 이런 보배 같은 배움의 장^場인 성천아카데미가 있는 줄은 몰랐으니, 등잔 밑이 어두웠었다.

　　　처음 성천아카데미에 왔을 때 수강하시던 선생님들이 이곳에 20년을 넘게 다닌다고 해서 잠깐 자괴감이 들기도 했다. 그동안 나름대로 열심히 찾아다녔던 내 공부는 사방팔방으로 나 있는 세상의 길들을 지도^{地圖} 없이 갈팡질팡했었다는 생각이 들었기 때문이다. 어쨌거나, 성천아카데미의 강좌를 만난 것은 행운이었다. 진정 공부하고 싶은 분들만 모인 듯한

16　　　「진리의 벗이 되어」 152호, 2023.
17　　　성천아카데미 회원.

분위기와, 깊이 있는 인문학 강좌, 이런 곳을 지금에라도 만난 것이 얼마나 감사한 일인가. 처음의 분발심發心에도 그 의욕과 마음이 이어지지 못했던 건 연이어 덮친 코로나와 개인적으로 집안의 대소사가 한꺼번에 있었기 때문이다. 그러는 중에도 계절마다 성천문화재단에서 나오는 인문학 잡지 『진리의 벗이 되어』를 받아 볼 수 있었다. 계간지를 통해 코로나의 와중에도 멈추지 않고 꾸준히 강좌를 진행하는 성천아카데미가 경이로웠다.

좋은 강의를 들을 때 새로운 지식을 알아 가는 기쁨도 컸지만, 집에서 강의를 노트에 정리하며 복기하는 희열도 컸다. 그중에서도 이번 2023년 가을학기 제62회 동서인문고전 강좌의 〈철학의 길〉 수업에서 이승종 교수님께서 강조하신 '2인칭적 대화'가 특히 인상적이었다. 이승종 교수님이 말씀하신 '2인칭적 철학'은 '2인칭적 대화'로 진행된 강의를 통해 더욱 확실하게 각인되었다. 철학은 '1인칭 독백'도 아니고, 사람과 자연(나와 타자)의 소통 없이 오로지 객관적 사실에만 근거하는 '3인칭적 철학'도 아니다. 상호작용을 통해 매 순간 구성되고 있는 '세계'와 '나'가 쉼 없이 소통하고 대화하는 철학(학문)이어야 함을 말씀하셨다. 그래서 우리의 〈철학의 길〉 수업도 공자의 『논어』나 플라톤의 『대화편』에서처럼 교수님과 학생, 그리고 수강 회원들의 '2인칭적 대화'로 지성과 감성의 풍성한 교류를 경험하는 시간이었다.

사실 〈철학의 길〉 수업에서 서양철학을 따라가기는 많이 어려웠다. 하지만 교단의 두 분이 질문과 답변의 형태로 진행하는 강의는 처음이라 신선하기도 했다. '질문'의 단계를 한 번 더 거치는 철학 강의는 정신을 놓치지 않고 더 집중하게 만들었다. 그렇게 제기된 질문으로도 앞으로 비트겐슈타인을 비롯해 수업 중 다뤘던 여러 철학이론을 혼자서도 공부해 나갈 힘을 얻은 것 같다.

　　　〈철학의 길〉 첫 수업 때, 교수님께서 강의 소개를 하시면서 인용한 "철학은 배울 수 없고 철학함만을 배울 수 있다"는 칸트의 말처럼 이 수업으로 나는 '철학하기'를 배웠다. 이승종 교수님께서 경험하신, 청소년기에 문학에서 출발하여 불교 수행 그리고 철학으로, 비트겐슈타인을 넘어 영미철학과 대륙철학, 유불선儒佛仙의 동양철학과 서양철학과의 회통, 역사철학의 선상에서 앞으로 철학이 나아가야 할 길 등을 모두 아우르는, 한 편의 구도求道과정처럼 보이는 그 도정道程이 바로 '철학하기'였다. 그런 의미에서 교수님의 현재도 '철학하기'이고 현재의 내 삶도 '철학하기' 중이라고 생각한다. 그리고 강의 중간에 들려주신 음악과 몇 점의 고흐 그림을 통해, 세상의 모든 현상도 예술과 학문의 모든 분야도 인드라망처럼 얽혀 유기적으로 관계 맺고 있다는 통섭적統攝的 사유도 배울 수 있었다. 또한 이 강의에서 가장 크게 얻은 것은 성실히 삶을 살아가는 사람의 태도였다. 교수님께서 매시간을 통해 강의를 위해 준비하신 수고를 깊이 느낄 수 있었고, 제자의 질문은 물론이고 수강생들의 어떤 질문에도 —특히 함량미달의 내 질문에도— 온화한 표정을 잃지 않고 진지하게 답변해 주시는 모습에서 큰 감동을 받았다. 어떤 대상이나 사태도 마치 이를 처음 접하는 어린아이처럼 진지하게 호기심을 갖고 바라보는 교수님의 태도는 큰 울림을 주었다. 이에 깊이 감사드린다.

• 저자명 다음의 연도는 논문이나 저서가 처음 간행된 해를 말합니다. 이들 논문이나 저서가 (재)수록된 논문집이나 번역/개정판을 준거로 인용되었을 경우에는 뒤에 이에 해당하는 연도를 덧붙였습니다.

책머리에·들어가는 말

孔子. 『論語』.

이승종·윤유석. (2023) 「철학에 이르는 길」, 성천아카데미 동서인문고전 강좌.
　　　　https://www.youtube.com/playlist?list=PLL1dJ0ab27imPLACVIlK
　　　　UEGvoSyRy887p

Kant, I. (1787) *Kritik der reinen Vernunft*. 2nd edition. Kant 1900-에 재수록.

_____. (1900-) *Gesammelte Schriften*. Berlin: Walter deGruyter.

1강 철학에 이르는 길

『요한복음서』.

가다머, 한스게오르크. (1960)『진리와 방법』. 제1권. 이길우·이선관·임호일·한동원 옮김. 파주: 문학동네, 2012.

월운 해룡. (2024)『화엄경 초역』. 신규탁 해설. 고양: 운당문고.

이승종. (1985)「Wittgenstein의 후기철학에 있어서 언어와 세계의 관계」, 석사학위 논문. 연세대학교 철학과.

＿＿＿. (1993) "Wittgenstein's Attitude Toward Contradiction," Ph. D. Thesis. State University of New York at Buffalo.

정현종. (2008a)「방문객」, 정현종 2008b에 수록.

＿＿＿. (2008b)『광휘의 속삭임』. 서울: 문학과지성사.

청량 징관. (2022)『화엄경 보현행원품소』. 신규탁 역주. 고양: 운당문고.

Descartes, R. (1985) *The Philosophical Writings of Descartes*. Vol. I. Trans. J. Cottingham, R. Stoothoff, and D. Murdoch. Cambridge: Cambridge University Press.

Dostoevsky, F. (1880) *The Brothers Karamazov*. Trans. R. Pevear and L. Volokhonsky. New York: Knopf, 1992.

Eagleton, T. (2009) *Reason, Faith, and Revolution: Reflections on the God Debate*. New Haven, Conn.: Yale University Press: 테리 이글턴,『신을 옹호하다: 마르크스주의자의 무신론 비판』, 강주헌 옮김, 서울: 모멘토, 2002.

Hesse, H. (1919) *Demian*. Hesse 1970a에 재수록.

＿＿＿＿. (1930) *Narziß und Goldmund*. Hesse 1970b에 재수록.

＿＿＿＿. (1970a) *Gesammelte Werke*. Vol. 5. Frankfurt: Suhrkamp.

＿＿＿＿. (1970b) *Gesammelte Werke*. Vol. 8. Frankfurt: Suhrkamp.

Kafka, F. (1915) "Die Verwandlung," Kafka 1970에 재수록.

＿＿＿. (1970) *Sämtliche Erzählungen*. Ed. P. Raabe. Frankfurt: Fischer.

Kuhn, T. (1962) *The Structure of Scientific Revolutions*. 4th edition. Chicago,

Ill.: University of Chicago Press, 2012.

Mann, T. (1903) *Tonio Kröger*. Mann 1987에 재수록.

_____. (1987) *Sämtliche Erzählungen*. Vol. 1. Frankfurt: S. Fischer.

Maugham, S. (1915) *Of Human Bondage*. New York: Penguin, 1963.

Popper, K. (1994) *All Life is Problem Solving*. Trans. P. Camiller. London: Routledge.

Rorty, R. (1978) "Philosophy as a Kind of Writing: An Essay on Derrida," Rorty 1982에 재수록.

_____. (1982) *Consequences of Pragmatism*. Minneapolis, Minn.: University of Minnesota Press: 리처드 로티, 『실용주의의 결과』, 김동식 옮김, 서울: 민음사, 1996.

_____. (1989a) "Self-creation and Affiliation: Proust, Nietzsche, and Heidegger," Rorty 1989b에 수록.

_____. (1989b) *Contingency, Irony, and Solidarity*. Cambridge: Cambridge University Press: 리처드 로티, 『우연성, 아이러니, 연대』, 김동식·이유선 옮김, 고양: 사월의책, 2020.

Snow, C. P. (1959) *The Two Cultures and the Scientific Revolution*. Oxford: Oxford University Press.

Wittgenstein, L. (1979) *Notebooks 1914-1916*. 2nd edition. Eds. G. H. von Wright and G. E. M. Anscombe. Trans. G. E. M. Anscombe. Oxford: Basil Blackwell.

2강 현대철학의 지형

朱熹·呂祖謙. (編) 『近思錄』.

『누가복음서』.

이승종. (2007) 「여성, 진리, 사회」, 『철학연구』, 33집. 고려대 철학연구소.

Armstrong, D. M. (1980) "Against Ostrich Nominalism: A Reply to Michael Devitt," *Pacific Philosophical Quarterly*, Vol. 61.

Carnap, R. (1932) "The Elimination of Metaphysics Through Logical Analysis of Language," Trans. A. Pap. Sarkar 1996에 재수록.

Chalmers, D., D. Manley, and R. Wasserman. (eds.) (2009) *Metametaphysics: New Essays on the Foundations of Ontology*. Oxford: Clarendon Press.

Derrida, J. (1967) *Speech and Phenomena*. Trans. D. Allison. Evanston, Ill.: Northwestern University Press, 1973.

_____. (1972) *Margins of Philosophy*. Trans. A. Bass. Chicago, Ill.: University of Chicago Press, 1982.

Garver, N. and Seung-Chong Lee. (1994) *Derrida and Wittgenstein*. Philadelphia: Temple University Press: 뉴턴 가버·이승종, 『데리다 와 비트겐슈타인』, 서울: 민음사, 1998; 수정증보판, 서울: 동연, 2010.

Husserl, E. (1900-1901) *Logische Untersuchungen*. 2 Vols. Tübingen: Niemeyer, 1968.

_____. (1966) *Zur Phänomenologie des inneren Zeitbewußtseins: 1893-1917*. Ed. R. Boehm. The Hague: Martinus Nijhoff.

Kant, I. (1783) *Prolegomena zu einer jeden zukünfutigen Metaphysik, die als Wissenschaft wird auftrenten können*. Kant 1900-에 재수록.

_____. (1900-) *Gesammelte Schriften*. Berlin: Walter deGruyter.

Leibniz, G. (1765) *New Essays on Human Understanding*. Trans. P. Remnant and J. Bennett. Cambridge: Cambridge University Press, 1996.

Locke, J. (1690) *An Essay Concerning Human Understanding*. Oxford:

Clarendon Press, 1975.

Sarkar, S.(ed.) (1996) *Logical Empiricism at its Peak*. New York: Garland
　　Publishing.

Sider, T. (2009) "Ontological Realism," Chalmers, Manley, and Wasserman
　　2009에 수록.

Staten, H. (1984) *Wittgenstein and Derrida*. Lincoln, Neb.: University of
　　Nebraska Press.

Wittgenstein, L. (1921) *Tractatus Logico-Philosophicus*. Trans. D. Pears and B.
　　McGuinness. London: Routledge and Kegan Paul, 1961.

————————. (1953) *Philosophical Investigations*. Revised 4th edition. Eds.
　　G. E. M. Anscombe, R. Rhees, P. M. S. Hacker, and J. Schulte.
　　Trans. G. E. M. Anscombe, P. M. S. Hacker, and J. Schulte. Oxford:
　　Wiley-Blackwell, 2009.

3강 영미철학

김영건. (1993) 「비트겐슈타인과 모순」, 이승종 2002에 재수록.

박정일. (2002) 「튜링의 다리와 비트겐슈타인의 수학철학」, 『논리연구』, 5집.

이승종. (2002) 『비트겐슈타인이 살아 있다면: 논리철학적 탐구』. 서울: 문학과지성사.

Campbell, J. (2014) "The Role of Sensory Experience in Propositional
　　Knowledge," Campbell and Cassam 2014에 수록.

Campbell, J. and Q. Cassam. (2014) *Berkeley's Puzzle: What Does Experience
　　Teach Us?* Oxford: Oxford University Press.

Carnap, R. (1928) *The Logical Structure of the World*. Trans. R. George. La
　　Salle, Ill.: Open Court, 2003.

Chalmers, D. (2012) *Constructing the World*. Oxford: Oxford University Press.

Dummett, M. (1959) "Wittgenstein's Philosophy of Mathematics," Dummett 1978에 재수록.

_____. (1978) *Truth and Other Enigmas*. Cambridge, Mass.: Harvard University Press.

Gödel, K. (1931) "On Formally Undecidable Propositions of *Principia Mathematica* and Related System I," Trans. J. van Heijenoort. Gödel 1986에 재수록.

_____. (1986) *Collected Works*. Vol. I. Eds. S. Feferman *et al*. Oxford: Oxford University Press.

Goodman, N. (1951) *The Structure of Appearance*. 3rd edition. Boston, Mass.: Reidel, 1977.

Habermas, J. (1999) "Hermeneutic and Analytic Philosophy. Two Complementary Versions of the Linguistic Turn?" *Royal Institute of Philosophy Supplement*, Vol. 44: 위르겐 하버마스, 「해석학적 철학과 분석철학: 언어학적 전회의 두 가지 상보적 형태」, 『진리와 정당화: 철학 논문집』, 윤형식 옮김, 파주: 나남, 2008.

Kripke, S. (1982) *Wittgenstein on Rules and Private Language*. Cambridge, Mass.: Harvard University Press.

Parsons, T. (1937) *The Structure of Social Action*. New York: McGraw Hill.

Priest, G. (1987) *In Contradiction*. 2nd edition. Oxford: Oxford University Press, 2006.

Rawls, J. (1971) *A Theory of Justice*. Cambridge, Mass.: Harvard University Press.

Whitehead, A. and B. Russell. (1927) *Principia Mathematica*. 2 Vols. 2nd edition. Cambridge: Cambridge University Press.

Williamson, T. (2014) "How Did We Get Here from There? The Transformation of Analytic Philosophy," *Belgrade Philosophical Annual*, Vol. 27.

Wittgenstein, L. (1976) *Wittgenstein's Lectures on the Foundations of Mathematics, Cambridge 1939*. From the Notes of R. G. Bosanquet, N. Malcolm, R. Rhees, and Y. Smythies. Ed. C. Diamond. Ithaca, N.Y.: Cornell University Press.

_____. (1978) *Remarks on the Foundations of Mathematics*. Revised edition. Eds. G. H. von Wright, R. Rhees, and G. E. M. Anscombe. Trans. G. E. M. Anscombe. Cambridge, Mass.: MIT Press.

4·5강 대륙철학 Ⅰ·Ⅱ

老子. 『道德經』.

김용옥. (2016) 『도올, 시진핑을 말한다』. 증보신판. 서울: 통나무, 2018.

리영희. (1977) 『8억인과의 대화』. 서울: 창작과비평사.

메를로퐁티, 모리스. (1945) 『지각의 현상학』. 류의근 옮김. 서울: 문학과지성사, 2002.

윤동민. (2010) 「분석철학자의 놀라운 창의적 반복」, 이승종 2010에 재수록.

윤유석. (2022) 「부정신학 없는 해체주의를 향하여」, 『현상학과 현대철학』, 95집.

이승종. (2010) 『크로스오버 하이데거: 분석적 해석학을 향하여』. 서울: 생각의나무; 수정증보판, 서울: 동연, 2021.

이유선. (2010) 「논평」, 이승종 2010에 수록.

Beebee, H. and J. Dodd. (eds.) (2006) *Reading Metaphysics*. Oxford: Blackwell.

Bernecker, S. (ed.) (2006) *Reading Epistemology*. Oxford: Blackwell.

Bernet, R., D. Welton, and G. Zabota. (eds.) (2005) *Edmund Husserl*. Vol. Ⅳ. London: Routledge.

Brentano, F. (1862) *Von der mannigfachen Bedeutung des Seienden nach Aristoteles*. Freiburg: Herder.

Derrida, J. (1967) *Of Grammatology*. Trans. G. Spivak. Baltimore, Md.: Johns Hopkins University Press, 1976.

Heidegger, M. (1927) *Sein und Zeit*. Tübingen: Niemeyer, 1957.

_____. (1946) "Briefe über den Humanismus," Heidegger 1967에 재수록.

_____. (1953) "Die Frage nach der Technik," Heidegger 1954에 재수록.

_____. (1954) *Vorträge und Aufsätze*. Pfullingen: Neske, 1978.

_____. (1959) *Unterwegs zur Sprache*. Ed. F.-W. von Hermann. Frankfurt: Klostermann, 1985.

_____. (1967) *Wegmarken*. Ed. F.-W. von Hermann. Frankfurt: Klostermann.

_____. (1976) "Nur noch ein Gott kann uns retten," *Der Spiegel*, Vol. 23.

_____. (1989) *Beiträge zur Philosophie*. Frankfurt: Klostermann.

_____. (1997) *Besinnung*. Frankfurt: Klostermann.

Merleau-Ponty, M. (1945) *Phenomenology of Perception*. Trans. D. Landes. London: Routledge, 2012.

Merton, R. (1949) *Social Theory and Social Structure*. Revised and enlarged edition. New York: Free Press, 1968.

Spiegelberg, H. (1960) *The Phenomenological Movement*. 3rd revised and enlarged edition. Dordrecht: Kluwer, 1994.

Tugendhat, E. (1970) "Phenomenology and Linguistic Analysis," Bernet,

Welton and Zabota 2005에 재수록.

_____. (1976) *Traditional and Analytical Philosophy: Lectures on the Philosophy of Language*. Trans. P. A. Gorner. Cambridge: Cambridge University Press, 1982.

6강 비교철학

老子.『道德經』.

孟子.『孟子』.

『大學』.

龍樹.『廻諍論』.『大正藏』. 券32.

___. *Madhyamaka-Śāstra*.

李珥.『栗谷全書』.

莊子.『莊子』.

丁若鏞.『與猶堂全書』.

周敦頤.『周元公集』.

朱熹.『大學章句』.

___.『大學或問』.

___.『朱子大全』.

___.『朱子語類』.

이문열. (1979)『사람의 아들』. 개정신판. 서울: 알에이치코리아, 2020.

이승종. (2018)『동아시아 사유로부터: 시공을 관통하는 철학자들의 대화』. 파주: 동녘.

Deleuze, J. (1968) *Difference and Repetition*. Trans. P. Patton. New York: Columbia University Press, 1994.

Eliade, M. (1951) *Shamanism*. Trans. W. Trask. Princeton, N.J.: Princeton University Press, 2020.

_____. (1958) *Patterns in Comparative Religion*. New York: Sheed and Ward.

Hesse, H. (1922) *Siddharta*. Hesse 1970a에 재수록.

_____. (1970a) *Gesammelte Werke*. Vol. 5. Frankfurt: Suhrkamp.

Hobbes, T. (1651) *Leviathan*. Indianapolis, Ind.: Hackett, 1994.

Newton, I. (1687) *The Mathematical Principles of Natural Philosophy*. 3rd edition. Trans. C. R. Leedham-Green. Cambridge: Cambridge University Press, 2021.

Whitehead, A. N. (1929) *Process and Reality*. Corrected edition. New York: Free Press, 1978.

7강 한국철학

고유섭. (2013) 『우현 고유섭 전집』. 전 10권. 서울: 열화당.

김영건. (2002) 「노장의 사유 문법과 철학적 분석」, 이승종 2020에 재수록.

김형효. (1993) 『데리다의 해체철학』. 서울: 민음사.

_____. (1999) 『노장 사상의 해체적 독법』. 서울: 청계.

_____. (2004) 『사유하는 도덕경』. 서울: 소나무.

박원재. (2006) 「노장철학과 해체론」, 이승종 2020에 재수록.

박이문. (1974) 「현상학으로서의 문학비평」, 박이문 2017a에 재수록.

_____. (1980) 「시적 지향: 사르트르적 가설」, 박이문 2017a에 재수록.

_____. (2008) 「존재-의미 매트릭스」, 박이문 2017b에 재수록

_____. (2017a) 『인식과 실존: 언어철학, 그리고 시와 과학』. 박이문 인문학 전집

특별판 5. 서울: 미다스북스.

_____. (2017b) 『둥지의 철학: 철학으로서의 예술, 예술로서의 철학』. 박이문 인문
학 전집 특별판 9. 서울: 미다스북스.

서영은. (1997) 『서영은 중단편전집』. 전 5권. 서울: 둥지.

신채호. (1925) 「낭객의 신년 만필」, 신채호 2008에 재수록.

_____. (2008) 『단재 신채호 전집』. 6권. 천안: 독립기념관 한국독립운동사연구소.

이규호. (편) (1974) 『사회과학의 방법론』. 서울: 현암사.

이승종. (2020) 『우리와의 철학적 대화』. 파주: 김영사.

최재목. (2001) 「동양철학, 서투른 논쟁은 접자, 갈 길이 멀다」, 『오늘의 동양사상』, 5호.

Nietzsche, F. (1872) "Homer's Wettkampf," Nietzsche 1973에 재수록.

_____. (1973) *Nietzsche Werke: Kritische Gesamtausgabe*. Vol. Ⅲ 2. Eds.
G. Colli and M. Montinari. Berlin: De Gruyter.

Park, Y(박이문). (1998) *Reality, Rationality and Value*. Seoul: Seoul National
University Press.

_____. (1999) *Man, Language and Poetry*. Seoul: Seoul National
University Press.

_____. (2012) *The Crisis of Technological Civilization and the Asian
Response*. Seoul: Seoul National University Press.

8·9강 역사철학 Ⅰ·Ⅱ

金富軾. 『三國史記』.

范曄. 『後漢書』.

北崖. 『揆園史話』.

司馬遷. 『史記』.

安鼎福.『東史綱目』.

李陌.『太白逸史』.

李承休.『帝王韻紀』.

一然.『三國遺事』.

許穆.『東事』.

『高麗史』.

『尙書』/『書經』. 개정증보판. 김학주 옮김. 서울: 명문당, 2002.

이능화. (1927)『조선무속고』. 서영대 역주. 파주: 창비, 2008.

이승종. (2021a)『우리 역사의 철학적 쟁점』. 서울: 소명출판.

_____. (2023)「과소결정과 증명의 이데올로기」,『선도문화』, 35권.

傅斯年. (1935)「夷夏東西說」, 傅斯年 2012에 재수록.

_____. (2012)『民族與古代中國史』. 上海: 上海古籍出版社.

Anderson, B. (1983) *Imagined Communities*. Revised edition. London: Verso, 2006.

Campbell, J. and B. Moyers. (1988) *The Power of Myths*. New York: Anchor Books, 1991.

Collingwood, R. G. (1946) *The Idea of History*. Revised edition. Ed. J. van der Dussen. Oxford: Oxford University Press, 1994.

Gadamer, H.-G. (1960) *Wahrheit und Methode*. Tübingen: J. C. B. Mohr.

Hanson, N. R. (1958) *Patterns of Discovery*. Cambridge: Cambridge University Press.

Hegel, G. W. F. (1820) *Grundlinien der Philosophie des Rechts*. Frankfurt: Suhrkamp, 1970.

Heidegger, M. (1938) "Die Zeit des Weltbildes," Heidegger 1950b에 재수록.

_____. (1946) "Der Spruch des Anaximander," Heidegger 1950b에 재수록.

_____. (1950a) "Das Ding," Heidegger 1954에 재수록.

_____. (1950b) *Holzwege*. Ed. F.-W. von Hermann. Frankfurt: Klostermann, 1977.

_____. (1954) *Vorträge und Aufsätze*. Pfullingen: Neske, 1978.

Keller, E. F. (1983) *A Feeling for the Organism: The Life and Work of Barbara McClintock*. New York: W. H. Freeman.

Kirk, G. S., J. E. Raven., and M. Schofield. (eds.) (1984) *The Presocratic Philosophers*. 2nd edition. Cambridge: Cambridge University Press.

Quine, W. V. (1960) *Word and Object*. Cambridge, Mass.: MIT Press.

10·11강 자연주의 Ⅰ·Ⅱ

『周易』.

Abhidharma.

Nikāya.

『성경』.

비트겐슈타인, 루트비히. (1953) 『철학적 탐구』. 이승종 옮김. 파주: 아카넷, 2016.

아사다 아키라. (1983) 『구조주의와 포스트구조주의: 구조에서 힘으로』. 이정우 옮김. 서울: 새길, 1995.

이승종. (2022a) 『비트겐슈타인 새로 읽기: 자연주의적 해석』. 파주: 아카넷.

하이데거, 마르틴. (1943) 「진리의 본질에 관하여」, 하이데거 1967에 재수록.

_____. (1967) 『이정표』. 제2권. 이선일 옮김. 파주: 한길사, 2005.

Baker, G. P. and P. M. S. Hacker. (2005) *Wittgenstein: Understanding and Meaning. An Analytical Commentary on the Philosophical Investigations*. Vol. 1. Part II: Exegesis §§1-184. 2nd, extensively revised edition. Oxford: Blackwell.

Cooper, J. (ed.) (1997) *Plato: Complete Works*. Indianapolis, Ind.: Hackett.

Davidson, D. (1984) *Inquiries into Truth and Interpretation*. Oxford: Clarendon Press.

Derrida, J. (1967) *Of Grammatology*. Trans. G. C. Spivak. Baltimore, Md.: Johns Hopkins University Press, 1976.

_____. (1993) *Specters of Marx*. Trans. P. Kamuf. London: Routledge, 1994.

Garver, N. (1994) *This Complicated Form of Life*. La Salle, Ill.: Open Court.

Glock, H.-J. (1996) *A Wittgenstein Dictionary*. Oxford: Blackwell.

Heisenberg, W. (1958) *Physics and Philosophy*. New York: Harper.

Horkheimer, M. and T. Adorno. (1947) *Dialektik der Aufklärung*. Frankfurt: Suhrkamp, 1981.

Kierkegaard, S. (1835) "Gilleleje, 1 August 1835," Kierkegaard 1996에 재수록.

_____. (1996) *Papers and Journals: A Selection*. Trans. A. Hannay. London: Penguin Books.

Kripke, S. (1972) *Naming and Necessity*. Cambridge, Mass.: Harvard University Press.

Nietzsche, F. (1872) *Die Geburt der Tragödie aus dem Geiste der Musik*. Nietzsche 1972에 재수록.

_____. (1972) *Nietzsche Werke: Kritische Gesamtausgabe*. Vol. Ⅲ 1. Eds. G. Colli and M. Montinari. Berlin: De Gruyter.

Plato. *Phaedo*. Trans. G. M. A. Grube. Cooper 1997에 재수록.

____. *Timaeus*. Trans. D. Zeyl. Cooper 1997에 재수록.

Quine, W. V. (1951) "Two Dogmas of Empiricism," Quine 1953에 재수록.

_____. (1953) *From a Logical Point of View*. 3rd edition. Cambridge,

Mass.: Harvard University Press, 1980.

_____. (1969a) "Epistemology Naturalized," Quine 1969b에 수록.

_____. (1969b) *Ontological Relativity and Other Essays*. New York: Columbia University Press.

Russell, B. (1905) "On Denoting," Russell 1973에 재수록.

_____. (1973) *Essays in Analysis*. Ed. D. Lackey. London: George Allen and Unwin.

_____. (1975) *Autobiography*. London: Routledge, 2009.

Wittgenstein, L. (1969) *On Certainty*. Eds. G. E. M. Anscombe and G. H. von Wright. Trans. D. Paul and G. E. M. Anscombe. Oxford: Basil Blackwell.

_____. (1975) *Philosophical Remarks*. Ed. R. Rhees. Trans. R. Hargreaves and R. White. Oxford: Basil Blackwell.

12강 앞으로의 길

이승종. (2022b) 「연구를 마치며: 비트겐슈타인 새로 읽기」, 대우재단 블로그. https://www.daewooacademia.com/after-research/ biteugensyutain-saero-ilggi-1

_____. (2024) 『역사적 분석철학』. 서울: 서강대학교출판부.

카프카, 프란츠. (1904) 「카프카의 편지」, 『돌연한 출발: 프란츠 카프카 단편선』. 전영애 옮김, 서울: 민음사, 2023.

Davidson, D. (1986) "A Nice Derangement of Epitaphs," Davidson 2005에 재수록.

_____. (2005) *Truth, Language, and History*. Oxford: Clarendon Press.

Kant, I. (1785) *Grundlegung zur Metaphysik der Sitten*. Kant 1900-에 재수록.

_____. (1900-) *Gesammelte Schriften*. Berlin: Walter deGruyter.

부록: 서평(박병철, 윤유석, 고명섭)

고명섭. (2023) 『생각의 요새: 사유의 미로를 통과하는 읽기의 모험』. 서울: 교양인.

이남인. (2004) 『현상학과 해석학』. 서울: 서울대학교출판문화원.

이승종. (2021b) 「형이상학의 역사와 논리」, 『철학연구회 학술발표논문집』, 철학연구회 2021년도 추계학술대회.

하이데거, 마르틴. (1963) 「현상학에 이르는 나의 길」, 하이데거 1969에 재수록.

_____. (1969) 『사유의 사태로』. 신상희·문동규 옮김. 서울: 길, 2008.

헤세, 헤르만. (1919) 『데미안』. 전영애 옮김. 서울: 민음사, 2000.

Crary, A. and R. Read. (eds.) (2000) *The New Wittgenstein*. London: Routledge.

Klagge, J. (ed.) (2001) *Wittgenstein: Biography and Philosophy*. Cambridge: Cambridge University Press.

McCarthy, T. and S. C. Stidd. (eds.) (2001) *Wittgenstein in America*. Oxford: Clarendon Press.

Tugendhat, E. (1976) *Traditional and Analytical Philosophy: Lectures on the Philosophy of Language*. Trans. P. A. Gorner. Cambridge: Cambridge University Press, 1982.

찾아보기

인명색인

환웅 300, 329, 330

환인 329, 330

후설(Husserl, E.) 79, 80, 91, 97, 149-151, 153, 156-

162, 179, 196, 406, 411, 417, 447, 448, 457

흄(Hume, D.) 79, 90, 150, 323, 360, 479